はらはらドキドキ 入試面接

第13版

JN123072

首都圏有名小学校の
面接テスト内容と受験者の入試感想

桐杏学園

はじめに

　　受験校の最終決定にあたって、学校案内・要覧などを参考にして、学校説明会に出席したり学校訪問などをされ、すでに受験校の歴史や校風・教育方針などは、充分に理解されているいることと思います。

　　しかし、お子様がはじめて小学校受験をされるご父母の中には、面接やテストについてなかなか予測し得ない部分があり、不安に思われている方も多いのではないでしょうか。

　　そこで、小学校受験を体験された方々から寄せられた、受験時のいろいろな感想やアドバイスなど過去数年間分をまとめてみました。同じ小学校を受験された方でも、時間の感じ方、面接の雰囲気、テスト時の印象はさまざまな受け取り方があります。

　　編集にあたっては、その学校を特徴づけるのではなくご父母の"生の声"をお伝えしたいという主旨から、修正や省略は最低限にとどめて、いろいろな感想やアドバイスを掲載させていただきました。

　　この冊子から、伝統のかもしだす雰囲気、テスト・面接の様子などの一端でも知ることができ、受験準備のご参考になれば幸いです。

本書では

　　ここ数年のコロナ禍の影響で、説明会や願書受付方法、考査の内容などにさまざまな変更がありました。面接についても、オンラインで実施したり、対面でもマスクを着用しての実施など影響を受けています。

　　本書では、面接の形式について、学校で実施した場合の面接室略図を掲載しています。また、入試感想、アドバイスなど、コロナ以前に実施した内容も、そのまま残して掲載しています。

　（例）（説明会）対面形式　→　オンライン形式、Web での動画配信

　　　　（出　願）窓口　　　→　郵送、Web 出願

　　　　（面　接）対面形式　→　オンライン形式　　　　　　　　　など。

Contents

面接テストについて …………………………………………… 6

【東京都】
（**男子校**）暁星小学校 ……………………………………… 8
　　　　　　立教小学校 ……………………………………… 15

（**女子校**）川村小学校 ……………………………………… 21
　　　　　　光塩女子学院初等科 …………………………… 26
　　　　　　白百合学園小学校 ……………………………… 31
　　　　　　聖心女子学院初等科 …………………………… 38
　　　　　　田園調布雙葉小学校 …………………………… 44
　　　　　　東京女学館小学校 ……………………………… 48
　　　　　　東洋英和女学院小学部 ………………………… 53
　　　　　　日本女子大学附属豊明小学校 ………………… 59
　　　　　　雙葉小学校 ……………………………………… 65
　　　　　　立教女学院小学校 ……………………………… 71

（**共学校**）青山学院初等部 ……………………………… 77
　　　　　　学習院初等科 …………………………………… 81
　　　　　　国立音楽大学附属小学校 ……………………… 86
　　　　　　国立学園小学校 ………………………………… 88
　　　　　　国本小学校 ……………………………………… 94
　　　　　　慶應義塾幼稚舎 ………………………………… 96
　　　　　　晃華学園小学校 ………………………………… 101
　　　　　　サレジアン国際学園目黒星美小学校 ………… 105
　　　　　　品川翔英小学校 ………………………………… 110
　　　　　　淑徳小学校 ……………………………………… 114
　　　　　　聖徳学園小学校 ………………………………… 118
　　　　　　昭和女子大学附属昭和小学校 ………………… 122
　　　　　　聖学院小学校 …………………………………… 127
　　　　　　成蹊小学校 ……………………………………… 134
　　　　　　成城学園初等学校 ……………………………… 140
　　　　　　聖ドミニコ学園小学校 ………………………… 144
　　　　　　星美学園小学校 ………………………………… 146
　　　　　　清明学園初等学校 ……………………………… 152
　　　　　　玉川学園 ………………………………………… 154
　　　　　　帝京大学小学校 ………………………………… 158
　　　　　　東京創価小学校 ………………………………… 160
　　　　　　東京都市大学付属小学校 ……………………… 166
　　　　　　東京農業大学稲花小学校 ……………………… 169
　　　　　　桐朋小学校 ……………………………………… 172
　　　　　　桐朋学園小学校 ………………………………… 174
　　　　　　トキワ松学園小学校 …………………………… 177
　　　　　　新渡戸文化小学校 ……………………………… 180
　　　　　　文教大学付属小学校 …………………………… 183
　　　　　　宝仙学園小学校 ………………………………… 186

武蔵野東小学校 …………………………………………………… 190
明星小学校 ……………………………………………………… 193
早稲田実業学校初等部 ………………………………………… 199

【千葉県】
暁星国際流山小学校 …………………………………………… 206
国府台女子学院小学部 ………………………………………… 208
昭和学院小学校 ………………………………………………… 214
聖徳大学附属小学校 …………………………………………… 221
千葉日本大学第一小学校 ……………………………………… 227
日出学園小学校 ………………………………………………… 233

【埼玉県】
青山学院大学系属浦和ルーテル学院小学校 ………………… 241
開智小学校（総合部） ………………………………………… 246
さとえ学園小学校 ……………………………………………… 254
西武学園文理小学校 …………………………………………… 260
星野学園小学校 ………………………………………………… 267

【神奈川県】
青山学院横浜英和小学校 ……………………………………… 274
カリタス小学校 ………………………………………………… 277
関東学院小学校 ………………………………………………… 283
慶應義塾横浜初等部 …………………………………………… 286
湘南学園小学校 ………………………………………………… 288
湘南白百合学園小学校 ………………………………………… 290
精華小学校 ……………………………………………………… 294
清泉小学校 ……………………………………………………… 298
聖ヨゼフ学園小学校 …………………………………………… 300
洗足学園小学校 ………………………………………………… 304
捜真小学校 ……………………………………………………… 310
桐蔭学園小学校 ………………………………………………… 312
桐光学園小学校 ………………………………………………… 316
日本大学藤沢小学校 …………………………………………… 320
森村学園初等部 ………………………………………………… 322
横浜雙葉小学校 ………………………………………………… 326

【茨城県】
江戸川学園取手小学校 ………………………………………… 330
開智望小学校 …………………………………………………… 337
つくば国際大学東風小学校 …………………………………… 342
水戸英宏小学校 ………………………………………………… 346

【国立校】
茨城大学教育学部附属小学校 ………………………………… 349
お茶の水女子大学附属小学校 ………………………………… 350
埼玉大学教育学部附属小学校 ………………………………… 356
千葉大学教育学部附属小学校 ………………………………… 361
筑波大学附属小学校 …………………………………………… 362
東京学芸大学附属大泉小学校 ………………………………… 369
東京学芸大学附属小金井小学校 ……………………………… 375
東京学芸大学附属世田谷小学校 ……………………………… 380
東京学芸大学附属竹早小学校 ………………………………… 385
横浜国立大学教育学部附属鎌倉小学校 ……………………… 391
横浜国立大学教育学部附属横浜小学校 ……………………… 393

【東京都立校】
立川国際中等教育学校附属小学校 …………………………… 395

さくいん ………………………………………………………… 397

面接テストについて

　入学試験では、大多数の小学校で面接テストが実施されています。以前は、子どもの考査日と同時に保護者面接をおこなう学校が多くありました。最近では、入学願書を提出した時点から、つまり、子どもの考査日の1か月前ぐらいから面接を開始する学校もあります。これは、「まず、ご父母にお目にかかって……」という学校側の考えをあらわしています。

　このようなことから、面接テストが入学試験で大きなウェイトを占め、合否のポイントになっていることがおわかりいただけると思います。

★面接テストで学校側は何を知りたいのか

　多くの小学校が面接試験を実施するのは、書類だけではわからないご家族の雰囲気を見たり、ご両親の人柄や考え方、お子様の人柄などを確認することが目的です。また、学校の教育方針や校風、宗教系の学校では「宗教教育」についてどの程度理解しているかを確認し、学校生活に支障がないかどうかを確認しておきたいのです。

★注意点

①服装

　第一印象は外見で判断されがちです。といっても、高価な服やアクセサリーで着飾るということでありません。親子とも清潔な感じを与えるかどうかが大切です。こざっぱりとしたものをきちんと着ること。女の子では、けばけばしいリボンなどはつけないことです。

②態度

　入退室の挨拶や質問に対する応答は、ハキハキと明確にしましょう。面接者に対して、素直な態度で接することです。

③応答

　限られた持ち時間の中で多くのことを伝えるために、質問の意図をしっかり聞き取り、要点をまとめて簡潔に話すことをこころがけましょう。受験校の沿革、教育方針、宗教のことなどについて熟知しておくことが必要です。

　　（1）面接者の問いかけには、はっきりと答えること。
　　（2）問いかけに自信たっぷりに答えたり、余分なことまでは答えないこと。
　　（3）アンケート用紙が配られる場合には、自分の考えをしっかりとまとめて書くこと。
　　　　　内容について質問された場合に、しどろもどろになることがないようにすること。

　お子様については以下の点には十分注意しましょう。
　　（1）質問者の方を向いて、背筋を伸ばして応答する。
　　（2）わからないことや知らないことについては、「わかりません」などの意思表示をする。
　　（3）「うん」という返事ではなく、必ず「はい」という返事をする。

　言葉づかいやしつけは、ふだんのままがでてしまいますので、日常の生活の中できちんと教育しておきましょう。

★面接テスト当日

面接試験の中でお子様に対して、「今日はどうやってここまで来ましたか」「電車の中でやってはいけないことは何ですか」などの質問をされることがあります。お子様が電車やバスでの通学に問題ないかどうか、マナーを守れるかなどを確認しています。試験当日も公共の交通機関を利用することが賢明です。少なくとも30～40分前には会場に入るようにしたいものです。また、校内や控え室での振る舞いにも気をつけましょう。「試験は校門を入った瞬間から始まっている」と考えましょう。

★面接形式

次のような形があります。

（1）子どものみの面接

（2）保護者のみの面接

（3）保護者と子どもの面接

　　A）保護者と子どもを別々に面接

　　B）保護者と子どもの同伴面接

（4）保護者1名と子どもの面接

★質問内容

毎年の質問内容にはそれほどの変化はありません。大きく分けて次のようになります。

（1）志望理由について
（2）家庭の教育方針について
（3）子どもについて（性格、健康状態、環境など）
（4）親（父母）について（仕事、育児、指向など）
（5）家庭について（環境、家族構成など）
（6）受験校の教育について（目標、活動内容など）
（7）社会生活について（公衆道徳、安全対策など）

暁星小学校

〒 102 - 0071　東京都千代田区富士見 1 - 1 - 13 ☎ 03 (3261) 1510

▌形式と日程

形式	保護者のみ
日程	考査当日

◆面接室略図

保護者面接が2次試験当日におこなわれます。面接時間は15分程度。

▌質問の内容

父親へ

志望理由についてお聞かせください。
本校はカトリックの学校ですが、どのように思っていますか。
宗教教育についてはどのようにお考えですか。
キリスト教の行事には、参加していただけますか。
毎日お祈りがありますが、大丈夫ですか。
本校をどのようにして知りましたか。説明会以外のことでお聞かせください。
本校にどういった教育を期待されますか。
中学・高校への内部進学について、全入でないことを理解されていますか。
12 年一貫の男子校について、どのようにお考えですか。
男女別学にどんなことを期待しますか。
私立学校のデメリットは何だと思いますか。
本校までの通学時間・経路を教えてください。
交通マナーをどのようにしつけていますか。
家族構成を教えてください。
兄弟・姉妹ゲンカのときはどう対応していますか。
ご家庭における母親の存在についてどう思いますか。
ご自身のお仕事についてお聞かせください。
ご夫婦でお互いに尊敬するところを教えてください。
ご自身の長所は何ですか。
ご家庭で大切にしている言葉とその理由を教えてください。
お子様とはどのように遊んでいますか。
ご家庭でのしつけについてお聞かせください。
お子様の名前の由来を教えてください。
お子様の長所と短所を教えてください。
お子様が集中してするのはどんなことですか。
受験に向けてどういった準備をしてきましたか。
お子様の将来についてどうお考えですか
お子様が学校で何か問題を起こした場合、父親としてどのように対応しますか。

小学校入学までに直したいところはありますか。
今の時代に欠けているものは何だと思いますか。
「子どもは父親の背中を見て育つ」と言われていますが、実際お父様はいかがでしたか。
「だいじだいじ、どーこだ」の絵本を見せられて…この本をどう思いますか。…どう説明します。しますか。
受験が終わったあと、習い事は何をさせたいですか。
自宅で「Zoom」を使うことはできますか。
SNS やインターネットについてどう思いますか。
平日休んで旅行に行くことについてどう思いますか。
宿題をその日までにやらなかったらどうしますか。

母親へ

志望理由についてお聞かせください。
男子校についてどのように思っていますか。
本校にどういった教育を期待されますか。
宗教教育についてのお考えをお聞かせください。
キリスト教の行事に参加していただけますか。
学校生活で何を鍛えてほしいですか。
本校は合宿を多くおこないますが、不安はありますか。
ベテランの先生と若手の先生では、どちらがよいですか。
お子様には本校のことをどのように話していますか。
お子様の幼稚園での様子を教えてください。
幼稚園でのお子様の評価を教えてください。
幼稚園で褒められたこと、叱られたことを教えてください。
幼稚園で成長したと感じることを教えてください。
幼稚園で楽しみにしている行事を教えてください。
幼稚園の行事で印象に残っているものはありますか。
通学のときの交通機関でのマナーについて、どのようなことに注意していますか。
お母様とお子様の似ているところはどのようなところですか。
子育てをしていてうれしかったことは何ですか。
子育てについて苦労されたことを教えてください。
現在、しつけで困っていることはありますか。
緊急時にはお迎えに来られますか。
子育てについてご夫婦で意見が食い違ったときはどうされますか。
ご主人は、休日にどのようにお子様と接していますか。
ご家庭における父親の存在についてどう思いますか。
お子様がいじめられて帰ってきたらどうされますか。
担任の言うこととお子様の言うことが食い違うとき、どのように対応しますか。
ご家庭で大切にしている言葉とその理由を教えてください。
お子様に残したいものは何ですか。
ゲーム機やカードゲームを欲しがったらどうしますか。
連休のあとに、お子様が休みたいと言ったらどうしますか。
パソコンやゲームでの、ご家庭のルールはありますか。
食べ物の好き嫌いはありますか。
お子様とは室内でどんな遊びをしますか。
絵本の読み聞かせはしますか。じっと聞いていますか。どんな本が好きですか。
ご自身が家事をしているとき、お子様はどんなことをしていますか。
お子様の運動神経はいかがですか。

（過去の親子面接での内容）

子どもへ
お名前を教えてください。
幼稚園の名前を教えてください。
仲のよいお友達の名前を教えてください。
お友達が悪いことをしたらどうしますか。
幼稚園で1番楽しかったことは何ですか。
この学校の名前を言えますか。
どうしてこの学校に入りたいのですか。…入ったら何をしたいですか。
どんなお父さんですか。
お父さんとはどんな遊びをしますか。
お父さん、お母さんに褒められること、叱られることは何ですか。
好きな食べ物は何ですか。
好きなお菓子を教えてください。
小学生になったら何がしたいですか。
宝物は何ですか。
この学校のことでも、先生のことでもいいですよ。何か聞きたいこと、質問はありますか。
あなたのお母さんは、どんな人ですか。
大きくなったら1番なりたいものは何ですか。…では、2番目になりたいものは何ですか。

（おもちゃを取られてしまった絵を見せられて）
こんなときどうしますか。…それでも返してくれなかったらどうしますか。

（電車の中で吊革にぶら下がっている子どもの絵を見せられて）
あなたならどうしますか。…それでもやめなかったらどうしますか。

（遠足で水筒を忘れて泣いている男の子の絵を見せられて）
お友達3人と遠足に行きました。もしこの男の子が自分だったらどんな気持ちになりますか。……こんなときどうすればよいと思いますか。

（子どもが2人で消防車の絵を描いている様子の絵を見せられて）
あなたはこの絵のように消防車を描いています。隣の席の太郎くんが、あなたの赤いクレヨンを持っています。あなたは何と言いますか。…太郎くんはそれでも無視して描き続けています。何と言いますか。

となりの子が自分のペンを使ってしまい、返してくれないとき、あなたならどうしますか。……それでも返してくれなくて、お友達が家に持って帰ってしまったら、あなたはお家に帰ってお母さんになんて話しますか。

（子どもが絵を見て答えたあと）
父親へ　今のお子様の答えを聞いて、どうしたらいいか、いつもお子様にお話するように伝えてください。

（駅のホームで小学生2人が傘で遊んでいる絵をみて）
子どもへ　これは何をしていますか。…それを見たらどうしますか。
父親へ　このようなときは、どのように教えていますか。
母親へ　もしお友達のお子様がこのようにしていたらどうしますか。

★親子でゲーム

（3目並べ）

親子で3目並べをする。3×3マス、白、黒3個ずつある。足りなくなったら、1度置いたところから動かす。

（カードゲーム）

先生からカードゲームの説明があり、父親と子どもでカードゲームをする。母親は子どもの手助けをする。
カードはそれぞれ5枚ずつ渡される（1～5の数字が書いてある）。
「せ～の」のかけ声でお互いにカードを出して、大きい数字が勝ち。5回戦おこなう。
「勝った人は○○です。おめでとう」と言って、みんなで拍手をする。

子どもへ （ゲームに負けてしまったけれど）今どんな気持ちですか。
父親へ 今のお子様の様子を見てどう思いましたか。
ゲームの中でお子様のよかったところはどこですか。
お子様に伝えたいことは何ですか。

母親へ 今のお父様の言葉に対してどう思われますか。

父親が、数枚の動物カードのなかから1枚を選び、その選んだカードを子どもが当てる。

子どもへ お父さんが選んだカードは何だと思いますか。…それはなぜそう思ったのですか。

父親へ お父様は今のお子様の答えに対して、どのようにお答えになりますか。
お子様とのふれあいで、どのようなことを大切にしていますか。

子どもへ 君はどのカードを選びましたか。（○○です）

父親へ お子さんがどうして○○を選ぶと思いましたか。

入試感想

■説明会、考査当日のこと…

▷ 説明会の際に、「面接では家庭の教育方針をしっかり聞かせていただきます」とおっしゃっていました。

▷ 事前に提出する作文は 400 字で、「子どもに神様はいるの？と聞かれたら何と答えますか」というものでした。

▷ 作文の課題は「登下校中児童が騒いでいます。その児童の保護者は近くにいますが注意しません。この様子を見てどのように思い、その場でどう対応されますか」というものでした。

▷ 1 次試験は保護者の外出は不可、2 次試験は外出可でしたが、多くの方が残っていました。

▷ 1 次・2 次とも控え室は教室でした。とても静かでした。読書をされている方が多かったです。

▷ 考査では挙手をして答える場面が多々あります。

▷ 在校生が定期的にトイレに行きたいかを確認し、連れて行ってくれます。

▷ 自由遊びの際に、上履きに記名されていないために、わからなくなってしまった子がいたようです。

▷ 電車での通学マナーが悪いことが問題になっているようで、公共のマナーについての問題がありました。

▷ 9 時 50 分に受付。10 時 15 分ごろ子どもは考査室へ、親は控え室に移動。10 時 50 分ごろに子どもが戻り、終了となりました。

▷ 控え室はとにかく静かでした。聖歌が流れていました。携帯は厳禁です。

▷ 控え室の黒板にある注意事項を読むように指示がありました。ほとんどの方が読書をして待っていました。

▷ 控え室は私語、携帯電話（メール）が禁止でした。部屋には音楽が流れていました。

▷ 控え室はかなりピリピリしていました。

▷ すべてにおいて"さすが暁星"という感じでした。在校生がとてもしっかりしていて、言葉遣いもきちんとして、すばらしかったです。

▷ 控え室では先生方によるチェックはありませんが、校風もあってか、おしゃべりなどなく、みなさんきちんと待たれていました。

▷ 20 人ずつの集合でしたが、面接のあとは 10 人ずつにわかれて控え室で待ちました。子どもが考査へ向かったあとは、ホールに移動して待ちます。その後、玄関付近で子どもと合流しました。

▷ 在校生の案内や誘導がよく、男子校ならではのきびきびした感じを受けました。

▷ 面接を終えると教室で待ちます。事前に指定されたもの（記名したクーピー、はさみ、のり、ハンカチ、ティッシュ）をいただいたバックに入れて子どもに持たせ、考査へと向かいました。その後 30 分ほど教室で待ち、次にチャペルへ移動。そこで 1 時間ほど静かに待つように指示がありました。携帯は禁止です。

▷ 2 次試験の案内で、持ち物それぞれに記名するよう指示がありました。クーピーは 1 本ずつで、上履きは外側に記名します。

▷ 面接のあと控え室に戻り、親子で 30 分ほど待機します。椅子には赤い帽子が置かれていて、子どもに被らせました。帽子はグループごとに色分け（赤、青、緑、黄）されています。

▷ 1 次の結果発表のときは、30 分前でも長蛇の列ができていました。大使館側に静かに並びました。

■面接では…

▷ 面接は、父親、母親のどちらが答えてもよい形式でした。父親 7 割、母親 3 割くらいの割合で答えました。

▷ 面接では先生がメモを取っている様子はありませんでした。

▷ 面接の部屋は教室で、ドアから離れた荷物置き場に荷物を置きます。

▷ 面接室は 5 部屋あり、1 番は校長先生でした。

▷ 面接では、入室後にジャンケンで席を決めました。

▷ 面接はとても和やかな雰囲気でした。緊張はしましたが、ピリピリした感じはありませんでした。

▷ 面接は、いかに臨機応変に対応できるか、自分らしい答えが出せるかにかかっているように感じました。

▷ 面接官の先生は 1 人で、にこやかにうなずきながら聞いてくださいましたので、お話ししやすかったです。特にメモなどもとっておられませんでした。

▷ 面接官の方がとても優しい口調で質問をされたので、あまり緊張せず答えることができました。教育方針などは聞かれず、家庭の様子をお聞きになりたい感じで、あくまで子ども次第という気がしました。

▷ 面接は5組同時におこなわれます。面接を担当する先生は単純に番号順に振り分けられます。家庭の様子をご覧になっているという印象でした。

▷ 先生はときどき笑顔を見せ、とても和やかな雰囲気でした。ただ質問内容が予想外だったので少し焦りました。どちらかと言えば父親に対する質問が多く、父親の育児に対する姿勢が問われているようでした。

▷ 先生は世間話をしている雰囲気で、面接をしている感じはありませんでした。終始ニコニコされ、面接を重視している様子はあまりありませんでした。

▷ 志望理由、宗教教育、キリスト教について、学校に期待するもの、男子校についてなど、いろいろ答えを考えていきましたが、難しい質問はあまりなく、ホッとしました。

アドバイス

▷ 門をくぐるところから最後に出るところまで、先生方が見ておられます。

▷ ペーパーは基本的な問題が多かったです。できるだけ速く回答できるように、スピードに慣れる練習が必要です。

▷ 子どもには、運動で失敗しても、一生懸命取り組むように話しました。

▷ 実際に受験して、ペーパー重視だと強く感じました。

▷ 速く、正確にペーパーをこなす力、指示を聞く力、運動能力をしっかりと発揮できるように準備してください。

▷ ペーパーの問題を読むスピードが速かったようです。

▷ ペーパーはスピードが求められるので、訓練が必要です。

▷ 待ち時間が1時間くらいあるので、本など持参するとよいと思います。

▷ 事前に指示された持ち物のなかで、「ノリは必要ないのでしまいましょう」と指示があり、きちんと聞いて指示通りできるかチェックされます。

▷ 甘えの許されない学校なので、自分で身支度ができるかどうかしっかりと見られていました。ペーパーはスピード重視です。

▷ すべての分野が万遍なく出題され、難問は無かったようです。

▷ 当日は併願の関係で数分遅刻してしまいましたが、先生方が素早く誘導してくださり、受験をすることができました。ただ、ご縁をいただくことができなかったので、遅刻は不合格と考えたほうがよいと思います。

▷ 携帯を鳴らせた方がいて、さすがに先生も驚いていました。校内に入る前に電源はオフにするべきです。

▷ 面接では、子どもと父親の関わりを見ているように思いました。

▷ 待ち時間のために折り紙やあやとりを持参して、リラックスすることを心がけるとよいと思います。

▷ 1次試験の付き添いは1名までです。大人も上履きが必要です。

▷ 待ち時間が長く、子どもの集中力維持が難しかったです。面接よりもペーパー重視と感じました。

▷ ペーパーテストの成績で、ほぼ合否が決まっているように感じました。

▷ 受付時間には厳しいようで受付時間になる前に移動をしていました。早めの行動を心がけたほうがよいです。

▷ 忘れ物や遅刻など、規則に厳しい印象を受けました。

▷ 受付時の待機時間は20分ほどありましたが、そのときの様子をチェックしている感じはありません

でした。待機中に騒ぐ子どもは1人もおらず、折り紙をして待つお子さんが多かったです。子どもが考査に向かって30分ほどで帰ってきたので、本当に短い時間でペーパーテストが実施されたのだと思いました。校庭で待つ時間が長いので、暖かくしておいたほうがよいと思います。

▷ 外での待機時間があり、かなり寒いのでコート等は必ず持参することをおすすめします。みなさん防寒着を着て待っていらっしゃいました。

▷ 控え室の後方に先生がいらっしゃいます。

▷ 面接は1次の結果を見た上で、家庭の様子をご覧になっているというお話を聞いていましたが、やはりそれは正しいと思いました。

▷ 他の面接室では、「聖書を読んだことはありますか」という質問も出たそうですが、正直に答えたほうがよいと思います。「目にしたことがある」などと答えると、詳しく聞かれることになります。

▷ 面接では、子どもの表情などを見逃さないように、じっくりと見ていたように思います。親に対しては確認作業のみだったように思います。

▷ それぞれのテストが終了するたびに座って待ちます。順番待ちの姿勢はきちんとチェックされているようです。

▷ 1次試験は枚数が多く、点数を取るのが難しいです。早く確実に問題を解く練習をたくさん積み重ねることが重要だと感じる一方で、ペーパーがどんなにできても合否にはさほど影響がないのかもしれないとも感じました。

▷ 2次試験では上履きの外側に記名という指示がありますが、他校では記名しないようにという指示が多いので、白のビニールテープにマジックで名前を書き、そのテープを貼っている方が何人かいらっしゃいました。

▷ 子ども本人の実力をみてくださる学校だと思いますので、1次のペーパーは万遍なく勉強することが大切です。2次はドリブル、みんなと遊べること、ハキハキ答えられることが大事になります。両親面接では、①高校まで、②男子校、③宗教、について答えられることが大切だと思いました。

▷ 1次のペーパーが満点近くとれなければ、2次でフォローすることは不可能と思います。あらゆるペーパーをこなし、量・スピードともに訓練しなければなりません。当日は先生方からあまり口答での指示がないので、掲示物によく注意して従うようにするとよいかと思います。私どもは移動の際に、上履きに事前に履き替えておらずあせりました。

▷ 1次試験は外で待つので雨の場合は対策が必要です。2次試験では過去にはなかった出題がありましたので、いろいろなケースを考えて、絞りすぎずに万遍なく勉強しておいたほうがよいでしょう。

▷ 満点は取れなくてもよいかもしれません。あらゆる種類の問題をオールマイティーに対応させ、こなしていくことが合格に結びついたのかもしれないと思いました。

▷ 1回やってみて後でやり直すことがあったようですが、じっくり考える複雑な問題もあり、子どもも考えたと言っていました。

▷ 日ごろから天気のよい日は大きな公園や動物園、水族館などに行き、雨のときは図書館や科学館などに行って、楽しみながら過ごしました。そのことが常識問題にたいへん役立ちました。

▷ 暁星の運動会、中高の文化祭（2年前から）、説明会（1年前から）に行き、伺う機会があれば何度でも足を運ぶといいかもしれません。文化祭で生徒さんから親切にされ、本人も「ここの学校に入りたい」と強く思ったようです。

▷ 縁故とはまったく関係なく、子ども自身を見てくださる学校と聞いていましたが、実際試験を受けてみて、まさにその通りだと実感いたしました。

立教小学校

〒171 - 0021　東京都豊島区西池袋 3 - 36 - 26　☎ 03（3985）2728

形式と日程

◆面接室略図

| 形式 | 保護者のみ |
| 日程 | 考査日以前 |

保護者のみの面接が考査日前におこなわれます。日時はメールで通知されます。面接時間は 10 〜 20 分程度。面接当日にアンケートを記入し提出します。

質問の内容

父親へ

自己紹介をしてください。
最終学歴とお仕事について教えてください。
お仕事で苦労されたことは何ですか。
大学時代はどのようなクラブ活動をしていましたか。
学生時代に打ち込んだことを教えてください。
大学時代の専攻について詳しく教えてください。
コロナの影響で見学や運動会もなかったのですが、本校をどういう経緯で知り、志望校に加えましたか。
説明会の印象を教えてください。
なぜお子様を本校に入れようと思われましたか。
男子校についてどのようにお考えですか。
どうして私学を選びましたか。
どうして本校を志望されましたか。
キリスト教教育についてのお考えをお聞かせください。
学校に対して、どのように協力したいと考えていますか。
本校に期待することは何ですか。
第一志望ですか。…他校ではなく、なぜ本校なのですか。
お休みの日にはお子様とどのように関わっていますか。
週末はどのように過ごしていますか。
小学校低学年では自宅近くのこと、高学年では日本のこと、中学では世界のことを学びますが、この夏ご家庭ではどのような体験をしましたか。
通学経路を教えてください。
ご趣味は何ですか。
幼稚園の行事には参加していますか。…学校行事にはご協力いただけますか。
お子様の日ごろの様子について教えてください。
お子様の「優しさ」を感じたエピソードを教えてください。
お子様と過ごした 1 番印象に残っているイベントは何ですか。

お子様の名前の由来を教えてください。
お子様の性格を教えてください。
子育てで気をつけていることを教えてください。
お子様が好きなテレビ番組は何ですか。
お子様には今後どんなことをさせたいですか。
幼児教室に通われていますか。
最後に何か伝えたいことはありますか。

母親へ

自己紹介をしてください。
志望理由についてお聞かせください。
最終学歴とお仕事について教えてください。
大学での卒論の内容について教えてください。
ご自身の中学・高校時代のことを教えてください。
学生時代のクラブ活動は何をされていましたか。
お仕事で1番たいへんだったことは何ですか。
本校を知ったさっかけは何ですか。
本校のどのような点が気に入ったのですか。
男子校ですが、大丈夫ですか。
キリスト教教育についてのお考えをお聞かせください。
学校に対してどのように協力していただけますか。
PTAなど協力はできますか。
コロナの影響で学校説明会が詳しくできなかったが、本校のどのような行事がよいと思い
ましたか。
ふだんお子様とどのように接していますか。
近隣とのコミュニケーションや、地域との関わりはありますか。
授業見学には来られましたか。
併願をされていますか。
通っている幼稚園の特色を教えてください。
幼稚園でのお子様の様子はいかがですか。
お子様の運動会の様子をお聞かせください。
お子様の性格についてお聞かせください。
お子様の名前の由来についてお聞かせください。
ご自身の趣味を教えてください。…趣味は子育てに活かされていますか。
幼児教室には通っていますか。…どこですか。
通学経路を教えてください。
電車通学は大丈夫ですか。
ゴールデンウィークまでの送迎は、どのように対応しますか。
子育てで気をつけていることは何ですか。
災害が起こったときについて、どのように考えていますか。
お子様が得意なこと、苦手なことを教えてください。
今後どのように育ってほしいですか。
上のお子様と下のお子様の違いについてお聞かせください。
お子様が今、夢中になっていることは何ですか。
最後に何か伝えたいことはありますか。

入試感想

■説明会、試験当日のこと…
▷ 学校説明会はすべてオンラインでした。
▷ 講堂では密にならないように、半数程度でスムーズに移動がおこなわれていました。
▷ 説明会や参加できる学校行事では、毎回アンケートがありました。
▷ 受付でアンケート用紙を渡されます。鉛筆も用意されていました。
▷ 校門左の守衛室で受付時間を記入し、入校バッヂを受け取ります。
▷ 控え室で受験票を名札カードに入れて、父親の胸につけました。
▷ 受付を済ませ、控え室に入ってアンケートに記入しました。記入したアンケートを受付に提出して、順番が来ると番号を呼ばれて部屋に入ります。受験番号の入った子どもの写真付き名札を父親の胸につけました。2部屋でおこなわれており、ひとつが校長先生と庶務長の部屋、もうひとつが教頭先生と事務長の部屋のようでした。
▷ 面接の当日に記入するアンケートがありました。「立教のどこに魅力を感じたか」「育児で特に気をつけていること」「お子様のことで学校が留意する点」という内容でした。
▷ 考査当日の控え室は講堂で、子どもは指定された席に座り、親は少し離れたところに座ります。
▷ 控え室は会議室で、大きなテーブルが2つあり、自由に着席して待ちます。
▷ 控え室は学校の広報が置かれており、自由に読んだり持ち帰ることもできました。
▷ 控え室では本を読んで待ちましたが、スマホをする人が多かったです。
▷ トイレについては、行きたくなったら我慢しないで、先生か在校生に言うように指示がありました。
▷ 考査当日はわかりやすくアナウンスしてくれるので、困りごとなどはありませんでした。
▷ 受付を済ませると講堂のゼッケンが置いてあるところに着席します。時間は100分でした。終了の20～30分前に食堂へ移動し、子どもが戻るのを待ちます。
▷ 講堂1階玄関で上履きに履き替えてくださいと掲示がありました。講堂2階入口で受付をし、受験番号と名前の確認をしました（6年生2名、先生1人）。入学試験の案内を受け取り、講堂内の指示場所に着席をしました。6年生の引率で着席した席の横1列のグループごとに試験会場の教室へ移動しました。
▷ 考査1日目は、受付のあと講堂にて待ちました。在校生が迎えに来て、子どもは教室へ移動し保護者はそのまま講堂で待ちました。11時頃に食堂へ移動し待っていると、在校生に連れられ子どもが戻り解散となりました。ゼッケンは持ち帰り、翌日も持参します。
▷ 2日目は9時50分に受付。10時10分ごろ、子どもは体育館に移動しました。11時20分ごろ、子どもが戻り、終了となりました。
▷ 考査2日目は、受付で受験票ホルダーとアンケート用紙を受け取り、受験票をホルダーに入れて胸につけ、講堂で待ちました。
▷ 個別テストが終わったあとで、先生と答え合わせをするそうです。
▷ アンケートの内容は「志望動機」「立教に期待すること」「育児で気をつけていること」「学校側がお子様について留意しておくこと」でした。当日提出します。みなさん下書きを持参していました。
▷ 待ち時間で子どもだけになったとき、遊んでしまう子どもを見受けました。隣の子につられてしまう子もいて気の毒でした。
▷ 子どもの服装は、白のポロシャツ、紺の短パン、紺のベスト、白の靴下の方がほとんどでした。

■面接では…
▷ 面接の控え室には、2～3組が待機していました。机に案内があり、入室前の消毒、面接のときはマスクを外すよう指示がありました。
▷ 面接では席に着いてからマスクを外します。
▷ 面接はとても温かい雰囲気が伝わり、笑顔で出迎えてくださいました。
▷ 面接は、受験番号奇数、偶数に分かれて、2部屋でおこなわれていました。入室して着席後、マスクを外しました。
▷ 番号が奇数の方は校長先生、偶数の方は副校長先生が面接を担当していました。
▷ 面接は終始和やかな雰囲気でした。

▷ 面接で父親は大変落ち着いておりましたが、自分はすごく緊張してしまいました。ただ伝えたいことは伝わったという満足感はありました。

▷ 面接時間は9時30分でしたが、アンケートの記入もあるため8時40分に行きました。ほとんどが両親ともに参加されていて、卒業生か在校生の保護者の方が控え室（講堂）で話をされていました。OBの方が多いように思いました。時間がおしているにもかかわらずかなり質問されましたが、私にとっては充実した面接でした。話に困らないように授業参観や運動会など、実際に情報を得られるものには積極的に参加しました。

▷ 面接はどちらかというと父親への質問が多かったです。

▷ 面接では、父親の仕事について、詳しく説明を求められました。

▷ 面接の最後に校長先生から、「考査を楽しんでほしいので、当日はお子様をそのように送り出してください」とおっしゃっていました。

▷ 面接は大変和やかな雰囲気でおこなわれました。アンケートの内容について質問がありました。

▷ 親の人間性を見られる面接でした。

▷ 面接は話しも和やかに進み、笑いもありました。15分くらいでした。

▷ 面接は、入ったかと思うとすぐ出てきたり、家庭によって面接時間がずいぶん違うので驚きました。

▷ 和やかな雰囲気で、話の聞き出し方が上手でした。内容は細かく突っ込んで聞かれました。

▷ 面接は、母親だけの方もいらっしゃいました。

▷ 教頭先生の知識の広さに驚きました。

▷ 前の方が長かったようで、開始が20分ほど遅れました。おもに質問は父親に対してされ、母親へは確認程度という感じでした。家庭と夫婦の様子を見たいという印象を受けました。アンケートは例年通りに皆さん用意した内容をそのまま記入していました。

▷ 面接の順番は多少前後していました。校長先生の担当の面接は長かったようです。

▷ 当日書いたアンケートの内容について面接官は皆さんわかっていました。仕事に関してはかなり質問され、答えに関しては事務長がメモを取っていました。最後に「○○君のよいところを1つでも多く見つけたいと思っていますので、今まで以上にお母様は健康に気をつけてあげてくださいね」と校長先生より温かい言葉があり感動しました。ぜひ入学させたいと思う面接でした。

▷ 教頭先生が質問されているときに事務長先生は手元にある願書やアンケートに目を通し、それぞれ質問したあとメモを取ってらっしゃいました。父親には仕事の内容や業績を細かく聞いていました。

▷ 面接は特に難しい質問もなく、すぐ終わりました。親の雰囲気をみているのだと思います。

▷ いろいろな質問に備えて準備しましたが、肩すかしをされたような感じで、「息子を貴校に入れたい」と強くアピールもできませんでした。質問の主旨を大きくはずさないようにしながらも、入れたいという意志を協調するべきだったとは思いますが、まだ他の質問があると思っていたのがよくなかったようです。

▷ 校長先生から「面接資料に熱心にお書きくださりありがとうございました。とてもやさしいお子さんにお育ちのことと思います」との温かいお言葉をいただきました。緊張もしましたが、主人の話に先生方が笑うシーンもあり、和やかさもあったと思います。最後に校長先生より「立教小学校は試すような試験はしませんので、元気で楽しく勉強できるよう体調を整えてください」とのお言葉がありました。

▷ 面接室はやや狭い感じで、たくさんの質問をされました。時間で20分以上はあったと思います。私どもは母親のみでしたが、お手紙を持参しました。

アドバイス

▷ 説明会には毎回参加して、アンケートの提出が大切なように感じました。

▷ 面接資料の内容は「立教小学校に期待しているのはどのようなことですか」、「ご家庭での育児で、特に気をつけているのはどのようなところですか」、「お子様のことで、学校が留意すべき点はありますか」というものでした。

▷ 面接では、男子校であることの理解があるかどうかを聞きたいという感じでした。

▷ 水筒を落として床にこぼしてしまった子がいましたが、それを見た隣の子が「やったの誰？」と責めるような口調で言っていました。"きつい言葉遣い"には、ふだんから気をつけたほうがよいと思いました。

▷ ペーパーはありませんが、ペーパーでの勉強を通して、具体物で学習したほうがよいと思います。

▷ 考査中に個別にいろいろ聞かれたようです。そのときに、落ち着いて受け答えができるとよいと思います。

▷ アンケートは「本校に期待すること」など、当日15分程度で記入します。

▷ アンケートを記入する際、「筆記用具（鉛筆と消しゴム）は部屋にあります」と言われましたが、ほとんどの方がご自身のボールペンで記入していました。

▷ しっかりと子ども一人ひとりを見てくれる学校だと思います。

▷ 模試の結果などで人と比べたりせず、親が精神的に強くなることが大切です。

▷ アンケートの記入は下書き持参でも時間がかかるため、集合時間より20～30分早く到着できるとよいと思います。

▷ 毎回の説明会で書くアンケートは、丁寧に、わかりやすく、簡潔に書くことを心掛けました。

▷ 面接のときの控え室で記入するアンケートは、みなさん下書きなど用意されていました。

▷ 合格発表は1週間以内に郵送とのことでしたが、実際には3日発送だったようです。

▷ 面接のとき「教育相談で充分お話を聞いていますから」と言われました。教育相談も充分準備されるとよいと思います。

▷ 待っているときの態度も、6年生や先生がチェックしているようです。

▷ 面接控え室には7～8組おりました。前の方が来ていないと、早めに呼ばれますので注意が必要です。

▷ 親の面接はかなり重要だと思います。

▷ 2日間同じメンバーなので、子どもたちが仲良くなりすぎてしまい、2日目は集合したときから少し騒がしかったです。

▷ 面接日は集合時間の30分前に着いて、ちょうどよかったです。

▷ 保護者面接でクリップと安全ピンが着いた受験票ケースをいただき、考査時にそれとゼッケンを着用します。

▷ 子どもの考査中、何かあると呼び出される場合があるので、外出しないほうがよいと思います。

▷ 共働きでも特に問題ないようです。

▷ 当日の付き添いは両親でも大丈夫でした。

▷ 病気で時間に間に合わなかった方がいて、理由が認められれば、最終のグループにまわしてもらえていました。

▷ 1日目の待ち時間が長いので、本などを持参するとよいと思います。

▷ 試験は2日間なので、2日目に慣れ過ぎてはしゃぎすぎないことです。

▷ 1日目に使ったゼッケンは、2日目も使用するため持ち帰ります。

▷ アンケートの記入が終わった方から、面接になることもあります。

▷ アンケートは4～5行と書くスペースは少なく、その場で考えをまとめて書くのは難しいので、事前に考えておくとよいと思います。また、記入することがいろいろありますので20～30分くらい早めに行ったほうが、余裕を持てると思います。

▷ 学校説明会や運動会、願書の取り寄せ、塾での説明会など、前年度からすべて準備しました。今年に入っても1年の流れがつかめていたので、早めに準備をしてよかったと思いました。

▷ 説明会の服装はほとんど紺のスーツでした。運動会は逆にスーツを着ている方が目立ちましたので、避けたほうがよいと思います。

▷ 試験の結果は、2日後に郵送で届きました。

▷ 保護者面接指定時間の20分前に行きました。アンケート内容をまとめていたにもかかわらず、慌て

てしまったので、時間に余裕があったほうがよいと思いました。記入の際は学校で用意した鉛筆を使用します。アンケート用紙提出順に面接で指定時間と多少の前後があり、私の前に5〜6組いました。用紙を提出したときに1番最後だったので、面接も必然的に最後となりました。そのためか約10分以内で終わっていた面接も、我が家は15分以上時間をいただけました。

▷『はらはらドキドキ入試面接』のとおりで、安心して受験することができました。考査は子どもたちは「楽しかった」と言っていました。アンケートは記入するのに20分くらいかかるので、早めに入室したほうがよいと思います。受付を済ませて書き終わった順に呼ばれて面接がおこなわれ、受験番号の末尾1から5が校長先生、6から0が教頭先生の部屋でした。

▷質問が早くどんどん進んでいる感じで、途中で話を打ち切られるものもありました。母親の出身校を事務長先生がご存じで、最初の質問が出身校の話からでしたので落ち着くことができました。趣味の話は事前に夫婦で話し合いをしておいたほうがよいと思います。

▷面接は面接資料を書いた順番におこなわれますので、早めに行って書かれたほうが待ち時間が少ないと思います。

▷面接は思ったより質問の数が少なかったように思いますので、これだけは言っておきたいと思うことについては後回しにせず、できるだけはじめのほうで言っておくべきだと思います。そうしないと言いそびれて終わってしまいます。

▷当日雨だったため折り畳み傘で行きサブバックにしまいました。面接では荷物はすべて持って部屋に入るので、長い傘では置き場に困り、挨拶する際にも邪魔になると思います。

▷面接資料アンケートの記入は、用意された鉛筆で書くことになるのですが、先が丸まっているものが多く、思っていたよりも大きな文字で記入することになりました。

▷考査日の受付のときに、お手伝いの在校生の方から「受験番号とお名前を教えてください」と聞かれ、息子に受験番号を教えていなかったので、初日はとまどっていました。子どもに何番なのかよく言っておく必要があると思いました。胸に番号札、受験票をつけているので言えなくても大丈夫なのですが、さっと言えたほうが子どもも安心するのではないでしょうか。

▷とにかくふざけないで一生懸命やることが大切のようです。また、絵本は毎年出るので、たくさん読むことが大切です。受験番号が遅い方は、ずいぶんと待ち時間があったようです。子どもが飽きないように、いろいろ用意をされたほうがよいと思います。

▷どこが合格ラインなのかわからないほど、楽しいテストに和やかな面接でした。「家庭の和やかさを重視している」と説明会で話していらっしゃったように、自分の考えを言葉で話し、コミュニケーションを大切に日々過ごすことが大切なのではないかと感じました。私自身も面接中には笑顔を意識し、子どもにも「楽しんでいらっしゃい」とにこやかに対応しました。それが合格につながったのではと考えています。

▷自然体で、ありのままの家族の長所を引き出すことが1番だと感じました。

▷「お話を聞ける子」を求めているので、1日目で学んだことを理解して2日目に応用するといった、体験教室的なテストだったように思えます。

▷受験に向けて、たくさんの絵本（特に外国のもの）を読み、挨拶や待つ姿勢などに気をつけさせてきました。説明会や見学会に子どもを連れて行き、子ども自身が「この学校に入りたい」と思うことが、当日の集中力、行動に出ると思います。

▷絵本の読み聞かせは必須だと思います。幼児向けのものですが、小学1・2年生の課題図書が1日目の試験に出ましたので読む範囲を広くしたほうがよいと思います。

▷絵本の読み聞かせでは話が長く、あきてしまうお子さんもいたようです。

▷毎日欠かさず子どもに絵本の読み聞かせをしました。年長になってからは活字のみの小学生レベルの偉人伝や名作を購入し読み聞かせて、場面は子どもの頭の中で想像させるように心がけました。

▷立教出身でない場合、学校行事の参加は必須です。

▷2日目は少し緊張感が弱くなり、待ち時間で子ども同士がおしゃべりをしているのが見受けられました。2日目も緊張感を保つことが大事だと思いました。

川村小学校

〒 171 – 0031 東京都豊島区目白 2 – 22 – 3　☎ 03（3984）8321

形式と日程

◆面接室略図

| 形式 | 保護者のみ |
| 日程 | 考査当日 |

一般個別審査では、保護者面接が考査当日におこなわれます。面接時間は 15 分程度。

自己推薦個別審査では、親子同伴の面接が考査日以前におこなわれます。（2023 年度入試では、オンラインでおこなわれました）

質問の内容

父親へ

志望理由を教えてください。
学校説明会に参加されたときの印象をお聞かせください。
本校をいつ頃お知りになりましたか。…いつ頃受験を考えましたか。
小中高一貫教育について、どのようにお考えですか。
今の学校教育についてどうお考えですか。
本校に望むことを教えてください。
ご家庭の教育方針についてお聞かせください。
本校までの通学時間と経路を教えてください。
電車での通学に不安はありませんか。
電車を使うときにお子様に注意していることはありますか。
お仕事について教えてください。
ふだんは何時頃に帰宅されますか。…お子様と接する時間はありますか。
平日はどのようにお子様と過ごす時間をつくっていますか。
お子様とどんなことをして遊びますか。
朝食はお子様とごいっしょに取られますか。
育児で喜びを感じたことはどんなことですか。
お子様の長所を教えてください。
お父様から見てどのようなお子様ですか。
どのような女性になってほしいですか。
上のお子様と違うところは、どのようなところですか。
将来お子様のどんなところを伸ばしたいですか。
お子様にはどんな小学生になってほしいですか。
最近お子様を褒めたことを教えてください。
最近お子様と話したことを教えてください。
お子様が今、夢中になっていることは何ですか。

母親へ

志望理由を教えてください。
ご家庭の教育方針についてお聞かせください。
学校教育について考えることを教えてください。
お仕事をされていますが、お子様が家で1人になる時間はありますか。
お仕事をされているようですが、時間的にお迎えなど大丈夫ですか。
学校行事には参加していただけますか。
幼稚園でのお子様の様子を教えてください。
幼稚園から帰ったあとの過ごし方を教えてください。
お子様はどのような遊びが好きですか。
幼稚園は給食ですか、お弁当ですか。…給食の中で好きなものは何ですか。
食べ物の好き嫌いはありますか。嫌いなものが食べられるように、工夫していることはあ
りますか。
最近はどんな食事をつくりましたか。
食事について気をつけていることを教えてください。
お子様にアレルギーはありますか。
食事のときにはどんな会話をされていますか。
お子様の通学に関して心配なことはありますか。
通学に疲れて、早く寝てしまうこともあると思いますがいかがですか。
お子様の長所と短所を教えてください。
お子様のしつけについて、気をつけていることを教えてください。
姉妹の性格の違いについて教えてください。
子育てで大変だったことは何ですか。
習い事の内容を教えてください。
入学までに直したいことはありますか。
どのような女性に育ってほしいですか。
お子様と祖父母様とのかかわりについてお聞かせください。
最近お子様が一生懸命なこと、興味を持っていることはありますか。
お子様はご家庭でどんなお手伝いをしていますか。
幼児教室には、いつからどのくらいのペースで通っていますか。

子どもへ　（考査中に）

お名前を教えてください。…お誕生日はいつですか。
幼稚園の名前を教えてください。…先生の名前を教えてください。
幼稚園では何をするのが好きですか。
給食では何が好きですか。
お母さんの料理で何が好きですか。
食べ物の好き嫌いはありますか。…好きな食べ物を教えてください。
昨日の夕ご飯は誰といっしょに食べましたか。
好きな本は何ですか。…それはどんなお話ですか。
うさぎとかめの話を知っていますか。
外遊びは好きですか。…雨が降ったらどうしますか。
朝起きたら誰に何と挨拶しますか。
今日は誰と来ましたか。…何で来ましたか。…どのくらいかかりましたか。
電車で通学できますか。

お家でお手伝いをしていますか。…好きなお手伝いは何ですか。
習い事は何をしていますか。
姉妹げんかはどんなことでしますか。
姉妹で何をして遊びますか。
ペットを飼っていますか。
もしお母さんに何でも買っていいと言われたら、何を買いたいですか。
昨日、この学校を受けることについてお母さんは何と言っていましたか。
お泊まりしたことはありますか。
小学生になったら何をしたいですか。大きくなったら何になりたいですか。

入試感想

■考査当日のこと…
▷ 考査日の待ち時間は外出が可能でした。
▷ 1家族だけで控え室にて待ちます。他の方がいらっしゃらないのでリラックスできました。
▷ 考査中は食堂のようなところで待ちます。外出も可でした。
▷ 控え室は小講堂でした。みなさん面接資料や本など読んでいました。暖かいお茶、冷たいお茶が用意されていました。
▷ 控え室の教室は、グループごとに1室でした。みなさん無言で、面接資料など読まれていました。
▷ 控え室はペットボトルのお茶が用意されており、紙コップで自由に飲めます。
▷ 控え室に副校長先生がごあいさつにみえました。
▷ 控え室は本を読んでいる人、談話している人、外出している人とさまざまでした。
▷ 子どものテストが終わるまでは、小講堂で待ちました。約2時間待っていました。お茶が用意されていました。
▷ 考査で順番を待っているとき、係のお姉さんが紙芝居を読んでくださったそうです。
▷ 校舎の入口で受験票を提出すると、保護者に受験バッジが渡されます。在校生が教室まで案内してくださいました。ゼッケンは子どもに着けて、時間になるまであやとりをしました。先生からも折り紙をいただけます。放送後保護者は荷物をすべて持ち小講堂に移り、終了するまで待ちました。
▷ 受験票と同じ番号の胸に着ける番号札をもらい、母親の洋服に着けました。教室へ行き受験番号が書いてある席に座り（母子並んで座る）折り紙をして待ちました。折り紙のほうが多かったです。
▷ アンケートの内容は、「志望理由」「本校を受験するにあたって留意した点」「健康面での注意点」でした。
▷ 説明会は6月・7月・9月の3回あり、内容は3回とも同じですが、各回とも出席者の氏名や受験児の名前を書く用紙が渡されますので、学校の教育方針などを理解するためにも、なるべく多く出席されたほうがよいかと思います。各回とも申し込み制で、当日入口で名簿でのチェックがありました（受験児の名前で作成されていました）。

■面接では…
▷ 面接は広い応接室でしたので、少々緊張しましたが、先生方が穏やかに質問してくださったので、落ち着いて答えることができました。
▷ 面接では、子どもへの質問が終わると、前に置いてある折り紙や塗り絵をして待っているよう言われました。親への質問が終わると、輪ゴムを渡されて、紙を巻き、輪ゴムでとめるよう指示がありました。
▷ 面接は、何度か学校説明会などで先生とお会いしておりましたので、和やかな雰囲気でおこなわれました。
▷ 面接では、両親ともに左胸に番号札をつけました。
▷ 先生方がにこやかで、和やかな面接でした。あっという間の時間でした。
▷ 面接は数カ所に分かれておこないました。
▷ 子育てや家庭の質問が多かったように思います。こちらの返答もじっくり耳を傾けて聞いてくださり、

和やかな雰囲気でした。教頭先生がメモをとっていらっしゃいました。
▷ 1階受付で母親に受験番号の入った札を渡され、在校生に教室まで案内してもらい番号の貼ってある机に着席します。考査開始までは、トイレを済ませてから折り紙をして待ちました。
▷ 面接室は6部屋同時に進行していました。
▷ とても和やかに面接していただきましたが、じっくり話を聞いてくださるので言葉選びに気をつかいました。父親への質問が集中し、ふだんどれだけ子どもと接しているかを確認されているようでした。副校長先生は椅子の入れ方まで見ていたと主人は言っており、一挙手一投足まで気をつけたと申しておりました。
▷ 父親への質問が多く、父親中心に質問されていました。アンケートに関する質問は1つだけでした。
▷ オンライン面接では3人が同時に映るようにとの指示でしたので、密着していたせいか子どもは少し緊張感にかける感じでした。

アドバイス

▷ 説明会で入試内容について説明があります。学校行事には多く参加して、雰囲気に慣れておくのがよいと思います。
▷ 何度かオープンスクールに参加しておりましたので、子どもも学校の雰囲気に慣れており、落ち着いて考査を受けられました。オープンスクールは、できる限り参加されたほうがよいかと思います。
▷ お友達への思いやりや協調性を大事にされるとよいと思います。
▷ 親の面接は時間も短く、参考程度という印象でした。
▷ 絵画は大きな紙に描きますので、日頃から大きく堂々と描く練習が必要です。
▷ 通学組合もしっかりしていますし、会食メニューの食材の産地など、細かいところまでこだわってくださる、とても安心できる学校です。
▷ 学校の行事や説明会は年中のうちから行かれるとよいかと思います。
▷ 学校行事、説明会はできるだけ多く参加しましたが、面接のときに先生から「よくお見かけしますよ」と言われ、びっくりしました。
▷ 説明会で学校の教育方針を詳しく話してくださるので、家庭の教育方針と重ね合わせてアンケート用紙に記入するとよいと思います。
▷ 学校説明会や公開授業、個別相談などは極力参加して、顔を覚えてもらったほうがよいと思います。面接は保護者ひとりのみでも可でしたが、ほとんどの方が両親そろって面接を受けていらっしゃいました。考査当日の子どもの服装は2割くらいがキュロット姿でした。
▷ 子どもの考査の間は、保護者は講堂で待ちます。お茶のサービスがありました。学校説明会や公開授業、個別相談等は極力参加して、顔を覚えてもらったほうがよいと思います。面接は保護者ひとりのみでも可でしたが、ほとんどの方がご両親そろって面接を受けていらっしゃいました。考査当日の子どもの服装は2割くらいがキュロット姿でした。
▷ 子どもの考査中、待機する小講堂が少し寒いので、ショール等を持参されたほうがよいかと思います。対称的に子どもは汗びっしょりで帰ってきました。少し寒い日でも半袖のシャツにしてあげればよかったです。
▷ 模擬テストの点数であきらめず、子どもを信じ、明るく送り出すことが大切だと思います。
▷ 考査ではお友達との協調性を重視するようです。お友達のいやがることをやらないという約束ができるか聞かれました。
▷ 先生方の子どもたちに対する心づかいをとても感じました。一人ひとりがベストの状態で受験できるよう配慮されているように感じました。そのせいか、戻ってきた子どもたちはみんな笑顔でした。お友達と仲良くできるかということが重視されているように感じました。
▷ 桐杏学園の出版物「はらはらドキドキ入試面接」の本はとても参考になりました。質問事項に対して1つ1つ自分なりに答えを出して事前にメモ等をしておき、何度も書き直して当日を迎えました。

▷ 面接では実生活をそのまま聞かれたので、日常生活でもっと子どもとの会話を多くしておけばよかったと思いました。勉強も大切ですが、親子でお料理をしたり、掃除をしていたほうがよかったかもしれません。

▷ 面接模擬テストは数回受け、直前講習もすべて参加すべきだったと思いました。

▷ 面接では父親に対してふだん子どもとどのように接しているのかを聞いていたので、母親だけではなく、父親も受験に対しての面接に慣れていたほうがいいかと思いました。

▷ 面接では学校の教育方針の理解がどれ位されていて、家庭の教育方針と一致しているかということと、子どもの日常生活や健康面に関心を持たれていらしたようです。なるべく多く学校に足を運び、どのような子どもを望んでいるかを知ることが大切です。面接のときに、学校に足を運ばなければ知ることのできない事柄などをお話しできるとよいと思います。

▷ 母よりも父親に対しての質問が多く、「釣りをする」と言ったら「どこへ行くか」など、いろいろと質問されました。練習よりもふだんの様子を、自然に明るく落ち着いて話せばいいのだと思います。

▷ とにかく親にも子にも、いたれりつくせりの学校で、素の自分が出せると思います。

光塩女子学院初等科

〒 166 − 0003 東京都杉並区高円寺南 2 − 33 − 28 ☎ 03（3315）1911

▌形式と日程

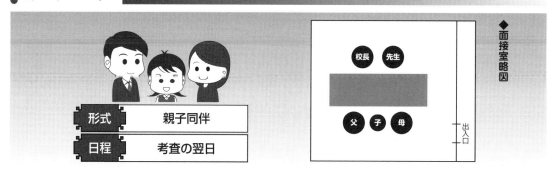

◆面接室略図

形式	親子同伴
日程	考査の翌日

親子同伴の面接が、考査の翌日におこなわれます。面接時間は 20 分〜 30 分。

▌質問の内容

父親へ

志望理由をお聞かせください。
本校をいつ頃お知りになりましたか。
いつ頃受験を考えましたか。
私立を志望する理由についてお聞かせください。
小中高一貫教育について、どのようにお考えですか。
ご家庭の教育方針についてお聞かせください。
教育で大切にしていることは何ですか。
今の学校教育についてどうお考えですか。
学校教育に望むことを教えてください。
本校に期待することは何ですか。
キリスト教についてのお考えを教えてください。
カトリックの学校についてどのようにお考えですか。
女子校についてどのようにお考えですか。
お仕事の内容を教えてください。
お仕事で大切にしていることは何ですか。
お仕事がお忙しいかと思いますが、お子様との時間をどのようにとっていますか。
ご自身のお仕事での信条を教えてください。
コロナ禍の自粛期間中、お子様とどのように過ごしましたか。
オンライン授業につてはどのようにお考えですか。
朝食はお子様とごいっしょに取られますか。
お子様とどんなことをして遊びますか。
女性が社会に出て仕事をすることについて、どのように思いますか。
子育てで大事にしていることは何ですか。
災害時の対応は大丈夫ですか。
ふだんはどんなお子様ですか。幼稚園ではどのような評価を受けていますか。
通学時間についてお聞かせください。…電車での通学に不安はありませんか。
電車を使うときにお子様に注意していることはありますか。
将来はどのような女性に育ってほしいですか。

お子様がおとなになっていくときに、何か心配な点はありますか。
お子様が成長したと思うことは何ですか。
お子様にとって、父親はどういう存在でしょうか。
これぞ父親の出番と思われることを教えてください。

母親へ

志望理由についてお聞かせください。
ご姉妹が違う学校に通うことについてお考えをお聞かせください。
お通いの幼稚園を選ばれた理由を教えてください。
お子様の幼稚園での評価を教えてください。
幼稚園教育の中で、どのようにすれば子どもがもっと成長すると思いますか。
カトリックについてどのようにお考えですか。
今日のお子様の状態はいかがですか。
ご家族での話し合いで、重要なことは何ですか。
お子様と信頼関係を築くうえで重要なことはなんですか。
お仕事をされていますか。…学校行事に参加できますか。
お仕事の内容について教えてください。
お仕事と子育てをどのように両立されていますか。
女子教育についてどのようにお考えですか。
家事の分担はどうされていますか。
子育てで気をつけていることは何ですか。
子育てで嬉しいこと、大変なことはありますか。
お子様の健康面についてお聞かせください。
お子様の性格を教えてください。
お子様の長所と短所についてお聞かせください。
お子様が今１番興味を持っていることを教えてください。
お子様にもう少しこうなってほしいと思われるような点はありますか。
お子様をどんなときに叱ったり、褒めたりしますか。
お子様についてご主人とどういうことをよく話しますか。
ご主人とお子様の関わり方についてどう思われますか。
お子様にとって父親とはどんな存在だと思われますか。

子どもへ

お名前を教えてください。
幼稚園の名前を教えてください。
幼稚園の担任の先生の名前を教えてください。
幼稚園の先生にどんなことで褒められますか。
幼稚園のお友達の名前を教えてください。…お友達とケンカをしますか。
幼稚園ではどんなことをして遊びますか。…お家ではどんなことをして遊びますか。
お友達のすごいところはどこですか。
お父さん、お母さんとは何をして遊びますか。
雨のときは教室で何をするのが楽しいですか。
昨日の試験は覚えていますか。…何が１番楽しかったですか。
昨日の試験で１人ずつ呼ばれたとき、先生に何か聞かれましたが覚えていますか。…何と
聞かれましたか。…何と答えましたか。
運動会では何をしましたか。

大きくなったら何になりたいですか。…そのために何をしていますか。
好きな食べ物と嫌いな食べ物を教えてください。…嫌いな食べ物が出たらどうしますか。
お母さんの料理で何が好きですか。
どんなときにお父さんやお母さんに褒められますか。また、叱られますか。
お手伝いは何をしていますか。…お手伝いで難しいことはありますか。
お兄さんとケンカすることはありますか。…そんなときはどうしますか。
弟とケンカをしたときのことを教えてください。
お父様とはどんなことをして遊びますか。
本を読みますか。…好きな本を教えてください。…どんなところが好きですか。
宝物は何ですか。
今１番欲しいものは何ですか。
どんなときに「ありがとう」と思いますか。
どんなときに「ありがとう」と言いますか。
最近頑張ったことを教えてください。
テストが終わったら何をしたいですか。
大人になったらしたいことは何ですか。

入試感想

■考査当日のこと…
▷ 控え室はホールでした。
▷ 考査日の待ち時間は２時間半で、読書をされている方が多かったです。
▷ 前年はアンケートがありましたが、今年はありませんと説明会で案内がありました。
▷ 控え室には学校の歴史の本が何冊か置かれており、自由に読んでくださいと言われました。
▷ 控え室は１年生の教室でした。机を３つつけてある席ができており、自由なところに座ります。みなさん折り紙をしたり、本を読んだりしておりました。
▷ 初日の控え室の講堂では、映像が流れていました。みなさん静かに本を読んでいました。
▷ 考査では体操服持参の指示でしたが、当日は不要となりました。キュロットの方も多くいましたが、運動はあまり多くないのでジャンパースカートで十分でした。
▷ 考査日は２０人くらいの人数を番号で呼ばれ、先生の誘導で試験会場に向かいました。
▷ ８時２０分から４０分の間に受付。８時５０分に点呼があり、受験番号順に考査へ向かいました。保護者はホールで待ちました。１１時に終了でした。
▷ 控え室は音楽が流れていました。
▷ １２時２０分に受付を済ませ、ゼッケンを付けて控え室で待機。１２時４５分になると約２０人ずつで呼ばれ、子どものみ教室に移動、テスト・工作・集団行動観察をおこない、１４時３０分頃にすべての考査が終了。
▷ 受付時刻より２０分ほど早めに到着しましたが入場できました。終日、食堂のようなホールで受験番号ごとに４カ所受付があり、受験票を提示してゼッケンを受け取って待機します。受付終了時には６人がけのテーブルがほぼ満席で、相当な人口密度と熱気になります。１２時４５分から点呼がはじまり（約２０名ずつ）、番号を呼ばれた子どもは通路に出て考査会場に移動します。最終グループの移動は１３時を回っていました。
▷ 受付は番号によって３つに分かれていました。子どもは受験番号順に呼ばれ、親は同じ場所で待機していました。
▷ 静かな曲が流れる広い控え室で、子どもたちは静かに折り紙やお絵かきをして待っていました。親子の様子をチェックしているようなことはなかったと思います。
▷ やや小さめのホールで、他の受験生と向かい合わせに座るようになって２０分くらい待ちました。折り紙やあやとりをして待ちました。
▷ 考査は受験番号順に２０人ずつのグループでした。行動観察の教室が滑りやすく、花いちもんめのと

きに、転ぶ子どもが数名いたそうです。

■面接では…

▷ 面接日は受付を済ませると、2 階へ移動します。第 1 控え室から第 2 控え室、面接室へと、あまり待たずに進行していきました。

▷ 控え室には冊子が数冊あり、自由に見てよいとのことでした。

▷ 1 階で折り紙や本を読んで待機していると、受験番号がアナウンスされ、2 階の控え室へと移動します。先生が呼びに来たら別の部屋に移り、ブザーとともに向かいの面接室へ入ります。

▷ 面接の控え室は、面接室の隣の部屋でした。荷物はすべて控室においておきます。

▷ 面接では、挨拶をせず椅子に座ってくださいと言われました。

▷ 面接のときも子どもはビブスを着用します。

▷「入退室は速やかに」と案内がありました。

▷ 面接は優しく温かな雰囲気でした。

▷ 面接は和やかななかにも緊張感がありました。時間が短かったため不安でした。

▷ 面接室は 3 部屋ありました。入室時の礼は不要と注意書きにありました。

▷ 面接の注意事項で、入退出の順番は入室時が父親→子ども→母親、退出時が入室時の逆で母親からとありました。

▷ 面接時間は予想より短く、待ち時間のほうが長かったです。

▷ 面接までの待ち時間は、折り紙をして待ちました。読書をされている方が多かったです。

▷ 率直ですが、温かい雰囲気でした。時間が短いこと、校長先生から感じ取れる知的な雰囲気から、「エピソードで情感に訴えるより簡潔に論理的にお話ししたほうがよいのでは」と判断しました。父親が話している間の母親の表情などをしっかりと見ていらっしゃって、親を見極めている姿勢を感じました。校長先生のお手元に細かい表があり、（横長のため）定規をあてて確認してらっしゃるのが見えました。考査で子を、面接で親を見ていらっしゃるのだと思いました。

▷ できれば両親で参加ということで、ほとんどの方が両親でいらしていました（母親のみは 2〜3 組）。

▷ 本当に父、母、子、それぞれに 1 問ずつの質問で驚きました。入退室はスムーズに行くよう細かく指示が貼られていました。

▷ 父親が欠席のため、欠席理由などを書いた手紙を持っていきましたが、目も通すことはなく質問が終わりました。

アドバイス

▷ 問題はバランスよく出題されていたと思います。

▷ 日々の生活を丁寧に過ごし、子どもと向きあって、家族が皆笑顔で過ごすことが 1 番だと思います。待ち時間が長いので、大人は本、子どもには絵本や折り紙があるとよいと思います。

▷ 子どもは朝が苦手なので、あえて後方の受験番号を取りました。早い番号を取るのが定石なので不安もありましたが、子どもも万全の態勢で考査に臨むことができたと思います。

▷ 受験服から体操着、体操着から受験服への着替えの練習（丁寧なたたみ方、体操袋へのしまい方など）をしておいたほうがよいと思います。

▷ 先生からキリスト、マリア様についてお話があったそうです。聞く態度もチェックされているようです。

▷ ビブスが少し大きいので、安全ピンなどで調整してもよいと思います。

▷ 初日の考査でほぼ決まっているのか、面接は確認のような感じでした。とても和やかでした。

▷ ペーパー重視と聞いておりましたが、本当にそうなんだろうと思いました。面接では、受け答えや家庭状況の確認だけのように感じました。

▷ 行動観察はかなり重要だと思います。

▷ 折り紙、絵本など用意したほうがよいと思います。

▷ 時間がきっちりと決まっていて終了のベルが鳴りました。話している途中でもベルが鳴ると終わってしまいます。聞かれることはごくふつうのことなので簡潔に答えられるようにあらかじめまとめておくとよいでしょう。途中で打ち切られることを考えて先に結論（伝えたいこと）を持ってきたほうが

よいと思いました。

▷ 説明会に1度も参加できませんでしたが、特に指摘されることはありませんでした。

▷ 運動会に予約して出席すると、名簿が作られており、席が用意されています。

▷ 11月のバザーに参加しました。輪なげや魚釣りなどを楽しみました。校舎の中に入れますのでおすすめです。娘はバザーに参加して「私ここに行く」と言っておりました。

▷ 提出書類は黒のボールペンまたはペンで記入し、誤記は2重線で消します。その際に訂正印は不要で修正液は不可です。記載内容は住民票と必ず一致するように、異なる場合は入学を取り消すとありました。

▷ 受験番号によって子どもの試験が午前と午後に分かれます。午前は集合が早いので、遠方の方は遅めの番号を取るよう書類に記されていました。

▷ 考査・面接とも、ジャンパースカートにブラウスの方が多かったです。ゼッケンをつけるときに、ボレロを脱ぐ方がほとんどでした。

▷ ゼッケンの肩ひもがかなり長く、折りたたんで安全ピンで留めました。皆さん安全ピンを持参されていましたが、受付でもお借りできるようでした。

▷ 上履きを入れる袋の用意がないので持っていくことをお勧めします。

▷ ゼッケンの紐が固く厚くて長いので、結びづらかったです。事前に桐杏学園の先生よりアドバイスをいただき、小さい安全ピンを用意していったので、短くできてとてもよかったです。

▷ 面接の控え室では、黒板に注意事項が書いてあるので、確認されたほうがよいと思います。また、記念誌が10冊程度置いてあり、「ご自由にご覧ください」とのことでしたので、前の方が呼ばれるまで娘と読んでおりました。

▷ 面接は欠席される方もいるので、予定時間より早く始まる可能性がありますが、待ち時間は受験番号に分けられるスケジュール次第なので、人によってまちまちだと思います。

▷ 当日は先生が学校の周囲を巡回されています。学校に入る前や終わったあとも気を抜けません。

▷ 子どもがテストを受ける間や受付してから待つところは、やや小さめの「学食」といった雰囲気の所で、他の受験者と向かい合わせです。待ち時間を過ごすための雑誌や本、子どもは折り紙などを必ず持参したほうがよいと思います。

▷ 難しくて誰もできそうもない問題が毎年1、2問あるのでそれ以外ができればよいのだと思います。

▷ ペーパーの時間が短いので、いかに早く量を正確にこなすかだと思います。夏に1日6時間は勉強していたので、9月頃には余裕ができました。考査中は常に3、4人の先生がメモを取りながら見ており、少しでもふざけていると不合格になってしまうようでした。

▷ ペーパー重視なので枚数をこなしてスピードアップすることが必要だと思います。

▷ ペーパーテストは話の理解が2問出て、最初と最後に出題されたと言っていました。先生の言うことをきちんと理解して行動できる子を選びたいのだと思います。授業見学の参加や特に親睦会は入試直前ですが参加をおすすめします。

▷ 内部受験は皆知っている人ばかりなのでいろいろなうわさが出ますが、うわさは気にせず当日に向けて頑張るのみです。当日のペーパー・集団テストで決まるようです。

▷ 受験に対してはいろいろなうわさに惑わされず、可能性がある限り前向きに頑張り続けることが大切だと思いました。

▷ 指示行動では「体操」「ごっこ遊び」「絵を描く」「工作」など、毎年何が出題されるかわかりませんので、直前対策のコースも受講しておいてよかったと思いました。

▷ 行動観察もよく見ているようなので、ふだんからお友達と仲良く楽しく関われるようにしておいたほうがいいと思います。

▷ ペーパーテスト以外に本人の対応力（聞く力）を求められているので、講習、テストもできるだけ受講して、経験を積ませることが大切だと思いました。桐杏学園の直前コースでのプリントに似た問題が出題されたと言っていました。

▷ 過去の出題にとらわれずに、あらゆる問題に触れることが大切だと思います。

▷ 問題の傾向対策だけでなく、見直しができるくらいのスピードと、満点を取るくらい完璧にしなければ難しいと思いました。子どもは最後までできなかったプリントがあったと言っていました。

▷ 考査・面接とも時間通りに進められていきますので、トイレなど、早めに済ませておかれるとよいと思います。

▷ 考査では、最初に黒板で○のつけ方や訂正の仕方の説明があり、試験が始まるとすぐに消されたようです。

白百合学園小学校

〒102 − 8185 東京都千代田区九段北 2 − 4 − 1 ☎ 03（3234）6662

形式と日程

形式	親子同伴
日程	考査日以前

◆面接室略図

親子同伴の面接が考査日の前におこなわれます。面接時間は 10 分程度

質問の内容

父親へ

志望理由をお聞かせください。
本校をどのようにお知りになりましたか。
なぜ数多くある私学の中で、本校を選びましたか。
本校のどこに魅力を感じました。
本校には何回いらっしゃいましたか。…その時の印象を教えてください。
本校に期待することは何ですか。
ご家庭の教育方針についてお聞かせください。
本校の教育理念で、賛同していただけることは何ですか。
女子校での12年間ということをどのようにお考えですか。
カトリック教育についてどのようにお考えですか。
宗教教育が強いですがどのようにお考えですか。
お仕事について教えてください。…お仕事をする上での信条は何ですか。
平日はお子様といっしょに夕食をとっていますか。
お子様とのコミュニケーションはどのようにとりますか。
家ではお子様とどのような遊びをしていますか。
お通いの幼稚園はどのような幼稚園ですか。
幼稚園の行事は参加されていますか。
通学経路を教えてください。…慣れるまで送り迎えはできますか。
今日のお子様の様子を見て、どのように思いますか。
最近お子様が成長したと思うところは、どのようなことですか。
お子様と接するときに大切にしていることは何ですか。
お子様の名前の由来をお聞かせください。
お父さまからご覧になった、お子様の性格についてお聞かせください。
将来はどんな人になってほしいですか。
最近の家族の楽しかった出来事は何ですか。
最近お子様から聞いた話を教えてください。
最近お子様が興味を持っていることは何ですか。
奥様のどんなことをお子様に引き継いでほしいですか。

ご自身がホッとするときはどんなときですか。
ご家庭での父親の役割についてどうお考えですか。
「情報化」とういうことについて、よい点と悪い点をお聞かせください。
国内外の出来事で関心のあることを教えてください。
今この時代について、どのようにお考えですが。
子どもを取り巻く社会情勢の中で、気になることはありますか。

母親へ

本校に期待することを教えてください。
共学、男子校、女子校の違いについてお聞かせください。
女子校で気になることはありますか。
学校説明会の感想をお聞かせください。
本校の生徒の印象をお聞かせください。
お子様が本校に合うと思われることを教えてください。
小学校受験をいつから考え、どのように準備しましたか。
本校の志望を決めた時期はいつですか。お通いの幼稚園はどんな幼稚園ですか。
幼稚園の先生から、どのようなお子さんだと言われていますか。
幼稚園に通うことで身につけたことを教えてください。
コロナで休みの間は、ふだんと違ったことをされましたか。
コロナウィルスにより、心にも影響があると思いますが、どう思われますか。
お仕事についてお聞かせください。
ご自身のお仕事について心を砕いていることを教えてください。
本校に入ってからの、緊急時の対応についてお聞かせください。
子育てで苦労したことを教えてください。
子育てをするうえでの１番の喜びは何ですか。
健康な子どもに育てるための１番の秘訣は何ですか。
子育てで困ったら、だれに相談しますか。
子育てで印象に残っていることを教えてください。
お子様の長所と短所を教えてください。
お子様とお母様が似ているところを教えてください。
お子様にもう少し頑張ってほしいところは、どんなところですか。
上のお子様は妹さんが生まれてから何か変わりましたか。
お子様が学校でトラブルにあったらどうしますか。
ご家庭でのしつけについてお聞かせください。
ご主人のどんな背中を見ながら育ってほしいですか。
お子様にはどのように育ってほしいですか。
お子様の名前の由来を教えてください。
お子様は本が好きですか。…お子様に本を読んであげていますか。
お母様の得意な料理は何ですか。
食事に関して気をつけていることを教えてください。
お子様の好きな食べ物と嫌いな食べ物を教えてください。
お子様のお稽古ごとについてどうお考えですか。
お子様が最近できるようになったことは何ですか。
お母様が子どものころ熱中したことは何ですか。
本校で６年間を過ごすことでどのような人になってほしいですか。
家庭生活の中で１番大切にしてきたことを教えてください。
さすが我が子と思えることはどんなことですか。
今、お子様が１番夢中になっていることは何ですか。
お母様にとって一生懸命とはどのようなことですか。
国内外の出来事で関心のあることを教えてください。

子どもへ

お名前を教えてください。
幼稚園の名前を教えてください。…何組ですか。…ほかに何組がありますか。
幼稚園の先生の名前を教えてください。…どのような先生ですか。
お友達の名前を教えてください。
お友達とは何をして遊びますか。…ほかに何をしますか。
幼稚園の園庭にある遊具を教えてください。
外遊びは何をしますか。…雨の日は何をして遊びますか。
外で遊ぶのとお家の中で遊ぶのとでは、どちらが好きですか。
幼稚園で何をするのが好きですか。
コロナウィルスって知っていますか。…どんなことに気をつけていますか。
運動会では何をしましたか。…どんな種目がありましたか。…何が大変でしたか。
この学校に来たことはありますか。…何か覚えていることはありますか。
この学校のことをどう思いますか。
今日はどのように来ましたか。
電車に乗るときに気をつけていることは何ですか。…それは誰から教わりましたか。
いっしょにいる時間は誰が長いですか。
幼稚園から帰ってきたら、何をして遊びますか。
男の子とも遊びますか。
お家でお父さん、お母さんとどんな遊びをしますか。
お父さん、お母さんのすごいところを教えてください。
好きな食べ物と、嫌いな食べ物を教えてください。…どうしてですか。
幼稚園はお弁当ですか、給食ですか。
お弁当の中に入っていると嬉しいものは何ですか。
お弁当に嫌いなものが入っていたらどうしますか。
お母さんのつくる料理で好きなものは何ですか。
お菓子は好きですか。…1番好きなものは何ですか。
好きな絵本はありますか。…お話の内容を聞かせてください。
ふだんお母さんに絵本を読んでもらいますか。…本は自分で読めますか。
よく見るテレビ番組は何ですか。
お手伝いはしますか。…どんなところに気をつけていますか。
習い事をしていますか。（英語と答えると）…英語で何か話せますか。聞かせてください。
何かを育てたり、飼っているものはありますか。
図鑑で調べものをするとき、どうやって調べますか。
得意なことは何ですか。
最近、どこかに3人でお出かけしましたか。…何をして遊びましたか。
お休みの日はどこに行きますか。…どうやって行きますか。…どこが面白いですか。
自転車は誰が教えてくれましたか。
どんなときにお父さん、お母さんに「ありがとう」と言われますか。
お母さんに褒められることは何ですか。…どんなことで叱られますか。
お家でペットを飼っていますか。
今、一生懸命やっている（頑張っている）ことは何ですか。
大切にしている宝物は何ですか。
小学生になったら何がしたいですか。
将来の夢は何ですか。…どうしてですか。
大きくなったら何になりたいですか。…それはなぜですか。…そのために今どんなことをしていますか。
家族でしたことで、楽しかったことは何ですか。

入試感想

■考査当日のこと…

▷ 考査日は受付が済むと、すぐに子どもが誘導されます。考査時間は1時間でした。

▷ 考査日はゼッケンをつけて準備ができると、在校生に誘導されて考査室に向かいました。

▷ 考査日の控え室は講堂でした。

▷ 考査当日の控え室は講堂で、席は自由でした。

▷ 控え室では、本を読む子、あやとりをする子、お母様と手遊びをする子などさまざまでした。

▷ 控え室では、持参した絵本を読んだり、折り紙をして待ちました。

▷ 控え室にはパイプ椅子が3つずつ20組程度並んでいました。

▷ 控え室はとても静かで、話をできるような状況ではありませんでした。室内には常に先生が数名いらっしゃいます。

▷ 控え室はとても静かで、本を読んでいる方が多く、編み物をされている方もいました。

▷ 自由遊びのあとトイレ休憩がありました。

▷ ペーパーテストのあと別室で、在校生が紙芝居を読んでくださり、保護者が来るのを待っています。

▷ 8時に受付、上履きに履き替えて受け取ったゼッケンを着用すると、在校生の誘導で子どもは考査へ。親は講堂にて待機。11時10分から順次、十数名のグループごとに点呼があり、子どもと合流、ゼッケンを返却して終了。

▷ 解散時間は30名ずつ順不同で呼ばれ、かなり時間がかかりました。次の予定がある方たちは、出口近くに移動していました。

▷ 待っている間は、椅子に座って応援している。

▷ 子どもの考査の待ち時間は、何度か折り紙やあやとりをする部屋に行ったようです。

▷ 行動観察のときは折り紙をする人が多く、あやとりのコーナーはあまりいなかったようです。

▷ 受付は番号により3つのグループに分けられ、別々の場所でした。

▷ 考査終了後は親が10名ずつぐらい呼ばれ、廊下で待つ子どものところに行きます。

▷ 控え室の講堂にはクラッシックが流れており、外のロビーにはほうじ茶の用意がされていました。皆さんそれを飲みながらお話ししたり、読書したりしていました。

▷ 講堂の中には先生はいらっしゃいませんでした。

▷ 受付時に子ども用のゼッケンと親用の受験番号が記入された札を渡され、胸につけるよう指示がありました。

▷ 8時に3カ所に分かれて（1〜120番は2階、121番〜240番は1階、241番〜はB1階）受付が開始され、ゼッケンを受け取ります（8時前より講堂入り口に行列あり）。ゼッケンをつけると在校生（6年生）が子どもたちを一人ひとり案内してくれます。保護者はホールで待機します（座席自由）。個別テストで待っている間は上級生が遊んでくださったり、自分の好きな遊びをしていたようです。11時半頃から受験番号を順次呼ばれて子どもと再会します。

■面接では…

▷ 面接では、番号札を父親が首からかけました。面接室に入室してすぐにマスクを外すように指示がありました。

▷ 面接日は控え室に15〜20組くらいが待っていました。番号を呼ばれて2階の面接会場に向かい、教室前で待機します。

▷ 受付をすませ、番号札を首からさげて待合室で待ちました。席は前方から詰めて座りました。3組ずつ呼ばれて面接室前で待機しました。

▷ 面接の待ち時間は、みなさん長かったと思います。折り紙やあやとりをしている子がいました。

▷ 5組ずつ呼ばれ、面接室の廊下で椅子に座って待ちます。

▷ 面接官の先生方は終始にこやかで、穏やかな話し方でした。

▷ 面接では、男性の先生が子どもへ質問をし、両親には教頭先生から質問がありました。

▷ 面接室のドアを先生が開けてくださいました。

▷ 面接では女性の先生から子どもへ、男性の先生から両親に質問がありました。

▷ 面接室は1年生の教室3か所にわかれていました。面接官は女性の先生3人で、穏やかで和やかな面接でした。

▷ 面接は緊張感あふれる雰囲気でした。

▷ 面接では２人の先生が質問をして、もうひとりの先生がメモをとっていらっしゃいました。

▷ 面接の最後に子どもに対して、「11月にまた来てください」と言ってくださいました。

▷ 面接の最後に「ケガをしたり風邪を引かないように気をつけて、もう１回学校に来てくださいね」と子どもに言ってくださいました。

▷ 面接当日はかなり緊張していましたが、和やかな雰囲気で始まりました。質問は子ども中心でした。親に対しては、願書の確認のような感じでした。

▷ 面接の控え室には３人１組の椅子が12組ほどありました。早く着いた家族から詰めて座ります。常に先生方が出入りしています。家族の様子をチェックされている感じでした。

▷ 応答に対して１つ１つ同調していただき、とても話しやすく、心遣いを感じました。

▷ 面接ではドアの開閉をされる方がおりました。椅子の手前に荷物置き場がありました。

▷ 先生方は膝の上に資料があるようで、そちらを見ながら質問されていました。

▷ 質問についての返答が詰まってしまっても、待ってくださいました。和やかな雰囲気でした。

▷ アンケートは直接面接官に渡します。

▷ 子どもの答えに対して笑顔で聞いてくださり、とても和やかな雰囲気でした。

▷ 面接官の方は、こちらの応答内容など細かくメモをとられていました。

▷ 面接の先生方は口調や表情が穏やかで、子どもにも優しくわかりやすく質問していただきました。終始和やかな雰囲気でした。

▷ 面接では笑いの起こる場面が多々ありました。

▷ アンケートの家族状況、家族写真をよくご覧になっていたようです。

▷ 子どもに対して褒めていただいたり、母親の応答後も「様子がよくわかりました」などのお言葉をかけていただきました。

▷ 面接では前の番号の方がいらっしゃらず、予定より早く始まりました。１年生の教室３部屋を使っておこなわれました。上履きは必要ありません。

▷ 控え室の前列から３組ずつ呼ばれて、面接がおこなわれる教室の前で座って待機しました。受付で渡された番号札を首から下げておきます。面接官は３名で、右の女性教員が記録を取っていました。校長先生はとても朗らかな方で、身を乗り出すようにして質問をされていました。話の切り返しが早いので、ついついこちらの素の姿が出てしまい、あとで反省しましたが、結果的にはかえってそれがよかったのかも知れません。父親が１分ほど固まってしまったことがありましたが、私は隣でうなずくことしかできず、「がんばれ～」と念を送りました。

▷ 控え室で椅子に座って10数組がいっしょに待機しました。その中から到着順に呼ばれて面接が開始されました。子どもに対する質問がほとんどで、会話のように次々と発展していく質問ばかりでした。「運動会でどんな種目に出たの？」や「家族のためにしていることは？」など子どもの語彙力がないと答えにくい質問もあったように思います。保護者に対する質問は形式的というか、確認事項のような気がしました。

▷ 校内には案内の方がたくさんいて、丁寧にご案内していただきました。１年生の教室で、３部屋同時におこなわれていました。面接官の先生ご自身がドアを開けてくださり、和やかな雰囲気で始まりました。[子ども→女性の先生] [父→男性の先生] [母→男性の先生] の順で質問がありました。子どもも緊張のなか、頑張って答えていました。女性の先生がじっと子どもの様子を見ながら、テーブルの下でメモを取っているようでした。最後に「11月１日、風邪などひかぬよう気をつけて元気に来てくださいね」とあたたかい言葉を頂きました。

▷ 父親が同席できないことが事前にわかっていたので、学校に電話をして対応を聞きました。委任状を出すよう指示がありました。

▷ 母親が仕事をしている場合はそのことについて質問がされたようでしたが、思ったより短く感じました。ゆっくりとした口調で、助言を交えながら質問してくださるので、母子ともに話しやすい雰囲気でした。

▷ 面接では親子３人とも上履きは不要でした。

▷ アンケートを見ながらの質問ではありませんでした。

▷ 優しい雰囲気で和やかに進み、最後に校長先生が「試験頑張ってください」とおっしゃいましたが、今思えば結局ペーパーがすべてということだったのでしょう。同点で並んだときには面接の印象できまるのでしょうが、まずは学力第一ということがよくわかりました。

▷ 父親が受験番号のワッペンをクリップで留めて、左胸につけました。受付は10分前に開始で、次の

順番を部屋の前に用意された椅子で待ちます。貴重品以外の荷物はかごに置き、入退室時の扉の開閉は教頭先生がしてくださいました。着席後、子・父・母の順で、子どもには教員から、父母には校長先生から質問がありました。

▷ 思っていたとおりにシスターの問いかけは優しく、質問内容はともかく、答えやすい雰囲気でした。子どもが質問に答えられないと助け船を出してくださいました。

▷ シスターも先生もたいへんお優しく、私どもや子どもの言葉を1つ1つ丁寧に頷きながら聞いてくださいました。特に子どもの答えには必ずコメントをくださいました。「また来てね。今度も今日みたいにたくさんお話ししてね。」とお言葉をかけてくださり、心からうれしく思いました。

▷ 大人のスリッパは学校のもので、子どもは上履き持参でした。入退室はせわしない感じでした。

▷ 桐杏学園の面接模擬でいろいろと御指導いただきましたので、本番ではリラックスして笑顔で答えることができました。

▷ テーブルクロスがあり、子どもは胸から上しか先生方に見えません。とても和やかで笑顔でした。

▷ 終始穏やかな雰囲気で、母親の仕事にも理解を示してくださいました。

▷ 子どもが答えにつまった時にやさしくフォローをしてくださいました。

▷ 入室、退室ともに先生方が立ってあいさつをしてくださり、感激いたしました。

▷ 校長先生は私たちの言っていることにも「そうですよね。○○○○」と応じてくださり、日常会話をしているような雰囲気で、あっという間に終わってしまいました。

アドバイス

▷ 父親の子どもへの関わり方が重要だと思いました。

▷ 8時からの集合でした。あまり早く行くと外で待たされ、寒くて大変です。ギリギリでもいいと思います。

▷ 校内ではあらゆるところに先生が立っておられ、様子を見られています。

▷ 先生方はみなさんすばらしいと思いました。

▷ 受付時間の10分ほど前に到着しましたが、すでに行列ができており、受付は8時過ぎになりました。受付後、ゼッケンを付け、上履きを履いて準備を終えると、6年生の児童が声をかけてくれ、手をつないで元気に考査へ行きました。考査は[行動観察→個別テスト→ペーパー]の順で、考査時間が長いため、子どもが疲れてしまうことを考慮した対策を考えておくとよいかもしれません。在校生の方々が優しくて、子どもは楽しかったといって帰ってきました。

▷ 受験当日は付き添いの人も待ち時間が長いので、本などを持っていくのがよいと思います。

▷「子どもらしい子」よりも、「きっちりしていておとなしい子」を求めているように感じました。目立つ行動をするより、地道にこつこつ作業をする子が合格するように思います。受験する際には、自分の子どもが学校の校風に合うかどうか、よく考える必要があると思います。

▷ 控え室はクラシック音楽が流れる講堂でした。3時間ほど待つことになるので、本などを持参して読んでいる方が多かったです。外出は可ですが、する方はほとんどおらず、とても静かでした。時間が経つにつれて足もとが冷えてくるので、ひざ掛けなど防寒対策をしていったほうがよいと思います。

▷ 試験中、親は講堂で待ちました。集合から解散まで3時間くらいあるので皆さん本などを読んでいました。

▷ 子どもたちの待ち時間は結構あるようです。待ち時間中は、在校生の方が紙芝居を読んでくれたり、ビデオ「白雪姫」を全部見たようですが、その感想などを聞かれることはなかったようです。

▷ 受付開始の少し前に着きましたが、長い列ができていました。朝は寒いので、コートなど羽織るものがあればよかったと思いました。

▷ 受付時間まで外で待つことになるので、お子様には上着が必要かと思います。半分以上の方が紺のコートを着ていました。

▷ 待ち時間はあやとりをしているお子様が多かったです。

▷ 子どもに対してはどんどん質問されるので、テキパキ答える必要性を感じました。

▷ 子どもへの質問が多く、会話力が必要です。

▷ 面接での子どもへの質問は、深く、細かく聞かれました。

▷ 面接では連鎖的、発展的な質問が多く子どもにされます。大人と話をするときに、聞かれたことにきちんと答える習慣が大切だと感じました。家庭の状況をふまえての質問が多いので、ふだんの温かい様子が伝わるように答えられればよいと思います。

▷ 面接時、事務の方が扉の開閉をしてくださり、入室したとたんにお座りくださいと声をかけてくださいます。こちらからの挨拶のタイミングが難しいのですが、入退室の際は必ず家族揃って挨拶をして、まとまりのある様子を表現したほうがよいと思います。

▷ 面接では家庭の様子・親子関係を見ているようでした。親から見た子どもの性質などを聞いて、あとの行動観察で裏付けをとっている感じがしました。親がどれだけ子どもに気を配っているかが大きなポイントのようです。

▷ 提出書類の記入は例年通りとてもたくさん書きました。何度か下書きをして文章をじっくり考えたほうがいいと思います。

▷ あやとり、折り紙など遊んだ後はどうするかを決めておくとよいと思います。

▷ カトリックの学校なので、やはり地味な人を好んでいるように感じました。面接でも質素な方が多かったです。

▷ サブバッグなどを持っているお子さんはいなかったです。ペーパーは時間が足りなかったようです。スピードが必要です。

▷ ペーパーはそれほど難しくなかったのではと思いますが、若干時間が短いかもしれません。合格者のなかには保育園の方も三つ編みでない方もいましたので、それほど堅苦しく考えなくともよいかもしれません。

▷ 4月スタートという他の方よりもかなり遅めの受験でした。親に受験に対する知識もなく、コネもなく、姉も公立小学校に通っています。それでも本人にやる気があれば何とかなるものなのですね。本人の「勉強したい」という気持ちを信じて、半年間頑張ってきた成果が出て、とても嬉しく思っています。お子さんの力を信じて自信を持って送り出してあげれば、きっと大丈夫だと思います。

▷ 試験内容は、桐杏学園の「そっくりテスト」が「1番本番みたいだった」と子どもが言っていました。伸芽会の「白百合チャレンジ」、めえでるの「白百合合格テスト」なども経験させていただきましたので比較ができました。

▷ ペーパーテストはやはり速さが必要だと思いました。風呂敷の指示は目の前に先生がいましたが、テープでの指示で少しびっくりしたそうです。

▷ テストを受けていないときは、控え室で折り紙・あやとり・お絵描きセット・紙芝居が用意されていて、在校生に遊んでいただきながら待っていたそうです。また、控え室には先生1人だけで、チェックされている様子はなかったとのことでした。

▷ 子どもが試験の順番を廊下で椅子に座って待つ間、先生と在校生が前で見ていたそうです。

▷ ペーパーテスト・個別テストはひねった問題は出題されませんでした。

▷ 行動観察は入念でコミュニケーション能力を重視しているように思いました。

▷ 本当にいろいろなうわさ話を耳にしますが、結局は単なるうわさであることがほとんどです。必ず自分の目で確認することや、惑わされないことが大事だと思います（ブランド、写真館、写真はカラーか白黒か、など）。また実際に見学に行くと、がっかりする学校もありますので、説明会や授業見学には参加されたほうがよいと思います。

聖心女子学院初等科

〒108 - 0072 東京都港区白金4 - 11 - 1 ☎ 03 (3444) 7671

形式と日程

形式	親子同伴
日程	考査日以前

◆面接室略図

親子同伴の面接が、考査日以前におこなわれます。時間は10〜20分。

質問の内容

父親へ

志望理由を教えてください。
数ある学校のなかから本校を選んでいただいたのはどんな理由ですか。
本校を知る上で、情報収集はどのようにしましたか。
願書を書く際に、ご両親で相談されたことを具体的に教えてください。ご家庭の教育方針と学校の方針の共通点は何ですか。
カトリックについてどのようにお考えですか。
宗教教育について、どのようにお考えですか。
女子校についてどのようにお考えですか。
ほかの学校と比較してユニークだと思われることをお聞かせください。
4・4・4制についてはどのようにお考えですか。
願書に書かれている、このエピソードについて詳しく聞かせてください。
願書に書かれている性格のことを具体的に教えてください。
通学方法を教えてください。
通学時間が長いですが、大丈夫ですか。
朝食はいつも何時ぐらいにとりますか。
学生時代や社会人での経験で、子育てに役立ったことはありますか。
ご自身のお仕事をお子様にどのように説明されていますか。
週末はお子様とどのように過ごしていますか。
「子どもは親の背中を見て育つ」と言われますが、お父様はお子様にどういうところを学んでほしいと思っていますか。…その成果について具体例を交えてお話しください。
お子様が幸せだと感じるのは、どのようなときだと思われますか。
お子様が成長していると思うことを、具体的にお話しください。
今朝はお子様とどのようなお話をされましたか。
お子様の好きな遊びを教えてください。
お子様にはどのように育ってほしいとお考えですか。
お子様はお父様のどういうところが好きだと思いますか。
お子様に「お話をしてほしい」と言われたら、どのようなお話をされますか。
お子様の言葉で感動したことはありますか。

お子様が最近頑張っていることを教えてください。
お子様の成長で不安なこと、注意していることはありますか。
お子様の誕生日はどのように祝いますか。
お手伝いは何をさせていますか。
お手伝いができるようになったお子様を見て、どう思いますか。
これまで1番楽しかったことを3人で相談して、お子様が発表してください。
これまで行ったことのある場所で、もう1度行ってみたい所を3人で相談して、お子様が発表してください。
本校に伝えておきたいことはありますか。

母親へ

願書に書いてあることで、エピソードを詳しく教えてください。
女子校についてどのようにお考えですか。
ご自宅から本校まで遠いようですが、大丈夫ですか。
お子様が得意なことを教えてください。
幼稚園のお母様達とは、どのようなお付き合いをされていますか。
お子様の名前の由来を教えてください。
食事で気をつけていることは何ですか。
最近お子様を褒めたことは何ですか。お子様に対してやってみてください。
お友達と遊ぶときに気をつけることを、今ここでお子様にお話しください。
お子様はいつも何時頃に起床しますか。
今朝はお子様をどのように励ましましたか。
子育てでご主人と意見が違ったとき、どのように解決していますか。
子育てで気をつけていることをお聞かせください。
お子様の性格を表すエピソードを教えてください。
子育てをしていて世界観が変わったことを教えてください。
子育てにおいて親の役割は何だと思っていますか。
お仕事をされているようですが、学校行事などへの参加は大丈夫ですか。
お仕事をされていますが、お子様との時間はどのように過ごしていますか。
ご主人にはどんな父親でいてほしいですか。
お父様のお子様への関わり方を見てどう思われますか。
お子様の好きなテレビ番組を教えてください。
お子様のどんなところを伸ばしていきたいと思いますか。
お子様に我慢をさせることはありますか。
季節の行事で大切にしていることは何ですか。
最近お子様をどんなことで褒めましたか。
最近お子様を叱ったのはどんなときですか。
命の大切さを、ここでお子様に教えてください。
物を大切にするということについてどのようにお考えですか。
物を大切にするということについて、今ここでお子様に説明してください。
女性の社会進出が言われていますが、どのような女性になってほしいですか。
お子様に、素直な心であやまることの大切さを、今ここで教えてあげてください。
お子様に対して、お友達と仲よくするためには、どのようにすればよいのか説明してあげてください。
お父様の長所はどこですか。お子様に説明してください。

子どもへ

お名前を教えてください。
お誕生日を教えてください。…どのようにお祝いしますか。
幼稚園の名前を教えてください。
幼稚園のお友達は何人いますか。
１番仲のよいお友達の名前を教えてください。
幼稚園で何をするのが好きですか。
幼稚園から帰ったら何をしますか。
家族みんなの名前を教えてください。何人家族ですか。
お父さん・お母さん（お兄さん・お姉さん）はどんな人ですか。
あなたはどんな子ですか。
お友達と仲良くするにはどうしたらいいと思いますか。
お友達が仲間に入れてくれないときどうしますか。
この学校の名前を知っていますか。
今日、学校に来て気づいたこと、発見したことはありますか。
朝ご飯は何を食べてきましたか。
好きな食べ物は何ですか。
お母様のつくるお料理で好きなものは何ですか。
雨の日に気をつけることは何ですか。
もしブランコに乗ったばかりなのに、友達に「かわって」と言われたらどうしますか。
自分のやりたい遊びをお友達がやってくれなかったらどうしますか。
今日はここまでどうやって来ましたか。今までに来たことがありますか。
好きなお手伝いは何ですか。
もし魔法が使えたらどうしますか。
ひとりで頑張ってできるようになったことは何ですか。
お友達に「ごめんなさい」と、最近言ったことがありましたか。
おままごとでお友達といっしょに使っているものは何ですか。…それを使うときどんなことに注意しますか。
お友達と仲よくするためには、どうすればいいですか。
姉妹で何をして遊びますか。
スーパーへ買い物に行きますか。…誰と行きますか。
もし迷子になったらどうしますか。
運動会は終わりましたか。運動会ではどんなことをしましたか。
ここで遊んでいいと言われたら何をしますか。
好きな本は何ですか。…好きなお話を教えてください。
クリスマスにはサンタさんから何をもらいたいですか。
お手伝いはしますか。
最近褒められたことは何ですか。
今まで大人に手伝ってもらっていたけど、最近自分でできるようになったことはありますか。
お庭でお花を育てて、たくさんの花が咲きました。２人にあげるとしたら、誰と誰にあげますか。
１年生になったら何をしたいですか。
宝物は何ですか。
将来は何になりたいですか。
１番好きなお友達に、誕生日のプレゼントをあげるとしたら何をあげますか。今ここでお父さんと相談して決めてください。…何に決まりましたか。教えてください。
最後に、３人で話し合って大掃除のやり方を決めてください。決まったらお子様が発表してください。
小さな子にお話をするとしたら、どんなお話をしますか。お父様、お母様と相談してから発表してください。

入試感想

■考査当日のこと…

▷ 考査日の控え室はホールでした。待ち時間は2時間以上になります。

▷ 受付を済ませると、受験番号のビブスを渡されました。在校生が手伝ってくれました。そのまま待機場所に誘導されました。

▷ 控え室には10組ほどがおり、折り紙をしたり、絵本を読んで待っていました。

▷ 考査日は、受付のあと体育館で靴を履き替え、ビブスを着せるとすぐに子どもだけ誘導されました。保護者は待機場所のホールへ移動しました。

▷ 親の付き添いは1人のみです。ソフィアバラホールで待機します。ほとんどの方が本を読んでいました。とても静かでした。

▷ 10時10分に受付、ゼッケンと名札を受け取る。在校生の誘導で子どもは考査へ、親は講堂（バラホール）で待機。12時35分に親は体育館へ移動、順次、子どもと合流して終了。

▷ 8時に受付をすませるとすぐに、子どもは上級生の誘導で考査へ向かいます。10時15分に子どもが戻り、終了でした。

▷ 8時45分受付のグループでしたが、8時ごろ着きました。雨だったので、受付開始を早めて中に入れてくださいました。

▷ 8時45分集合のグループは、各色ごとに4カ所に分かれておこなわれました。待ち時間が長くなることもあるので、子どものお遊びグッズ（ぬりえや折り紙）があるといいです。

▷ 控え室には10組ほどがおりました。子どもにゼッケンをつけて待ちます。

▷ 受付でゼッケンを受け取り、控え室（黄色の部屋）で待ちます。番号を呼ばれたらすべての荷物を持って部屋を出ます。途中、貴重品以外の荷物を置くテーブルがあります。その後、面接室の前で父・母・子の順に並び、立ったまま待機します。ドアの開閉は案内の先生がしてくださり、入室したら立ったままの状態で子どもが名前を聞かれ、別室に子どものみ移動します。子どもの面接は大きな部屋に何人かの面接官がいて面接官1人に子ども1人がついておこなわれます。親は受付前の部屋で子どもが戻ってくるのを待ちます。保護者の面接は、面接官が男性と女性1人ずつで、大変優しくフレンドリーで和やかな雰囲気でした。

▷ 控え室には折り紙・絵本などが置いてありました。

▷ 控え室は椅子が3脚ずつ置いてあり、好きなところに座るという感じでした。

▷ 控え室では読書や縫い物をしている方が多く静かでした。

▷ 桃色、黄色、水色に分かれて控え室で待ちます。それぞれ折り紙や絵本などを持参していて、子どもは静かに待っていました。前の組が終わるまでは廊下で並んで待ち、呼ばれて入室してから、子どもだけ名前を言って親子別々となります。

▷ 控え室の大きな部屋には丸テーブルが10個以上あり、1つのテーブルに椅子が6脚ありました。待っている間は、絵をかく人、折り紙をする人、何もしない人などさまざまでした。部屋の真ん中にボードがあり、「受験番号を引率の人が呼んだら父・母・子の順に1列に並んでください」という注意書きがありました。

▷ 事前に提出するアンケートは、①志望理由、②子ども性格、健康状態という内容でした。

▷ ハイヒールのお母様には、スリッパへの履き替えをお願いされました。

■面接では…

▷ 面接日の控え室には、5組ほどが待機していました。折り紙をして待ちました。時間になると番号順に案内されます。

▷ 面接では、にこやかに接してくださいました。

▷ 面接の待ち時間は、長い方は1時間ほど待つこともあるようです。

▷ 面接室は4色に色分けされていて、控え室は2色ずつに分かれます。

▷ 学校の教育に対する理解を確認している感じでした。

▷ 面接の雰囲気は、とても和やかでした。

▷ 荷物置き場は外でした。

▷ 面接では、子どもは番号付きのビブスを着用します。次の順番の家族は、入口前で立って待ちます。

▷面接は穏やかな雰囲気でした。子どもが答えに詰まると、やさしくサポートしてくださいました。

▷面接では、子どもに対してとてもやさしく、リラックスさせてくれるような問いかけでした。

▷面接のとき絵本を示され、ふだん通りに親子での読み聞かせの様子を見せてくださいと言われました。

▷面接では先生がにこやかにお話しくださいますが、緊張感がありました。

▷面接の質問は、子ども→母親→父親の順でした。

▷面接の控え室には3人1組の椅子が12組ほどありました。早く着いた家族から詰めて座ります。常に先生方が出入りしています。家族の様子をチェックされている感じでした。

▷面接の最後に「ケガをしたり風邪を引かないように気をつけて、もう1回学校に来てくださいね」と子どもに言ってくださいました。

▷面接当日はかなり緊張していましたが、和やかな雰囲気で始まりました。質問は子ども中心でした。親に対しては、願書の確認のような感じでした。

▷面接の前に5分程度教室の前で立って待ちます。

▷面接室では、好きに座ってくださいと言われたので、入室した順に座りました。

▷面接での子どもへの質問は、どうしてそう思うかなど、突っ込んで聞かれました。

▷シスターが子どもの入退出の様子をしっかり見てらっしゃいました。両親の片方が答えている際に待っている様子などもうかがっておりました。

▷和やかな雰囲気であまり緊張することもなく受けることができました。控え室は広く、6人がけのテーブルが7つから8つほどありました。受験番号を呼ばれたら入室し、子どもは自分でゼッケンを返却しました。時間は5分から10分程度でした。

▷こちらの緊張がほぐれるような親しみを込めた話し方で進めていただいたので、それほど固くならずに答えることができました。子どもの面接も優しい女性の先生で緊張しなかったそうです。

▷シスター・教頭先生おふたりともソフトな感じでとてもよい印象でした（シスター・先生・生徒・学校の雰囲気すべてが）。

アドバイス

▷ 面接日は Web 出願のときに選択できますが、出願が遅いと選べなくなるかもしれません。

▷ 面接室は狭いですが、荷物置き場が入り口のところにあり、なかに持ち込まず助かりました。

▷ 待ち時間のために、折り紙、絵本などあるとよいです。水筒も持参しました。

▷ 公開授業には年少のころから参加しました。

▷ 生徒さんも先生も環境も、すばらしい学校だと思います。別の学校に入学いたしましたが、共感させられる点が多く、とても迷いました。

▷ 控え室もチェックされている感じです。

▷ 子どもの性格をしっかり見てくださる学校だと思います。説明会から入試を通して、先生方や在校生の明るさが伝わるとてもよい学校だと思います。

▷ 生活習慣や家庭の雰囲気を重視しているように感じました。

▷ 待ち時間が長いので、本など持参されたほうがよいと思います。飲み物もロビーで飲むことができますので、持参されるとよいと思います。

▷ ホールでの待ち時間は思ったより長く感じました。本などを持ってこなかった方は、所在なく大変そうでした。

▷ 誘導の先生にチェックされているように感じました。

▷ 面接のとき、集合時間から始まるまでが長いため、子どもの遊び用に折り紙、本、あやとりを持参しました。

▷ 子どもへの質問は、1つのことをどんどん掘り下げていく質問なので、練習が必要だと思います。

▷ 控え室には絵本など何もないので、持参されたほうがよいです。

▷ 受付後、約20分間体育館で体操座りをして待つようですので、あまり早く受付をしないほうがよいかもしれません。

▷ 説明会では、教育方針の説明と校内見学がありますので、必ず出席したほうがよいと思います。

▷「みこころ祭」は、中高の文化祭ですが、子どもにもわかる内容のものもあり、学校の雰囲気を知るとてもよい機会だったと思います。

▷ 静かな中でも先生方があらゆる場面で見ていらっしゃるので、常に緊張感は必要です。

▷ 考査当日は雨がひどく、替えの靴下を持っていき、取り替えました。天候にもよると思いますが、着替えは準備しておかれたほうがよいと思いました。

▷ 当日早めに到着したのですが、受付は9時40分からとの説明があり、それまで散策をしてドングリを拾ったり、虫を見つけたりと娘はリラックスできたようでした。

▷ 体育館での受付後、すぐに親子が別々になるので、集合する前に伝えておきたいこと、水分補給やトイレなど、心配されることを済ませておいたほうが安心です。

▷ 控え室では本を読んでいる方がほとんどで、みなさん静かに待っていらっしゃいました。待ち時間は2時間以上になるので、何かお持ちになったほうがいいと思います。

▷ 待機中のお行儀や態度も大切だと思われます。

▷ 決して難しい問題ではないので、全問正解することが大切です。

▷ 子どもはかなり疲れた様子で帰ってきました。最後まで集中力を持続させることも大切かと実感いたしました。待ち時間が長いと子どもにとっても負担になるので（子どもは考査開始までの間、体操座りで待っていたとのこと）、受付を早くしすぎるのもどうかと思いました。

▷ 貴重品以外は荷物置き場において面接室に行きます。前の方が終わるまで、ラインに父・母・子の順で立って待ちます。その間、私語はチェックされていますので静かにするべきでしょう。

▷ 考査終了後、体育館まで迎えに行くのですが、子どもたちが横1列になって気をつけの状態で待っています。子どもの前に保護者も横1列に立つのですが、その際に子どもが手を振ったり、飛び跳ねたりするのを後ろにいる先生がチェックしているので、注意したほうがよいかと思います。

▷ 面接では和やかにおこなわれるよう気を遣ってくださり、緊張することなく臨めました。時間がたいへん少ないので的を絞って話したほうがよいと思います。独特の質問の仕方ですので、事前に練習しておくとよいと思います。

田園調布雙葉小学校

〒 158 − 8511 東京都世田谷区玉川田園調布 1 − 20 − 9 ☎ 03（3721）3994

形式と日程

| 形式 | 親子同伴 |
| 日程 | 考査日以前 |

◆面接室略図

親子同伴の面接が考査日前におこなわれます。日時は面接・考査票に記載されています。面接時間は第１面接と第２面接を合わせて 10 分程度。

質問の内容

父親へ

志望理由をお聞かせください。
本校をどうやってお知りになりましたか。
キリスト教教育についてどのようにお考えですか。
女子校に入学させることについてどのようにお考えですか。
本校のどのような教育が、今の６年生のようになったと思われますか。
通学時間がかかりますが大丈夫ですか。
ご家庭の教育方針をお聞かせください。
お仕事の内容についてお聞かせください。
今のお仕事を選んだのはどうしてですか。
仕事でやりがいを感じるのは、どのようなときですか。
休日の過ごし方や趣味を教えてください。
ご自身とお子様の似ているところはどこですか。
お母様とお子様が似ているところはどこですか。
お子様のお手伝いの様子を見て、思うことはありますか。
ふだんお子様と遊ぶ時間はありますか。…お子様と何をして遊びますか。
お子様が生まれて、幸せを感じるときはどんなときですか。
大学時代の思い出は何ですか。
ご自身の小学校時代の思い出を教えてください。
昔と今の教育の違いについてどう思われますか。
お子様の将来について、期待することは何ですか。

母親へ

キリスト教の学校を選んだのはどうしてですか。
カトリックについてどのように思いますか。
ご自身は宗教教育を受けたことがありますか。
女子校についてはどのようにお考えですか。
幼稚園にはどのように通っていますか。
お子様は習い事をしていますか。
習い事をさせている理由は何ですか。
お子様が幼稚園から帰ったあと、どのように過ごしていますか。
夏の私学フェアにいらっしゃいましたね。
説明会で年齢相応の生活習慣を身につけてほしいと話しましたが、ご家庭での教育・しつ
けのポイントをお話ください。
しつけで大切にしていることと、その結果、今のお子様に合格点はあげられますか。
ご自身の最終学歴を教えてください。
学生時代に熱心に取り組んだことは何ですか。
学生時代のことで、心に残っていることはどのようなことですか。
ご自身の小学校時代の思い出を教えてください。
子育てで大変だったことは何ですか。
お子様が生まれて、幸せを感じるときはどんなときですか。
お子様と何をしているときに幸せを感じますか。
絵本は読みますか。
お子様に手伝いをさせるときにどんな声をかけていますか。
お子様は習い事をしていますか。…習い事をさせている理由は何ですか。
どのようにしてお子様と遊ぶ時間をつくっていますか。
お子様がご自身に似ていると思うところはどこですか。
最近お子様が成長したと思うところはありますか。
ご主人の存在を強く感じるのはどんなときですか。

子どもへ

お名前を教えてください。
お父様、お母様の名前を教えてください。
この学校の名前を教えてください。
いま幼稚園で歌っている歌は何ですか。
運動会は終わりましたか。何に出ますか。
幼稚園から帰ったら何をしていますか。
お父様、お母様に褒められること、しかられることは何ですか。
お父様、お母様の好きなところはどんなところですか。
どんなことをして遊ぶのが好きですか。
外での遊びと、お部屋での遊びを教えてください。
男の子とも遊びますか。…どんな遊びですか。
お休みの日は何をして遊びますか。
お父様と何をして遊びますか。
朝ご飯は何を食べましたか。
どんなお料理が好きですか。
嫌いな食べ物は何ですか。
お食事のときに気をつけていることは何ですか。

お父様の好きな食べ物は何ですか。
お手伝いをしますか。…どんなお手伝いですか。
お父様と似ていると思いますか。
待っているあいだ何をしていましたか。
お母様が小さい頃になりたっかたものを知っていますか。
1番大切にしているものは何ですか。
魔法を使えたら、どんなことをしたいですか。…どうしてですか。
大きくなったら何になりたいですか。

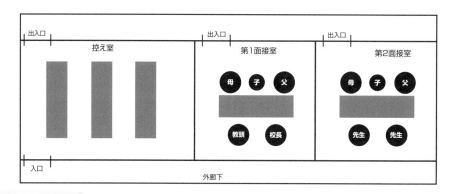

<figure>
出入口　控え室
出入口　第1面接室
　母　子　父
　教頭　校長
出入口　第2面接室
　母　子　父
　先生　先生
入口　　外廊下
</figure>

入試感想

■考査当日のこと…

▷ 資料は願書といっしょに提出します。
▷ 考査日の控え室は体育館で、折りたたみ椅子が2つずつ並べられていて、ビブスが置かれていました。
▷ 考査日の控え室は、暖房をしていましたが、とても寒かったです。
▷ 控え室はさわやかな感じでした。
▷ 控え室では折り紙などをして待っている方が多かったです。
▷ 試験の開始が1時間近く遅れ、どうなることかと思いました。
▷ 面接の進行が遅れ気味で、控え室はたくさんの家族が待っていました。
▷ 我が家では子どもに半袖で行かせましたが、長袖、カーディガン、ジャケットなど着ているお子さんもいました。
▷ 1日目は9時に受付をして控え室で待機。15分に整列して子どもは教室へ、親はそのまま控え室で待つ。11時15分に親は番号順に並び、子どもと合流し終了。2日目は9時に受付。10時15分に終了でした。
▷ 控え室は体育館でした。気温が低いと少し寒いです。
▷ 受付で番号札をふたつ渡され、父親と子どもが着用します。控え室で待機していると番号を呼ばれ、いったん廊下の椅子で待機したあと第一面接へ。終了後、ほとんど間をおかず第二面接がおこなわれます。
▷ 体育館で2人ずつ座って待ちます。雑談はまったくありませんでした。

■面接では…

▷ 面接は第1も第2も和やかな雰囲気でした。
▷ 面接日の控え室には絵本が置いてありました。
▷ 面接は終始和やかな雰囲気でした。先生方がとても優しく話されます。第一面接が終わるとすぐに第二面接室に案内されます。
▷ 面接では、校長先生、副校長先生とも、大変穏やかに質問してくださいました。
▷ 面接では穏やかな雰囲気の中で、こちらの話をじっくり聞いてくださいました。宗教に関心があるのか、宗教教育を受けたことがあるのかを知りたい様子でした。
▷ 面接の待ち時間が長いです。1時間以上待ちました。第2面接は事務的な感じでした。

▷ 面接も2回、考査も2日間にわたり、家族や子どもをとてもよく見てくださっていると思います。
▷ 第1面接ではしつけや教育観、第2面接では家族のことを問われたように感じます。
▷ 受付で番号札をふたつ渡され、父親と子どもが着用します。控え室で待機していると番号を呼ばれ、いったん廊下の椅子で待機したあと第1面接へ。終了後、ほとんど間をおかず第二面接がおこなわれます。
▷ 先生方はとても和やかな感じで、丁寧に対応してくださいました。
▷ 面接資料はとてもよく読んでいるようで、その上での質問であったように感じます。
▷ それぞれの部屋で質問する先生とメモをとる先生が交互でした。（校長先生の質問時、男の先生が要点をメモしている。教頭先生は、何かチェック項目に記入していらっしゃるようでした）
▷ 控え室は多少リラックスできました。校長先生は終始にこやかで、質問の内容は具体的でした。
▷ 優しい雰囲気の中に、しっかり見られているという印象でした。

アドバイス

▷ ペーパーの難易度はそれほど高くないと思います。思いやりや協調性を重視している印象を受けました。
▷ 面接の時間が予定より30分遅れていましたので、10分前に着いたため40分ほど待つことになりました。折り紙、絵本を持参しましたが飽きてしまいました。塗り絵やあやとりなど、いろいろ準備したほうが、子どもが飽きなくてよいと思います。
▷ 番号によっては面接の待ち時間が長いです。
▷ 面接も考査も待ち時間が長いので、本など持参されるとよいと思います。
▷ 父親に関しては、出身校や仕事について確認したいようでした。
▷ 控え室に絵本などはありませんので、持参するとよいと思います。
▷ 考査の控え室は体育館ですので、少し寒いです。防寒対策が必要です。
▷ 集合時間に遅れて、門前で帰る人たちもいたようです。
▷ 日々の生活の中で、家族団らんを大切にし、親子関係、夫婦関係の豊かさをアピールできることがポイントです。
▷ 必ず説明会に出席し、学校の雰囲気や教育方針を理解しておくことが大切です。それに基づいて日頃から夫婦で子どもの教育について話し合い、早い時期に面接資料をきちんとまとめておくとよいでしょう。
▷ 柄物のワンピース、リボンやフリルのついた服、髪飾りをつけたお子さんがかなりいました。紺と白だけのお受験スーツはグループの中で我が家だけでした。
▷ 面接・テストともにわりと個性的な（フリルや花柄）洋服を着ているお子さんがたいへん多いと感じました。
▷ 考査中に待つ場所が体育館なのですが、少し寒いのでひざ掛け等を持参したほうがよいと思います。
▷ 出願時の面接資料はかなり重視されていると思いますので、きちんと記入したほうがよいと思います。
▷ うなずくだけで済むような質問に対しても、はっきりとした言葉で応答できるようにし、子どもらしい笑顔や表情が増すような生活が望ましいと思います。
▷ 父親または母親が面接欠席の場合は、証明する書類が必要です。
▷ 親の職業や学歴、母親が出身校であるかどうか、紹介者がいるかなどの類はいっさい問われず、説明会でお話があったようにすべてにおいて公平だったように思います。

東京女学館小学校

〒150 − 0012 東京都渋谷区広尾 3 − 7 − 16 ☎ 03（3400）0987

▎形式と日程

形式	保護者のみ
日程	考査日以前

◆面接室略図

先生

父　母

出口　　荷物置き　　入口

保護者のみの面接が考査日前におこなわれます。面接時間は 15 分程度。

▎質問の内容

父親へ

志望理由をお聞かせください。
本校を知ったきっかけは何ですか。
本校にどのくらいいらっしゃいましたか。…どの行事に参加しましたか。
説明会に参加されましたか。…そのときの印象をお聞かせください。
女子校を選ばれた理由についてお聞かせください。
数ある女子校のなかでなぜ本校を選びましたか。
本校と他の学校との違いは何ですか。
本校の学校案内は読まれましたか。
本校にお知り合いはいますか。
学校行事には参加されましたか。…感想をお聞かせください。
ご家庭での教育方針についてお聞かせください。
本校の教育方針についてどのように思われますか。
「すずかけ」や「つばさ」、「国際理解」の教育にご理解いただけますか。
入学して、学校の教育と合わない場合どのように対処されますか。
お子様の幼稚園の友達の名前を教えてください。
お子様が幼稚園でどのように遊んでいるか、知っていますか。
通学経路を教えてください。
受験のために、何か特別に教えていることはありますか。
お仕事について教えてください。
休日はお子様とどのようにお過ごしですか。
お子様の長所についてお聞かせください。
どんなときにお子様を褒めますか。お子様を叱ることはありますか。
ご夫婦で考えが違うときにはどうしていますか。
お父様にとってお子様はどんな存在ですか。
お子様はお父様とお母様のどちらに似ていますか。それはどのようなところですか。
お子様のすてきだなと思うところを 1 つあげてください。
ご家族でどのような遊びをしますか。

しつけについてどのようにされていますか。
どんなときにお子様の成長を感じますか。
お子様の名前の由来を教えてください。
将来どのような女性になってほしいですか。
最近お子様が夢中になっていることを教えてください。
インクルーシブ・リーダーシップはご存じですか。
リーダーシップについてのお考えをお聞かせください。
お子様が今、興味のあること、打ち込んでいることは何ですか。
ご自身が好きなお店はどこですか。

母親へ

志望理由をお聞かせください。
本校に何回いらっしゃいましたか。
どのように本校を知りましたか。
すずかけ、つばさ、国際協調など、本校の特徴を理解していますか。
女子校を選んだ理由を教えてください。
ほかの学校も受験されますか。
本校にどのくらいいらっしゃいましたか。…どの行事に参加しましたか。
説明会に参加されましたか。…そのときの印象をお聞かせください。
公開授業の印象を教えてください。
本校の教育目標についてどう思われますか。
本校の授業プログラムの中で、お子さんが特にどれに夢中になると思いますか。
お仕事をされているようですが、家事のほうはどうなさっていますか。
休日はお子様とはどのように過ごされていますか。
通学が少し遠いようですが、緊急のときには迎えに来られますか。
姉妹げんかをしたときは、どのように叱りますか。
ふだんはどのようなお子様ですか。
幼稚園ではお子様はどのように言われていますか。
幼稚園の行事で、お子様が楽しみにしていることは何ですか。
お子様は知らないお友達の中では、どのような様子ですか。
お子様はご両親のどちらに似たのだと思いますか。
お子様の名前の由来についてお聞かせください。
お子様のよいところを5つあげてください。
お子様の成長を感じたことはどんなことですか。
ご家庭でのしつけについてお聞かせください。
最近どんなことでお子様を褒めましたか。
子育てで大切にしていることは何ですか。
子育てで苦労されたことについてお聞かせください。
最近お子様をしかったことは、どのようなことですか。
お子様と接するときに気をつけていることを教えてください。
姉妹の関係はどんな様子ですか。
日常生活で我慢を強いることがありましたか。
お手伝いはさせていますか。
コロナ禍の3月から5月の間、どのように過ごしましたか。
お子様にとって父親の存在とはどういうものだと思われますか。
最近感動されたことはありますか。
子ども同士のトラブルには、どのように対処されますか。
今お子様が夢中になっていることは何ですか。

入試感想

■考査当日のこと…

▷ 受付をすませ控え室で待ちました。部屋にはクラシック音楽が流れていました。

▷ 校舎に入る前に、入校許可証を首にかけました。

▷ 11 時 40 分から 12 時 10 分の間に受付。12 時 20 分に点呼があり、子どもが移動します。13 時 45 分頃に、母子活動のため在校生が控え室に親を呼びに来ます。14 時 15 分に親子とも移動。14 時 45 分に終了でした。

▷ 7 時 40 分から 8 時 10 分の間で受付、控え室で待機。30 分から小集団テスト、11 時に子どもが戻り終了。

▷ 控え室には、動物のドキュメンタリー映像が流れていました。

▷ 考査当日の控え室は、机といすが班ごとに用意されておりました。ペットボトルのお茶を 1 本ずついただきました。

▷ 控え室にはペットボトルのお茶が用意されていました。

▷ 控え室ではみなさん静かに本を読んでいらっしゃいました。お茶のサービスがあり、また在校生が何かとお世話をしてくれました。

▷ 控え室では皆さん静かに待っていました。資料がたくさん用意してあり、目を通すことができました。

▷ 考査当日の控え室は、机と椅子が班ごとに用意されておりました。ペットボトルのお茶を 1 本ずついただきました。

▷ 控え室では学校行事の VTR が流れていました。お茶のセルフサービスが用意されていました。

▷ 親子で受付をし、ゼッケンをいただき、親が子どもに着けてあげます。その後、上級生が子どもをつれて 2 階に行くのを親は見送り、親は控え室に行きます。

▷ 控え室で約 2 時間待ち時間があり、外にも出ることができませんでした。試験では母子行動が 2 回おこなわれました。

▷ 考査日は例年、出願順、月齢別のようです。

▷ 試験の合間に、受験校や塾の名前を聞かれたそうです。

▷ 親子ゲームのときにほかのお子さんの様子を見ましたが、皆さんかなりしっかりしていらっしゃいました。

▷ 待ち時間は読書をされていた方が 3 分の 2 くらいで、残りはなにもされていませんでした。トイレに立たれた方は 5 人くらいで外出した方はいませんでした。

■面接では…

▷ 面接室の入り口に「アクリル板が設置してあるので、マスクは外してお話しください」と案内がありました。

▷ 面接は終始穏やかで、優しい雰囲気でした。

▷ 面接の最後に、「考査当日、体調を整えて素敵な笑顔を見せてください」とおっしゃってくださいました。

▷ 親の面接日程がわかるのが約 2 週間前でしたので、主人の都合がつかず、母親だけで参加しました。父親が欠席だと不利にならないか心配だったため、主人の手紙をお渡ししました。

▷ 校門脇の守衛室で受験票を見せて入館用のバッジを受け取ります。校舎の下駄箱で持参したスリッパに履き替え、応接室へ行って受験票と面接日時票を提示し、着席して待ちました。

▷ 面接は場をなごませるようなちょっとした雑談から始まり、和やかな雰囲気でした。

▷ AO 入試での子どもの面接は、教室を衝立で 2 分割して、2 回の面接がおこなわれました。入室するとフープの中に立って質問を受けます。入室前は廊下に用意された椅子に座って待ちます。

▷ 面接室は 3 部屋でした。

▷ 控え室に面接が終わった人が呼びに来ます。

▷ 校長先生がドアを開けて「どうぞ」と言ってくださいました。最後に「ご家族の雰囲気がよくわかりました。当日は風邪を引かないように気をつけてお越しください。」と言ってくださいました。

▷ どれくらい女学館に対して興味を持っているか、どの程度理解しているのかを見極めたい様子でした。私どもは年中の頃から行事に参加していたので、その熱意は伝わったように思います。あっという間の面接でした。

▷ 面接の最後に「考査の日に万全な状態で来ていただけるよう、体調管理など気をつけてがんばってください ね」と言っていただきましたが、「第一志望であるということ」「子どもについて」の2点でアピール不足を感じ、不完全燃焼でした。校長先生は終始笑顔で、温かみのある方でしたが、視線には鋭いものも感じました。

▷ 控え室で8組ほどが待機し、AO入試の方も同室でした。面接を終えられた方が次の方を迎えに来られ、面接室への指示をしていただきます。終了後に、次の方を呼ぶよう指示されます。

▷ 控え室で待機中に父親と母親別々に質問用紙に記入します。面接の順番が来たら次の人は廊下で待ち、終わったら控え室に戻って次の次の方に声をかけます。

▷ 控え室は1階の校長室隣の応接室で、20分前に着いているよう手紙で指示がありました。

▷ 番号を呼ばれ、先生がドアを開けてくださり、席に誘導していただいて自然と面接が始まりました。あまり格式ばった質問はなく、一般入試のみの志願だったのであたりさわりのない質問が多く、人柄を確認している感じがしました。

▷ 志望理由から子どもの友達の名前、学校行事への参加・感想と万遍なく聞かれ、最後に最近の世の中の情勢について何でもよいので一言と、親の社会的姿勢や考え方を見られている印象を受けました。

▷ 推薦書の内容を中心に、さらに詳しく質問されます。父親に質問することが多く、子どもとの関わりができているかを見られているようでした。子育てについて夫婦で意見が統一されているか、意見が食い違った時にはどうするか、など家族の協力関係がしっかりしているかを見ているようです。全体的に和やかな雰囲気でした。

▷ 子どもの面接ははじめに15名が面接室へ呼ばれ、その後5名ずつ補充されるように呼ばれました。1つの教室が仕切られ2か所でおこなわれます。フープに入り立ったままで答えます。順番を待つ児童は椅子に座り待ちます。校長先生に話しかけられた子もいるようです。

▷ 校長先生も女性の先生も、面接中メモをとっている様子はありませんでした。女性の先生は1問お尋ねになっただけでした。

▷ 面接というより雑談をしているような感じでしたが、ポイントをおさえて質問されており、家庭の様子をかなり重視しているように思いました。

▷ 「どちらがお答えいただいても結構です」という感じでしたが、「お母様にお聞きします」とはっきりした部分もありました。最後に「当日は楽しんでいらっしゃい」とお子様にお伝えくださいと優しく言ってくださいました。

▷ こちらの話に相づちを打ってくださり、どちらの先生もよくお話を聞いてくださいました。

▷ 家庭でのしつけに対する考え方の確認と、学校側のしつけの厳しさについて念を押されました。

▷ 1人の先生が会話のメモを取っていらっしゃいました。大変腰の低い態度と謙虚な話され方に、こちらが恐縮してしまいました。

▷ いくつかの質問の後で、突然「遠いのでお断りすることがあると思いますので」と言われ、父親がすかさず住居を移すことを言いました。願書にその旨の手紙を入れ、その場で校長先生も持っていらしたので安心しておりましたが、突然言われたため驚きました。

アドバイス

▷ 考査は3時間超の長いテストでした。子どもの待ち時間が長かったようですが、在校生がお話しをしてくれたりします。待つときの姿勢など練習をされるとよいと思います。

▷ 保護者面接は、唯一子どもの後押しをできる貴重な機会です。熱意を伝えることは大事だと思います。

▷ 面接で回りくどい話し方になってしまい、途中で話を止められることがありました。手短に、端的にお話をすることが大事だと感じました。

▷ 面接での椅子がキャスター付きだったため、座るときに注意が必要です。

▷ 引っ込み思案なタイプの子でしたが、受験学習を通じていろいろなことにチャレンジでき、自信もついて「自己発信」する勇気が持てました。受験をやり遂げた達成感には感動しました。

▷ 母子活動があるため、脱げにくいスリッパなどの準備が必要です。

▷ 在校生より宿題がとても多いと聞きました。

▷ 願書などでの記入欄はボリュームがあるので、資料集めのためにも学校行事にはたくさん参加される

とよいでしょう。

▷ 控え室に面接が終わった人が呼びに来ます。

▷ 願書内容で子どもに関して習い事のバレエが好きと書いたため、子どもの面接のときにバレエを見せてほしいと言われました。記入内容について、子どもとも話をしておいたほうがよいと思います。

▷ 学校のことを、どれくらい理解しているかどうかを見ているように思います。

▷ 母子活動の時間が長くなっているので、よく対策をしておいたほうがよいと思います。

▷ ペーパーの内容は難しくなかったようですが、時間が短かったようです。

▷ 当日は朝の5時起床でしたので、早起きに慣れさせておいてよかったと思います。母子行動観察は担当の先生にも褒められ、とても楽しくできました。誘導してくださった在校生のお姉様方がとても優しく、肩を組んでくれたりしたのですが、それが子どもには新鮮だったようで、とても喜んでおりました。いろいろ受験したなかで、女学館が1番楽しかったと申しておりました。コネの強い学校だという噂がありましたが、我が家はサラリーマンの中流家庭で、学校とは何の関わりもありませんでしたが、合格をいただけました。

▷ 提出した願書には紫色のマーカーがびっしりと引かれており、かなり読み込まれている様子でした。保護者推薦書はご夫婦で話し合いを重ね、暗記してしまうくらいしっかりしたものに仕上げることが重要だと思います。ご夫婦で想定問答をこなし、枝・葉をつけて相手を引き込むように答えることができるよう準備されるのがベストだと思います。AOの推薦者には必ずしも女学館関係者でなくともよいと実感しました。ただし本当に子どものことをよく知る人物、子どものほうもよく知っている人がよい、ということには変わりはないと思います。

▷ 年中・年長を通じて計8回学校行事には参加しました（説明会・授業見学会・運動会・学芸会・白菊会バザーなど）。行事への参加は熱意を伝えるためには必須だと思います。親だけでなく、子どもも参加した際の感想をきちんと言えるよう、2つくらいに的をしぼって練習したほうがよいです。

▷ 子どもが参加できる学校行事には、子どもも連れて家族3人で行くようにしたほうがよいです。

▷ ホールいっぱいの人でした。毎回校長先生のお話は違うので、学校行事へ出席することをおすすめします。

▷ 学校にたくさん足を運ぶだけではなく、内容を熟知していることが大切です。

▷ 願書の内容は夫婦できちんと把握し、具体例など細かく考えておく必要があります。

▷ 面接時もAO型入試推薦書類にも「自分たちはぜひこの学校を希望している」ということをアピールするといいと思います。

▷ 第1志望の方は、誠意を見せるためにも願書はなるべく早く出されて、「ぜひこの学校で学ばせたい」という気持ちをはっきり伝えることが大事です。

▷ 子どもの服装は、ほとんど気にされていないようなので、ジャンパースカートでもキュロットでも、あまり神経質に考えない方がよいと思います。

▷ AOとの併願でしたが、AOの考査がとても楽しく、翌日の一般入試もAOの雰囲気のまま行ってしまい、考査中の待ち時間などで私語をしてしまったとのことです。羽目を外しすぎ反省していました。緊張感が不足してしまったので、連日行かれるときには注意を促しておいたほうがよいと思います。

▷ 日頃のしつけやお行儀を見られているように思います。

▷ 受験者が多いので、子どもの成績がよくないと合格は厳しいのではないかと思います。雙葉や聖心と併願で女学館という方も多いので、かなり試験レベルは高いと思いました。

▷ ペーパーだけでない、ペーパー以上に大切な、子どものその年齢にふさわしい能力（自立度）が必要とされているんだと感じました。ペーパーの出来不出来で目くじらを立てるなどは実にナンセンスです。受験は私にとって育児のあり方、親としてのあり方を問われたものだったと思いますし、深く考えさせられた1年だったとつくづく思っています。

▷ 父親の学校理解が大切だと思いました。父親の存在を重視しているように思いました。

▷ 1次の考査の日に、他の学校を受験しているかどうか挙手させられたそうです。

▷ 自分の意見をはっきり言え、常に元気で明るくできることが大切だと思いました。

▷ ペーパーは例年通り、特に難問もなく、桐杏学園のカリキュラムをこなしていれば充分だと思いました。

▷ 第1志望で絶対入りたいという気持ちで臨み、願書は必ず初日に提出することが大切だと思いました。説明会でも、校長先生がしきりに「学校をよく理解してくれる人だけが受験してほしい」とおっしゃっていましたので、面接でもそのことをアピールすることが必要だと思います。

東洋英和女学院小学部

〒 106 − 0032 東京都港区六本木 5 − 6 − 14 ☎ 03（5411）1322

形式と日程

形式	親子同伴
日程	考査日以前

◆面接室略図

親子同伴の面接が考査日前におこなわれます。日時は出願時に通知されます。面接時間は 10 分程度。
面接資料は当日その場で記入します。

質問の内容

父親へ

志望理由をお聞かせください。
本校を知ったのはいつごろですか。
キリスト教教育についてどのように思われますか。
本校の教育に何を期待していますか。
これまでに本校を見学したことはありますか。…本校の印象をお聞かせください。
数ある学校の中でどうして本校を選ばれたのですか。
幼稚園ではお子様はどのように言われていますか。
お子様のお友達の名前を教えてください。
ふだん何時頃に帰宅されますか。夕食は家族といっしょにとれますか。
お仕事をしていて学んだことはどんなことですか。
お仕事をするうえで、大切にしていることは何ですか。
社会人として最も大切にしていることをお聞かせください。
休日はどのようにしてお子様と遊んでいますか。
お子様と過ごす時間をどのようにとっていますか。
お子様とお風呂でどんな遊びをしますか。
お父様が何をすると、家族に 1 番喜ばれますか。
お父様と接していて、お子様が喜ぶのはどのようなときですか。
ご両親との同居が、お子様にどのような影響がありますか。
学生時代に熱中したことは何ですか。
家庭ではどのような父親だと思われていますか。
父親とはどんな存在ですか。
ご自身の小学校時代は、どんな子どもでしたか。
ご自身とお子様の似ているところはどこですか。
ご自身の姿で、お子様に伝えたいことは何ですか。
お子様に誇れることは何ですか。
お子様の誕生日はどのように過ごされていますか。

ご家族で大切にしている行事はありますか。
お母様の子育てで、すばらしいと思うことは何ですか。
お母様とお子様の関係で、良いと思うところはどこですか。
家事の分担はどのようにしていますか。
お子様が将来なりたいと思っていることを教えてください。
昨今の経済状態について、どのように思われますか。

母親へ

本校を志望された理由を教えてください。
公立のよいところ、私立のよいところをどう思いますか。
女子校についてどのようにお考えですか。
ご家庭の教育方針を教えてください。
なぜ今の幼稚園を選びましたか。
お子様の幼稚園での評価をお聞かせください。
幼稚園の遊びは、何が1番楽しいとお子様は言っていますか。
姉妹がそれぞれに違う学校で、行事が重なったりしませんか。
現在しているお仕事を選んだ理由を教えてください。
お仕事をされているようですが、送り迎えはどのようにされていますか。
仕事で得たことで子育てに活かされていることはありますか。
お仕事をされていますが、学校からの急な呼び出しには対応できますか。
1年生の前半は送迎がありますが、大丈夫ですか。…お母さま以外には、どなたが送迎できますか。
子育てで1番大切にしていることは何ですか。
子育てについて、何かエピソードを含めてお話しください。
子育てで学んだことは何ですか。
お子様の長所だと思うところはどこですか。
お子様が成長したと思うことを教えてください。
これだけは伝えたい「家事のコツ」を教えてください。
家族の健康で気をつけていることは何ですか。
食べ物の好き嫌いはありますか。
お子様が1番好きな、お母様の手料理は何ですか。
お子様の苦手な食べ物についてどう対応されていますか。
お子様はピーマンが特に好きとありますが、どうしてですか。何か工夫されていることはありますか。
お子様の食事のマナーで、気になるところはありますか。
「我が家の味」としてお子様に伝えていきたい料理はありますか。
お子様と夕方にゆっくり過ごす時間はありますか。
お子様にさせているお手伝いについて、教えてください。
お子様が今頑張っていることを教えてください。
お子様が最近できるようになったことは何ですか。
小学生のときに、なりたかった職業は何ですか。…それはどうしてですか。
学生時代に熱中したことは何ですか。
学生生活の思い出を教えてください。
保護者との付き合い方についくお考えをお聞かせください。
最近お子様のことでご主人と話したことは何ですか。
ご夫婦で意見が違うときにはどうしていますか。
お子様の習い事で、何を1番喜んでやっていますか。
小学校に入る前にこれだけは直しておきたいと思うことはありますか。
子どもの携帯電話の所持についてどのように思われますか。

子どもへ

お名前を教えてください。
幼稚園の名前を教えてください。
幼稚園の先生のお名前を教えてください。
幼稚園はお弁当ですか、給食ですか。…どちらが好きですか。…なぜですか。
お友達のお名前を教えてください。
幼稚園では、部屋のなかと外、どちらで遊ぶのが好きですか。…どんなことをしますか
ここまで何に乗って来ましたか。…近かったですか。遠かったですか。
お母さんに褒められることは何ですか。
お母さんの好きなところはどこですか。
今日の朝ご飯は何を食べましたか。…好きなおかずは何ですか。
好きな食べ物は何ですか。嫌いな食べ物は何ですか。
今日の夜食べたいものは何ですか。
好きなお菓子を教えてください。
お母さんがつくる料理では何が1番好きですか。
お手伝いは何をしていますか。
お母さんに何と呼ばれていますか。
お姉さんのことは何と呼んでいますか。
お母さんと約束していることはありますか。
お父さん・お母さんのお仕事を教えてください。
お父さんとどんなことをして遊びますか。
お兄さん・お姉さんとはどんなことをして遊びますか。
家族でお休みにどこかへ行くことはありますか。
運動会はありましたか。
小学校に入ったら何がしたいですか。…お勉強では何がしたいですか。
今頑張っていることは何ですか。
お風呂は好きですか。どんなところが好きですか。
絵本は好きですか。好きな絵本の名前を教えてください。
お家で本を読んでもらうことはありますか。誰に読んでもらうことが多いですか。
好きなテレビ番組は何ですか。
好きな動物は何ですか。
大きくなったら何になりたいですか。…（ケーキ屋さんの答えに対して）どんなものを売りたいですか。
何かひとりでできることはありますか。
魔法が使えたら、どんなことをしますか。
コップの水をこぼしたらどうしますか。
ここに粘土があります。何をつくりますか。どうしてですか。
宝物は何ですか。

入 試 感 想

■考査当日のこと…

▷ 受付で父親、母親それぞれに、アンケート用紙を渡されました。内容は「お子様と過ごす時間は、平日にどれぐらいあるか、どのように過ごしているか」「願書に書ききれなかったこと」というものでした。

▷ アンケートは当日記入します。父親には「コロナ禍以前の帰宅時間、1週間で家族と夕食をとる日は何回あるか」、「願書に書けなかったこと」でした。母親には「保育時間」、「願書に書けなかったこと」でした。

▷ 控え室には3家族が待っていました。親がアンケートを記入するあいだ、子どもは絵本を読んだり、折り紙をしたりして静かに待っていました。

▷ テーブル3つのまわりに4、5組程座り、用意された鉛筆でアンケートを記入します。消しゴムを持って行くとよいでしょう。

▷ 午前中に他校の行動観察・面接があり、午後にこちらの試験でしたので、子どもには負担だったかも知れません。

▷ 控え室には絵本の用意がありました。入室のルールなど説明が張り出してありました。入口と出口は別でした。

▷ 控え室と面接室はドア1つでつながっており、控え室側の入口付近には椅子が3脚あり、次の面接の人が座ります。アンケート記入もありますので、待ち時間はほとんどありませんでした。

▷ 控え室は5組おりました。鉛筆が用意されていて、10分程度でアンケートを記入しました。

▷ 控え室は食堂でした。外出も可でした。

▷ 控え室ではみなさん本など読まれて、とても静かでした。

▷ 父親、母親ともに、アンケートを書くことに追われた感じでした。子どもは折り紙をしていました。

▷ 子どもが考査へ行ったあとは、2階の食堂に移動します。1時間半も待ち時間があるので、みなさん本など読んでいました。外出も可ですが、ほとんどの方が食堂にいました。

▷ 7時30分から8時の間で受付、在校生の引率で子どもは考査へ。親は控え室で待機。10時20分ころからグループごとに子どもが考査から戻ってきて終了。

▷ 12時45分に受付、番号札をつけて講堂で待機。子どもたちは折り紙などしながら待つ。13時15分に子どもは6年生の誘導で一列に並んで考査へ、親は食堂へ移動して待機。15時20分に受験番号を呼ばれ、子どもと合流して終了。

▷ 入口で受付をして講堂で待ちます。その間子どもをトイレに行かせました。教頭先生よりアナウンスがあり、子どものみ並んで試験会場へ向かい、保護者は食堂で待機しました（外出も可）。

▷ 受付は試験開始30分前からでした。トイレの数が少なく、時間ぎりぎりに着いた方はトイレを済ませて戻ってくると、すでに子どもたちが試験の教室へ行ってしまったあと、という状態でした。

▷ 待ち時間は外出してもよく、約10分程度前に帰ってきてくださいとの指示がありました。動きやすい服装で、とありましたがほとんどの人がジャンパースカートでした。

▷ 上履きにはきかえて講堂で待機しました。子どもだけ上級生が考査会場へと誘導してくれました。保護者は控え室（2階食堂）で待ちました。

■面接では…

▷ 面接の控え室には4組ほどが待っていました。時間より少し早く始まりました。

▷ 面接ではマスク無しでした。マスクを荷物置き場にある荷物にしまって入室しました。

▷ 面接は緊張感がありました。

▷ 面接資料を当日記入します。父親に「夕食は、週何回お子様ととりますか」、母親には「食事で気をつけていること」、共通の内容で「願書に書ききれなかったこと」でした。

▷ 面接日には玄関に靴置き場がありましたが、「考査日にはありません」と案内がありました。

▷ 面接では、子どもへの質問が少なく、親子の関わりや家庭の雰囲気を確認するような内容でした。

▷ 面接では、子ども→母→父の順番で質問されました。

▷ 面接の雰囲気は緊張感がありました。学校説明会で、雰囲気をつかんでおくことが肝要かと思います。

▷ 面接室のテーブルの上にお花が置いてありました。子どもの質問は男性の先生から、親への質問は教頭先生、部長（中学部）先生からでした。終始にこやかで、あっという間に終了でした。

▷ 面接の時間は本当にあっという間でした。面接官は終始穏やかでにこやかな様子でしたので、こちらも笑顔を心がけました。

▷ 校長先生は、じっくり家庭の様子を伺っている感じでした。

▷ 面接はとても流れが速く、手際よく進行していました。

▷ 先生方は忙しくメモを取っていましたが、終始笑顔でした。

▷ 面接は時間も短いのですが、しっかりと見られていたように思います。

▷ テーブルクロスがあったので、足下は見られている様子はありませんでした。

▷ 入退室の挨拶は省略してくださいとのことでしたので、親子3人それぞれのタイミングで挨拶しました。

▷ 講堂向かい側の事務室で考査票を提出し、アンケート用紙を2枚いただきます。持参したスリッパに講堂の入口で履き替えて、2Fの控え室でアンケートを記入します。机上には鉛筆が用意されていましたが、使っている方はいませんでした（メモは持ち込み可）。各机には絵本があり、子どもはそれを読んだり、持参した折り紙をしたりして過ごしました。黒板には面接室での座り方や出入りの指示が書かれています。面接室の机にはピンクのテーブルクロスがあるので、座っているときの足は見えません。願書を見ながらの質問ですが、控え室でのアンケートは参照していないようでした。

▷ 入室から退室まで終始和やかで優しさに満ちていた感じです。私たちの返答に笑ってくださったりと、事前に聞いていた厳しい雰囲気は一切ありませんでした。先生方のお話するスピードがとてもゆっくりで、それにつられて私たちもゆっくりと話ができたように思います。

▷ 守衛所で名前を告げ、受付をしたあとインフルエンザ対策のため、検温室で体温を測定しました。控え室ではアンケートを20分程度で記入し、その後面接となりました。校長先生、教頭先生を含む3名の面接官の方がおり、社会性に富んだ質問も投げかけられ、まごついた面もありますが、大きな問題はなく10分ほどで終了しました。

▷ [女性の先生→子ども] [教頭先生→母親] [部長先生→父親] の順で質問がありました。女性の先生はとても優しくにこやかに話しかけていたので、子どもも答えやすかったと思います。特に掘り下げて質問されるようなこともありませんでした。和やかな雰囲気のなかにも、しっかりと子どもの様子を見たり、3人の先生ともメモを取られており、厳しさも感じられました。質問の応答のなかに家族愛をアピールできればよいと思います。

▷ 部長先生から父親へ、教頭先生から母親へ、女性の先生から子どもへ質問がされました。子ども→母親→父親の順番した。

▷ 先生方との間に机があり、距離が近く話しやすかったです。3名の先生方それぞれが、うなずきながら何かメモしていらっしゃいました。

▷ 雰囲気はとても和やかでしたが、部屋が狭かったため、ごあいさつのタイミングが難しかったです。

▷ 子どもへの質問の答えを聞いて、校長先生はにこやかに微笑んでいただきましたので、緊張がほぐれました。

アドバイス

▷ 9月の説明会は、出題についてお話があるので、出席したほうがよいと思います。

▷ 受験の直前は、難しい問題をやるよりも、運筆の練習をやりました。

▷ オープンキャンパスや運動会など、子どもが学校を知る機会があってよかったです。

▷ 受付は早めにすませたほうがよいと思います。トイレに行ったり番号札をつけたりと、焦らずにゆっくり準備ができます。

▷ 受付を早めに済ませて講堂で待ちました。子どももトイレを済ませゆっくり準備して考査へと出発することができました。寒い日だったので長袖白シャツを着せましたが、半袖のお子さんもたくさんいました。子どもはペーパーの時間が短かったと言っていたので、解答するスピードもつけておくとよいと思います。

▷ 控え室では外出してもよいとのことでしたが、ほとんどの方がそのまま食堂へ移動して子どもを待っ

ていました。待機中はみなさん、お話をしているか、読書をしているかといった感じでした。

▷ 控え室（食堂）で待っている方のほとんどが本を読んでいました。外出可なので外に出られる方も少なくありませんでした。

▷ 控え室のホワイトボードに、面接室での着席の仕方について指示がかかれていました。その左下に受付でいただいたものとは別に、願書に書ききれなかったことを記入する用紙が置いてあります。私どもはそれを見落としていたので慌てて5分くらいで記入しました。面接はごまかしの利かない、1つの質問を掘り下げて追究されるものでした。子どもの質問にも連鎖しています。親も通学することになったらどうするかを、しっかり思い描いて面接に臨まれたほうがよいと思います。

▷ 食堂が控え室だったのですが、冷えるためひざ掛けを用意したほうがいいです。

▷ 面接は、当日はかなり緊張するので、とにかく練習あるのみだと思いました。

▷ 面接では聞く態度、姿勢もチェックされており、子どもが答えている間の親の様子や、親が答えているときの子どもの態度をすごくチェックされていました。面接官のうち1名の先生はずっとメモされていました。

▷ 面接の席順に指定があり、母親が1番奥のため、戸惑わないように練習しておくとよいと思います。

▷ 面接時間の30分前に到着しました。控え室にはテーブルの上に2、3冊ずつ絵本が置かれていたので、娘はそれを読んで順番を待ちました。他のお子さんもそうされていたようですが、みなさん1人で読んではいるものの、声に出して読むお子さんが多かったように思います。控え室に先生はいませんが面接室と隣り合わせなので、あまり大きな声で読まないよう、また周りの方にも気にならない程度の声の大きさで読むようにしたほうがよいと思いました。

▷ 子どもが質問に対してすぐに答えられなくて、少し考えてもわからないときは、「わかりません」と意思表示をしたほうがよいと確信いたしました。

▷ 父親が海外出張のため面接に出ることができず、その旨を事前に連絡しましたら「英和に対する思い」を自筆で書いた手紙をお持ちくださいとのことでした。

▷ 当日記入するアンケートは、父は帰宅時間、子どもといっしょに食べる夕食の回数、母は子どもと接するときに気をつけていることでした。

▷ アンケートの記入時間があまり無いので、あらかじめいろいろなパターンを想定して考えておかれるとよいと思います。

▷ ペーパーは、過去問などを見ると難問も多いのですが、基本をしっかり理解しておくことが大事だと思います。

▷ オーソドックスな問題が多かったようです。

▷ 結果は9時から受験票と引き替えに、手渡しで封筒を頂きます。当日3時までに住民票や振込納付書など、持参しなければなりません。

▷ 学校説明会で授業見学会があり、夫婦で授業を拝見しました。生徒の皆さんが生き生きとして、笑顔でのびのびとした校風が大変すばらしく、子どもに合っているのではないかと夫婦で意見が一致しましたので、ぜひ受験したいと思いました。

▷ 特に飲み物は用意されていないので、持参されるとよいと思います。

▷ 自由遊びがありますので、元気さの中にも、ルールを守ったり、他のお友達を思いやる気持ちが大事だと思います。

▷ 先生方は制服をふだん見慣れていますので、レースの襟や派手なリボンをつけている方もいましたが、避けたほうがよいのではと思いました。

▷ 考査会場は暑いようなので、半袖ブラウスで大丈夫だと思います。

▷ なるべく説明会に参加しておいた方がよいと思います。

▷ お知り合いの方がいらしても、説明会の会場内では私語は慎むべきだと思います。

▷ 考査の時期が季節の変わり目の頃ですので、カーディガンやベストが役に立ちました。

▷ 家族全員が英和を志望しているという熱意が大切です。特に父親が学校に協力する姿勢があるかを問われていると思います。

▷「考査終了20分前に戻ってくだされば、外出されても構いません」とのことでしたが、外出されたのは数名でほとんどの方が本を読んで待っていらっしゃいました。

▷ 私立小学校の受験は倍率ではなく、学校と親子の相性が大きいと感じました。

日本女子大学附属豊明小学校

〒112 – 8681 東京都文京区目白台 1 – 16 – 7 ☎ 03（5981）3800

形式と日程

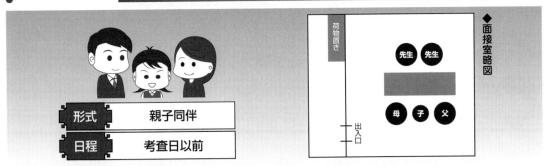

| 形式 | 親子同伴 |
| 日程 | 考査日以前 |

親子同伴の面接が、考査日以前におこなわれます。時間は10分程度。

質問の内容

父親へ

志望理由をお聞かせください。
本校にはどのくらい来られましたか。…印象を教えてください。
説明会には来ていただけましたか。…どのように感じましたか。
学校見学ではどのように感じましたか。
女子校についてどう思われますか。
本校の教育理念で感銘を受けたことは何ですか。
ご家庭の教育方針についてお聞かせください。
お仕事についてお聞かせください。
お仕事で大切にしていることは何ですか。
お仕事を通じて後輩の方に伝えたいことは何ですか。
お仕事でずっと使っている、大事にしているものは何ですか。
ふだんはお子様との時間がありますか。
お子様と接するなかで大切にしていることを教えてください。
休日はお子様とどのように過ごされていますか。
兄妹2人との関わり方はどのようにされていますか。
父親の役割について、どのようにお考えですか。
通学時間がかかるようですが、心配なことはありませんか。
通学の途中、お子様に何かあったら対応できますか。
お子様の名前の由来を教えてください。
家族のコミュニケーションをどのようにとっていますか。
家族がいて幸せと感じるときはどんなときですか。
しつけについて、ご自身の両親から受け継いでお子様に伝えているものはありますか。
ご家庭での父親のあり方についてどう思われますか。
家族で最近話し合われたことはありますか。
ご家庭で子育ての意見が食い違った場合はどうしていますか。
お子様のよいところはどこですか。
お子様の成長を感じるのはどのようなときですか。
お子様にとって父親とはどのような存在ですか。

最近お子様の目が「キラッ」と光ったことを教えてください。
今年の夏休みはお子様とどのように過ごされましたか。
今年の夏休みにお子様について、新しく発見したことはどのようなことです。
奥様の性格でお子様に引き継いでほしいところはありますか。
お子様には将来どのような大人になってほしいですか。
学生時代に得た宝は何ですか。
防災意識が高まっていますが、ふだんどのようなことに注意していますか。

母親へ

本校の印象を教えてください。
私立を選んだ理由を教えてください。
学校行事や説明会などに参加しましたか。…学校説明会の印象をお聞かせください。
本校の見学会に参加してどのように感じましたか。
本校に期待することはどんなことですか。
お子様は幼稚園の先生にどのような子どもと言われますか。
幼稚園にはどのようにして行かれていますか。
幼稚園のお母様方とはどのように関わっていますか。
幼稚園でお子様の成長を感じたことは何ですか。
通学方法について確認させてください。家から通うのは大丈夫ですか。
通学では乗り換えが多いですが大丈夫ですか。
電車やバスでの通学ということですが、どのようなことに気をつけさせたいですか。
お仕事をお持ちですが、父母の会には参加できますか。
お仕事の内容についてお聞かせください。
お仕事をする上で注意していることは何ですか。
休日の過ごし方について教えてください。
ご自身のお仕事が、子育てに生かされていることは何ですか。
子育てで苦労されたことは何ですか。
子育てをして、ご自身が成長したところはどんなところですか。
子育てをする上で大切にしていることは何ですか。
ご自身のお母様から受け継いだことで、お子様に伝えたいことは何ですか。
お手伝いは何をさせていますか。
お子様が最近伸びたと思われる点と長所について教えてください。
お子様の持ち味はどんなところですか。
お子様が成長したと感じることは、どんなことですか。
小学生になったら気をつけさせたいことはありますか。
将来どんな大人に育ってほしいですか。
お子様にずっと大切にしてもらいたいものは何ですか。
兄妹2人との関わり方に違いはありますか。
最近お子様を褒めたのは、どのようなことですか。
お子様との時間で、大切にしていることは何ですか。
ご家族の思い出を教えてください。
家族で大切にしていることは何ですか。
母親の優しさが必要なのはどんなときだと思いますか。
ご主人の性格でお子様に引き継いでほしいところはありますか。
学生時代の経験から得たことは何ですか。
お子様の健康面で気をつけていることは何ですか。
食の安全について気をつけていることは何ですか。
お子様に食べ物の好き嫌いはありますか。
食事を通じてお子様の成長を感じたことはありますか。

スマートフォンについて、お子様にどのように指導されていますか。
子ども同士のトラブルには、どのように対処しますか。
震災などのときの対応を家族で話し合っていますか。
劇を観たり、音楽を聴きに行ったり、映画を観に行ったりしたことはありますか。
ご家庭の家事の分担についてお聞かせください。
学生時代の経験から得たことについてお聞かせください。
お母様の子どもの頃の遊びと今の子どもの遊びで通じるものはありますか。
ご家庭では生き物を育てていますか。
お母様自身の夢をお聞かせください。
お子様に受け継いでほしいことは何ですか。
ご自身が子どものころと今と、違うところはどのようなところですか。
ご自身が子どものころと今と、通ずることはありますか。

子どもへ

お名前を教えてください。
幼稚園の名前を教えてください。
幼稚園で楽しかったことは何ですか。
幼稚園のお友達の名前を教えてください。
幼稚園ではどんなことをして遊びますか。…誰と遊びますか。
外で好きな遊びは何ですか。
幼稚園にはどうやって行っていますか。
幼稚園から帰ってきてどう過ごしていますか。
今日は電車で来ましたか。…何に気をつけてきましたか。
朝起きてすることは何ですか。
今日の朝ご飯は何を食べましたか。
好きな朝ご飯は何ですか。
好きな食べ物は何ですか。
お母さんの料理で何が好きですか。…○○には何が入っていますか。…いっしょにつくったりしますか。
この学校に来て気に入った場所はどこですか。
本は読みますか。…どんな本ですか。
お花は何が好きですか。
好きなテレビ番組は何ですか。
好きな歌手は誰ですか。
お手伝いは何をしていますか。
小学生になったらどんなことをしたいですか。
大きくなったら何になりたいですか。…どうしてですか。
最近がんばったことは何ですか。
お家ではどんな遊びをしますか。
お父さんとはどんなことをして遊びますか。
お母さんとはままごとをしますか。
お兄さん、お姉さんとはどんなことをして遊びますか。
お兄さん、お姉さんはやさしいですか。ケンカはしますか。
１番大切にしている物は何ですか。
何か大切に育てているものはありますか。…どんな世話をしていますか。…ほかに飼いたいものがありますか。
１日のうちで１番楽しいことは何ですか。
今までで楽しかったことは何ですか。

入試感想

■考査当日のこと…

▷Ｗｅｂ出願のときに、面接の日時を選択します。

▷控え室はホールでした。

▷全体を通して温かく、とても素敵な学校だと思いました。

▷受付で番号札をもらい、安全ピンで胸につけます。ホールへ案内され、２０～３０分待ち時間があり、そこから教室へ移動しました。

▷呼ばれるときは受験番号ではなく、番号札に書かれている色、アルファベット、数字で呼ばれました。

▷説明会などのアンケートは必ず記入しました。

▷面接日、考査日とも控え室まで、先生方がしっかりと見ていました。待っている間も緊張感がありました。

▷控え室には絵本が用意されているので、子どもが飽きずに待っていられました。

▷控え室は５～６組の方が待っていました。家族ごとに１テーブルに座りました。

▷控え室では皆おとなしく、本を読んだりあやとりや折り紙などをして待っていました。

▷控え室で待ち、その後１階の面接室へ移動します。すべて在校生に案内していただきました。

▷子どもにとって楽しい試験だったようです。

▷受付後、体育館で番号順に分かれて椅子に座って待ちました。お茶の用意がありました。

▷控え室の講堂には左右に椅子が置いてあり、50 番ごとに分かれて座りました。明日の面接の準備や本を読んでいる人がほとんどでした。子どもは折り紙を折ったり、絵を描いたり、手紙を書いたりしていました。

▷９時 40 分に受付をして、講堂にて待ちました。９時 50 分に６年生が迎えに来て、子どもを教室に誘導。11 時に子どもが戻り解散でした。

▷受付番号（受験番号）のところに並び、チェックを受けた後、隣に座っている生徒から考査票と帽子を受け取ります。入口で上履きを取り替え、靴は持って移動（靴を入れるビニール袋が学校に用意されていますが、使用した人はいないようでした）し、在校生の案内で、控え室（第２校舎２階の講堂）へ向かいます。係の生徒により前から順に席に案内され、考査票と帽子をつけて待ちます。考査番号を呼ばれたら前に整列（１グループ５人前後、１度に６グループ 30 人程度が呼ばれます）し、考査室へと移動します。

▷受付開始時刻までは外で待ち、受付後、在校生の誘導により控え室（体育館）へ移動します。受付の同じグループが前半と後半の２つのグループに分かれ、考査番号を呼ばれたら前に整列し、考査室へと移動します（前半は 10 時～、後半は 10 時 20 分～）。

▷控え室の体育館にはお茶を自由に飲めるコーナーがあり、静かに本を読んでいる方が多かったです。それほど緊迫感はありませんでした。考査、面接ともに和やかな雰囲気で、在校生の方がてきぱきと指示してくださいました。

▷１日目の考査日は半袖のブラウスを着ているお子さんがほとんどでした。

▷色別の控え室に通され番号を呼ばれるのを待ちます。前日に預かっている番号札をつけます。

■面接では…

▷面接は和やかな雰囲気でした。子どもの回答に対して「よく答えられましたね」と言ってくださいました。

▷マスクをしての面接でした。

▷面接は資料を見ながら質問されました。

▷面接のアンケート内容は「志望動機」「子どもの行動傾向について」「通学経路」「親戚について」でした。

▷面接で質問されていたのは、おもに一番年配の男性の先生でした。

▷面接では家族の雰囲気、様子を見ているようでした。

▷面接で子どもが名前を言ったとき「元気が良いですね」と褒めてくださいました。

▷面接は、子ども→母→父の順番で質問されました。母親への質問が多かったです。

▷面接はとても和やかな雰囲気でした。

▷面接では、受付時に子どもに部屋の"色"を伝えられ、色によって控え室が分かれます。

▷ 女の先生の１人が子どもにやさしく質問してくださり、子どもが答えるたびに３人の先生がリアクションしたり、にっこりしてくださいました。子ども・父・母の順で質問されました。

▷ 左端の女性の先生のみ質問されていました。面接官３人ともボードを持ち、メモをとっていらっしゃいました。

▷ 面接官は女性２名、男性１名の３名で、真ん中の女性が質問をし、両脇の方は資料に目を通したり、メモを取ったりしていました。質問内容はあらかじめ決まっているようでした。子どもも親の様子もしっかり観察している感じで、こまめにメモを取ってらっしゃいました。

▷ 控え室では家族ごとに机とテーブルが用意されており、絵本が各テーブルに２冊ずつ置いてありました。私どもはグループの最後で１時間ほど待ちました。面接は約 15 分おこなわれ、和やかな雰囲気で好意的な印象を受けました。

▷ 面接室はガラス戸なので、鞄を置いて教室に入るところから見られているようでした。

▷ 面接官は３人いますが、質問は真ん中の男性の先生からありました。終始、両脇の女性の先生はにこやかでしたが、評価はこの女性の先生がされていたのかもしれません。

▷ 入室したときから温かな雰囲気でした。確認程度の質問という感じではありましたが、母親に対する問のなかでは、実際に学校生活の中で母としてどのように対応できる人物か、という点を見ていたように感じました。母親の返答に関してはメモを取っていました。

アドバイス

▷ 考査の予定時間が１時間半でしたが、２時間ほどかかりました。１日の午後に併願校がある場合は注意が必要です。

▷「はらはらドキドキ入試面接」の内容をすべて答えられるようにしておけば、面接で大きなミスはしないと思います。

▷ 面接の待ち時間は 50 分ほどありました。折り紙やあやとりなど必要です。

▷ 面接は和やかな雰囲気ですが、油断は禁物です。

▷ 面接の順番は、着いた順かと思い早く行ってしまいましたが、部屋割りも決まっていて、結局長く待つことになってしまいました。絵本２冊を読み終えたあとで、面接室に通されたときの子どもの集中力は今一歩でした。

▷ 面接では３人の呼吸のあったところをお見せできるよう、朗らかに自然な態度で臨めればよいと思います。

▷ 8 時半集合でしたが、そのなかでも前半組と後半組に分かれて考査に行くので、後半組は１時間以上体育館で待つことになります。折り紙や塗り絵などを持参しないと大変かもしれません。

▷「手荷物はすべて面接の部屋まで運んでください」と言われますが、面接の部屋の外に荷物を置ける台を用意してくれています。

▷ 面接は早く呼ばれる人もいましたが、１時間近く待ちました。待ち時間に子どもを飽きさせない工夫が必要です。

▷ 事前に提出する面接資料は、とても重視されていると思います。

▷ 考査の際に帽子をかぶるので、かぶりやすい髪型を考えたほうがよいと思います。動きのある内容のものが多いので、髪型だけでなく服装もなるべく軽装にされたほうがいいのではないかと思います。

▷ 考査時の子どもの服装は動きやすいものをとキュロットと半袖ブラウスで行きましたが、ジャンパースカートのお子さんもかなりいたように思います。

▷ 運動がハードなので、動きやすいキュロット、そして短髪で臨んだ方がよいです。

▷ 子どもたちの服装は、肩につく髪の毛は黒いゴムだけで止める、ソックスは三つ折り、上靴は全部が白いものと決まっています。できれば、これに合わせた方が違和感がないかもしれません。

▷受付でお着替えをする方が多くいました。ジャンパースカートだとクマ歩きのとき上級生からひもで結ばれズボンのようになります。

▷子どもが考査に行ったあとその場で待ちます。終了近くなると他の場所に移動し、子どもの帰りを待ちます。控え室は講堂なので広く、緊張した空気はあまりないと思います。

▷考査中に時間があまった子は折り紙をしたと言っていました。

▷考査ではできない子、泣く子などは1人もいなかったそうです。

▷家庭の教育方針をしっかりとみているようでした。

▷何より大切なのは、家庭のしつけと子どもの人格だと思います。

▷ペーパーテストといわれるものは2題しか出ておらず、あまりウエイトを置いているとは思いませんでした。「豊明らしい子」を求めているように感じました。

▷大人数の中でとにかく元気に目立つことがポイントではないでしょうか。うちの子は体操で一生懸命やりすぎてどんどん前に出てしまい、あわてて列に戻ったらしいですが、話を聞くと、運動がダメな子はいなかったそうです。

▷防災について力を入れているようでしたので、あらかじめ夫婦で話し合っておきました。質問されたのでよかったです。

雙葉小学校

〒102 - 0085 東京都千代田区六番町 14 - 1 ☎ 03（3263）0822

形式と日程

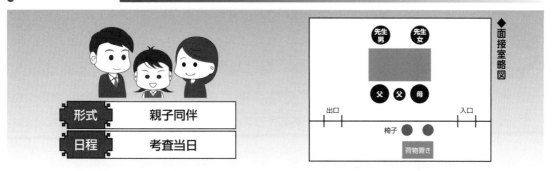

| 形式 | 親子同伴 |
| 日程 | 考査当日 |

◆面接室略図

親子同伴の面接が、考査当日におこなわれます。時間は 5 分程度。考査日前に面接資料を提出します。

質問の内容

父親へ

志望理由をお聞かせください。
本校を知ったきっかけを教えてください。
たくさんある学校の中から、なぜ本校を志望されましたか。
女子校を選んだ理由を教えてください。
女子校についてはどうお考えですか。
キリスト教教育についてどのように思いますか。
本校に期待することを教えてください。
家庭教育で気をつけていることは何ですか。
どのようなときにお子様を褒めますか。
食事のときはどのような話をしますか。
お子様の名前の由来を教えてください。
お子様が生まれたときの感想をお聞かせください。
お子様の性格でお父様に似ているところを教えてください。
お子様が成長したと思う出来事をお聞かせください。
この 1 年のお子様とのことで、もっともうれしかったことは何ですか。
お子様の誕生日はどのように過ごしていますか。
お子様と休日にはどんな遊びをしていますか。
お子様と遊ぶときに心がけていることを教えてください。
お子様のよいところはどこですか。
お子様にはどのような女性に成長してほしいですか。
お父様の子どもの頃の、家族の思い出について教えてください。
最近の家族の思い出は何ですか。
ご家族で過ごす 1 番楽しい時間を教えてください。
ご家庭では、お子様はどんな歌を歌っていますか。
ご自身が子どもの頃にはどんな歌を歌っていましたか。
歌の効用にはどんなことがあると思われますか。
ご自身が子どもの頃に夢中になったことは何ですか。
小さいころのお弁当の思い出は何ですか。

お弁当を持って出かけるときに、気をつけることは何ですか。
子どもの頃に読んだ本で印象に残っているものはありますか。
お父様の小さいときにしていたお手伝いの話を、お子様に話してください。
裏返した3枚のカードから1枚選び、お子様にクイズを出してください。
家で遊ぶことが増えたと思いますが、何か工夫されていることはありますか。

母親へ

志望理由をお聞かせください。
私立を受験する理由をお聞かせください。
本校の教育方針で何が1番大切とお考えですか。それはお子様の成長にどう関わるとお考えですか。
キリスト教教育についてどのように思いますか。
本校に期待することを教えてください。
なぜ女子校を選びましたか。
女子校についてはどのようにお考えですか。
家庭教育で気をつけていることは何ですか。
通学経路を教えてください。通学距離は遠くないですか。
お子様と休日にはどんな遊びをしていますか。
幼稚園は毎日お弁当ですか。
お弁当をつくるときに気をつけていることは何ですか。
食事で気をつけていることは何ですか。
お子様の嫌いなものは何ですか。
お子様の性格でお母様に似ているところを教えてください。
お子様が成長したと思う出来事をお聞かせください。
最近お子様から言われてうれしかったことは何ですか。
子育てをする上で大切にしていることは何ですか。
子育てをしていてうれしかったことをお聞かせください。
どんなときにお子様を褒めますか。
お弁当をつくるときに、気をつけることは何ですか。
小さいころに好きだったお弁当のおかずは何ですか。
お名前の由来をお子様に話してあげてください。
お子様はご家庭ではどんな歌を歌っていますか。いっしょに歌うことはありますか。
大きな病気をしたことはありますか。
最近の家族の思いでは何ですか。
お子様の誕生日にはどのように過ごしますか。
ご家族で過ごす1番楽しい時間を教えてください。
ふだんはどのような本を読んでいますか。
どのような基準で絵本を選んでいますか。
子どものころに読んだ本で印象に残っているものはありますか。
お子様と遊ぶときに心がけていることを教えてください。
お子様はどんなことをして遊んでいるときが1番楽しそうですか。
外遊びのときに気をつけていることを教えてください。
公共の場で気をつけていることを教えてください。
お子様には将来どんな大人になってほしいですか。
ご自身が子どもの頃に夢中になったことは何ですか。
ご自身の幼少の頃の誕生日の思い出を踏まえて、お子様に伝えておきたいことはありますか。
お子様にはどのようなお手伝いをしてもらっていますか。
お母様の小さいときにしていたお手伝いの話を、お子様に話してください。
このあとお子様にはどんなお手伝いをさせたいと思いますか。

子どもへ

お名前を教えてください。
生年月日を教えてください。…お誕生日には何をしましたか。
来年の誕生日にしてほしいことをお母様に話してください。
幼稚園の名前を教えてください。
幼稚園にはどんなお友達がいますか。お友達の名前を教えてください。
幼稚園ではどんなことをして遊びますか。
幼稚園に動物はいますか。
お家では犬や猫は飼っていますか。
幼稚園ではどんな歌を歌いますか。好きな歌はありますか。どこで歌いますか。
面接の前に（考査で）遊んできたと思いますが、何をして遊びましたか。
集団考査では積み木で何をつくりましたか。
さっきのお部屋には何がありましたか。…ケーキがあったよね。他には？
お弁当をつくってもらったことはありますか。…誰がつくったのですか。…何が入っていましたか。
お弁当のおかずで好きなものは何ですか。
お弁当を持ってどこかに行くことはありますか。…どこへ行きますか。…何が楽しかったですか。
お弁当に入っていてうれしい食べ物は何ですか。
お母さんがつくる料理で1番好きなものは何ですか。
お料理のお手伝いはしますか。
お父さん、お母さんの好きな食べ物を知っていますか。
朝ご飯は何を食べて来ましたか。
給食では何が好きですか。
野菜の好き嫌いはありますか。
お父さん、お母さんと何をして遊びますか。
休みの日は何をして遊びますか。
お家の人から何と呼ばれていますか。
お父さんの歌を聞いたことがありますか。
お父さんが小さいころ好きだった遊びを知っていますか。知らなかったら今聞いてみてください。
弟さん、妹さんとはケンカをしますか。どちらが勝ちますか。
どんな本が好きですか。その本のどんなところが好きですか。
お買い物には行きますか。何を買いますか。荷物は持ちますか。
どんなときに電車やバスに乗りますか。そのときに気をつけていることは何ですか。
宝物はありますか。
どんな遊びが好きですか。
お母様に注意されることはありますか。
お母さんに褒められるのはどんなときですか。
1年生になったら何をしたいですか。
大人になったら何になりたいですか。

お手伝い（テーブルを拭く・洗濯物をたたむ、金魚のえさやり・箸を並べる）をしている絵、写真を見せられて何をしているか答える。
あなたはどんなお手伝いをしていますか。

裏返した3枚のカードから1枚選び、お父さんにクイズを出してください。

　（盲導犬の写真を見せられて）
この動物は何だか知っていますか。この犬は何をする犬か知っていますか。

（交番におまわりさんがいて、後ろ向きに女の人が立っている絵を見せられて）
実際にこういう光景を見たことがありますか。ここはどこかわかりますか。この人は誰ですか、お話をしたことがありますか。

（電車の絵を見せる）
この絵を見て、何か気がつくことはありませんか。言ってみてください。
では、この絵の中でいけないことをしているのはどの人ですか。どうしてですか。
逆に、よいことをしていると思われる人を教えてください。
○○ちゃんはどういう時に電車に乗りますか。

（誰かに拍手されている絵を見て）
このような経験はありますか。

（絵を見せられて）
この子はどう思っていると思いますか。
この子に声をかけるとしたら、何と言ってあげますか。
ケガをしている人には何と声をかけますか。

（頭をなでられている子どもの絵を見せられて）
どんなときにこうなりますか。…されたことはありますか。

（女の子が拍手されている絵を見せられて）
これはどんなときですか。…このようになったことはありますか。

（女の子が抱きしめられている絵を見せられて）
これは何をしているところですか。…こうされたことはありますか。

（最初にお弁当箱、おもちゃのおにぎり、ランチョンマットなど渡されて）これを持って行けるように包んでください。難しかったら手伝ってもらってもよいですよ。
（お道具箱にフエルトでできたおにぎり、ウインナー、ブロッコリー、プチトマト卵焼きなどがある）

お弁当をつくりましょう。お父さん、お母さんと相談して中に入れるものをアドバイスしてもらってもいいですよ。
（1分くらい後）そろそろ出来たみたいですね。
お弁当を持って出かけることはありますか。

入試感想

■考査当日のこと…
▷アンケートの内容は「志望理由」「教育方針」「知っておいてほしい子どもの留意点」などです。
▷7時50分から8時30分の間で受付、控え室の5Fホールで待機。45分に子どもは考査へ。その後保護者も1F教室へ移動。9時15分に子どもが控え室に戻ってきて終了。
▷10時50分の受付開始時間までは校舎外の校庭入り口で待機し、開始時間ちょうどに「番号によって左右に分かれ受付してください」と説明があります。受験票を提示してゼッケンとバッジを受け取り、4階控え室で上履きに履き替えます。その後5階の控え室（ホール）に移動して受付時間終了まで待機します。11時40分に案内の先生の誘導で、子どものみが番号順に考査会場へ向かいます。子どもの退出が終わると、保護者は荷物をすべて持って1階の1年生の教室へ移動して、子どもの帰りを待ちます。12時20分に引率の先生が控え室まで考査終了を告げにいらっしゃいます。その後、

番号順に子どもが控え室に帰ってきて終了となります。

▷ 1階で受付してゼッケンを受け取り5階のホールに行き、靴を履き替えゼッケンをつけ、トイレを済ませて待ち、11時35分に子どもが考査室へ移動し、次に母親が控え室に移動しました。

▷ 傘は生徒さんの傘立てに置くことができます。2日目の面接は、外履きを下駄箱に入れることができました。

▷ 待機中などのとき、待ち時間が長いため集中をきらせるお子さんが多く見受けられました。

▷ 他校と比べて静かな印象を受けました。先生方も控えめで落ち着いた方が多く、粛々とすべてが進められていきました。

▷ 1日目は5階のホールで番号順に分かれて座って待ち、2日目は指定された教室で待ちました。

▷ トイレはとてもきれいで、早めにつけば考査前に行けるので、駅などを利用する必要はありません。

■面接では…

▷ 面接のときは、図書室で2列になり待機し、ブザーが鳴ったら面接室前の椅子まで移動します。そこでブザーが鳴ったら、前の方が終わっていなくとも、入室するように指示がありました。

▷ 面接のとき、「差し支えがなければマスクを外してください」という張り紙がありました。

▷ 面接室の扉はスライド式で、全開すると止まりますが、半分ぐらいだと閉まってくるので気を付けてくださいと注意がありました。

▷ 面接では、家庭の教育方針など一般的な質問はありませんでした。

▷ 面接は男性、女性の先生1名ずつでした。穏やかで優しい雰囲気でした。

▷ 面接室の隣の教室が控え室でした。ベルが鳴ったら移動と説明されました。待ち時間は飲水可でした。折り紙などして待ちました。

▷ 控え室で待機中にチャイムが鳴ると面接室の前に移動します。次のチャイムで面接室に入ります。

▷ 面接では、向かって右側の先生からおもに質問されました。

▷ 面接はベルが鳴ると終了です。途中でも終わりとなります。

▷ 面接では、ベルが鳴ると入室し、次のベルで退出します。話の途中でも次のご家族が入って来ます。

▷ 面接では、親が番号札を安全ピンでつけます。

▷ 面接時の荷物置き場は廊下にありました。

▷ 子どもの質問のあとで、数枚のなかからカードを引いて、その絵からスタートして親子でしりとりをしました。

▷ 廊下で待機しているとチャイムが鳴り、それを合図に入室します。開始後、再度チャイムが鳴ると話の途中であっても次の方が入室してくるので半強制的に終了となります。

▷ 通常の教室でおこなわれ、5分ごとにチャイムが鳴って待機の教室から1組ずつ移動して廊下で待ちます。2組ずつで進行し、面接官は男女1名ずつで、男性の方が質問されていました。少々事務的な印象を受け、メモを取っている様子もなかったので、すでに合否は決まっているのかもしれないと感じました。

▷ チャイムが鳴ると次の方が入室してくるので、退室のご挨拶は会釈のみとなりました。

▷ 行動観察の後、親のみが控え室に移動し、子どもを迎えてから順番にチャイムで呼ばれます。部屋の前の椅子に座って待ち、チャイムが鳴ったら前の方がいても入室します。面接自体は優しい感じで淡々と進みます。子どもへの質問内容を通してしつけを見られているような気がしました。

▷ すべて5分間隔のブザーによって行動しました。

▷ 面接教室すべてがいっせいに学校のチャイムで開始し、終了という進行でした。時間は5分間でしたが、時間前に面接室を出る方もいました。

▷ 子どもへの質問のときの母の様子、母への質問のときの子どもの様子をしっかり見ていました。

▷ チャイムとチャイムの間の5分間だけが面接時間で、「前の方がいらしてもチャイムが鳴れば入室してください」と言われるので、挨拶もそこそこで、質問に対して考え込んでしまうと時間が無くなってしまいます。たいへん事務的でこの短い時間で何を見ていらっしゃるのかわかりませんでした。

▷ チャイムのあと入室すると、まだ前の方が座っていらっしゃいましたので、とまどってしまいました。このため子どもも挨拶をするタイミングを逃してしまいました。

アドバイス

▷ ペーパーの学習がどれだけできるかが、カギになるような気がしました。

▷ コロナ禍ということで、行事など変更点が生じるので、学校のホームページもこまめなチェックが必要です。面接も保護者１名と子どもに変更になりました。

▷ 情報が限られている学校ですので、知り合いに関係者などいるのであれば積極的に学校の様子などを聞き、どのような子どもが求められているかなど受験対策に役立てるべきだと思います。

▷ 子どもの服装は紺が１番多かったものの、ワンピースやグレーのスーツなど地味であれば、まったく問題はないと思いました。母親の服装はほぼ全員が紺のスーツでした。

▷ 室内は暖房がきいていました。半袖・長袖のお子さんは半々でした。

▷ 控え室では、私語などはまったく見られませんでした。30分ほどで子どもが戻ってくるので、あっという間です。

▷ 控え室（５階ホール）では、あやとりや折り紙をして待つ子が多いのかと思っていましたが、普通の声量で絵本を読み聞かせている方もいて、ちょっと意外でした。ホール全体が反響もあって少し騒がしい感じがしました。

▷ 控え室は決してぴりぴりした雰囲気ではありませんでしたが、どの親子も「この日に向けてきちんと準備されてきた」という様子でした。他校と比べ、身体の大きいお嬢さんがとても多いことが印象的でした。小集団テストでも指示にきちんと従うお子さんしかいらっしゃらなかったようで、実力の差が本当に少ないなかで選抜がおこなわれたことを実感しました。

▷ 控え室では皆さん本を読んだり、面接前には参考票に目を通したりしていました。子どもがいっしょのときはあやとりをしている方が最も多く、他には絵本を読んだり、折り紙をして待ちました。

▷ 待ち時間はシーンとしていました。静かに過ごせるよう、折り紙・あやとり・絵本などを持っていったほうがよいと思います。

▷ ペーパーの時間が短いので、早く解く練習を積み重ねる必要があります。面接時間は５分ですが、子どもにも細かく質問がされます。

▷ ３枚のペーパー、５分程度の面接では差がつかないように思いました。学校に縁故のない人には難しい学校なのではと感じてしまいました。

▷ ペーパーテストはそれほど難解ではありませんが、だからこそミスはできないと思います。

▷ ペーパー試験の実質時間は25分程度で、ミスをしないということが大事と感じました。

▷ 面接では時間が来ると話の途中でも次の方が入ってきて、どんどん話が進んでいきます。こちらのアピールのためには積極的に話す一方、得意分野に持って行くようにするべきだと実感しました。

▷ 面接の入室時に、チャイムが鳴っても前の方が出てこられないからと、戸惑っている方がいらっしゃいましたが、５分間しか持ち時間がありませんから、迅速に動かないと時間を無駄にしてしまいます。

▷ 面接では親子の関わりを見ているので、いろいろな練習をしたほうがよいと思いました。

▷ 面接時に合否はほぼ決定しているようで、確認だけという感じでした。

▷ 面接より参考票のほうが大切なのではないでしょうか。今回の受験でとてもそう感じました。１週間前に提出というのも納得ができます。その上で子どもの様子をテストし、さらに面接で確かめるといった方法のように感じました。

▷ ５階講堂はトイレが入口の１か所のみなので、とにかくまずトイレを済ませたほうがあとで落ち着けます。

▷ 調査票は願書送付後に返送されてきます。約１週間で提出ですので、前もって家族写真と下書きは準備しておいたほうがあわてずに済みます。

▷ ２日目は欠席者が多く番号が飛ぶので、点呼のときは気をつけていたほうがよいと思います。

▷ あくまで個人的感想ですが、母親が仕事を持っている場合は、少し敬遠されるかもしれません。

▷ 毎日の生活を決しておろそかにせず大事にし、子どもの手本となるように努力することが大切だと思います。

▷ 合格発表当日の13時より保護者会があるので、発表終了間際に見に行かれる方は、必要な物（受験票・筆記用具・スリッパ）を持って行かれることをおすすめします。試験はペーパーで高得点を取ることがカギだと思います。面接が今ひとつの出来でしたが、おかげさまで合格をいただけました。１日目、２日目ともに拍子抜けするくらいあっさり終わります。

立教女学院小学校

〒168 − 8616 東京都杉並区久我山 4 − 29 − 60 ☎ 03（3334）5102

形式と日程

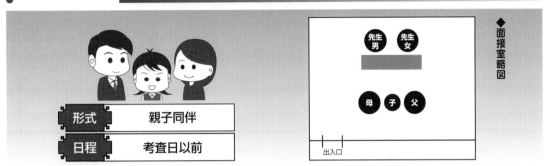

◆面接室略図

| 形式 | 親子同伴 |
| 日程 | 考査日以前 |

先生男　先生女

母　子　父

出入口

　親子同伴の面接が考査日前におこなわれます。面接時間は 10 分程度。面接資料は面接当日にその場で記入します。

質問の内容

父親へ

志望理由をお聞かせください。
ご家庭の教育方針を教えてください。
どのようにして本校を知りましたか。
学校に共感したところはどんなことですか。
学校説明会や公開授業で、印象に残っていることは何ですか。…どのような点からそのように思われましたか。
本校の印象を教えてください。
キリスト教についてはどのようにお考えですか。
キリスト教教育についてどのように思いますか。
これからの教育に大切なことは何ですか。
本校の教育で期待されることは何ですか。
女子校に通わせたい理由は何ですか。
お子様のどんなところが、本校に向いていると思いますか。
受験のためにどのくらいの小学校を見に行かれましたか。
お仕事の内容について教えてください。
帰宅時間は何時ころですか。
お仕事について教えてください。
お仕事がお忙しいとは思いますが、ふだんお子様とどのように過ごしていらっしゃいますか。
休日はお子様とどのように過ごしていますか。
出身校を教えてください。
通学経路を教えてください。
今の住所からだとかなり通学時間がかかりますが、大丈夫ですか。
しつけについてどのようにお考えですか。
お子様の幼稚園での様子を知っていますか。
幼稚園の行事には参加されますか。
運動会をご覧になって、お子様の成長を感じたのは、どのようなことですか。

お子様の長所は何ですか。
お子様の性格について教えてください。
お子様の性格でご自身に似ているところはどこですか。
お子様の名前の由来を教えてください。
お子様は今、何に夢中ですか。
お子様の成長で、感動したことを教えてください。
お祖父様、お祖母様とはどのような関わりを持っていますか。
お父様が家事を手伝うことがありますか。
お父様のご家庭での役割は何ですか。
ご自身の小学校時代の思い出を教えてください。
お子様には、将来どのような女性になってほしいですか。
子育てで大切にしていることは何ですか。
お父様の趣味は何ですか。

母親へ

志望理由についてお聞かせください。
私学を選んだ理由を教えてください。
本校の行事には参加されましたか。…そのときの印象を教えてください。
数ある私立の中で、本校を選んだ理由を教えてください。
私立と公立の違いはどんなところですか。
宗教教育についてどうお考えですか。
女子校についてのお考えをお聞かせください。
本校のよいところはどこですか。
本校にお子様があっていると思うのは、どのようなところですか。
小学校でどんなことを学んでほしいですか。
上のお子様と学校が異なりますが、学校行事など大丈夫ですか。
お仕事について教えてください。…急なお迎えには対応できますか。
休日には何をされていますか。
学校行事や役員活動に協力していただけますか。
お父様はお子様とどのように関わっていますか。
しっかりしたお子様ですが、子育ての秘訣を教えてください。
ご出身はどちらですか。
本校までの通学経路を教えてください。
今の幼稚園を選んだ理由を教えてください。
コロナで幼稚園が休園のとき、どのように過ごしましたか。…お子様の成長を感じることがありましたか。
幼稚園の欠席日数と理由を教えてください。
幼稚園は給食ですか。
お子様は幼稚園でどのように評価されていますか。
食べ物で好き嫌いはありますか。…アレルギーはありますか。
食事について気をつけていることは何ですか。
お弁当をつくるときに気をつけていることはありますか。
お子様が幼稚園で何をして遊んでいるか知っていますか。
お子様の性格を教えてください。
お父様とお子様の似ているところはどんなところですか。
姉妹の性格の違いについて教えてください。
お子様の得意なことを教えてください。
育児で困っていることはありますか。
子育てで大切にいていることは何ですか。

どんなときにお子様の成長を感じますか。
子育てをしてきて嬉しかったことを教えてください。
子育てで困ったときには誰に相談しますか。
お子様がなかなか寝つかないときにはどうされますか。
ご自身の両親から教えられたことで心に残っていることはありますか。
お子様はどんなことが好きですか。
お子様には将来どんな人になってほしいですか。
今、お子様が夢中になっていることは何ですか。

子どもへ

お名前を教えてください。
幼稚園の名前と先生の名前を教えてください。
幼稚園にはどうやって通っていますか。
お友達の名前を3人教えてください。…その子のどこが好きですか。
お友達とけんかになるのは、どんなときですか。
お友達と何をして遊びますか。
幼稚園では何をして遊ぶのが好きですか。
運動会に参加しましたか。…どんな種目に出ましたか。…誰が応援に来てくれましたか。
幼稚園では外遊びの場合、何をして遊ぶのが好きですか。…お部屋の中では何が好きですか。
絵を描きますか。
お家ではどんなことをして遊ぶのが好きですか。
お姉さんの名前を教えてください。
弟さんとは何をして遊びますか。…けんかをすることはありますか。
知らない子と遊ぶときは何と言いますか。…相手はなんて答えますか。
知らない子と遊ぶときはドキドキしますか。
動物のお世話をしたことがありますか。
何か植物を育てていますか。
ここまで電車で通えますか。
何時に起きて、何時に寝ますか。
お手伝いは何をしていますか。
お父さんに怒られることは何ですか。
お父さんと何をするのが1番楽しいですか。
お母さんとは何をして遊びますか。
本を読むのは好きですか。どんな本が好きですか。お父さん・お母さんは読んでくれますか。
大切にしているものは何ですか。…弟さんが壊してしまったらどうしますか。…弟さんが
貸してと言ったらどうしますか。
自由遊びではどんな遊びをしましたか。
さっき読んでもらった本はどんな本でしたか。…どう思いましたか。…最後はどうなりま
したか。
お家で本を読んでもらうことはありますか。…誰に読んでもらいますか。…どんな本ですか。
…どこが好きですか。
家ではどんなお手伝いをしますか。…どのお手伝いが1番好きですか。
　（何枚か料理の絵を見せられて）
このなかに、お手伝いをしたことがある料理はありますか。
このなかに好きな食べ物はありますか。…どこで食べましたか。…誰が作ってくれますか。
嫌いな食べ物は何ですか。…それが出てきたらどうしますか。
お母さんのつくったお料理は何が好きですか。
幼稚園ではお弁当ですか、給食ですか。…給食で1番好きな物は何ですか。

好きなお弁当と嫌いなお弁当を教えてください。
嫌いなお弁当を食べるとお母さんは何と言いますか。
　　（乗り物の絵を見せられて）
乗ったことのある乗り物はどれですか。…どこに行きましたか。
　　（登山やキャンプの写真を見せられて）
この中に知っているものはありますか。…（山登りと答えて）何という山に登ったのですか。
　　（動物の写真を見せられて）
知っている動物はどれですか。…そのなかで会ったことのある動物は何ですか。
　　（部屋の中の絵を見せられて）
このかばんの中に入っているものは何だと思いますか。
　　（花壇を荒らしている男の了とその様了に驚いている女の了の絵を見せられて）
この女の子はなんで驚いていますか。
　　（子どもがスーパーマーケットで、いやいやをしている絵を見せられて）
この子はどうしたのかな。…あなたはこんなときがありますか。
（スーパーの絵を見せられる）
この子はどうして泣いていると思いますか。
スーパーに行ったことはありますか。
どうしても欲しいものがあったらどうしますか。

入試感想

■考査当日のこと…
▷控え室には、ボールペン、ノリが用意されていて、そこでアンケートを記入します。
▷控え室には、絵本の用意がありました。
▷控え室は面接室の隣でした。アンケートを記入したり、お茶を飲んだりして過ごしました。子どもは
　用意された絵本を読んで待っていました。
▷控え室にはお茶の用意があり、自由に飲めました。他に3組待っていました。
▷控え室には子ども用、大人用の本が机に置いてありました。その本を読まれている人や、折り紙など
　をしている人が多かったです。とても静かでした。
▷控え室は普通の教室で、絵本が置いてあり、お茶を飲むことができました。
▷受付後、指示された教室で5～6組ごとに待機します。その場でアンケートを記入し、写真を貼りま
　した。各机の上には、ペン、のり、絵本、学校の歴史の本があり、教室ごとにお茶のセットも用意さ
　れていました。
▷受付後礼拝堂で待ちました。子どもたちは静かで折り紙やお絵描きをしている方が大多数でした。時
　間になると指示に従い、子どもたちは教室へ行きました。保護者は食堂へ移動し、アンケートに答え
　るように指示が出ました。
▷受付で控え室を指示され、控え室でアンケートを記入し15分くらい呼ばれるのを待ちます。隣の部
　屋で面接でした。

■面接では…
▷面接の受付時に体温チェック、消毒がありました。面接室は4部屋ありました。
▷面接は先に保護者がおこない、あとから子どもが入ってきます。面接時間は約15分。
▷保護者・子どもとも、マスクは外すように指示がありました。先生方はマスクをしていました。
▷子どもは面接の前に、絵本を1冊読んでもらいます。模倣体操、指体操などやったあと、4人グル
　ープでパターンブロックを高く積むゲームをする。その後は折り紙、お絵かき、輪投げ、積み木、ブ
　ロックなどで自由に遊ぶ。途中で順番に呼ばれて面接室に移動しました。

▷ 面接は和やかな雰囲気でした。

▷ 面接資料は、家族欄、通学経路、保護者について学校に知らせたいことなどを記入します。

▷ 面接、考査ともに、子どもが緊張しないよう、先生方の配慮を感じました。

▷ 面接官は終始にこやかで、緊張を与えないよう配慮されている印象を受けました。

▷ 面接では1つの回答に対して掘り下げていく、発展的な質問が多くありました。

▷ 面接室は父・母の椅子の前のみ机がありました。時間は10分程度で、とても和やかな雰囲気でした。

▷ 面接官との距離が離れていましたが、終始和やかな雰囲気でした。子どもへの質問もやさしく丁寧な
印象を持ちました。提出した願書について細かな質問がありました。

▷ あまり突っ込んだ内容の質問はなく形式的な感じでした。子どもには女性の先生から、両親には男性
の先生から質問がされました。先生方は終始ニコニコされていて、和やかな雰囲気でした。

▷ 引き戸には大きな円い窓があり、入室前から先生方はこちらを見ておられました。

▷ 主人と私には男性の先生が、娘には女性の先生から質問がありました。

▷ 男の先生と女の先生の2人でしたが、質問に対する私たちの答えをとても熱心に聞いてくださったの
でほっとしました。面接官と距離があったので緊張しませんでした。

▷ 校長先生は父母に質問なさり、女の先生は子どもに話しかけるような感じでやさしく質問してくださ
いました。

▷ 明るく穏やかな雰囲気の中でも、背筋が伸びるような緊張感がありました。

▷ 子どもに対しては、「あなたは〜ですか？」という質問の仕方でした。

▷ 家庭での食生活を気になさっているようで、食事に関する質問が多かったです。

▷ 女性の先生が両親に、男性の先生が子どもに質問なさっていました。両親への質問中、返答中も、男
性の先生は子どもの様子をご覧になっていました。父親に対してよりも、母親に対しての質問が多か
ったようです。

アドバイス

▷ 今年は面接後に、別のアンケート（A3横サイズ）を記入しました。例年のアンケートは面接前に
記入します。

▷ 新しいアンケートの内容は「本校志願の時期」、「本校の教育とご家庭の教育方針であっていること」、
「お子様と過ごすなかで、ヒヤッとしたこと、うれしかったこと、がっかりしたことなどのエピソード」
でした。

▷ アンケートを面接当日記入するので、トイレに行ったりすると時間が短くなり大変でした。早めに到
着するとよいと思います。

▷ 動物介在教育の学校で、本なども出されていますので、読んでおくとよいと思います。

▷ ペーパーのみならず、季節の行事や普段の生活習慣も大切にしたほうがよいと思います。

▷ アンケートは「幼稚園の欠席日数」「就寝・起床時間」「学校に伝えたいこと」でした。

▷ ペーパーは枚数が多いため、スピードが必要です。

▷ 控え室では折り紙をして過ごす方がほとんどでした。子どもの考査中は保護者は読書をされている方
が多かったです。

▷ 扉にはガラス窓もあり、廊下には先生もいらっしゃるので、最後まで気を抜かないほうがいいと思い
ます。

▷ 1時間ほど早く行きましたが、控え室に案内され、時間までアンケートを書いたり、本を読んだり、
折り紙したりしていました。その時間で子どもは緊張がとけたようです。

▷ 試験が始まるまでの時間は、静かに折り紙を折っている子どもたちが多かったです。

▷ 子どもの試験を待つ時間があるので、親は本などを持って行ったほうがよいでしょう。

▷ 控え室では考査当日にアンケートがあると思っていたので、アンケートを書くためのメモを見ている
方がわりと多かったです。

▷ ほとんどのお子さんがあやとり、折り紙をして待っていました。

▷ 控え室（食堂）では、30番単位でテーブルが決められていますが、先生はいらっしゃらないため椅子を移動して友人のところへ行き、お話なさる方もいてかなりにぎやかでした。

▷ 面接はとてもやさしい感じで、あまり困るような質問はありませんでした。

▷ 面接では手応えのようなものが感じられず、「これで合否を分けるの？」という気持ちが残りました。ペーパーはとても簡単だったと子どもは言っておりました。受験者数がとても多いので、あまり点数に差が出ないのではと思いました。合否の基準はわかりませんが、4月から勉強をスタートさせた（自分の）子どもが合格をいただけたので、みなさまにも平等にチャンスはあると思います。

▷ 説明会のときは「試験は難しいことはありませんので、準備はいりません」ということでしたが、実際はペーパー、個別テストともかなり難しいものでした。

▷ 面接のアンケートには、書き方のサンプルがありました。

▷ 子どもには机がないので、お行儀が悪いと目立ちます。

▷ ペーパーの点数が重要だと思いました。

▷ 利己的な教育方針はもっとも嫌われるような気がしました。（後日の保護者会にて感じました）

▷ 面接を通して感じたことは、親がどれほど子どもの立場に立って考えているか、また、学校に対して協力的であるか、親も子も協調性があるか、そんなところを重視しているような気がしました。

▷ やはり、ペーパーテストに重点を置いているようです。

▷ 個性を尊重するという学校でした。私服で通学する学校ということもあり、思い切って緑の千鳥格子のジャンパースカートで試験を受けました。ほとんどの子が紺のジャンパースカートの中、目立ったようでした。

▷ 第1志望であることが重要のようです。ペーパーテストも過去問に似ていたので、過去問題をしっかりやることをお勧めします。

▷ 当日は22℃で、考査室は暖房がかかっていますと先生から伝えられ、3分の1くらいのお子さんが半袖ブラウスで考査へ向かいました。

青山学院初等部

〒 150 - 8366 東京都渋谷区渋谷 4 - 4 - 25 ☎ 03 （3409） 6897

形式と日程

形式	保護者のみ
日程	考査日以前

◆面接室略図

先生男　先生女　宗教主任　部長

荷物置き　母　父　荷物置き
ソファ

出入口

　保護者のみの面接が、考査日以前におこなわれます。時間は 10 分程度。子どもには考査中に質問があります。

質問の内容

父親へ

自己紹介をしてください。
志望理由についてお聞かせください。
出身校とお仕事の内容を教えてください。
お仕事がお忙しいと思いますが、お子様とどのように関わっていますか。
説明会の印象を教えてください。
オープンスクールに参加してどのように感じましたか。
オープンスクールでのお子様の様子をお聞かせください。
本校を知ったきっかけは何ですか。
本校の生徒の様子を、直接見たことはありますか。
宗教教育についてどのようにお考えですか。
お近くにもキリスト教の学校がありますが、なぜ本校を選びましたか。
本校を知ったきっかけを教えてください。
本校の子どもの様子を見たことはありますか。…どのような印象を持たれましたか。
通学経路に関して、お子様の電車の乗り換えなどは大丈夫ですか。
お兄様は別の学校ですが、お子様はなぜ本校にされたのですか。
（中等部出身のため）中等部の思い出を教えてください。
ご家庭での父親の役割についてお聞かせください。
お子様と過ごす時間はありますか。
子どもとの接し方で工夫していることをお聞かせください。
願書に書いてあるボランティア活動についてお聞かせください。

母親へ

自己紹介をしてください。
志望理由についてお聞かせください。
学校選びの基準は何ですか。
私立を受験する理由についてお聞かせください。
数ある私学の中で、なぜ本校を選びましたか。
オープンスクールに参加してどのように感じましたか。
本校の生徒を見てどのように感じましたか。
お兄様は別の学校ですが、お子様はなぜ本校にされたのですか。
お仕事はされていますか。…勤務時間について教えてください。…お迎えは大丈夫ですか。
…夏休みなど長期休暇の時はどのようにされますか。
学校行事にはご協力はいただけますか。
教会には行きますか。…通っている教会について教えてください。
ご自身の最終学歴を教えてください。
お子様が通っている幼稚園の経路を教えてください。
お子様の幼稚園での様子を教えてください。
お子様の幼稚園での欠席理由を教えてください。
幼稚園で他のお母様達とどのようにお付き合いをしていらっしゃいますか。
幼稚園の送り迎えはどのようになさっていますか。
兄妹で違う学校ですが、送迎は大丈夫ですか。
お子様も本校に来たことはありますか。何が印象に残ったと言っていましたか。
子育てで気をつけていることを教えてください。
お子様に直してほしいところどこですか。
資料に書かれていること以外で、お子様の様子を教えてください。
お子様に習い事をさせていますか。
お子様の成長をどのように支援していますか。
お子さんの生活リズムについて気をつけていることはありますか。
お子様が今頑張っていることは何ですか。
お子様の直したいところはどこですか。
最近お子様ががんばってできるようになったことはありますか。

子どもへ　　　（考査中に）

お名前を教えてください。
幼稚園の名前を教えてください。
好きなことは何ですか。
嫌いなことは何ですか。
今日はここまでどうやって来ましたか。

入 試 感 想

■説明会、考査当日のこと…
▷ 説明会などでは、保護者に対する細やかな気遣いが感じられました。
▷ 入校証を左胸に付けます。
▷ 8時30分に受付、控え室の食堂で待機。子どもは上履きに履き替えて考査へ。11時30分に戻り
　終了。
▷ 13時10分に受付。13時35分に子どもが呼ばれ、考査室へ向かいました。14時25分に子ど
　もが戻り、終了となりました。
▷ 入り口で名札をつけました。
▷ 控え室では折り紙をしたり、絵本を読んだりと皆さん静かにされていました。
▷ 考査当日は保護者は食堂で待機しました。読書をされている方が多かったです。
▷ 校門に守衛さんがいて玄関受付に女性の方がいました。地下食堂へと言われ、食堂入口のところで注
　意事項が書いてあるプリントを渡されました。6人がけのテーブルの好きなところに座り、テーブル
　の中央には花が生けてあり、お茶が用意されていました。白板に適正Aを受ける人の順番の掲示を上
　級生が行っていました。適正Bは時間になると全員が呼ばれて出ていきました。子どもが出た後保護
　者は、自由にしてよく、ただし、教室や校庭は覗かないようにと注意がありました。
▷ 時間ぎりぎりに到着したので慌ただしく子どもを行かせましたが、他の方たちはリラックスした雰囲
　気だったようです。
▷ 適正検査Bは時間も長いため、保護者は外出している人が多かったです。
▷ 待ち時間の保護者の外出は可能です。
▷ 控え室は地下1階の食堂でした。面接は和やかな雰囲気でした。
▷ B考査はとても楽しかったようです。

■面接では…
▷ 面接では、親の考え方をしっかり確認されている印象でした。
▷ 面接の控え室は、面接室の隣の部屋でした。2組が待機します。本などが用意されていました。
▷ 面接の控え室は会議室でした。席は自由でした。
▷ 面接資料は、「本校の教育の様子を、どのような形でお知りになりましたか」「本校の教育のどのよう
　な点を評価してお選びになりましたか」「お子様をどのようなことを心掛けて、育ててきましたか」「お
　子様の現在の様子を、どのように見ていますか」という内容でした。
▷ 面接では部長先生は話を聞いているだけで、質問は宗教主任の先生が中心でした。終始穏やかな雰囲
　気でした。
▷ 守衛室で受験票を見せて校舎へ向かい、靴のまま1階の会議室にて着席して待ちます。順番がくると
　係の方が呼びに来られて隣の面接室へ案内されます。入室すると先生方5名が着席されており緊張し
　ました。質問は両親のどちらに投げかけているのかわかりづらいので注意したほうがよいと思います。
　内容は掘り下げて聞かれることが多いので、前もってしっかり考えておくことが必要だと思いました。
▷ 面接では、配布されたフェイスシールドをマスクの上から着用しました。面接時はマスクを外して、
　フェイスシールドのみでおこないました。
▷ 面接官の方は提出書類の内容をしっかり把握しており、5名それぞれから質問がなされました。こち
　らが聞いてほしいエピソードを調査書に織り交ぜて記入しておくと受け答えしやすいと思います。か
　なり具体的に質問されます。
▷ 面接は部長室でおこなわれました。先生との距離が近いです。
▷ 面接官の方が5人もいらしたので驚きましたが、皆さんとてもおおらかにお話しくださいましたので、
　安心して受け答えすることができました。
▷ 質問事項は調査書に書いたものの確認という感じで、答えられないような質問はありませんでした。
▷ ざっくばらんな雰囲気で、まったく堅苦しい感じはありませんでした。
▷ アンケートに基いての質問のように思いました。親が子どものことをどう考え、接しているかが大事
　と思われます。
▷ 面接では次から次へと質問がありました。やはり願書提出の時面接資料を出しますが、それを軸に聞
　かれます。自分の言葉で、その家庭が見えるように記入されるとよいでしょう。

アドバイス

▷ 面接は願書を読み込まれたうえで質問されていると思いました。

▷ 点図形はスピードと正確さが求められていると感じました。

▷ 面接ではとても緊張感がありました。回答については、かなり準備しておく必要があると思います。

▷ 事前面接調査票がとても重要だと感じました。

▷ 適正検査Bは子どもにとって楽しいテストのようで、ふざけてしまっている子がいたようです。最後までふざけず、礼儀正しく、友達と仲良くできるとよいと思います。

▷ 受験番号で呼ばれるので、親子ともきちんと把握しておいたほうがよいです。

▷ 考査全体が穏やかな雰囲気でおこなわれているように感じましたので、笑顔を忘れずに臨まれるとよいと思います。

▷ 青山ファミリーフェアや青山グリーンフェスティバル、オープンスクールなどのときはなるべく足を運び、生徒や学内の様子など実際に見ることをお勧めします。

▷ 説明会をはじめ、どの集まりでも必ず礼拝を行い「キリスト教信仰に基く世界観にのっとり学んでいく」ことを明言していますので、その教育理念を理解することが大事だと思いました。

▷ 服装は普段着でとあって、みなさん統一されたかしこまった服ではなく、靴も革靴は履き替えておこないます。これが本来の幼稚園生に対する試験のあり方なのかも、とさえ思いました。

▷ 受験者の服装は普段着でどうぞということもあってか、皆さん色とりどりの服装でした。選抜テストの内容からも説明会であった通り、動きやすく遊びやすい服装がよいと思います。

▷ 提出書類が多く説明会などもあり、試験も2日間あるので最初は「受けるのに労力がいるな」と感じた学校でしたが、いざ受験してみると子どもがすごく楽しそうで、のびのびできたようなので、合否に関係なく受けてよかったと思いました。

▷ 念のためスリッパを持っていきましたが必要ありませんでした。

▷ 面接官5人全員がアンケート用紙をコピーして持っていました。アンケートに書いたことについて細かく聞かれるので、建前でなく本当のことだけを書いたほうがいいと思います。フェスティバルや運動会にも参加して、そのときの子どもの様子を言えるようにしておいたほうがいいです。

▷ 面接時に5月の青山ファミリーフェアに参加したときのエピソードを話したところ、皆さんたいへん笑顔で嬉しそうでした。青山に対して興味があり、行事に参加したりすることも大切だと思いました。

▷ 面接室の椅子がソファーだったのでフカフカしすぎて練習と違ったので、ソファーでの立ち座りも練習すれば良かったと思いました。

▷ 後で気が付いて面接中には言えなかったのですが、控え室で待っている間に感じた学校の雰囲気なども伝えられたらよかったと思いました。

▷ 面接の場所は応接室ですので、面接というよりいろいろな話をしながら、家庭としての考え方を聞き出していく方式のように感じました。質問に答えていくことのみならず、主張したいポイントをどこにからめていくか意識していくことが重要だと感じました。

▷ 同一の面接担当者が受験者の両親全員に面接をおこなう点や、事前提出資料の内容からも、面接が重視されていることがうかがわれました。

▷ 特別難しい質問はなく、ふだんから心がけていることを素直に話せばよいと思います。

▷ 具体物をつかって考える力を見るテストが多いと思います。自分なりに工夫する力、創造力や発想力などが必要なのではと思います。あきらめず一生懸命がんばることが大切だと思います。

▷ 有名校にはいろいろなタイプのお子さんが集まり、騒いだりする子もたくさんいますが、自分はきちんとするという意識を持つことがかなり重要だと感じました。

▷ 日頃の生活のしつけが1番大切だと思いますし、子どもにあった小学校を考えてあげることは入学後のことも含め、親の大きな責任だと思います。

▷ 考査では半日保育のような形で子どものふだんの様子が出る内容になっているようです。

▷ 分類は毎年出題されている様子なので、いろいろな観点で何回も何回も言葉で表現できることが大切だと思いました。

▷ 集団遊びや制作など、ふだんの子どもの姿が見られていると思います。

▷ 親にしっかりとした考えがあり、子どもときちんと向き合っているかどうかを見られているように思います。人まかせではなく、親が自分自身で考えていけることが大切です。

▷ 青山学院に限りませんが、入試準備はなるべく早めにスタートしたほうがよいと思います。

学習院初等科

〒 160 − 0011 東京都新宿区若葉 1 − 23 − 1 ☎ 03（3355）2171

形式と日程

形式	保護者のみ
日程	考査当日

◆面接室略図

保護者のみの面接が、考査当日におこなわれます。 時間は5分程度。

質問の内容

父親へ

志望理由をお聞かせください。
本校の教育に何を期待しますか。
通学時間はどれくらいですか。
お仕事の内容についてお聞かせください。
ご自身の仕事を通じて子育てに役立ったことはありますか。
休日の過ごし方を教えてください。
お子様とはどのように接していらっしゃいますか。
お子様との過ごし方で、気をつけていることは何ですか。
お子様とはどのような遊びをしますか。
どのようなことでお子様を褒めますか。
最近お子様を褒めたことは何ですか。
お子様の成長を感じるのはどんなときですか。
お子様がお友達と遊んでいる様子をお聞かせください。
お子様にはどのように育ってほしいですか。
最近お子様といっしょに笑ったことは何ですか。
子育てにどのように参加していますか。
子育てでどのような点に気をつけていますか。
家事はどのように分担していますか。
学生時代の経験や仕事の経験で、子育てに役立ったことはありますか。
学生時代や社会人としての生活を通して、お子様に伝えたいことをお聞かせください。
お子様にはどんな学生生活を送ってほしいですか。
子どもを持つことで、ご自身が変わったことは何ですか。
お子様に誇れるものはありますか。
子どもの学力の低下について、お考えをお聞かせください。
お子様のことで最近ではどんなことが 1 番印象に残っていますか。
家庭での父親の役割はどのようなことだとお考えですか。

お仕事でお子様に誇れることはどんなことですか。
ご自身がお子様に誇れることは何ですか。
お子様との関わりで、難しいと思うことは何ですか。

母親へ

志望理由についてお聞かせください。
ご家庭の教育方針についてお聞かせください。
幼稚園のお友達とは、どのように関わっていますか。
本校に期待することは何ですか。
お子様の好きな本は何ですか。
最近お母様が読んだ本で、印象に残っているものを教えてください。
お子様はふだんどのような遊びをしますか。
お友達と遊んでいるときの様子をお聞かせください。
お子様の室内での遊び方と外での遊び方を教えてください。
子育て、しつけで大切にしていることは何ですか。
お友達とトラブルがあったとき、お子さんにはどのように指導しますか。
家庭で気を付けていることは何ですか。
最近、お子様を褒めたことは何ですか。
どんな小学生になってほしいですか。
学生時代または社会人としての経験で、子育てに役立っていることは何ですか。
学生時代や社会人としての生活を通して、お子様に伝えたいことをお聞かせください。
お子様の好きな食べ物は何ですか。
お子様は食べ物の好き嫌いはありますか。
食事で気をつけていることは何ですか。
お子様の名前の由来をお聞かせください。
子どもが生まれて、母として変わったことはありますか。
子育てで苦労されたことは何ですか。
子育ての中で、嬉しかったことは何ですか。
子育てについてご夫婦で協力していることを教えてください。
子育てで工夫されていることを教えてください。
子育てをしていて、よかったと思うのはどんな点ですか。
最近お子様の成長を感じることはありますか。
どんなお手伝いをさせていますか。喜んでするお手伝いはありますか。
お子様が大切にしているものを教えてください。
お子様が熱中していることを教えてください。
お子様に守らせていることを教えてください。
お子様と約束していることは何ですか。
習い事をしていますか。
お子様から学ぶことはありますか。
最近お子様が悔しがっていたことを教えてください。
お子様が小学生になったらどのように成長してほしいですか。
お子様には将来どのようになってほしいですか。
どんな絵本を読みますか。…好きな絵本は何ですか。
お子様の興味、関心をどうやって伸ばしていますか。

入試感想

■考査当日のこと…

▷ 控え室はホールでした。

▷ 当日の考査順は抽選で決まります。

▷ 受付の際にくじを引き、考査の番号を決めます。番号ごとに控え室へ。15分ほどで子どもが誘導されて別室に向かいました。面接の際には、大きい荷物は置いていってよいとのことでした。子どもが戻るまでの約1時間、みなさんほとんど無言でした。

▷ 控え室には5～6組ほどおりました。

▷ 控え室は静かで緊張した雰囲気でした。

▷ 控え室の教室は椅子が並べられていて、中央に絵本やお茶が用意されていました。保護者面接の後は、ふたたび同じ控え室で子どもの考査が終了するのを待ちます。

▷ 8時に受付、控え室で待機。控え室で置いてある本を読んだり、折り紙などをして待った後、今日1日の流れの説明を受ける。30分に考査順の抽選があり、子どもが箱の中から番号を引く。その後、子どもは考査へ、親はそのまま待機します。9時から面接が開始され、終了次第、解散。

▷ 12時5分前くらいから、みなさん門の前に並び始めました。それまでは門から見えない場所で、それぞれ待機していました。我が家は前の公園のベンチで休んでいました。

▷ 14時30分に受付、試験についての説明のあと、考査の順番を決める抽選をおこなう。15時に番号順に点呼があり、列になって教室へ移動、親は面接となる。16時に子どもが戻ってきて終了。

▷ 控え室には10組ほどが待機していました。お茶や絵本の用意がありました。

▷ 教室で待機後、抽選で考査の番号を決め、子どもたちが考査会場へ誘導されました。その後、両親は面接のために移動しました。持参した本を読む時間もほとんど無く、あっという間に考査が終了しました。

▷ 控え室の机には絵本が数冊、湯茶の用意があり、椅子が3脚ずつ家族分の数がありました。

▷ 控え室にはお茶の用意がありました。みなさん静かで、面接の準備や読書などされていました。

▷ 控え室では子ども用の絵本を自由に見ることができました。

▷ 控え室はシーンと静まりかえっていて、子どもも本を見たりお絵かきをしていました。待ち時間は長くありませんでした。

▷ 当日のくじ引きで決まった番号が遅い番号で、待ち時間が長かったです。待ち時間が長いと緊張が増します。面接はあっという間に終わった感じでした。

▷ 子どもは、考査が楽しかったと言っていました。

▷ 個別テストを待つ間は、絵本を読んだり、ピノキオのビデオを見たりしていました。

▷ 考査前は、置いてある絵本を読んだり、持参した折り紙をしているお子さんばかりでした。

▷ 子どもの考査は約1時間です。待ち時間にはテレビを見たり、絵本が読めるようです。

▷ 考査はペーパーは無く、行動観察と個別テストを通して、子どもの性格や行儀、言葉づかい、約束を守るなど、日頃のしつけがじっくり見られている気がしました。

▷ 出願番号（受験番号とは異なる）順の控え室で待機しました。私どもの部屋はわりと親子ともども和やかな雰囲気で話をしたりしていました。時間になると出願番号順に廊下に親子で並び、壺に入った抽選券を引き、それが受験番号となり、それに合わせて部屋を移動しました。娘は早めの番号を引き、親子ともに急に緊張しました。その番号順に呼ばれて子どもたちは「行ってまいります」と言ってから廊下へ行きました。

■面接では…

▷ 奇数の組と偶数の組に分かれて面接に呼ばれました。

▷ 面接ではランプが点滅したら入室します。

▷ 面接では大きな荷物は控え室に置いておき、8組ほどが呼ばれて面接室前で待機します。番号順にランプの点滅を合図に入室します。

▷ 面接室は2部屋あり、3組ずつが面接室の前に並んで待ちました。

▷ 面接では、こちらの回答に対する、突っ込んだ質問はありませんでした。時間も10分程度で終了でした。

▷ 面接時間は 10 分もなく、短い印象でした。欠席者は少なかったです。
▷ 面接ではランプがついてチャイムが鳴ったら入室します。質問は父と母 2 問ずつで、決められているのか、それ以上は質問してはいけないような雰囲気でした。
▷ 面接は穏やかな雰囲気で進行しました。質問内容は過去のものと同じでした。
▷ 面接はブザーが鳴ったら教室に入ります。時間は 5 分程度ですが、温かくも緊張感のある雰囲気でした。
▷ 面接では、机が大きいため足下は見られません。
▷ 面接での出入りのとき、先生方は起立してくださり、丁寧に応対していただきました。
▷ あっという間に終わりました。先生はにこやかに話されていました。
▷ 男女別の控え室に案内され、ランプがついたら入室するようにと、説明があります。その後、抽選で引いた番号の奇数・偶数に分かれて 2 列に座って待ちます。チャイムが鳴ったら終了で、次の組が入室します。
▷ 抽選札を持って面接室に入ります。先生方の丁寧な話し方に緊張してしまい、あっという間に終わりました。質問はあらかじめ用意されている様子で、メモを見ながら男性の先生は父親に、女性の先生は母親に、順番に質問されました。荷物は控え室に置いておけるので、ハンドバッグだけを持っていきました。面接室は 2 部屋に分かれていますが、とても広い部屋で机も大きく、先生方との距離を感じました。話す内容はコンパクトにまとめたほうがよいように思いました。
▷ 考査前に控え室で面接順のくじ引きがあり、その番号順に偶数、奇数別で二部屋に分かれてチャイムの音を合図に入退室しました。どなたにも同じ質問が 3 から 4 問、長めに話すと 2 問といった感じでした。5 分できっちり終了となります。
▷ 机がとても大きく、面接官の先生との距離がありました。入口の扉が室内に向けて開くタイプのもので、手を離すとゆっくり閉まってしまうので主人が押さえていないと挨拶がしにくかったです。質問は男性の方が父親に、女性の方が母親にされていました。
▷ 男女各 1 名ずつの面接官の方がおられました。子どもよりも親のあいさつや話し方、振る舞いから、その資質を確認しているような感じでした。時間は 7 分ほどで終了しました。
▷ とてもやさしい雰囲気の先生方で、立って出迎えてくださいました。母校なので懐かしさを感じつつも、たいへん緊張してしまいました。女性の先生から父親へ 2 問、男性の先生から母親へ 2 問、父・母・父・母の順で交互に質問されました。朗らかに笑顔でうなずいてくださったり、時折何かメモをされたりして、こちらの話をよく聞いてくださっている感じでした。早めの番号だったのはラッキーだったのかもしれません。
▷ 両親とも大変緊張しましたが、先生方はとても穏やかにお話を聞いてくださいました。2 人とも立って迎えてくださいました。入室すると女の先生がドアのところまで来てくださり、面接票と番号札を受け取ってくださいました。
▷ 何とも緊張した面接でした。雰囲気にのまれてしまいました。

アドバイス

▷ 面接時間が短いため、アピールが難しいと思いました。
▷ 校内ではバインダーを持っている先生が多く、どこで見られているのかわからない緊張感がありました。
▷ 面接の順番が遅いと、1 時間以上待つことになると思います。
▷ 受付で子どもが上履きに履き替えたところ、左右に星のマークがついていたため、学校が用意した上履きに履き替えるよう指示されました。
▷ 説明会や行事の回数が他の学校と比べて少ないので、早めに日程などを確認し、逃さず出席できるように調整したほうがよいと思います。
▷ 個別試験では待ち時間があるので、静かに待つ練習をしておいたほうがよいです。
▷ 親の面接の練習を、もう少ししておけばよかったと思いました。

▷ 子どもは、挨拶や待っているときの態度・姿勢など、基本がすごく大事だと感じました。

▷ 子どもをきちんと評価してくださり、縁故などなくとも、迎え入れてくださる学校のように感じました。

▷ 面接は深く掘り下げる形ではないので、言いたいことをすべて言い切るほうがよいと思います。

▷ 面接の質問は、だいたい例年と同じでしたので、準備がしやすかったです。

▷ アンケートは出願時に願書といっしょに提出します。

▷ 面接後は外出してもよいが、学校内には戻れないとの案内がありました。

▷ 募集人数も少ないうえに、考査内容も比較的簡単なので、よほど目立つ子どもでないと合格できないように感じました。

▷ 大きな声で挨拶ができ、ハキハキ答えてきびきび動ける子どもが向いていると思いました。

▷ 面接は5分程度なので、内容よりも雰囲気をみているように思いました。

▷ 親の面接は基本的なことしか聞かれませんので、「志望理由」「教育方針」をしっかりと話せるようにすれば大丈夫だと思います。

▷ 子どもの身だしなみはきちんとしたほうがよいと思います（シャツは必ずズボンの中にしまう、など）。考査までの時間がありますので、子どもがリラックスできるよう折り紙などを持っていったほうがよいです。

▷ ほとんどの女の子が、ブラウスに濃紺や緑のワンピースでした。

▷ 受験においてはさまざまなうわさが飛び交います。例えば、服装、スリッパ、母親のバック、靴など。しかし、それほど神経質になることはなかったと思います。

▷ お茶は用意されていましたが、子ども用にペットボトルを持参しておきました。

▷ 控え室（講堂）は照明を少し落としたような感じで、それぞれの椅子にはテーブルが付いていないので、待ち時間にすることは工夫されたほうがいいと思います。

▷ 抽選の番号によって待ち時間が多いグループとほとんどないグループがありました。子どもは早い番号だったので、ビデオを見る時間も、待つ時間もなかったと言っていました。

▷ 当日の抽選によっては順番が遅くなり、待ち時間が長くなることがありますので、子どもを飽きさせないように、絵本や折り紙を持っていかれるとよいと思います。

▷ 試験内容はさほど難しくはないようです。試験の出来、不出来だけでなく、マナーや作法を見ている様子が見受けられました。

▷ たくさんの先生方が各所で様子を見ており、特に保護者の挙措には注意がそそがれているように思いました。日常生活のなかで家族がそれぞれの役割をきちんと果たしているかどうか、ふだんのおこないが問われている気がします。

▷ 「知」「徳」「体」の「徳」の部分が重要だと感じました。問題は全体的に易しいようです。面接は話している内容よりも、話し方や挨拶の仕方などで親の資質を見ているようでした。

▷ かなりきちんとした態度が要求されている気がしました。ペーパーでも集団でも、何でもきちんとこなせないと難しい学校だと思いました。

▷ 先生方が楽しませながら考査をおこなってくださいますが、元気いっぱい対応するのではなく、きちんとした対応をするようにしたほうがよいと思います。

▷ 子どものポイントは言葉遣い、話の仕方、自分で考えられるかどうか、お行儀がよいかが重要です。特に今年の考査内容が簡単なものだったのでどこで見られているのか気になりました。

▷ 通常、学習院のアンケートには、親、祖父母などの学歴、職業、また学習院での知り合いの方などのことを書かなければいけないと諸先輩方に聞いておりましたが、私どもは書かずに志望理由のみで提出しましたが、まったく問題がありませんでした。面接官の方の人あたりがよく、ささいなことでもしっかり聞いていただき、とても和やかな印象でした。出身校でもなく、姉妹枠もなく、コネもない私どもが合格をいただきました。うわさにまどわされることなく、今後受験される方の誰にでも可能性があるので、臆せず受験に臨んでください。

▷ ペーパーが得意な子、個別にじっくり見てもらったほうが向いている子と、それぞれあるようです。我が子はじっくり見ていただいたほうが合っていたようです。やるべきことをきちんとこなし、親子ともども頑張ることが大切だと思いました。

国立音楽大学附属小学校

〒186 - 0005 東京都国立市西 1 - 15 - 12 ☎ 042（572）3531

形式と日程

形式	保護者のみ
日程	考査当日

◆面接室略図

保護者のみの面接が、考査当日におこなわれます。面接時間は 15 分程度。

質問の内容

父親へ

志望理由をお聞かせください。
しつけで大切にしていることは何ですか。
お仕事について教えてください。
何時ごろ帰宅されますか。
子育てでご両親がお互いに望むことは何ですか。
音楽をやっていますか。
お子様にはどのように育ってほしいですか。
兄弟げんかをすることはありますか。
お子様が学校でお友達にケガをさせてしまったとき、どのように対応しますか。
お友達とトラブルがあった場合、どのように対応しますか。
何か聞いておきたいことはありますか。

母親へ

お子様の幼稚園での評価をお聞かせください。
通学経路を教えてください。
説明会には参加されましたか。
幼稚園ではどのようなお子様だと言われていますか。
自宅に帰ってからのお子様の様子を教えてください。
お友達とトラブルがあった場合、どのように対応しますか。
教育方針以外で、子育てにおいて大切にしていることを３つあげてください。
お子様にもっと頑張ってほしいところは何ですか。

入試感想

▷ 受付のあと体育館に案内され、時間になると子どもたちは試験会場に向かいます。親は受付で渡された紙に書いてある時刻になったら、1階の教室で面接を受けました。
▷ 来校回数はチェックされているようでした。
▷ 控え室では、折り紙を折って待ちました。
▷ 控え室は視聴覚室でした。時間になったら自分で面接室へ移動します。面接室付近には、案内の先生がいらっしゃいました。面接終了後は体育館に移動し待ちます。
▷ 説明会に参加しているかもチェックされていました。
▷ 面接室は3階のレッスン室でした。
▷ 面接は和やかな雰囲気で進行しました。
▷ 控え室にはお茶の用意がありました。
▷ 子どもの考査中に面接があります。厳しい感じの面接でした。
▷ 控え室は家庭科室でした。少し寒かったです。20組が同じ控え室だったので、少々狭く感じました。
▷ 面接はレッスン室でした。いろいろな学校の面接の中で1番厳しい感じでしたが、上から目線ではなく先生方も真剣なんだと感じられ、決して嫌な感じはありませんでした。
▷ 10人グループの中で、女の子は3人だけでした。子どもにとっては楽しい試験だったようです。

アドバイス

▷ 願書には家庭の教育方針、子どもの家での様子などを記入する欄があります。
▷ 面接は「父母同道を原則」とありました。
▷ ペーパーテストがないので、学力よりも子どもの性格を見られているように感じました。

国立学園小学校

〒186 - 0004 東京都国立市中 2 - 6 ☎ 042（575）0010

▌形式と日程

形式	親子同伴
日程	考査日以前

◆面接室略図

Ⅰ日程では親子同伴（片親可）の面接が考査日前におこなわれます。Ⅱ日程、Ⅲ日程では考査当日に保護者面接がおこなわれます。面接時間は10分程度。

▌質問の内容

父親へ

志望理由を教えてください。
本校の印象をお聞かせください。
本校に期待することはどんなことですか。
ホームページや学校案内の印象を教えてください。
本校には何回いらっしゃいましたか。
本校のどこに魅力を感じていますか。
本校の特色をどのように捉えてらっしゃいますか。
本校の行事に参加されたことはありますか。
本校は中学校を併設しておりませんが、中学進学についてどのように考えていますか。
ご家庭の教育方針についてお聞かせください。
通学時の安全面について、お考えのことを教えてください。
お仕事の内容を教えてください。
休みの日には、お子様とどのように過ごしていますか。
一言で言うと、どのようなお子様ですか。
お忙しいと思いますが、ふだんお子様とどのように関わっていますか。
お子様の長所を教えてください。
お子様を叱るのはどんなときですか。
お兄様、お姉様の学校についてお聞かせください。
テレビを見せるときに気をつけていることを教えてください。
どういう大人に育ってほしいですか。
東日本大震災以後、何か思うことはありますか。
最後に何かありますか。

母親へ

志望理由を教えてください。
本校を知ったきっかけは何ですか。
ホームページや学校案内の印象を教えてください。
本校の印象を教えてください。
本校の魅力はどんなところですか。
本校に期待することは何ですか。
お子様のどんな点が学園に合っていると思いますか。
本校までの通学時間と経路を教えてください。
現在、お仕事をされていますか。…何かあったとき対応できますか。
休みの日には、家でどのように遊んでいますか。
お子様の性格を一言であらわすと、どんな性格ですか。
お子様の長所と短所をお聞かせください。
お子様の健康状態はいかがですか。
お子様はこれまで大きな病気をされたことがありますか。
どんなときにお子様を褒め、どんなときにお子様を叱りますか。
しつけではどんなことに注意していますか。
お子様にアレルギーはありますか。
夕食のときに気をつけていることを教えてください。
お子様がケンカをして帰ってきた場合どう対応しますか。
子育てをする上で1番気をつけていることは何ですか。
どのように育ってほしいですか。
本校はお弁当ですがどう思われますか。
本の読み聞かせはされていますか。いつ読んでさしあげていますか。
お兄様、お姉様にも読み聞かせをすることがありますか。
最近マナーについて気になるような出来事を目にしましたか。
GPS機能付きの携帯電話を子どもに持たせることについてどう思われますか。

子どもへ

お名前を教えてください。
お友達の名前を教えてください。…いっしょに何をして遊びますか。
昨日は幼稚園に行きましたか。…朝起きてから幼稚園に行くまでに何をしますか。
幼稚園であったことをお家に帰ってお母さんにお話しますか。
幼稚園がコロナでお休みのとき、何をしていましたか。
この学校に来たことはありますか。…どこが好きですか。
この学校のよいところは、どんなところですか。
外で何をして遊びますか。…お部屋では何をして遊びますか。
お父さん、お母さんにどんなときに褒められますか。
お父さんお母さんにどんなときにしかられますか。
食事中にお父さん、お母さんにしかられることは何ですか。
お休みの日には、お父さんと何をするのが好きですか。
お休みの日には、どこへお出かけするのが好きですか。
出かけたときに、お父さんやお母さんにしてはいけないと言われていることはありますか。
お父さん、お母さんといっしょに電車に乗っていて、席が1つだけ空いていたら誰が座りますか。
好きな遊びは何ですか。…どうしてですか。
好きな食べ物は何ですか。…どうして好きですか。

嫌いな食べ物は何ですか。
お母さんがつくる料理で１番好きなものは何ですか。
小学校に入ったら、何を頑張りますか。
木登りをしたことはありますか。
どんなときに褒められますか。
昨日はおじいちゃんとお話をしましたか。どんなお話をしましたか。
お兄さん、お姉さんとケンカはしますか。
お手伝いはしますか。…どんなお手伝いですか。
好きな本は何ですか。…どうして好きなのですか。
（好きな本は桃太郎と答えたので）では３つの質問をします。桃太郎がおばあさんにつくってもらったのは何ですか。桃太郎の家来は誰ですか。みんなでどこへ行きましたか。
好きなテレビ番組は何ですか。
家族みんなで見るテレビは何ですか。
大きくなったら何になりたいですか。…それはどうしてですか。

入試感想

■**考査当日のこと…**
▷面接日の控え室は応接室でした。考査日の控え室は体育館で、運動会や学校生活の様子の映像を見ました。
▷全体的に思いやりのある学校だと思いました。
▷体育館に集合しA〜Eまでのグループに分けられました。受験票を提出し、子どもは先生とともに考査室へ移動します。親はそのまま体育館で待ちます。途中で教頭先生からのお話がありました。
▷考査当日は検温のあと体育館で待ちます。席は受験番号順でした。
▷考査の待ち時間に教頭先生のお話を聞き、学校紹介の映像を見ました。
▷考査は１グループ６〜７人でした。
▷控え室では子どもに折り紙をさせて待っていました。
▷控え室では絵本を読んだり、折り紙をしている子が多かったです。
▷校長先生や教頭先生が自ら、緊張をほぐすために、受験生や保護者に声掛けをしてくださいました。
▷控え室では子どもに折り紙をさせて待っていました。
▷8時30分に受付。8時40分に考査が始まり、10時15分に子どもが考査から戻り終了でした。
▷11時の集合時間の30分くらい前に着きました。受付で受験番号のゼッケンを受け取り、控え室の視聴覚室で時間まで待ちました。10時55分ころより、受験番号順に先生が誘導し、ここで初めて受験票を提示して正式な受付となるようです。
▷控え室では、大きなテーブルに食卓に着くような状態で複数の家族が着席しますので、お互いの視線が気になりました。
▷控え室では、皆さん何をするでもなく静かに待っていました。私どもは折り紙を折って待っていました。
▷2日目の考査中は、体育館で待ちました。その間、以前NHKで放送されたドキュメンタリーのビデオが流されており、感動しました。
▷親にも子にも手厚く配慮していただいているという印象でした。考査の日は朝から雨が降っていて、12月の気候とのことでしたが、雨による遅刻者にも配慮されて受付時間を10分ほど延ばしていました。
▷試験中、保護者は体育館で待つのですが、その間に教頭先生から試験がどのようにおこなわれているか、入学した子どもたちへの対応についての説明がありました。また、試験を終えて戻ってくる子どもたちの迎え方、ご縁が無かったときの親の接し方などアドバイスをしてくださいました。
▷待ち時間には絵を描かせたり、折り紙をしているお子さんが多かったです。
▷子どもの考査中に控え室の体育館で、教頭先生から考査についてのお話がありました。「面接でうまく答えられなかったとしても、それだけで不合格になることはありません」、「知識の多少よりも自分

の考えを伝えられるかということを見ます」、「言葉づかいや表現のうまい下手よりも、一生懸命伝えようとしているか、またその子らしいキラリとしたものがあるかどうかを見ています」とのことでした。

▷ 両親で来ている家庭が多かったですが、母親のみのご家庭も結構いらっしゃいました。

▷ 控え室は体育館で、パイプ椅子が並べてありました。

▷ 受付で自分の受験番号のゼッケンを取り、控え室で着け、親子並んで座って待ちます。時間になると番号別に色分けされた場所へ行き、そこで担当の先生に番号と名前の確認をされ、子どもはそのまま列にならび考査へ向かいます。

▷ ゼッケンは白いもので、ひもが長いためピンで留めました。

▷ 控え室では、皆さん折り紙やお絵かきをして待っていらっしゃいました。

▷ 控え室では、教頭先生のお話やビデオの上映があり、待ち時間は苦になりませんでした。外にお茶の用意がありました。

▷ ホームページで合格発表があるため、パスワードが書かれた紙を渡されました。

■面接では…

▷ 面接はとても和やかで、威圧的なところはまったくありませんでした。

▷ 教頭先生がとても魅力的なお人柄で、こちらもリラックスして面接を受けることができました。

▷ 面接は和やかな雰囲気でしたが、いろいろメモを取られているので緊張しました。

▷ 面接室は2つあり、前の面接を終えた家族が次の家族を呼びに来てくれます。

▷ 面接室では校長先生が入口で迎えてくださいました。試験日時と合否結果のパスワードの用紙を渡されて、説明を受けました。

▷ 面接は校長先生のお人柄もあり、アットホームな雰囲気でおこなわれました。

▷ 面接は、1日目が校長先生、2日目は教頭先生が担当されたようでした。

▷ 面接のとき、特に受付のようなものはなく、来た順に控え室を案内されました。

▷ 面接はソファなので、子どもにはくつろがないように、事前に注意しました。

▷ 校長室のソファーがふかふかで、親への質問が先にあるので、子どもが油断してソファーで遊んでしまいました。それでも校長先生はにこやかに子どもらしさを認めてくださり、とてもホッとしました。

▷ 面接終了後、次の方を呼んでくださいと言われます。

▷ 面接の隣が控え室で、何組かが待機していました。面接が終了した前のご家族に呼ばれて、面接室へ移動しました。

▷ 面接の日時がちょうど台風のために、前日に学校より日時の変更も可能という電話がありました。

▷ 子どもに対しては質問ばかりでなく、お話をひろげてくださっていました。

▷ 面接では、子どもに対していろいろフォローしてくださいました。

▷ 子どもへの質問がとても多かったです。

▷ 面接では、校長先生が和やかな雰囲気で質問してくださいました。1つの質問の答えに対して、さらに質問するという感じでした。

▷ 面接では、子どもの潜在能力を見ようとしている感じでした。答え方が上手だとか下手だとかのレベルでは、判断していないように思います。

▷ 控え室では午後1番の面接で3組の親子が同時に待ちました。待っている間は折り紙などをしながら静かに過ごしました。終わったら次の方を呼んでから帰ります。

▷ 面接は2つの会場でおこなわれ、3組20分のスケジュールで時間が決められていました。荷物はハンドバッグ以外、控え室に置いておきました。面接内容は簡潔で、家庭の雰囲気を見るといった感じのものでした。

▷ 校長先生がとても気さくに質問してくださったので、笑顔で答えることができました。

▷ 全体的に穏やかであっさりした感じでした。手元にリングでとじた願書とB5サイズの評価表のようなものがあり、表の余白に何か書き留めると、あとは「ふん、ふん」という感じで聞いてらっしゃいました。

▷ ソファなので子どもに深く座ってはいけないと注意しておいたところ、姿勢よく座ったことにお褒めの言葉をいただき、緊張がほぐれました。面接は本人重視という印象でした。

▷ お話しをするたびに、うなずきながらよく聞いてくださっているという印象でした。子どもも校長先生の表情に気持ちが和み、その日のうちに校長先生が大好きになり、試験も頑張ると張り切っていました。

アドバイス

▷ 考査日は受付時間より早めに行くことをお勧めします。受付時間内でも残りの人数が少なくなると、確認の電話が来ました。

▷ 案内の方はいらっしゃいません。プリント、掲示物の通りおこなえば問題ありません。

▷ はきはきと自分の考えを言えること。パターンブロックなどでパズル構成、平均台などは練習しておいたほうがよいと思います。

▷ 教頭先生の説明で、「面接で何かを言ったら不合格になる、ということはありません。」とおっしゃっていました。

▷ 面接では、集合時間より10分くらい早く呼ばれた方がいたので、トイレなど早めに済ませ、いつ呼ばれてもよい状態でいたほうがよいと思います。トイレは1人しか入れないので並びました。

▷ 面接官との距離が近いので、それほど声を出さなくても大丈夫だと思いました。

▷ 当日はすごい雨でしたので、長靴や替えの靴下があるとよかったです。

▷ 面接アンケートはありませんが、学校説明会では記名のアンケートがありました。

▷ 面接は合否にほとんど関係ないと校長先生がおっしゃっていました。学校の評判や客観的な意見を直接聞きたいそうです。

▷ 面接の出来があまりよくなかったのですが、子どもの考査はよかったようです。「面接では常識的な家庭かどうか、本校を理解しているかどうかを確認するためにおこなうので、出来で不合格にすることはほとんどない」という校長先生の言葉が、嘘でないことがわかりました。

▷ 考査も教室での授業形式でおこなわれ、子どもの集中力や好奇心、取り組む姿勢などを数人の先生で見ていらっしゃるようです。子どもをしっかりと見てくださる学校だと感じました。

▷ あまり自分たちを飾らず、自然体で学校と向き合うという姿勢がよいと思います。

▷ 考え方や価値観が学校と合うかどうか、親や子どもの本質を見ようとしていると思いました。

▷ 何でも知っている子ばかりを求めているのではなく、しっかり聞いて、じっくり見て観察し考えられる子、集団の中で活動できる子、体のバランス感覚がある子が求められるとのことでした。

▷ どんなに準備しても、やはり本番は緊張するため、親子ともに頭が真っ白になりました。

▷ 男の子が多く、女の子は3割程度の印象でした。1日の試験は午前、午後ともに72名ずつが受験したようです。校長先生のお話では、今年は元気にお答えできる子が多かったとのことです。

▷ 願書の記入事項も少なく（親の職業、学歴にも触れていない）、子ども自身を見て選んでくださる学校だと実感しました。子どもは「先生といっしょにお勉強して楽しかった」と後々まで語っていました。教頭先生からは「子どもたちのいろんな反応を見ながらともに過ごすと、その中から合否を判断するのは教師としてつらい。不合格であっても人間としての力を判断しているわけではなく、可能性のない子とは思わないでほしい」とのお話がありました。

▷ 毎日の積み重ねがやはり大切だと思います。子どもは勉強したものでもすぐに忘れてしまいがちなので、繰り返し復習する必要があると思います。朝起きてから15分のペーパーは効果的です。

▷ 個別テストで先生から質問されたとき、1つだけどうしても答え（考え）が浮かばなかったそうです。しばらく考えても答えが出なかったために「わかりません」と答えたそうですが、それでも合格をいただけたので問題に向かう姿勢を見ていたのかもしれません。

▷ 公開授業はお子様をお連れになって、雰囲気を見ておくとよいと思います。

▷ 当日はとても肌寒かったので子どもの服装には悩みましたが、これから試験が続くことを思って長袖にしました。集まってきたお子さんたちのほとんどが、やはり長袖のブラウスかポロシャツを着ていました。

▷ 子どもが自分で考えたことを自分の言葉で言えることや、集団のなかでのお友達との関わり方を特に見ているように思いました。子どもにはいろいろなことを体験させて感じたことや学んだことを、親が子どもから日常的に引き出してやることが大切だと思われます。

▷ 上履きに履き替えたあと、外履きを入れる靴袋を大人2人分と子ども用とを持っていき、たいへん役に立ちました。また、靴3足分を入れることができる大きめの鞄を1つ用意して、すべてを1つにまとめてしまうと、とても便利です（控え室に置いたままにすることができました）。

▷ ゼッケンは少し大きめに作ってあったので、用意しておくようにアドバイスを受けていた安全ピンが、とても役に立ちました。

▷ 子どもがテストを受けている間、教頭先生から少しお話がありました。「平均台の上でどうすること

もできずにいるお子様は入学してから困るので、他にもっと向いている学校がある。平均台でその子から我が校が嫌われたと思ってほしい。ですから毎年出題する」「戻ってきたお子様にどんな問題が出たなど聞かないであげてほしい。子どもは初めての教室、初めての友達、初めての先生、3つ初めてで疲れている。どのように接するかこの時間で考えてほしい」とのことでした。テストについては「プリントが多く感じられるかもしれないが、授業形式のテストで1問質問したら答えを書かせ、めくるという具合なので、ペーパー校と言われているようだがそんなことはない。担任（授業する先生）1人、補助の先生1人、子どもたちを見る先生4人でテストをしている」ということなどお話ししてくださいました。子どもが「校長先生が見に来た」と言っていました。

▷ 教頭先生から、考査は教員が入学生を決める作業で子どもの能力を試すものではない、結果についても縁があったかどうかと受け止めてほしい、子どもたちが戻ったらあたたかく声をかけてほしいとのお話がありました。その通りだと思いました。

▷ 面接のときにいわゆる「お受験ルック」ではない方がいらしたそうですが、教頭先生は「よいと思いました」とおっしゃっていました。

▷ 面接の質問は桐杏学園の本とほぼ同じ内容です。本をもとに自分なりに考えていけば、落ち着いて答えられると思います。

▷ 面接は決して堅苦しいものではありません。しかし、子どもがどのようにしつけられてきたかをしっかりとご覧になっているようです。

▷ 面接の終わり際に「しっかりとしたお子様です。受け答えがしっかりとしている。一言申し上げたいのは、ここに座ってから自分が話すとき、私の話を聞くとき、お母様が話しておられるとき、微動だにせず姿勢をくずすことがなかった。これは昨日の今日でできることではありません」とおっしゃっていただき、うれしく思いました。

▷ 面接時間は指定されていますが、運動会などと重なる時期のため申し出があれば変更可能とのことです。また、片親でも不利にはなりませんとの説明がありました。

▷ ペーパーでしっかりと点を取ることが大事なのではと思いました。

▷ 試験はペーパーと個別があり、かなり難しかったようです。個別は子どもをじっくりみたいとのことで、試験時間も当初の1時間の予定を1時間半に延長しておこないました。

▷ 個別試験の中でまったくわからない問題があったと子どもが言っているにもかかわらず、合格をいただいたところをみると、取り組む姿勢の方を見ていたのかと思います。

▷ 模擬テストはたくさん受けた方がよいが、どれだけ模擬テストの結果がよくても過信せず、悪くても落ち込まないで、健康に気をつけてください。

▷ 電車、バス通学のことを考えると平衡感覚を持ってもらいたいので、今年も平均台はやりますとのことでした。面接の時に「わたくしは〜」と子どもが答えるのはいいが、そういうことを教えるより平均台を教えてくれた方がいいというようなことをおっしゃっていました。

▷ 同じ幼児教室の子どもが同じグループになると、やはり騒いでしまうようです。グループ分けは願書提出の順番で分けていらっしゃるので、願書提出には親御さん同士で行かない方がよいかと思います。

▷ 考査は1クラス15人程度に6人の担当の先生がつきます。問題の意味がわからなくて解けないということがないように、わかるまで補佐の先生が説明するそうです。その際、それでマイナス点をつけられることはないとおっしゃっていました。プリント枚数は多いかもしれませんが、それは1枚のプリントに2つのものを書く間違いをなくすため、1枚につき1つの答えという形式になっているためです。

▷ 情報に振り回されないことが大切だと思いました。

▷ 11月1日の併願を希望する場合は、併願校との時間をよく考え、申し込み日時を十分検討するべきだと思います。

国本小学校

〒 157 − 0067 東京都世田谷区喜多見 8 − 15 − 33 ☎ 03（3416）4721

形式と日程

形式	親子別
日程	考査日以前

◆面接室略図（親）

親子別の面接が考査日前におこなわれます。日時は出願時に決定します。面接時間は 10 分程度。
面接資料は当日持参して提出します。

質問の内容

父親へ

学校説明会の感想をお聞かせください。
本校にどんな印象をお持ちでしたか。
お子様をどのような子どもにしたいでいすか。
お子様の性格を教えてください。
兄弟・姉妹げんかはしますか。
どんな大人になってほしいですか。
ふだんはどんなお子様ですか。
どんな遊びが好きですか。運動は得意ですか。
ご家庭では動物を飼っていますか。

母親へ

学校説明会の感想をお聞かせください。
子育てで気をつけていることは何ですか。
幼稚園ではどのような様子ですか。
ご家庭では動物を飼っていますか。
お子様は運動は得意ですか。
ご家庭の教育方針について教えてください。
絵本は読んでいますか。…自分で読めますか。
お子様が 1 番興味を持っていることは何ですか。
健康面で気をつけていることは何ですか。

子どもへ

お名前を教えてください。
幼稚園の名前を教えてください。
園長先生と担任の先生の名前を教えてください。
お友達の名前を5人教えてください。
お友達と何をして遊ぶのが好きですか。
幼稚園から帰ったら何をしますか。
駅のホームでお友達に遊ぼうと誘われたらどうしますか。
姉妹はいますか。
好きな食べ物と嫌いな食べ物は何ですか。
お休みは何をして遊びますか。
外で遊ぶのは好きですか。
お友達がなくし物をして泣いています。どうしますか。
お友達のつくっている積み木を壊してしまいました。どうしますか。

入試感想

▷ 考査の間、親は外出できますが、ほとんどの人は控え室で読書などして待っていました。私語は無かったです。
▷ 入口で上履きに履き替え、受付を済ませてホールで待機。その後、子どものみ廊下に番号順に並んで考査へ。保護者は約2時間ホールで待つ（外出可）。
▷ 優しい感じで意地悪な質問はありませんでした。スポーツ、音楽、読書など勉強以外のことに関する質問が多くありました。外遊びの好きなお子さんがお好みなのでは、と感じました。
▷ 子どもの面接は、教頭先生と1対1でおこなわれたようです。
▷ 面接資料は当日提出します。内容は、①家庭の教育方針、②子どもの長所と短所、③子どもが興味を持っていること、④子どもは誰と何をして遊んでいるかというものでした。
▷ 面接は終始和やかで雑談のような感じで進みましたが、突然鋭い質問が入りました。
▷ 事前のアンケートの内容からおもに質問されました。校長先生の意見をこちらが聞いている時間もありました。
▷ 面接官は校長先生でしたが、あとから教頭先生が子どもといっしょに入って来られました。

アドバイス

▷ 待ち時間が長いので読む物を持参されたほうがよいかと思います。試験の内容はボリュームたっぷりです。時間のあまった子は本を読んだり、折り紙をしてもよいとのことでした。

慶應義塾幼稚舎

〒 150 − 0013 東京都渋谷区恵比寿 2 − 35 − 1 ☎ 03（3441）7221

形式と日程

　　保護者面接はおこなわれていません。

入試感想

▷ 体操服で行き、靴のみ履き替えました。
▷ 指示があるまで、上履きの履き替えはできません。
▷ 考査中に親は退出して、2 時間後に外で子どもを迎えました。
▷ 試験はとても楽しかったようです。
▷ 当日は学校が用意したマスクに交換しました。
▷ 事前に体操服で、上着を着て来校するよう指示がありました。
▷ 子どもが試験に向かうと親は一時退室して、指定時間に戻りました。広尾駅周辺の店は、待機の保護者と思われる方たちで、満席に近い状況でした。
▷ 子どもが考査から帰ってきたとき手が冷え切っており、寒かったと言っていました。
▷ 考査前に「順番を守って抜かさない」、「受験票をしっかり持ってなくさない」、「おしゃべりをしない」の 3 つのお約束がありました。
▷ 控え室で運動着に着替え、保護者と別れたあとビブスを着用し、自分のマーク（カラー）を覚えるように指示されました。
▷ 子どもの服装は白のポロシャツ、紺のズボンにベストにしました。
▷ 控え室ではほとんどの方が読書をしていました。
▷ 考査では教室移動が多かったようで、移動中におしゃべりをしてしまった子がいたそうです。
▷ 受付を済ませて控え室へ移動します。1 グループ 10 人ほどでした。11 時に始まり、終了は 12 時 30 分でした。
▷ 自分のマークを覚えるように指示があり、胸と後ろに番号シールを貼ってもらいました。
▷ トイレの時間が移動の合間にあったそうです。
▷ 受付のあとトイレを済ませました。待っている間はお絵かきや本を読んでいました。
▷ 考査の待ち時間の外出は自由です。
▷ 他校に比べて礼儀正しい子が多かった印象です。
▷ 移動のときの注意で、受験票を右手に持って、この列のまま、足をパタパタさせずに歩きましょうと注意がありました。
▷ 保護者の上履きは不要です。着替え、荷物はすべて控え室に置いておきます。
▷ 子どもが考査に向かってから、1 時間 50 分後に戻ってきます。
▷ 考査当日は 30 分前には到着しました。
▷ 考査の前に体操着に着替えますが、その様子はチェックされていないようでした。
▷ 考査の前に、①前の人を抜かさない、②おしゃべりをしない、③受験票は右手に持つとの約束がありました。
▷ 控え室では、皆さん本など読んでいました。外出は可能ですが、外に出る方は 1 人もいませんでした。
▷ 本番であることを忘れてしまうほど、楽しい試験だったようです。
▷ 付き添いは 1 名だけと注意事項に書かれています。体操服に着替えるまではみなさん普通に親子でおしゃべりをしていました。
▷ 全体的に重苦しい雰囲気の中で、緊張からか泣き出す子もいました。
▷ 入口を入ってすぐの事務室前にパイプ椅子が並べてあり、指定された場所に座って待ちます。その後控え室に移動します。
▷ 控え室は、受験票に記載されている控え室番号の教室です。机の上に番号が貼られており、入室時に指示のあった番号の席に座ります。親は子どもの席の横にあるパイプ椅子に座ります。

▷ 子どもの服装は長袖の子、半袖の子、ベストを着ている子とまちまちでした。

▷ 先生はとてもよい感じでした。

▷ 教室で待機し、先生の指示のあとに体操服に着替えました。数人の欠席者がいて、教室内は 12 組おりました。子どもたちが考査に向かうと、親はその場で待機します。

▷ 9 時 55 分ぴったりに先生からお着替えの指示があり、10 時 2 分くらいには受験票を持って並ぶように指示がありました。

▷ 1 日の受験だったためか、20 人中 8 人欠席でした。控え室では本を読んで待ちました。

▷ 雨の寒い日だったのですが、校舎内は暖房が効いていて、半袖でも大丈夫でした。

▷ 先生の指示がある前に着替えをしてしまって、注意されたようです。

▷ 着替えてすぐ出発となるため、トイレは早めに済ませたほうがよいです。着替えやすい服装で行き、脱いだものをさっと風呂敷などでまとめられるとよいと思います。

▷ 12 時 50 分に受付、控え室で体操着に着替え。13 時に点呼、子どもは小集団テストへ。14 時 30 分に子どもが考査から戻り終了。

▷ 受付終了後、受験票に記載されている控え室で待機。係の先生が試験の流れを説明したあと、運動着に着替えて上履きを履くように指示が出る。受験票を右手に持ち、列ごとに順番で控え室の右側へ移動、「話さない、走らない、追い越さない」と指示が出て考査会場へ。

▷ 受付では諸注意の書かれたプリントをもらいます。控え室の前に先生がいて受験票を確認します。受験票とはまったく違う 2 桁の番号を言われ、その番号の席に着席します。定刻になると先生が来て体操服に着替えるように言い、そのあとに前に出て並びます。「走らない」「しゃべらない」「前の人を抜かさない」3 つのお約束をしてから先生が会場に引率して行きます。

▷ 受付後、「すぐお読みください」の用紙を渡され、呼び出し時刻の 15 分前までは正面玄関ロビーに設置されたパイプ椅子（約 25 脚）で待ちます。ストーブが 1 つ置かれていました。呼び出し時刻の 15 分前に控え室（教室 1 階）へ係の先生の案内で移動。控え室に入る前に再び受験票を提示し、言われた当日の番号の貼ってある机の所へ行き椅子に座り待ちます。その間「手洗いは済ませてください。呼び出し時刻に再び来ますので、そのとき運動着に着替えてください」と若い女性の先生からの説明がありました。

▷ 8 時過ぎに着いてしまいましたが、すぐに受付をさせていただき、校内の事務室前のストーブがあるところで順番を待ってくださいと指示がありました。その間にトイレを済ませ椅子に座って折り紙をしました。付き添いは 1 名とありましたが、私どもは夫婦で行きましたので、「1 人は外で待ちましょうか」とお聞きすると、「どうぞお 2 人とも中でお待ちください」と案内されました。8 時 40 分頃呼ばれて控え室に行きました。その教室はとても暖かい、子ども 1 人に対して 1 つの机と椅子、その横に大人用の椅子が 1 つ用意されていました。もう 1 人の付き添いのために後ろに 5〜6 個の椅子が用意してありました。

▷ 入口が受付になっていて、すぐ近くに椅子が用意してありました。保護者は 1 人だけ入るよう言われました。

▷ 控え室ごとの受付とありました。受験票に控え室番号が入っています。

▷ 控え室ではスマホをいじっている方が多く、驚きました。

▷ 体操服は紺、青、赤ラインなどさまざまでした。

▷ 体操服に着替える様子は、試験官は見ておりませんでした。着替えを手伝っている親もいました。

▷ 着替えをすませると、先生の誘導により教室へ移動します。教室でビブスをつけたあと、体育館に移動します。体育館で運動、ゲームをしたあと教室に移動し、休憩のあとで絵画でした。

▷ 絵画のとき、描き終わった人は手を膝にして待っていると、先生が来て質問されました。

▷ 「上履きの裏を見せてください」と言われ、椅子に座った状態で足を上げて、靴裏を見せたそうです。

▷ 早く着いた人は、ロビーで待ちます。

▷ 考査中の親の待機の仕方もいろいろで、持参された本を読む方や眠っている方などさまざまでした。

▷ 子どもが魚の絵を描いているときに、先生から何を描いているか質問がありました。「上手だね」と褒めてもらったそうです。2 枚目を描いてもよいとのことでしたが、描こうとしたところで終了でした。

▷ 絵画のときは 4 人の先生から質問があったそうです。

▷ 考査の途中、絵本ルームで休憩の時間があり、トイレに行った子がいたそうです。

▷ 控え室はシーンとして誰も話していませんでした。外出してもよいとのことでした。

▷ 子どもが言っておりましたが、並んだり立ったりと、先生の言うことはきちんとできるけど、自分の

好きな歌とかが答えられない人が多くて、不思議だったそうです。

▷ 待ち時間は折り紙をして待っていたようです。

▷ 子どもは考査中に1グループ3人ずつ呼ばれ、3人とも違う内容の質問をされました。

▷ 控え室ではほとんどの方が本を読んでいらっしゃいました。編み物などをしている人はおりませんでした。

▷ みなさん静かに読書などされていました。外出可ですが、ほとんどの方が教室内に待機していました。

▷ 控え室に案内されたあと、何人かすぐに体操着に着替えさせる方がいました。それにつられた感じで、半分以上の方が先生の指示前に着替えさせてしまい、あとから先生に「指示があるまで待ってください」と注意されていました。

▷ 控え室の出入りは自由で、「子どもが戻ってくる時間にはお戻りください」との指示がありました。控え室の席は決められており、1つの教室に25人ずつ割り振られています。

▷ 控え室の机の上には脱衣かごがすでに置いてあるので、待ち時間に机を使ってするもの（ぬり絵等）はスペースをつくるのが大変でした。それほど待ち時間は長くありませんでした。

▷ 1階のロビーから待合室へ移動し、指示があるまでトイレを済ませて待ちます。（先生はいません）時間になると着替えをするように言われます。

▷「今から試験です。お着替えを済ましてください」と指示があり10分後に番号順に黄色テープに沿って並び、3つの約束を確認してから教室を出ていきました。

▷ 着替えの指示があってからいっせいに着替えが始まったのですが、皆さんテキパキと着替えていらっしゃいました。私どもは1番後ろの席だったので全体が見渡せました。子どもの着替えに手助けをするご家庭はなく、それは見事でした。

▷ 着替えが始まり10分位してから女性の先生から「これから番号順に並んでください」と説明があり、黄色のテープに沿って並びました。並ぶ姿もテキパキとしており、とてもよい雰囲気でした。全員並んだ様子を見ていますと、このままで十分に授業ができるのではないかと思うくらいでした。全員合格できると思ったくらいです。同じように感じていらっしゃったのか、感極まって泣いている方がいらっしゃいました。

アドバイス

▷ 制作、絵画、サーキットの対策をしっかりすることだと思います。

▷ 黒板に「机のものは指示があるまで触らない」とありましたが、気づかずに触ってしまいました。黒板の指示は、すべてをよく見たほうがよいです。

▷ 換気のためか考査室は寒かったようなので、温かい肌着を着せておけばよかったと思いました。

▷ 運動テストでは、ゴールで姿勢よくとの指示がありました。

▷ 絵画は日々練習して、得意にしておくことだと思います。

▷ グループでのゲームでは、ふざけているお友達に対して文句を言ったり、いっしょにふざけてしまわないように注意しておいたほうがよいと思います。

▷ 移動や待ち時間の様子には、注意が必要です。

▷ 子どもが受験票を持って試験会場に行くので、前もって話しておくとよいです。

▷ 絵画の練習は必須だと思います。

▷ 立教、暁星など他校の試験で同じ方が多く、子ども同士が仲良くなってしまいます。着替えのときなどお話ししないように、気をつかいました。

▷ 絵が上手に描けるということではなく、発想力はとても重要だと思います。

▷ 退室してもよいという指示がありましたが、トイレ以外で退室する人はいませんでした。みなさん本

などを読まれていました。

▷ お天気もよく暖房も効いていたため教室はとても暖かく、のどが渇きました。長袖のワンピースを子どもに着せたことを後悔しました。服装は要注意です。

▷ 上履きの裏チェックもされたようです。

▷ 考査の間にトイレに行く際にも先生が付き添っています。息子が先に並んでいたところへ、1番に並びたいと割り込んで来た子に頭をたたかれたそうです。それについて先生が何かメモを取っていたと、子どもが申しておりました。考査以外のトイレのときなども気を抜かないように、よく言っておいたほうがよいと思います。

▷ 待ち時間が長いので、本など持参したほうがよいです。

▷ 子どもは半袖の体操服、短パン、上履きを持ってくるように指示があります。風呂敷で包む必要はありません。

▷ 見えるところに記名してはいけない旨、指示があります。靴の裏でもダメです。

▷ 控え室での着替えの様子はチェックされておりませんが、素早く着替えられるほうがよいと思います。

▷ 3つのお約束を守り、楽しくてもはしゃぎすぎないことが肝心です。

▷ 面接がないので、願書は入念に書かなければならないと思いました。文章力、構成力、文字のきれいさ、語彙力が必要だと感じました。

▷ 親の待ち時間用に、本を持参するとよいと思います。外出もできますが、同室に外出する人はいませんでした。

▷ 例年と比較して試験内容が簡単でした。子どもらしさや性格、ゲームを楽しんでいるかなどを見られていたのではないかと思います。

▷ 行動観察、巧緻性、絵画は早めに準備されたほうがよいと思います。まったく縁故のない我が家でしたが合格をいただきました。いろいろな噂に振り回されず、ふだんから子どもとしっかり向き合うことが大切だと思いました

▷ あまり早く行くと、受付を入ってすぐのところの椅子に座って待っていなくてはならないので、20分くらい前でちょうどよかったです。

▷ どのような入れ物（バッグ、風呂敷など）でもよい感じでした。

▷ 結果発表は Web 上でおこないます。個人パスワードをいただきます。

▷ 体操着への着替えはチェックされません。

▷ 合格には指示通りにできることはもちろん、それ以上のものが必要かもしれません。

▷ 発想力、巧緻性、先生の指示を聞く力が大切だと思いました。

▷ 学校からは持っていく袋の指定は特にありませんが、ほとんどの方が普通の布袋でした。

▷ どれだけふだんから体を動かして、さまざまな経験をされているかを問われるテストのような気がしました。塾だけでなく、ご家庭で家族いっしょに遊ばれるのがよいと思います。

▷ 体操服に着替えやすい服装がよいと思います。

▷ おしゃべりをしているうるさい集団は、やはり不合格だったようです。

▷ ビブスは考査終了時に先生に手渡します。

▷ とにかく毎日の積み重ねとしか言いようがありません。親子で仲よく遊んだり笑ったりと、家族の関係をよくしていることが1番大切だと思いました。

▷ 移動中の子どもの様子はかなり見られているようです。

▷ 控え室には机の上に着替えを入れるカゴがあり、その脇に保護者用の椅子がありました。約1時間半の待ち時間のあいだ、受験票を持って出れば退出は自由でした。

▷ 体操と絵画の間にお手洗いに行きたい人は先生に連れて行っていただいたそうです。体育着のズボンにハンカチを入れておいてよかったと思いました。ハンカチを持っていない子は設置されているペーパータオルを使用したそうです。ゴールは受験ではなく、1日をいかに丁寧に、楽しく目標を持って過ごすかが大切なことだと実感した一年でした。子どもたちにとっては、幼稚舎の考査は楽しいものだったようです。

▷ 日ごろからの生活面が自然と出てしまうものなので、あまり子どもにはプレッシャーをかけずに試験を楽しみ、伸び伸びと受けてくるように伝えました。直前の控え室でもリラックスさせることを心がけていました。

▷ 出願書類は注意すべき点が多いので、よく説明を読んで記入する必要があると思います。黒の万年筆かボールペンで記入するように指定がありました。写真の裏面には氏名、生年月日を記入し、健康診断書は保護者が記入します。募集要項に記入の仕方など詳しい説明が書いてあるので、よく見ながら

記入しなければなりません。福沢諭吉の『学問のすすめ』は必読です。

▷ 子どもの服装は着脱しやすいもので、紺でない方も多かったように思います。

▷ 時間は１分も遅れずに正確に始まりますので、時間厳守が大切です。

▷ 控え室に入ってすぐに着替えをはじめる人もいましたが、指示があるまで待ったほうがいいと思います。保護者用にスリッパは不要です。子どもは体操着のままテストなので、ポケットが付いている体操着がいいと思います。

▷ 控え室では皆さん読書をするなど、静かに過ごされていました。待ち時間は外出してもよい旨担当の方から説明がありましたが、席を立つ方はいらっしゃいませんでした。

▷ 待ち時間に外出が可能でしたが、ほとんどの方が本を読みながら控え室で待っていました。親は子どもの椅子の横に補助椅子があり、そこに座ります。

▷ 待ち時間はかなり静かなもので、折り紙など頭に残らないものが最適だと思いました。本やあやとりなどは話し声がうるさくなったり頭に絵が残るので、あまり適していないと思います。

▷ 特に室内履きは必要なく、子どもが運動しやすい靴で結構ということでした。

▷ 運動靴との指定でしたので、皆さんスニーカーなどさまざまな靴でしたが、室内に入るときには上履きに履き替えていました。運動靴とも上履きともとれる靴のほうが多い様子でした。

▷ 母親はスリッパ不要ですが、床が滑りやすいのでヒールは低めのほうがよいと言われました。約90分の待ち時間は本を読んで過ごす方がほとんどでした。

▷ 校舎が木造で古いので、あまり高いヒールの靴を履いて行くと、廊下中に響いてしまいますので、少し注意されるとよいかもしれません。

▷ 着替えのあと１人の先生がみんなの机を見て回って、ドアの近くのもう１人の先生に何かおっしゃっていました。ドアの近くの先生がドアの柱の陰に隠れて何かを書いていらっしゃいましたので、何をチェックされたのかとても気になりました。

▷ 当日、玄関で配布される「すぐお読みください」をよく見て、指示に従うことが求められます。待機中もチェックされているようです。３つの約束、「走らない」「前の人を抜かない」「おしゃべりをしない」を守り、まわりの誘惑にのらないようにすることが大切だと思います。

▷「それでは素早くもどりましょう。でも走ってはいけませんよ。ヨーイドン！」と言う先生の言葉に走る子が何人かいたそうです。

▷ 工作でストローをハサミで切るときに、切れ端が飛んで床に落ち、先生に拾っていただいているお子さんが多かったようです。考査時間内に制作、遊び両方をおこなうので、ある程度時間内に終わらないと遊ぶ時間がなくなるかもしれません。

▷ 子どもにとって楽しい考査だったようで、終わって「とても楽しかった！」と言っていました。体操着に着替えるところはチェックされていないようですが、５分程度しかありません。ズボンのポケットにハンカチ、ティッシュを事前に入れておいたほうがよいようです。返事も元気よくハキハキしたタイプのお子さんが多いようでした。

▷ なかには大声ではしゃいでいる子もいますので、つられないようにしたほうがよいです。試験から戻った子どもたちはどの子もリラックスしていて楽しそうでした。

▷ 縁故などはありませんでしたが、合格することができました。ぜひ皆様もトライしていただきたいと思います。

▷ 考査は毎日少しずつ内容を変えているので、とにかく先生のお話を聞くことが大切です。

▷ 他のお子さんが悪いことをしても真似しないよう、話しかけられたり、意地悪をされても相手にしないよう注意をしておいたほうがよいと思います。

▷ 先生のお話を聞くのは当たり前ですが、元気にやるのが１番だと思います。

▷ 試験中に先生から声をかけていただけるとよいといううわさもありますが、息子は特に声をかけられなかったようです。お声かけは合否には特に関係ないと思います。

晃華学園小学校

〒 182 – 8550 東京都調布市佐須町 5 – 28 – 1 ☎ 042（483）4506

形式と日程

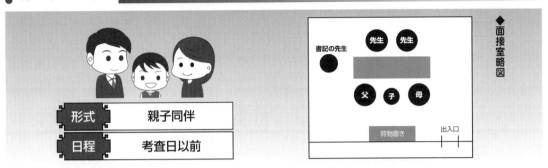

◆面接室略図

形式	親子同伴
日程	考査日以前

親子同伴の面接が、考査日前におこなわれます。面接時間は 15 分程度。

質問の内容

父親へ

志望理由をお聞かせください。
本校のどこを気に入って志望されましたか。
本校にはどれくらい足を運びましたか。
本校が掲げる児童像をご存じですか。
本校に期待することは何ですか。
学校行事にはご協力いただけますか
家庭の教育方針を 1 つ教えてください。
6 年間でどのような子になると思いますか。
お仕事について教えてください。
お仕事で大切にしていることを教えてください。
昨今の新入社員の、しつけや態度についてどう思われますか。
休日はお子様とどんなことをしますか。
お子様と接するとき、気をつけていることは何ですか。
通学時間が長いですが、大丈夫ですか。
上のお子様と違う学校ですが、どのようにお考えですか。
お子さまはどのような性格ですか。
お子様のよい面と、今後はこうなってほしい面、伸ばしていきたいところを教えてください。
子育てで気をつけていることは何ですか。
幼稚園の送り迎えはどなたがされていますか。
6 年間の小学校生活で、どのように育ってほしいですか。
お子様にはこの学校で、どんな社会性を学んでほしいと思われますか。
ご家庭でのお子様との接し方についてお聞かせください。
お子様が興味を持っていることは何ですか。
お子様の名前の由来は何ですか。
お子様を叱るのは、どんなときですか。

母親へ

本校を知ったきっかけを教えてください。
私立を選ばれた理由についてお聞かせください。
男の子は小学校までしかありませんが、その点はどうお考えですか。
学校行事には参加できますか。
通学方法を教えてください。
通学時間が長いようですが、お子様の体力面は大丈夫ですか。
通っている幼稚園の特色は何ですか。
幼稚園は年中からですか、年少からですか。
幼稚園ではどのようなお子様だと言われていますか。
幼稚園とふだんお家での様子との違いはありますか。
6年間でどのような子になると思いますか。
お子様にアレルギーはありますか。
子育てで大変なことは何ですか。
上のお子様と違う学校ですが大丈夫ですか。
一言で言ってどんなお子様ですか。お子様をアピールしてください。
お子様の健康面で、学校側が留意すべき点はありますか。
お子様にアレルギーはありますか。
お子様のことで困っていることはありますか。
お子様の成長を感じるのはどんなときですか。
お仕事について教えてください。
緊急時のお迎えはどなたがされますか。
子育てと仕事との両立についてお聞かせください。
学校でケガなどをしたとき、お迎えをお願いしますが、対応は可能ですか。
お子様が学校でトラブルがあったと言ってきたとき、お母様はどうされますか。
お子様をどのようなとき褒めますか。また、叱るときはどのようなときですか。
家庭で自主性を育むためにどのような教育をされていますか。
お子様のしつけについて気をつけていることを教えてください。
お子様の健康状態はいかがですか。
受験にあたりどんな準備をされてきましたか。
保護者同士が円滑に連携をとるには、どうすればよいとお考えですか。

子どもへ

お名前を教えてください。
幼稚園では何をして遊びますか。…それを遊ぶときに注意することは何ですか。
今日はここまでどうやって来ましたか。…電車やバスの中で気をつけることは何ですか。
どんなときに叱られますか。…どういう風に叱られますか。
どんな料理が好きですか。
幼稚園の名前を教えてください。
幼稚園のクラスの名前を教えてください。
お友達の名前を1人教えてください。…そのお友達のどんなところが好きですか。
お友達とは何をして遊びますか。…他にはありませんか。
幼稚園に行くのは楽しいですか。どうやって通っていますか。
幼稚園の遊びで好きなものは何ですか。
今日は何でここまで来ましたか。
電車の中で、お父さんやお母さんに何か言われたことはありますか。

バスに乗ったときに、気をつけることは何ですか。
お父さんはどんな人ですか。…お母さんはどんな人ですか。
お家では誰とどんなことをして遊ぶのが好きですか。
お休みの日はお父さんと何をして遊びますか。
遊びのあとの大事なことは何ですか。
お手伝いは何をしますか。
お父さん、お母さんに褒められる（叱られる）のはどんなときですか。
お母さんのつくるお料理で好きなものは何ですか。
お父さんのつくるお料理で好きなものは何ですか。
習いごとをしていますか。…お教室通いは楽しいですか.
何の虫が好きですか。…どんなところが好きですか。

入試感想

■考査当日のこと…
▷ 控え室は体育館で、間隔をあけて10組程度が待機していました。席は自由でした。番号、名前を呼ばれ、2階の教室に移動しました。
▷ 控え室は体育館で、1家族ごとに机と椅子が用意されていました。
▷ 控え室では本を読んだり、静かな雰囲気でした。
▷ 9時30分に受付をすませ待機しました。9時50分に点呼があり、子どもだけ誘導されます。
▷ 12時30分に受付をし、控え室で待機します。控え室では単行本や机に置いてある文集などを読んでいる方が多いです。13時になると点呼があり、子どもは考査室へ向かいます。14時30分に子どもが戻ってきて終了となります。
▷ 控え室は8つのブロックにわかれており、自由に着席できるようになっていました。それぞれに花が飾ってあり、絵本4冊、文集2冊が置いてあり、みなさん読んでいました。会話をしている方はまったくおらず、子どもたちもとても静かでした。
▷ 考査当日の控え室には、本が用意されていました。お父様が来ているご家族はいませんでした。
▷ 番号順に24人ずつのグループで集合時刻と控え室が決まっています。控え室では親子1組ずつ座れるように机と椅子が配置してあり、絵本が置いてあります。時間になると先生が来て、一人ひとり名前を呼び、返事をしてから整列して2階の試験会場へ向かいます。
▷ 控え室は面接室の隣にありました。受付で選考票と面接資料を渡すと、試験当日の時間の書かれた用紙とゼッケンを渡され、控え室で待つように指示されました。本が3冊ほど各組の机の上に置いており、番号と子どもの名前を呼ばれるのを待ちました。
▷ 控え室に家族ごとに座れるよう、机を3つ組み合わせたものが12組ほど置いてあり、机の上には子ども用の絵本が2冊ずつ置いてありました。

■面接では…
▷ 面接の指定時間10分前になると、先生の誘導で面接室前に誘導され、廊下の椅子で待機します。
▷ 面接当日は受付をすませたあと、体育館で待ちます。3組ずつ呼ばれて、面接室へ向かいます。
▷ 面接資料は当日に提出します。内容は「志望理由」「子どもの長所・短所」「教育方針」「通学経路」などです。
▷ 面接は和やかな雰囲気でおこなわれました。子どもが緊張しないような雰囲気をつくってくださいました。
▷ 子どもへの質問は、1つの質問から展開していく感じでした。
▷ 志願書記載の内容には、いっさいふれられませんでした。

▷ 子どもへの質問は女性の先生からでしたので、子どもも少し余裕が持てたかも知れません。
▷ 面接はＡ、Ｂ、Ｃの３部屋にわかれていました。
▷ 面接では最初に子どもの挨拶を褒めてくださり、場がなごみました。
▷ 最後に面接官の先生が子どもを褒めてくださり、笑顔で退出することができました。
▷ 質問の答えに対して、さらに質問されることが多かったです。
▷ 子どもがきちんとあいさつができるかどうかを見られている気がしました。
▷ 子どもにも親にも、答えに対して優しくコメントしてくださって、和やかな雰囲気でした。
▷ お父さんと何をして遊ぶのか、お父さんの作る料理で好きなものを聞かれ、笑いが起きて雰囲気が和みました。
▷ 子どもが明るく元気な挨拶ではじめられたことを校長（シスター）にとても褒められました。子どもが先に質問をいくつかされ、その後父親、母親の順に質問されました。
▷ 校長先生が在学していた当時の私（母親）のことを覚えていてくださり、子どもが私の小さいころにそっくりだと言ってくださいました。
▷ 遠方のため通学のことを気にされているようでした。

アドバイス

▷ きちんと物事を考え、発言できる子どもを求めているように感じました。
▷ 説明会は１度参加すると、その後は毎回丁寧な案内が送られてきます。
▷ 幼児教室での行き帰りの挨拶が、面接に活かされたと実感しました。
▷ 面接でドアをノックして入室する際、第一声の「失礼いたします」の声の大きさが、面接中の応答の声の大きさになるというのは本当だと実感いたしました。
▷ 子どものアピールになるようなエピソードを用意しておくと、面接官の方も興味を持って、掘り下げて聞いてくださるのでよいと思います。
▷ ゼッケンを返却するときも誘導の先生が見ていらっしゃいますので、子どもだけでたたんで、お礼の一言を添えるのも大切だと思います。
▷ 子どもが、きちんとあいさつができるかどうかを見られている気がしました。
▷ 控え室はひと家族ずつで座れるように配慮されていました。
▷ 試験前にやはり直接学校へ行かれることをおすすめします。学校案内だけで判断せず、ご自分の目で見られることが重要で、そうすることによってすべてが変わり、納得が得られやすいと思います。
▷ テストは１つの問題に対して時間が短いようなので、スピードと確実性が必要だと思います。
▷ 受験する方が今年は特に多かったよう、面接や考査時間がかなり細かく区切られていました。
▷「学校の近所からとりたい」という意向の強い学校なので、通学については必ず聞かれるようです。
▷ 内部進学でだめだった人も再挑戦していました。マリアの園から他校を受験する場合は内部進学試験を受けられないので、外部の人といっしょに受験します。

サレジアン国際学園目黒星美小学校

〒152 - 0003 東京都目黒区碑文谷2 - 17 - 6 ☎ 03（3711）7571

形式と日程

◆面接室略図

先生女　先生男

父　子　母

出入口

| 形式 | 親子同伴 |
| 日程 | 考査日以前 |

親子同伴での面接が考査日前におこなわれます。面接時間は 10 〜 15 分程度。

質問の内容

父親へ

志望理由についてお聞かせください。
キリスト教教育についてのお考えをお聞かせください。
本校を志望するにあたって、ご夫婦で考えが一致している点をお聞かせください。
本校に期待することを教えてください。
ご兄弟で違う学校を選んだのはどうしてですか。
入学後にお子様に希望することを教えてください。
入学後にお子様のどういうところを伸ばしたいですか。
ご家庭の教育方針と本校の方針の一致している点を教えてください。
家族の素敵なところを教えてください。
休日はお子様とどのように過ごしていますか。
幼稚園でお子様の様子をご覧になったことはありますか。
お仕事の内容についてお聞かせください。
仕事上で大切にしていることは何ですか。
休日はお子様とどのように過ごされていますか。
お子様の性格についてお聞かせください。
お子様が成長したと思うのはどんなときですか。
子育てで奥様と話し合われていることはありますか。
子育てについてご自身のお父様に共感することはありますか。
お子様について、最近ご夫婦で話し合ったことは何ですか。
子育てで感動したことは何ですか。
父親の役割とは何ですか。
理想の父親像をお聞かせください。
お子様が興味を持っていることを教えてください。
青少年の非行についてどう思われますか。非行の原因は何だと思いますか。

母親へ

志望理由をお聞かせください。
どのようにして本校を知りましたか。
本校の教育方針とご家庭の子育てで、一致することはありますか。
通学経路をお話しください。
幼稚園のお母様方の間で、最近話題になっていることはどんなことですか。
幼稚園のお母様方と交流はありますか。
お仕事について教えてください。
学校行事には参加できますか。
お子様の健康状態を教えてください。
お子様の健康面で苦労されていることを教えてください。
お子様の性格を教えてください。
お子様の長所と短所についてお話しください。
どんなときにお子様を褒めたり、叱ったりしますか。
最近お子様を褒めたことはどんなことですか。
ご家庭のしつけについて教えてください。
ご主人はどのようにお子様と関わっていますか。
父親と母親の役割についてどうお考えですか。
子育てでもっとも気をつけていることを、一言で言ってください。
お子様の食べ物の好き嫌いについて教えてください。
お子様の食事で気をつけていることはありますか。
お子様がケンカをして帰ってきたらどうしますか。
今年に入って、家族３人でしたことはありますか。
お母様の１日の過ごし方を教えてください。
最近の社会情勢で、気になっていることを教えてください。
最近、国内外のニュースで関心を持たれたニュースはありますか。
青少年の非行の問題についてどう思いますか。

子どもへ

お名前を教えてください。
お誕生日を教えてください。
幼稚園の名前と先生の名前を教えてください。
仲のよいのお友達の名前を教えてください。…そのお友達のすごいところを教えてください。
幼稚園に行くとき、お母様に何て言われますか。
幼稚園では、外と部屋のなか、どちらで遊びますか。…何をして遊びますか。
幼稚園から帰ったあとは何をして遊びますか。
幼稚園へ行くときや、帰ってきてから、お着替えは自分でしていますか。
今いっしょに住んでいる人の名前を教えてください。
お父さんと何をして遊びますか。
この小学校の名前を教えてください。
朝ごはんは何を食べましたか。
好きな食べ物と嫌いな食べ物を教えてください。
お母さんのつくる料理で好きなものはありますか。
今日はここまでどうやってきましたか。
電車の中で気をつけることはどんなことですか。
好きな絵本は何ですか。…どんなお話ですか。…どんな人が出て出てきますか。…どんな

ところが好きですか。
好きなテレビ番組は何ですか。…誰と見ますか。
お父さんの誕生日には何をしますか。
お父さんと何をして遊びますか。
お母さんとは何をして遊びますか。
お母さんとして楽しいこと、お父さんとして楽しいことは何ですか。
お母さんといっしょにいてうれしいと感じるときはどんなときですか。
お母さんに褒められたことはありますか。…どんなことで褒められましたか。…何と言って褒められましたか。
お父さん（お母さん）に叱られるときはありますか。…それはどんなときですか。
小学校に入ったらどんなことをしたいですか。
お手伝いは何をしていますか。その中で毎日していることは何ですか。
何か生き物を飼っていますか。
得意なことは何ですか。
魔法使いにお願いするとしたら、何をお願いしますか。
大きくなったら何になりたいですか。それはどうしてですか。
（絵を見て）お話をつくってください。
（林の絵を見せて）この林の奥に家があります。どんな家だと思いますか。

入 試 感 想

■考査当日のこと…

▷ 控え室は体育館でした。時間の 5 分前には呼ばれます。

▷ 控え室では 10 組ほど待っておりました。お茶の用意がありました。

▷ 「試験と言えども貴重な 1 日ですので、お子様が楽しめるように努めています」と説明され、本当に温かい学校だと感じました。

▷ 8 時 20 分から 45 分の間に受付をして体育館で待機します。45 分になるとグループごと（受験番号順に 15 名ずつ）に呼ばれ、お弁当を持って考査会場へ向かいます。1 教室 36 人に分かれてテストが開始され、お絵かき、個別、自由遊び、行動観察、工作を次々にこなしていきます。13 時 30 分頃から、グループごとに体育館へ戻ってきて終了です。

▷ 考査時間が他校に比べて長かったです。

■面接では…

▷ 面接はとても温かく、リラックスして受けることができました。子どもが返答に詰まっても、ゆっくり待ってくださいました。子どもも通いたくなったようでした。

▷ 面接では子どもを褒めてくださったり、私どもの話に共感してくださったり、とても和やかにおこなわれ感動しました。

▷ 面接は 8 部屋同時進行でした。

▷ 面接は、先生との距離が近かったです。

▷ 10 時 30 分からの面接予定でしたが、10 時頃に到着。1 階で受付を済ませ子どものみ名札が渡されて左胸につけるよう指示がありました。順路に従うと 2 階控え室があり、丸テーブルが 6 つほど、各 6 脚ずつ椅子があります。面接室は 3、4 室あり、引き戸の上面が透明ガラスのため、入室前から面接官の方と目が合いました。面接官は男性の先生 2 名で父→子→母の順番に質問されました。親に対しては年配の先生が、子どもに対しては若い先生が質問されていました。約 10 分ほどの面接で、退室すると名札を返却して終了となりました。

▷ 受付を済ませてから控え室に案内されました。皆さん静かに折り紙などをして待ってらっしゃいました。親は男性の先生から質問され、子どもは女性の先生から質問されました。たいへん優しい口調で質問してくださいましたが、子どもは初めての面接だったので、緊張して声が小さくなってしまいました。

▷ 控え室から 1 組ずつ呼ばれて案内されます。面接官は女性と男性の 2 名で、「お時間が遅れてたいへんお待たせいたしました」とご挨拶をいただきました。質問順は、母親→子ども→父親で、子どもへの質問は男性の方が、保護者に対しては女性の方が質問なさっていました。母親への質問はとても難しいもので、2、3 の問いが 1 つの質問となっていて考えさせられる問いでした。

▷ 控え室に入ると名札を渡されて、それを安全ピンで子どもの胸につけます。折り紙や絵本を読んで待っていると案内の先生から名前を呼ばれて面接室へ行きます。シスターがにこやかに話してくださり、とても温かい気持ちになりました。15 分ほどでしたが、もっとお話ししたいと思うほどでした。

▷ とにかくにこやかに優しい雰囲気で緊張させない面接でした。基本的に、子→母→父の順に質問がありました。子どもの話にもうなずき、相づちを打ち、詰まれば促してくださり、子どもも必要以上に緊張せず話すことができました。子どもの答えの内容は詳細にメモを取っていらっしゃいました。願書に書いた内容や志望理由についてはいっさい聞かれませんでした。

▷ 子どもへの質問で「お手伝いは何をしていますか」ではなく、「お母さんが食事の支度を ……」という聞き方だったので、しつけがとても重視されていると感じました。男の子だから女の子だからと関係なく、しつけは重要だと思いました。

▷ 和やかな雰囲気で進めてくださいました。子どもが答えられなくてもうなずいて助けてくださいました。あっという間の時間でした。

▷ 3 家族同時に別室で面接がおこなわれました。母、子、父の順に質問され、母親には男性教師が質問しました。たんたんと質問しながら手元の紙に内容を書き写していました。ときどき言葉に詰まってしまうこともありましたが、じっと顔を見つめて聞いていらっしゃいました。子どもにはシスターが質問し、和やかな雰囲気で進みました。父親への質問も男性教師がおこない、仕事の話を聞きながらうなずいていました。子どもへの接し方に対する回答には「それはとてもよいですね」とおっしゃっ

ていただき、とても和やかな雰囲気で終了しました。
▷ 入室時にドアは閉まっているため、父親がノックをし、父・子・母の順で入り、入室後すぐに若い先生に整理票を渡しました。面接模試に準じた様子で精一杯挨拶をし、着席後、母（シスターより）・子（若い先生）・父（シスターより）の順で質問があり、お礼を述べて母・子・父の順で退席しました。
▷ 長い時間の試験でしたので、日頃の子どもの様子を知りたいのだと思います。待つ時間も長いので飽きずに遊べるか心配でした。

アドバイス

▷ 男子は志願者が多く倍率も高いので、しっかり対策が必要です。
▷ 考査時間が長いのでいろいろな行動面が見られると考えて、ふだんからペーパーのみでなく、年齢にあった子どもらしい振る舞いができるように注意深く過ごしてきました。試験とは直接関係ありませんが、学校のことをよく知るために、創立者ドン・ボスコの伝記『ドン・ボスコの生涯』や、ドン・ボスコの母である『マーマ・マルゲリータ』という本を読んでおきました。
▷ 子どもの試験中、親は体育館で待っています。外出届を提出し外出も可能です。お弁当を持ってきて体育館で食べている方もいらっしゃいました。お茶は学校で用意してくれています。
▷ 控え室では母子だけの方も何組かいらっしゃいました。
▷ 子どもの考査中は、編み物や読書をされて待っている方が多いですが、体育館のため少し寒く、皆さんひざ掛けを用意されていました。お茶が用意されていますが、届け出をすれば外出も可能です。
▷ 面接はそれぞれの日程で、同時に4組（4クラス）同時におこなわれています。クラスによっては、2人とも男性の先生というところもあったようです。必ずやさしい感じの先生が子どもに質問されるようです。どのクラスも追い込む空気はないので、リラックスして臨まれるとよいと思います。
▷ 面接では父親が欠席しました。子どもも緊張してしまい、失敗だと思っていましたが、考査の時間がたっぷりあるので、いろいろな角度から子どもの自然な姿を見てくださってよかったです。面接で緊張して思うように話せなかった子も、ふだんしっかりしていれば合格なさっているようでした。
▷ 試験時間が長いので、勉強だけではなくふだんのしつけも大事だと思いました。なかには控え室の体育館で走ったり、試験中の廊下で大声を上げているお子さんもいました。
▷ 考査室で、考査の前にシスターが1人ひとりに名前と受験番号の書いてあるゼッケンを、前後2枚つけてくださったそうです。
▷ 考査が始まると受験番号ではなく、名前で呼ばれたそうです。
▷ いっせいに時間どおりに始まって終わり、無駄な時間や待ち時間もなく、長い考査時間と言われていますが、親も子も精神的な疲れはありませんでした。
▷ お弁当前の手洗いのときには、走らないで行ってねと言っておきました。
▷ お弁当の時間に「お弁当の中には何が入っているの」「今日は何で来ましたか」と聞かれました。「車で来ました」と答えているお子さんが、何人かいたそうです。
▷ 出されたお茶は麦茶ではなく日本茶だったようで、「苦くてまずーい」と大きな声で言っていたお子さんもいたようで、日本茶に慣れておいたほうがよいと思いました。
▷ カトリックということもあるのか、兄弟姉妹で第1希望という方は通っているようです。落ちたときの上の子の心を考えているという話をうかがいました。

品川翔英小学校

〒 140 – 0015 東京都品川区西大井 1 – 6 – 13 ☎ 03（3774）1157（直）

形式と日程

形式	親子同伴
日程	考査日以前

第1回入試では親子同伴の面接が考査日以前に、第2回入試では考査当日におこなわれます。面接時間は 20 〜 30 分。

質問の内容

父親へ

志望理由をお聞かせください。
本校に期待することを教えてください。
本校の方針として厳しいしつけをおこないますが、どう思われますか。
会社名と仕事内容についてお聞かせください。
休日にはお子様とどう接していますか。
お子様が幼稚園で成長したと感じることを教えてください。
お子様の名前の由来についてお聞かせください。
通学経路を教えてください。…通学時間はどのくらいかかりますか。
電車通学についてはどのようにお考えですか。
ご家庭でのしつけについてお聞かせください。
お子様が幼稚園で成長したと感じることを教えてください。
お子様の長所と短所を教えてください。
食べ物の好き嫌いはありますか。野菜は食べますか。
昨今、公立の一貫校が増えてきましたが、このことについてどうお考えですか。
子どものお稽古ごとについて、どのようにお考えですか。
受験のために準備したことは何ですか。
お子様には将来どのようになってほしいですか。
（学級通信を渡され）お渡ししたような内容のとき、どのようになさいますか。

母親へ

志望理由についてお聞かせください。
本校の児童を見てどんなことを感じられましたか。
本校に期待することを教えてください。
ほかの学校は受験されましたか。
在学するにあたって気になる健康問題はございますか。
お子様がお通いの幼稚園の様子についてお聞かせください。
お子様が幼稚園で成長したと感じることを教えてください。
お友達とはどんな遊びをしていますか。
幼稚園から帰ってもお友達と遊びますか。
お家ではどのような遊びをしていますか。
ご自身はお仕事をされていますか。　　　　子育てで大切にしていることは何ですか。
子育てでたいへんだったことをお聞かせください。
兄弟、姉妹ゲンカの対処方法についてお聞かせください。
お子様の短所を教えてください。
お子様の名前の由来についてお聞かせください。
ご家庭でのしつけについてお聞かせください。
お子様に毎日必ずしてあげることはありますか。その理由を教えてください。
お子様にアレルギーはありますか。
お子様は本をよく読みますか。
お子様の将来についてどのようにお考えですか。
幼児教室には通われましたか。
お教室にはどんな様子で通われていましたか。
（学級通信を渡され）お渡ししたような内容のとき、お子様にどのように言いますか。

子どもへ

受験番号を言ってください。
お名前を教えてください。
幼稚園と担任の先生の名前を教えてください。…どんな先生ですか。
お友達の名前を教えてください。
どんなことをして遊ぶのが好きですか。
雨の日は何をして遊びますか。
いつも何人くらいで遊んでいますか。
今日は誰といっしょに来ましたか。
朝ご飯は何を食べましたか。
好きな食べ物と嫌いな食べ物を教えてください。
明日はどこの学校に行きますか。
お稽古ごとをしていますか。何をしていますか。楽しいですか。
受験のためのお教室に通っていますか。どこのお教室ですか。どんなところが楽しいですか。
もし羽がついていたらどこに行きたいですか。
将来なりたいものは何ですか。…なぜなりたいのですか。

入試感想

■考査当日のこと…

▷ 考査日の付き添いは親1人のみです。

▷ 8時20分に受付、子どもは5年生の児童に迎えられ2Fへ、親は3Fの視聴覚室で待機。9時45分に親の名前が呼ばれ面接室へ、終了後再び控え室の視聴覚室へ移動。10時15分に子どもが戻ってきて終了。

▷ 10時30分に受付、子どもは考査、親は控え室へ。12時30分に親は面接。15分ほどおこなわれ、再び控え室へ戻る。50分頃に子どもが戻ってきて終了。

▷ 14時20分に受付、受験生1人に在校生1人がついて考査へ、親は3Fの控え室へ。子どもはプリント、運動、制作、個別面談を、親は面接をおこなう。

▷ 8時30分に受付、子どもはすぐに考査のため2Fへ、親は3Fへ移動。子どもは9時からペーパーテスト、30分からは体操をおこなう。10時前くらいから親は順次面接、30分には終了。

▷ 9時10分に受付、在校生がひと家族に1名ずつついて会場へ案内される。途中で子どもは考査へ、親は控え室へ。10時30分に在校生の案内、誘導で面接会場へ、終了後再び控え室に戻る。11時30分に男性の先生の引率により子どもが戻ってきて解散。

▷ 13時15分に受付。30分に子どもは在校生と教室へ、親は在校生と控え室へ移動。その後、親は在校生の誘導により面接。15時頃に終了。

▷ 控え室はせまいながらも自由な雰囲気でした。控え室前にはペットボトルのお茶と紙コップが用意されていて自由に飲むことができます。学校の関係者の方も近くにはいらっしゃらないので、ノートを見て面接の準備をしているご夫婦もいらっしゃいました。

▷ 控え室はとても静かでした。

▷ 控え室では折り紙を折りながら待っている子が多かったです。

■面接では…

▷ 面接資料は当日提出します。志望理由、教育観、持病、在園名、幼児教室名などでした。

▷ 面接のとき、「お子様への質問の間に読んでください」と、学級通信を渡されました。内容は子どもたちが電車で騒いだために、苦情が入ったというものでした。

▷ 子どもの質問中に、親は学級通信を読むように指示がありました。内容は「図書館利用の呼びかけ」「漢字学習の取り組み」「通学中のマナーの注意」でした。

▷ 子どもが考査へ移動したあと、面接のため保護者が番号順に呼ばれます。

▷ 面接の時間が短くて少々驚きました。受け答えを簡潔にしてたくさん応答ができるとよいかと思います。文化祭のとき、入試相談コーナーがあり、話をしたのですが、6月の私学フェアのことを覚えていただいており驚きました。考査は入学してからのこともあり、体操に多くの時間が割かれていました。子どもは楽しかったようで、「もう一度やりたい」と言って、引率の5年生をびっくりさせていました。

▷ 控え室で待っていると在校生に「番号、氏名の保護者の方」と呼ばれ、部屋の外に出ると氏名番号を再確認され、面接場所に案内されます。

▷ 順番が来ると在校生が呼びに来て、部屋まで案内してくださいました。2組同時進行でした。ゆっくりとこちらの話を聞いていただいていると思いました。

▷ 時間ごとに10組ほどの保護者が控え室で待機しています。静かにじっくり待つ方、両親揃って読書されている方もいました。在校生が「次は〜番の方お越しください」と礼儀正しく誘導してくれます。面接室は2つあり、校長先生と副校長先生がそれぞれの部屋の面接官を担当されています。

▷ あっという間に終わり、時間は5分なかったかもしれません。5年生の礼儀正しい子が控え室に呼びに来て案内してくれます。私どもの面接は校長先生で話しやすかったのですが、教頭先生の方は突っ込んだ質問がされていたようです。

▷ かしこまった感じではなく、和やかな雰囲気で子どもの話を中心にする面接でした。部屋は2つあり2組同時進行で、校長先生と教頭先生がそれぞれ対応されていました。

▷ 面接は7分ほどで終了しました。「我が校の校風と精神に賛同する家庭であるか」という点を限られた時間のなかで観察されているような印象でしたが、緊張感のある雰囲気ではありません。面接中、誘導した在校生が部屋の隅でじっと待っている姿が印象的でした。

アドバイス

▷ 説明会、運動会、文化祭、文化祭時の進学相談、私立学校フォーラムなどに参加しました。フォーラムでは主任先生とお話ができ、その先生が面接担当だったので話しやすかったです。

▷ 学校説明会は3回のうち1回でもよいと思いますが、それ以外の文化祭、体育祭は参加したほうがよいと思います。文化祭のときには進学相談コーナーもあり、私どもは出席しました。

▷ 控え室は視聴覚室で、各自自由に席に座ります。

▷ ご両親ともに参加という方がほとんどでした。服装や両親が揃う揃わないに関わらずに、子どもには実を重んじ、親には学園の風潮に賛同するか否かを問うているような印象でした。

▷ きちんとした姿勢で、話をしっかり聞ける子を見ているようです。お手伝いの生徒さんが子どもを案内してくれるので本人も安心して臨めたようです。

▷ ペーパーはかなり難しかったようです。

▷ 運動に関してはかなり高度なことを要求してくるので、運動が苦手な子どもは驚くのではと感じましたが、「もう1度やります」といったあきらめない姿勢を観察され、評価されているようです。

▷ 第1志望の子を優先的に欲しいと考えるのは自然なことなので、1日にテストを受けておくほうがよいと思われます。考査中は先生がそばについていて、何か書いていたようですので、プリントの出来だけでなく取り組む姿勢などいろいろな面を評価しているようです。何か1つものすごくできることがあることや、在校生と接点があることなどが有利であるような印象を受けました。

▷ ペーパーテスト、運動テスト、制作。生活テストとすべてをみられた考査内容だったと思います。でもそれは、日常生活や幼稚園での生活を大切に過ごし、日頃どの程度自分でやっているか、急がなくてもきちんと自分でできるかに着目しているのではないかと感じました。

▷ 面接ではいきなり母親に話しかけるなど、とてもフランクな感じでした。しかし質問内容には鋭さを感じました。子ども本人の潜在能力を感じていただけるよう努めたところ無事合格することができました。

▷ 行動観察が重視されているようでした。

淑徳小学校

〒 174 - 8588 東京都板橋区前野町 5 - 3 - 7 ☎ 03（5392）8866・8867

形式と日程

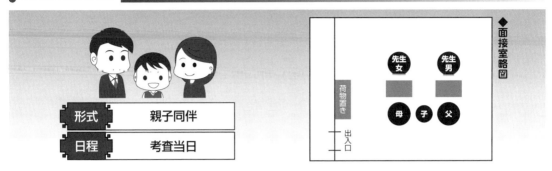

形式	親子同伴
日程	考査当日

◆面接室略図

先生 女　　先生 男

母　子　父

荷物置き

出入口

親子同伴の面接が、一般入試では考査当日、単願入試では考査日前におこなわれます。面接時間は 10 分程度。

質問の内容

父親へ

志望理由を教えてください。
どのようにして本校を知りましたか。
本校に期待することは何ですか。
説明会には何回いらっしゃいましたか。
本校の印象についてお聞かせください。
お仕事の内容について教えてください。
今日はお仕事はどうされましたか。
お忙しいようですが、お子様と遊ぶ時間をとれていますか。
休日はどのように過ごされていますか。
最近お子様が興味を持っていることを教えてください。
ご家庭でお子様とどのように接していますか。
ご家庭でのしつけで気をつけていることを教えてください。
どんなときにお子様を叱りますか。
学校の行事や所用にはどなたが対応しますか。
非常時にはどなたが対応しますか。
お子様には将来、どんな大人になってほしいですか。

母親へ

志望理由をお聞かせください。
本校を知ったきっかけを教えてください。
本校に期待することは何ですか。
本校は仏教ですが、どう思いますか。

入学後はどんなことを期待していますか。
休日はどのように過ごしていますか。
子育てで気をつけていることをお聞かせください。
子育てで苦労したことは何ですか。
お子様の性格を教えてください
幼稚園の先生から言われる、お子様の短所を教えてください。
通学経路と所要時間を教えてください。。
お子様に食べ物のアレルギーはありますか。
お子様はひとりで身の回りのことができますか。
身体は丈夫ですか。
家庭でのしつけについて教えてください。
過保護な親が増えていますが、どう思いますか。
お子様に足りていないところは何だと思いますか。
お仕事をされているようですが、急なお迎えは大丈夫ですか。
お手伝いをさせていますか。
最近、成長したなと思うのは、どのようなところですか。
お子様と毎日約束していることを教えてください。
どんなときにお子様を褒めますか。また叱りますか。
お子様に、何を直してほしいと思っていますか。
お子様の受験にあたり、どんな準備をしてきましたか。
淑徳アルファは考えていますか。
PTA 活動にはご協力いただけますか。
緊急時にお迎えに来られますか。

子どもへ

お名前を教えてください。
生年月日を教えてください。
幼稚園の名前を教えてください。
仲のよいお友達の名前を教えてください。
お友達と何をして遊びますか。
幼稚園ではどんな遊びをしますか。…家ではどんな遊びをしますか。
お友達とけんかしたときはどうしますか。
お友達に嫌なことをされたらどうしますか。…それでもやめなかったらどうしますか。
お父さん、お母さんに叱られるのはどんなときですか。
今日の朝は何を食べてきましたか。
好きな食べ物、嫌いな食べ物を教えてください。…嫌いなものが給食に出たらどうしますか。
どんなことで兄弟げんかをしますか。
お手伝いをしますか。
今日のテストはよくできましたか。どこが難しかったですか。
小学校に入ったら何をしたいですか。
大きくなったら何になりたいですか。

入試感想

■考査当日のこと…

▷ 子どもの考査中は体育館で待ちます。温かい飲み物が用意されていました。

▷ 控え室では面接順に着席し、在校生の声掛けがあるまで待ちました。

▷ 控え室にはお茶が用意されていました。20組ほどのご家族がいらっしゃいました。

▷ 控え室では持参した本を読んだり、折り紙をしたりして待ちました。堅い雰囲気は感じませんでした。

▷ 在校生の対応がしっかりしていました。面接への誘導は立派でした。

▷ 8時45分までに受付、考査室へ入室、親は体育館へ移動。9時より子どもの考査開始、10時20分に終了。30分に面接控え室に移動、順次面接をおこない、終了次第解散。

▷ 面接は隣の教室が控え室で、呼ばれたら廊下の椅子で次の順番を待ちます。

▷ 控え室の講堂も面接控え室もリラックスした様子で、両方とも自由に飲めるお茶が用意されていました。

■面接では…

▷ 面接は2部屋でおこなわれました。

▷ 面接で子どもが答えにつまっても、わかりやすく言い換えて、優しく接していただきました。

▷ 父親が休日に子どもと遊んだエピソードを話したところ、「お父様がたいへん子育てに関わっていらっしゃる様子がわかりました」とニコニコおっしゃってくださったので、それからは落ち着いて受け答えをすることができました。

▷ 当日に入学考査要領をいただき、その用紙に沿っておこなわれました。控え室では皆さんリラックスされた様子で、お子さんはそれぞれに折り紙や持参した本を読んで過ごしていました。毎年5年生が案内係をしているとのことで、とても丁寧に接していただき、面接自体も明るい雰囲気のなかでおこなわれました。

▷ 面接官の先生は男女の2名で、和やかなムードで、うまく答えられないでいると、別の聞き方をしてくれました。

▷ たいへんにこやかで和やかな面接でした。子どもがハキハキ答えていたので、先生が「大変しっかりしたお子さんですね」と褒めてくださいました。親に対してはほとんど質問がなく、あまりアピールすることができず少々心残りです。

▷ 子ども中心の面接でした。矢継ぎ早で考える間もなく質問をされましたが、息子も簡潔に答えていたのでほっとしました。はきはきと答えていたので「すばらしいです」と褒めていただきました。本人重視という印象を受けました。

▷ 情報交換会での話をしながら、楽しい雰囲気で面接は終わりました。

▷ 面接は教頭先生が子どもに対して「先にお母さんに質問をするので、ちょっと待っててね」とおっしゃり始まりました。次にもう1人の男の先生から子どもに対しての質問がありました。

▷ 質問内容は日常生活が主で、家族のことをよく聞かれました。

▷ 部屋に入るときに子どもが大きな声で「こんにちは」と言い、その声が非常に大きかったので、先生もおどろいた様子で「こんにちは」と言い返してくださいました。常時和やかな雰囲気で、笑いも出るほどでした。

▷ 先生が冗談混じりに明るくお話されたので、初めは「〜です」と答えていたのに「うん・うん」「〜だよ」になってしまい、完全にふだん通りになってしまいました。もうこうなると、あとの祭りでした。面接室にパソコンが数台置いてあり、最後はそれに気を取られてご挨拶を忘れてしまい、つくづく面接の練習も付け焼き刃ではダメだと実感しました。

アドバイス

▷ 学校説明会で、入試問題の詳しい説明があるので、対策が立てやすいです。面接も一般的な内容でした。

▷ 面接の順番によっては1時間半程度待つことになるので、絵本や折り紙などを用意したほうがよいと思います。

▷ 過去問をくださるので、その問題を忠実に準備することをお勧めします。

▷ 完全にペーパー校であると思われ、全分野にわたって量も多く、それなりのスピードも要求されます。行動観察は、まわりの子たちと仲良く遊ぶことができれば問題ないと思われます。受験者数も前年比でかなり増えているようですので倍率も上がっていると思われます。説明会ではペーパーだけでは判断しないと言及していましたが、基本的に勉強する学校なのでペーパー重視として考えていいと思います。あとは協調性があれば合格できると思います。

▷ 兄弟が通っていても、本人のペーパーができないと不合格になっていました。関係者はとりあえず補欠にはしていただけるようです。合格するにはペーパーが満点に近い点数でないと難しいようです。私どもは子どもに自分でプリントをさせていたので、早くから数量を重点的に問題集で解かせました。毎日お話の記憶、テープに慣れるために童話などを聞かせました。過去の問題集を何冊か買って、できないところは1人で特訓しました。過去問は2回ずつやりました。

▷ 提出書類に本校の志望の理由をしっかり書いておくと、面接の時に確認程度の質問になると思います。家庭の教育方針、学校の方針、志望理由が一致していたほうがいいでしょう。

▷ 願書は記入するスペースが小さいので、志望理由・教育方針は要点を絞り、簡潔な文章でまとめるようにしたほうがよいと思います。

▷ 考査10分前まで考査室に両親いっしょにいられるので、早めに行って場所に慣れさせるようにしました。

▷ 附属幼稚園の方もいっしょなので、あちこちにグループができていますが、気になさらないほうがよいと思います。

▷ 面接のときの態度はよく観察されていますので、注意されるとよいです。

▷ 面接は片親でも可ですが、できるだけ両親そろっているほうが好ましいという印象を受けました。

▷ 父親不在のときは、父親の仕事の内容を詳しく言えるよう、母親は準備する必要があります。

▷ 面接が願書提出順のため、番号が遅かった私たちは待ち時間が少し長く、娘も緊張感が低下したと思うので、もう少し早く願書を提出すればよかったと思いました。

▷ 用意された模範的な応答よりも、子どもらしく正直で素直で伸びやかな子どもがお好きな学校のようです。

▷ ペーパーテストはかなり枚数があるようですが、問題の数は時間が足りなくなるほどは多くないようなので、落ち着いて取り組んだほうがよいようです。

▷ 問題は比較的易しいので、基本的なものは点が取れたほうがいいと思います。

▷ 試験が終わって帰るときも、見送ってくださる先生方へのご挨拶や校門を出るときなどの礼儀なども、きちんとしておくとよろしいかと存じます。

▷ あまり思ったことが言えず、子どもも真正直に答えてしまったこともあり、後で大丈夫だったかしらと不安になりました。でも今から思えば模範解答でなく、我が家の自然な姿が出せて良かったのかもしれません。やはり毎日の生活がきちんと過ごせているかが何事においても大事なのだと痛感いたしました。

▷ 子ども→父親→母親、そして最後に父親に淑徳小学校に何を期待するかの質問がありました。「もし何かあれば、なければいいです」とおっしゃいましたが、必ず答えを用意していかれたほうがよいと思います。

▷ 説明会のときに、ペーパーテストだけでは合否は決めないとお聞きしました。生活態度・社会のルール・道具の使い方は、しっかりと身につけたほうがいいと思います。

聖徳学園小学校

〒 180 − 8601 東京都武蔵野市境南町 2 − 11 − 8 ☎ 0422（31）3839

▌形式と日程

形式	親子同伴
日程	考査日以前

◆面接室略図

校長　教頭

父　子　母

出入口

　親子同伴の面接が考査日前におこなわれます。受付順に面接日を選択しますが、人数が偏った場合は
学校のほうで調整します。面接時間は 20 ～ 30 分。願書提出時に面接資料を受け取り、面接当日に
持参して提出します。

▌質問の内容

　　父親へ

　　志望理由をお聞かせください。
　　本校を知ったきっかけを教えてください。
　　多くの小学校の中から、本校を選んだ理由を教えてください。
　　公開授業に参加されましたか。
　　本校に期待することは何ですか。
　　お子様は何に興味をお持ちですか。
　　お子様の興味関心に対して、親としてどのように関わっていますか。
　　運動会ではどんな種目に参加されましたか。
　　ご家庭でお子さんとはどのように接していますか。
　　お子様の長所をお聞かせください。

　　母親へ

　　どのようなきっかけで当校をお知りになりましたか。
　　授業を見学されたことはありますか。…どのように感じました。
　　本校に期待することは何ですか。
　　入学後、学校とのコミュニケーションで心配なことはありますか。
　　しつけで気をつけていることは何ですか。
　　しつけで足りないと思うところはどこですか。
　　食事で気をつけていることを教えてください。
　　子育てで気をつけていることを教えてください。

子育てをしていて世界観が変わったことを教えてください。
お子様の性格を教えてください。
お子様の長所を教えてください。
ほかのお子様と違うと思う点について具体的にお話しください。
お子様がお父様に何か相談をしたいときは直接お話ししますか。それともお母様を通じて
なさいますか。

子どもへ

お名前を教えてください。
年齢を教えてください。
住所と電話番号を教えてください。
幼稚園の名前を教えてください。
幼稚園の先生の名前を教えてください。
お友達の名前を教えてください。
幼稚園で好きな遊びは何ですか。
運動会では何に出ましたか。
ここまでどうやって来ましたか。
お家で好きな遊びは何ですか。
お父さんに褒められるのはどんなときですか。
お母さんに叱られるのはどんなときですか。
電車のなかでしてはいけないことは何ですか。…なぜしてはいけないと思いますか。
電車の中で騒いではいけないのはどうしてですか。
お父さん、お母さんの好きなところを教えてください。
お父さんに褒められるのどんなときですか。
兄妹げんかをしますか。
年少さんのお世話をするとしたらどうしますか。
好きな食べ物は何ですか。
好きな本は何ですか。
好きな動物、色、果物を教えてください。
図鑑は何を持っていますか。…好きなページはどこですか。
お友達が机の上に乗っていました。どうしますか。
お友達がブランコを貸してくれません。どうしますか。
動物園で迷子になったらどうしますか。
動物園に行ったことはありますか。…そこで迷子になったらどうしますか。
お財布を落としました。どうしますか。
牛乳をこぼしてしまいました。どうしますか。
どんなお手伝いをしますか。
世の中で1番大切なものは何ですか。
宝物は何ですか。
山登りをしていて、突然雨が降ったらどうしますか。
将来は何になりたいですか。…それはどうしてですか。
小学校に入ったらやりたいことは何ですか。

入 試 感 想

■考査当日のこと…

▷ 控え室には4組の家族がおりました。みなさん折り紙や本を読んだりしていました。

▷ 面接の控え室はプレイルームでした。折り紙などして待ちました。

▷ 面接資料は当日記入します。内容は第1志望かどうか、志望した理由でした。

▷ 12時45分に受付、プレイルームで待機。13時に先生方20名が1人ずつ名前を呼び、考査へ引率。個別テスト、運動テストがおこなわれて14時に終了。

▷ 朝、受験票を持って受付をすると、すぐ担当の方が子どもにゼッケンをつけてくれます。そこから親とは別れます。テストに続いてそのまま運動能力テストに入るので、服装もそのままです。

▷ プレイルームで待機します。11時からのグループは12名程度でした。子ども1人につき1人の先生が迎えに来て考査室へ引率されます。

▷ プレイルームが控え室となっており、絵本・ゲーム・鉄道模型など自由に使えます。クラッシックが流れていてリラックスできる雰囲気です。受付時刻に教頭先生とテスターの方12名がいらっしゃり、1人ずつ名前を呼ばれて担当のテスターとペアでそれぞれの教室へ向かいます。

▷ 開始20分前に控え室に案内され、計5組が13時までに集合します。絵本やオモチャが用意され、待機中はそれらを自由に使ってよいとのことです。3分前に5組を3組と2組に分け、点呼を受けたあと応接室に1組ずつ案内されます。教頭先生含め2名が面接官を担当し、案内をされた女性の先生がそのまま少し離れた椅子に座って、用紙にチェックをしています。

■面接では…

▷ 控え室は3組ほど待てるようになっていました。面接室へ入る順番（父・子・母）の指示がありました。

▷ 校長室のソファーでの面接でしたので、距離が近かったです。

▷ 校長室での面接でしたので緊張しました。

▷ 面接は和やかな雰囲気でした。

▷ ソファがふかふかで座りにくかったです。

▷ 面接はソファに座るため、子どもの姿勢に注意が必要です。

▷ 各時間帯、5人ずつのグループが2カ所に分かれて面接をします。5人の順番は当日の到着順です。校長先生は質問と褒める役に徹し、現場の先生方がしっかりとサポートしているようです。専門家だけあってあつかいに慣れており、言葉に詰まったり、おもしろい内容でなくても「ほう！」「すごいね！」「おりこうさんですね」と褒めてくださるので、子どももその気になり楽しそうでした。

▷ 目の前に校長先生や教頭先生が座っていらっしゃるので、子どもは緊張したようですが、教頭先生が雰囲気を和やかなものにしてくださいました。子どもへの質問のされ方もあたたかく、答えもじっくり聞いてくださいました。

▷ わからなくても、ただ「わかりません」という答えではなく、何か自分の意見を言った方がよいというので、子どもとは質問には何かしら答えられるよう練習をしました。

アドバイス

▷ 校長先生が本を出版されていますので、それを読むと学校がどのような子を求めているのか、どのように育ってほしいかがわかります。子育ての参考になる本です。

▷ 願書の配布や出願が窓口のため、早めに行かれることをお勧めします。

▷ 面接は子どもへの質問が多く、子どものことをしっかり見てくれていると感じました。

▷ テレビで紹介されたり、制服も新しくなったりして、人気が高くなったように思います。説明会にも多くの方がいらっしゃいました。

▷ 知能テストは5月に事前受験したため、考査当日はありませんでした。

▷ 第1志望なら6月のオープンスクールには、ぜひ参加されるとよいと思います。

▷ 秋の学校見学会で夏休みの工作、研究の発表を見ることができます。内容がすばらしいので必見です。

▷ 願書受付は9時からでしたが、7時頃に行ったら整理券が準備されていたので、それを受け取ってまた9時頃に戻りました。

▷ 控え室は応接室で、本やおもちゃがあり、リラックスして過ごせます。

▷ 子どもの試験中、親はずっと控え室で待っていることになります。

▷ 子どもが本来の力を出せるよう優しくリラックスさせてくださるようです。考査時間は60分から90分と説明があり、60分を過ぎた頃からポツポツとお子さんたちが戻ってきました。

▷ 聖徳の中にある英才教室へ通っていたので、内部生での試験を受けることができました。IQさえあれば大丈夫なので、子どももリラックスして受けることができました。面接では子どもにとても細かくいろいろと聞かれます。親でも答えに詰まるような質問が出るので、自分で考えられるようにしておくことが大切です。

▷ 「幼児期から言葉や字を書くのが早かった」「自我が強い」「落ち着きが無くじっとしていられない」「思ったことを口にする（おしゃべりが止まらない）」「言われたとおりのことをきちんとしないで勝手にアレンジしてしまう」… こんなお子様をお持ちのご家庭は、叱りつけて言うことを聞かせたり、どうしようもないからと放任する前に、高IQ児の可能性があるので早めに然るべき期間で診断をうけて、子どもの可能性を潰してしまう前に対処法を学び、接し方を工夫するように心掛けてあげるといいと思います。

▷ 校長先生はいろんな講演会で「カエルの実験」の話しをされます。学校教育に関する細かいお話しをされないので不安に感じるときもありましたが、面接を受けてみて印象が変わりました。先生方がきちんと実務と責任を果たし、トップは子どもの褒め役に徹して、よい運営パターンと感じました。

▷ ほとんどが口頭試問でする話をきちんとできるようにしておかれるといいと思います。

▷ 子どもには毎年必ず、困った場面を想定し、そのときどうするかという質問が出されるので、実際にそういった場面に遭遇したときに、どうすればよかったかをきちんと話し合っておくなどして、自分でどう対処したらよいか考えられるようにしておくことが大切です。

▷ とにかく元気で、IQが高い子が多いようです。ただ、併設の英才教育に通っていて、IQが160以上あっても不合格になる場合もあるので、偏らないことだと思います。

昭和女子大学附属昭和小学校

〒154 − 8533 東京都世田谷区太子堂 1 − 7 − 57 ☎ 03（3411）5114

形式と日程

形式	保護者のみ
日程	考査日以前

◆面接室略図

先生
アクリル板
母　父
荷物置き
出入口

特別入試では事前親子面接が、一般入試では事前保護者面接がおこなわれます。時間は約15分。

質問の内容

父親へ

お子様の名前と受験番号をお願いします。
志望理由を教えてください。
どうして私学を選びましたか。
なぜ本校を選びましたか。
ご兄弟、ご姉妹で違う学校を選ばれた理由についてお聞かせください。
本校に期待することはありますか。
本校でどんなことを学んでほしいですか。
通学時間はどのくらいですか。
お通いの幼稚園を選んだ理由を教えてください。
幼稚園の行事には参加されますか。
ご家庭の教育方針についてお聞かせください。
ご自身の小学校時代の思い出をお聞かせください。
小学校時代に学んだことでお子様に伝えたいことはありますか。
今までにご家族で 1 番楽しかったことのお話をしてください。少しお時間を差し上げますので家族で話し合ってください。
最近、お子様といっしょにいて楽しかったことはありますか。お子様と相談してお答えください。
お子様には将来どのような大人になってほしいですか。
子育てについて心がけていることはありますか。
お母様の子育てで感心するところはどこですか。
お子様が成長したと感じることはどんなことですか。
子どものしつけについて実行していることを具体的にお話ください。
休日のお子様との過ごし方を教えてください。
ご家族で大切にしている日を教えてください。
最近奥様から聞いたお子様の様子についてお聞かせください。
奥様のお子様との接し方を見ていて、見習いたいところはありますか。
お子様の好きな遊びを教えてください。
ご家庭での母親とは違う父親の役割を教えてください。

お子様にとってどんな父親でありたいですか。理想の父親像などはありますか。
父親としての自分に点数をつけるとしたら何点になりますか。
どんなときに厳しく、どんなときに優しいですか。
受験のこと以外でお子さんの教育についてご夫婦で話し合うことはありますか。
お子様と似ていると思われる点についてお聞かせください。

母親へ

志望理由をお聞かせください。
なぜ本校を選びましたか。
公立と私立の違いについてお聞かせください。
本校のどんなところがいいと思われましたか。
通学は時間がかかりますが、いかがですか。
お子様は、電車の中などではどうしていますか。
お子様のお友達が電車の中でふざけているとします。そのときお子様はどうすると思いますか。
これから入学までに身につけておきたいことは何ですか。
幼稚園に通わせてよかったと思うことを教えてください。
お子様の間でトラブルがあったときどうしますか。
お子様が相手に非のあるケンカをして帰ってきた場合、どう対応しますか。
子育てについて気をつけていることを教えてください。
どんなときに子育てをしていてうれしく感じますか。
どんなときに子育てをしていて難しいと感じますか。
お子様と過ごす時間は、どんなことを大切にしていますか。
ご家庭でのご主人はどんな父親ですか。
お父様をすごいなと思うことはどんなことですか。
お父様の子育てで、感心するところはどこですか。
お父様とお子様はどんなところが似ていますか。
お父様のお子様との接し方を見ていて見習いたいところはありますか。
受験以外で、お父様とお子様のことについて話すことはありますか。
最近お子様が成長したと思われることは、どんなことですか。
お子様との1番の思い出は何ですか。
お子様の習い事についてお聞かせください。
お子様は外遊びが好きですか。
お子様にお手伝いはさせていますか。
お子様の性格で直したいと思われるところはありますか。
お子様が知らない人から道を聞かれたら、どうすると思いますか。
ご自身の小学校のときの思い出についてお聞かせください。
ご自身の子どもの頃の経験でお子様に伝えたいことはありますか。
お母様のご両親から受け継いだしつけで、自分のお子様にも伝えたいことはありますか。
よく野外での活動を家族でされるのですか。

入試感想

■考査当日のこと…

▷ 9時に受付、控え室で待機。25分に子どもは考査へ移動、親は別室にて待機。待機中、アンケートの記入をおこないます。10時10分に4組ずつで面接室前に移動、30分より面接が開始される。終了後、再び控え室で待機。11時に子どもの控え室前の廊下に移動し、合流次第、解散。

▷ 15時20分に受付、2Fの控え室で待機(15組ずつ2部屋)。50分に点呼、子どもは考査へ。16時20分に親は3Fの部屋に移動、アンケート記入ののち面接をおこなう。17時40分に子どもと合流して終了。

▷ 受付後、控え室の教室で待機しました。とても静かでした。

▷ 受付後、家族で控え室に入り、8:40~55頃まで両親は校長先生のお話を聞きに別室へ。子どもはそのまま部屋に残り、本を読んでいたそうです。

▷ 受付後、名札を付け教室で待ちました。2家族で1つのテーブルに座る形になります。開始時刻になると先生が来られ、子どもの名前を1人ずつ呼び、黒板の前に整列します。全員が揃うと試験会場へ向かいます。待っている間は折り紙や絵本を見て過ごしました。

▷ 控え室は1人も話をしておらず、物音もたてていませんでした。静かすぎて緊張しました。

▷ 初めに20分ほど、教頭先生からのお話がありました。昭和の教育方針に賛同いただけるかという内容でした。

▷ 一般入試のとき調査書を記入しました。内容は「なぜ私立小学校に入学させたいか」「子どもが成長したと感じたとき」でした。

▷ 自己推薦試験当日、夫婦離れに席に着席し(子どもは別室で待機)、「入学に際しての了承事項」という校長先生のお話を10分ほど聞きます。その後用紙に署名します。

■面接では…

▷ 面接官の机には衝立があり、手元が見えないようになっていました。

▷ 面接では両親と子ども同伴が原則ですが、何組か父親と子ども、母親と子どもの方もいらっしゃいました。

▷ 親子で「3びきのこぶた」を制作中も、常に先生が3~4人いて様子を見ているようでした。先生方は優しい表情だったので、子どもも普通に作業ができました。

▷ 父親、母親に対しては直接の質問はありませんでした。1つの質問から話が広がっていき、父親または母親が話すといった感じでした。

▷ 1部屋に4家族が入り、衝立があり、家族ごとにそれぞれ作業をします。30分後、受験番号順にそのまま同室で面接が始まりました。3家族は隣の控え室に移動します。

▷ 面接官は3人とも女性で、終始和やかな雰囲気でした。作業後すぐに面接が始まると思っていなかったので、緊張する間もなく、あっという間の10分間でした。

▷ 真ん中の先生から主に質問がありました。テーブルの上には衝立があり、手元が見えないようになっていました。

▷ 面接官の先生が和やかな話し方だったので、緊張することはなく、会話を引き出してくれるような面接でした。志望理由や子育ての苦労について、それぞれ派生質問がありました。

▷ 常に先生方がメモをしており、親子の活動の様子や会話などを細かく見ておられるようでした。質問内容はやや流動的に感じますが、答えやすいように質問してくださるので、落ち着いて答えることができました。

▷ 子どもが考査へ向かったあと、父親、母親ともに廊下に並んで少し広い教室へ移動します。父親と母親別個にアンケートに記入を済ませ、終わった順に面接がはじまります。面接官は女性の先生1人でした。笑顔もありましたが、距離が近くてすべて見られているようで緊張しました。

▷ 廊下での待ち時間は、思ったより話が出きる状態でリラックスでき、面接官もにこやかで和やかなムードで終了しほっとしました。

▷ 教室で調査書記入の後、5グループずつ呼ばれて面接室(教室)の前で待機します。中の声は聞こえませんでした。

▷校長先生の話を聞いたあとに親はアンケート記入（父母は席を離れて相談してはいけない、メモ類禁止、先の丸くなった鉛筆でＢ４サイズのアンケートにきっちり20分）をします。「5分前です」の声がありました。

▷「○番から○番の方」と誘導され教室前で待機しました。常に先生が誘導し説明してくださいました。「どうぞ」と言われ入室しお辞儀をし、「どうぞ」と言われ着席しました。お若い先生で表情を変えずにクールに対応され、とても緊張しました。入室から退室までしっかりと見られていました。

▷「本日は緊張されていると思われますが、しすぎずにお答えください」とはじめにお言葉をいただきました。両親のどちらかが答えているときに、もう一方の様子を見てらっしゃいました。

▷とてもにこやかで穏やかで話しやすい雰囲気でしたが、父親が答えている間も母親のほうを向いて様子をチェックされていたと思います。

▷面接官の先生もにこやかに質問してくださり、短時間ではありましたが、落ち着いて返答できたように思います。

▷短い時間のなかで、1つ1つしっかりと基本的な質問をされたように思います。常日頃考えていることで、かつ実生活を本当にきちんと送っていなければ答えられないような質問が多いです。保護者のみの面接のため中身が濃いように感じました。

▷面接会場は3か所ありました。我が家では初め2番目の会場でしたが、2番目の会場の進みが遅いために1番目の会場に移動しました。1番目の会場の先生は女性で、2番目の会場の先生は男性でした。

▷面接官が1人ということもあり、あまり緊張はしませんでした。こちらが話す内容をメモしていました。親の姿勢など親のことをしっかりと見ていると思いました。

▷両親が子どもと日々の生活の中で、どのような関わり方をしているかを知ることに主眼を置かれていたように思います。

アドバイス

▷体操は、8月の自己推薦志望者説明会での内容と、まったく同じだったようです。

▷自己推薦入試の志願票は、特に念を入れて何度も書き直しました。その結果、当日の面接では志願票に関しての質問はありませんでした。

▷面接内容は、こちらの回答に対して掘り下げて広げていきました。志望動機などは聞かれませんでした。

▷子どもは面接練習のときと違う内容の質問に答えられず、固まってしまいました。そんなとき面接官の先生が、父親に対して「助けてあげてください」と、フランクな対応をしてくださいました。

▷学校に対する熱意が、非常に重要だと思います。

▷ごくふつうのご家庭の方が多いような雰囲気でした。あまりお受験のスタイルにこだわらなくとも、失礼のない程度であれば大丈夫かと思います。考査については、昨年までと比べてかなり変わったように感じられ、工作・絵画などの分野は出題されなかったようです（子どもの待機中、控え室で自由に絵を描いたり、折り紙を折ったりはしていたようです）。

▷説明会に両親で出向いて、しっかりと学校の教育内容や考え方を聞いた上で、本当に学校を理解してから受験させることが大切です。

▷説明会、学園祭、作品展で学校の様子を見ることができます。その際、名前を書く用紙が配られますので、参加された方がよいと思います。

▷説明会では副校長先生のお話をよく聞き、メモを取ることをお勧めします。

▷学校行事には必ず参加された方がよいと思います。当日に受付で名前を書く欄があります。

▷子どもの考査中に両親はアンケートを書きます。下書きの持ち込みはできないので、事前に両親で考えをまとめておいたほうがいいと思います。

▷アンケート記入は父母同室ですが、左右に番号順に分けられており、話しをすることもノートを見る

ともできませんでした。

▷ 日頃から両親がよく話し合い、意見が一致していることが大切だと実感いたしました。

▷ 校長先生のお話の後教室を移動し、父母別の席で調査書の記入をおこないます。質問内容は父・母で異なります。時間は 20 分間でした。質問内容はその場で考えていたのでは、まとめづらい内容なので時間が足りなくなってしまいます。試験前に面接の練習と同じように、いろいろなケースについてまとめておく必要があると思いました。また、父母で教育に対するベースとなる考え方は共通のものを持っている必要があると思いました。親として熱意をアピールするチャンスですから、準備のしがいもあります。

▷ 受付で「本日の日程及び注意事項」「入学に際しての了承事項」「入学志願者のみなさまへ」と両親に一部ずついただき、目を通してくださいとお話しされました。控え室では書類を見つつ、子どもにも目を配ることをおすすめします。子どもの考査中にアンケート記入、面接と続きますので、慌てずに機敏に行動することも大切だと思います。またアンケート記入前に校長先生のお話がありますので、よく聞いて記入時の姿勢なども気をつけたほうがいいと思います。始めから終わりまで親子ともども緊張感を保つことが必要だと感じました。

▷ 考査について明らかにほかの学校とは異質だと感じました。父母へのアンケート、面接についても、本人の潜在能力や志望理由などより、むしろ「家庭、家族としての有様」というものを本質部分でチェックされていると感じました。第 1 志望とお考えの方は大げさかもしれませんが、「自分は親として、一人の人間として、子どもをどう導くべきか」というようなことまで再考されることをおすすめします。

▷ 子どもの試験というよりも親の試験だと思いました。受験した学校のなかで 1 番緊張したように感じました。父、母ともにふだんの様子をしっかり見られていたように思います。

▷ 子どもについては行動観察、親についてはアンケートの比重が大きいように思いました。ここ数年出題傾向もはっきりしてきており、毎日の生活習慣をきちんと身につけ、子どもらしくあることが合格の秘訣なのかもしれません。

▷ 親の考査だったと確信しました。そのつもりで夫婦でしっかり話し合いをして準備しました。身内の話を面接で少し話したところ、子どもがどんな環境にいるのかの判断だったのか、父親の返答・母親の返答をメモされていました。

▷ 母親だけではなく、父親の存在も大切にしていると思いました。

▷ 子どもが考査待ちの時間に絵本を 2 冊机で読んで待っているのですが、おしゃべりをしてしまう子も多かったらしいので、どうしても入学を希望する方は絶対によけいなおしゃべりをしてはいけないことを注意しておいた方がいいと思います（待ち時間も先生がお部屋にいたそうです）。

▷ 学校の教育方針をすべて受け入れられる姿勢が大切です。異議のあるご家庭はご遠慮くださいと、はっきりおっしゃっております。

▷ 身内に昭和出身者がいるか、ということは毎年聞かれるようです。実際に母娘出身や、親類に出身者が多いことは事実だそうです。今回初めてのご縁でしたが、合格できました。

聖学院小学校

〒 114 − 8574 東京都北区中里 3 − 13 − 1 ☎ 03（3917）1555

形式と日程

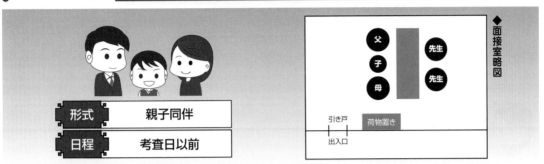

◆面接室略図

形式	親子同伴
日程	考査日以前

親子同伴の面接が、考査日以前におこなわれます。時間は 15 分程度。

質問の内容

父親へ

志望理由を教えてください。
どのようにして本校を知りましたか。
なぜ本校に関心を持たれましたか。
本校にはどれくらい足を運ばれましたか。
本校の説明会には出席されましたか。
行事などに参加されて、どのような印象を持ちましたか。
本校を受験された経緯を教えてください。
本校を選んだ決め手は何ですか。1つお答えください。
キリスト教についてどのようにお考えですか。
キリスト教教育に関して理解されていますか。
本校では日曜礼拝を推奨しておりますが、ご理解いただけますか。
第 1 志望ですか。
バザーやＰＴＡ活動など学内の行事に、積極的にお手伝いいただけますか。
ご家庭の教育方針についてお聞かせください。
通学時間と経路を教えてください。
会社名と仕事の内容をお聞かせください。
社会で大切なことは何だとお考えですか。
ご家庭でお子様と、どのように関わっていますか。
家族内でのルールはありますか。
お友達とトラブルがあった場合、どう対処しますか。
お子様が泣いて帰ってきたらどうしますか。
お子様の名前の由来を教えてください。
子育てで注意していることを教えてください。
お子様の長所と短所についてお聞かせください。
お母様の長所を教えてください。
お子様がわがままを言って言うことを聞かないとき、どのようにしますか。
お父様が子どものころに、父親にしつけられたことで、今でも印象に残っているエピソードはありますか。

お子様と幼稚園での話をしますか。
小学校時代はどのような子どもでしたか。
小学校でどんなことを学んでほしいですか。
お子様のことで感動したエピソードを教えてください。
お子様には将来どのようなおとなになってほしいですか。
ご自身を成長させた、１番のきっかけとなったことを教えてください。
お泊り行事がありますが、大丈夫ですか。
小学校受験を経験しての感想をお聞かせください。
冬に遊びに行きたいところを、親子３人で話し合ってください。

母親へ

志望理由を教えてください。
本校を受験されたいきさつを教えてください。
本校の印象についてお聞かせください。
本校にいらっしゃったときの感想を聞かせてください。
教会に通うことにご理解はありますか。
お母様が子どものころに、母親にしつけられたことで、今でも印象に残っているエピソードはありますか。
ご家庭の教育方針を教えてください。
家庭教育で気をつけていることは何ですか。
お仕事について教えてください。…緊急時のお迎えは大丈夫ですか。
学校への送り迎えはどうされますか。
学校行事に参加していただけますか。
子育てで大事にしていることは何ですか。
子育てをしてきて、うれしかったことは何ですか。
子育てをして、ご自身はどう変わりましたか。
子育てをしていて感動したエピソードなどがあれば教えてください。
お父様の長所を教えてください。
どのようなお子様ですか。
お子様が本校にあっているところはどこですか。
お子様が泣いて帰ってきたらどうしますか。
お子様はお家で幼稚園のことをお話ししますか。…どんなことを話しますか。
お子様にやってはいけないと教えてきたことは何ですか。
お子様の健康面について教えてください。
どんなときにお子様を褒めますか。
お子様のよいところを教えてください。
お子様の直していきたいところはどこですか。
お子様がわがままを言って言うことを聞かないとき、どのようにしますか。
お子様が約束を守らなかったときはどうしますか。
お母様自身の、小学校時代の楽しい思い出は何ですか。
小学校時代はどのような子どもでしたか。
ご自身を１番成長させてくれた経験は何ですか。
お子様にお手伝いはさせていますか。
お稽古ごとについて、どのようにお考えですか。
家族のあり方についてどう思われますか。
この冬、家族でしたいことは何ですか。

子どもへ

お名前を教えてください。
幼稚園の名前と先生の名前を教えてください。
幼稚園の先生はどんな先生ですか。優しい人ですか。
お友達の名前を3人教えてください。
幼稚園では何をして遊びますか。
お部屋で遊ぶのとお外で遊ぶのはどちらが好きですか。
幼稚園で楽しいことは何ですか。
今日の朝ご飯は何を食べましたか。
朝ご飯で好きなものは何ですか。
野菜は好きですか。
お母さんの作ってくれる料理で好きなものは何ですか。…どんなところが好きですか。
嫌いな食べ物はありますか。
今日はここまでどうやってきましたか。
お父様、お母様を助けてあげることはありますか。
どんなときに褒められますか。
お姉さんとは何をして遊びますか。
お姉さんのいいところを教えてください。
お兄さん、お姉さんとは仲がいいですか。ケンカはしますか。
兄弟げんかをしますか。
お手伝いをしていますか。…どんなお手伝いですか。
お家ではどんなことをして遊びますか。
お父さん、お母さんに褒められる（叱られる）のはどんなときですか。
お父さんとは何をして遊びますか。
お母さんが素敵なところはどこですか。
お父さんお母さんの好きなところを教えてください。
好きな本を教えてください。
どんなテレビ番組を見ますか。
得意なことは何ですか。
「ありがとう」は誰に言いますか。
聖学院フェアーで楽しかったゲームは何ですか。
小学校に入ったら何がしたいですか。
これから家族でどこに行きたいですか。

入試感想

■考査当日のこと…

▷ 控え室では、折り紙やあやとりなどしながら待っていました。

▷ 考査のとき、子どもはゼッケンと左肩にリボンをつけます。リボンの色で会場が分けられていました。

▷ 考査終了後、ゼッケンを返して、合格発表に関する案内を受け取って終了となりました。

▷ 集合時の控え室と、呼ばれてから面接室に入る前の控え室がありました。

▷ 控え室はみなさん持参の本などを読んでおり、静かに待っていました。子どもは折り紙、あやとりなどしていました。

▷ 受付は２階で、昇降口前に教頭先生が立って案内をしてくださいました。

▷ 受付をしたあと２階の教室で待ちました。椅子が３脚１組で並べてあり、机はありませんでした。みなさん本を読んだりしながら待っていました。

▷ 控え室で待っていると受験番号と名前を呼ばれ、呼ばれた人は教室前に並び、次の控え室（４階音楽室）へ移動します。

▷ 控え室は図書館でしたので、自由に本を読むことができました。

▷ アンケートの内容は「志望理由」「家庭教育の留意点」「子どもの長所短所」でした。

▷ 子どもが考査会場へ向かったあとに、すべての控え室に校長先生がいらっしゃってご挨拶をしてくださいました。

▷ 受付後１階の控え室で待っていると、１番から12番までが呼ばれ、２階の図書室に移動しました。

▷ ８時30分に受付をしてゼッケンをもらい、控え室でゼッケンをつけ上履きに履き替えて待つ。８時55分、先生に誘導され25番ずつ考査室へ。９時30分ごろ考査から戻り、受付にゼッケンを返却し、合格発表（Web）のパスワードの書類をもらい終了。

▷ ８時30分から受付開始でしたが、ほとんどの方が８時15分くらいには正門のところに並んでいて、受付が１つだったので、混雑していました。外のため寒く、皆さんショールなどを子どもに巻いていました。

▷ ８時55分に、リボンの色別（ピンク、赤、黄、黄緑、水、青）に呼ばれました

▷ 受付後、数家族まとまって控え室に案内され呼ばれるまで待ちます。呼ばれて廊下に出るとすぐ隣の教室が面接室でした。

▷ 12時半頃到着しましたがまだ誰もいなく、受付も12時40分頃に開始となりました。受付を済ませると受験番号と同じゼッケンをもらい、講堂で試験が始まるまで折り紙をしながら待っていました。教頭先生が受験番号を読み上げ８名くらいのグループで、先生に連れられて別室に行きました。

▷ 礼拝室（４階）が控え室でした。コーヒーやお茶が用意されており、お手洗いも近くにありました。保護者の方々は本を読んだり、飲み物を飲んだりしていました。

▷ 受付をしてから４階の講堂へ行き、ゼッケンをつけたり上履きに履き替えるなど準備をします。待機しているとグループごとに番号を呼ばれ（１番から33番のように）、講堂入り口で子どもを送り、その後並んで先生の誘導により各部屋に移動しました。

▷ 子どもが考査に向かったあと、６部屋ある控え室に校長先生がお話に来られました。お茶、コーヒーが自由に飲めるようになっていたり、気配りの行き届いた学校だと思いました。

▷ 考査は楽しかったと子どもが言っておりました。

▷ 考査は男女混合で生年月日順だったので、グループによって男女比が異なっていました。

▷ 講堂で親子とも時間まで待ち、その後先生がグループごとに番号が呼び、試験会場へ連れて行きました。

▷ 控え室の講堂では、待機時間が２時間ほどあるので本を読んでいました。雰囲気は和やかでした。

▷ 考査日の待ち時間は、外出も可能でした。

■面接では…

▷ 控え室には５組ほどおりました。その後、面接会場のあるフロアの控え室に移動します。待ち時間はさほどありませんでした。

▷ 面接では、入室してすぐに座る場所の指示がありました。

▷ 面接は和やかな雰囲気でした。

▷ 面接では、先生方が笑顔で優しく接してくださいました。和やかな雰囲気で、緊張をほぐしていただきました。

▷ 面接ではメモを取っている様子はありませんでした。

▷ 面接室の入口まで先生が出迎えてくださり、笑顔で和やかに迎え入れてくださいました。座る椅子についても、「こちらがお父様、こちらがお母様」など案内していただきました。

▷ 面接官との距離が近かったです。

▷ 面接では先生が優しく、温かい雰囲気でした。

▷ 面接で「今年のクリスマスなどの予定について、3人で自由に話してください。その様子を見させてください」と言われ、1分くらいだったかと思いますが、3人で話し合いました。

▷ 面接では、先生方がこちらの緊張を察して気を遣ってくださいました。

▷ 面接は、先生方が何かメモを取るということもなく、こちらを見ながら和やかに進みました。

▷ 質問の順番は、父→母→子→父という流れでした。

▷ 面接では男女1名ずつ2名の先生でおこなわれました。優しく、熱心に話を聞いてくださいました。

▷ 面接は、とても穏やかに進行しました。特に難しい質問もなく、淡々と進みました。

▷ 第1控え室から5組くらいずつ呼ばれて、第2控え室へ移動します。第2控え室からは、3組が面接室へ移動します。

▷ 面接は終始和やかな雰囲気でした。誰かに質問が集中するわけではなく、父→子→母のように、順番に質問がありました。

▷ 子どもが質問の答えに詰まると、助け船を出してくださいました。

▷ 子どもへの質問では、あまり細かいことは聞かれませんでした。

▷ 親への質問は校長先生から、子どもへの質問は男の先生からありました。みなさん優しく接してくださり、子どもが答えに詰まると助言してくださったりしました。

▷ キリスト教教育については、入学後、日曜日に教会へ行くことなどに対する理解を尋ねられました。

▷ 面接では父親が欠席したため、欠席理由を文書で面接官に提出しました。

▷ 子どもに対しても親に対しても、先生方は優しく接してくださいました。子どもが話しやすい雰囲気を作ってくださったように思います。

▷ 上履きは必要ありませんでした。靴のまま教室内に入り、面接を受けました。

▷ 時間通りに呼ばれ、あっという間の5分間でした。

▷ 受付時刻10分前に着きましたが、約1時間待ち、面接時間は5〜10分でした。

▷ 1階で受付をして、受験番号順に3階の控え室に引率されます。3階に行くとすぐに面接室に入りました。

▷ 1Fのホールで座って待機し、予定時間5分前に名前と番号を呼ばれ、2F控え室に5組ずつ呼ばれて面接室に移動しました。4つか5つの部屋で同時進行し、時間は5分から10分程度で終始和やかな面接でした。

▷ 荷物置場の指定はなく、母親の足もとにサブバックを置きました。子どもに対して「ハキハキしっかりしているね」「試験の日も風邪を引かないでいらしてください」など、親に対しても「せっかくお越しいただきましたが、あまり時間が取れずすみません」などの声をかけていただきました。

▷ 父→子→母、の順に質問があり、その後は話の流れによりランダムに質問先を変えられていました。同じマンションに住む在校生のご両親からのアドバイスもあり、「在校生を知っている」「その様子を拝見して」などのアピールをしました。面接官の男性の先生から子どもに「ハキハキしているね」とか「次来るときはいろいろ遊ぼうね」など、温かい言葉をかけていただきました。

▷ 先生が笑顔で和やかな雰囲気でした。正味5分程度であっという間に終わった感じです。通っている保育園がキリスト教なためか、宗教のことについては聞かれませんでした。

▷ 子どもは緊張からかあまり答えられませんでしたが、とてもやさしく対応してくださり、当日決して「大きな声で話すように」などとプレッシャーを与えないようにと言われました。面接は教室なので広く感じ、入室から荷物を机に置き座るまでが長く感じられました。3人の先生方は皆優しい表情で、特に女性の先生は顔を見ていると安心できました。

アドバイス

▷ 附属幼稚園からも上がってくるため、難しくなっていると感じました。

▷ 入試日が１１月５日で他校の結果も出ているころにもかかわらず、かなりの人数がいました。第一志望の方が多いように感じました。

▷ かなりペーパー重視になっていると思います。

▷ 説明会や参加できる学校行事には、数多く出席したほうがよいと思います。

▷ 第一志望校よりも前の日程で、試験慣れしたほうがよいと思います。

▷ 小学校受験はお教室や家庭での勉強だけでなく、子どもを育てた親の５年あまりの様子を見られているのだと痛感しました。教頭先生の「付け焼き刃のしつけではだめです」との言葉が心に残っています。

▷ 面接では志望動機、キリスト教に対する考えが知りたいようでした。また、父親の考え方などを確認しておきたいのではないかと思います。

▷ 本当に学校のことを理解し、切実に入学したいと願っているかを見ているように思いました。先生方も学校を愛しており、子どもに惜しみない愛情を降り注いでいる様子が伝わってきました。

▷ 控え室のお茶の用意のところで、知り合いの親御さんどうしでひっきりなしに話している方がおりました。あまりよい印象を与えないと思いました。

▷ 集合時間より早く着くと、１階のホールで待機になります。

▷ 子ども用に防寒の上着、マスクなどがあるとよいかもしれません。

▷ 学校説明会はもちろん、フェアー、オープンスクール等に足を運び、アンケートに書くスペースがなくても、住所氏名を記入するだけでなく、志望している旨を記入したことが合格につながったのかなと思いました。

▷ 説明会、フェアなど学校に直接行って、児童の姿を見ることは大変参考になります。

▷ 私学フェアなどの個別相談では、顔や話の内容などを覚えられてしまいますので、気を抜かないようにしたほうがよいと思います。

▷ オープンスクールや学校説明会、聖学院フェアー、運動会などで記名したり、アンケートに記入したりする機会が常にあります。その中に、在園幼稚園の住所や電話、先生のお名前、あるいは幼児教室や習いごと、塾のこと、感想などを書く欄がありますので、必要な住所などは忘れないように手帳にメモしておいたり、辞書なども持っていると安心かと思います。

▷ 聖学院でおこなわれる行事にはぜひ参加して記名なさることをおすすめします。行事に参加し記名すると、その直後にハガキが送られてきて、「頑張ってください」という誠意が学校側から伝わってきて、非常にすがすがしい気分になれます。学校の中身を知る機会が他校よりも多いので、これからますます人気の出てくる学校ではないでしょうか。

▷ 聖学院フェアで記名したところ、お礼のハガキが来ました。そして面接でも感想を聞かれたので、行事がある日には必ず出席したほうがよいと思います。

▷ 神への礼拝を重んじ、生徒たちの日々の朝の朝礼はもとより、オープンスクールや学校説明会なども礼拝から始まります。時間に遅れた人は講堂に入ることができない厳しさもありますので、時間厳守がとても大切です。

▷ ミッション系の学校は１度でも教会へ行き、その雰囲気を身体で感じたほうがよいと思います。面接で必ず宗教についての意見を聞かれますので、その対策にもなると思います。

▷ 宗教に関しては、「わからないので勉強します」と答えるほうが好印象とのことです。

▷ 願書等の準備は早すぎるということはないので、志望校がある程度決まったら準備をされておくと、夏以降ゆとりを持って過ごせると思います。また、子どものことを見つめ直すよい機会にもなるとおもいます。同時に面接テストも夏頃１度受けておくほうが準備しやすいです。

▷ 控え室は寒いのでひざかけや羽織れるもの持って行ったほうがよいと思います。お話をしている方もいらっしゃいましたが、大半のかたは本などを読んでいらっしゃいました。

▷ 面接資料はかなり書く欄がありました。その中に洗礼教会名等を書く欄がありましたが、我が家の場合は信者ではなかったので特に書きませんでした。ただ、親がクリスチャンでキリスト教に理解があるというコメントは書いておきました。

▷ 面接のときに、両親ともあまりうまく答えられなかったのに合格をいただいたことを考えると、面接よりも子どもの考査結果を重視しているように感じました。

▷ 面接は時間どおりですし、受付時間より早く来ないよう注意がありましたので、着いてほとんど待たずに控え室（教室）に移動するようになりました。雨の日で子どもの靴下が汚れていましたが、同じものを替えに持っていたので片方だけ取り替えるだけで済み、すぐ移動でき助かりました。

▷ 面接のときも外履きのままで、試験日は子どものみ講堂で上履きに履き替えます。

▷ 考査も面接も、恥ずかしがらずに元気よくおこなうのが大切なようです。

▷ 考査では体操服を袋に入れて持っての移動でしたので（その時点で子どもに渡すのを忘れた方もいました）、私物の管理や持ち方、着替え方なども見ていたのではと思います。全員が着替え（2回）終わるのに思ったより時間がかかったとの説明がありました。

▷ 子どもの考査中、2時間ほど待ちますのでひざ掛けなどの防寒対策をしたほうがいいです。今年は例年になく暖かい日だったそうですが、講堂は広くて足元が冷え込みました。

▷ 雨具は紺系のものを親子とも使用している方が多かったです。合否に関わることではないですが、黄色はかなり目立つかもしれません。

▷ 教頭先生より「考査試験は基本的に難しい問題は出ません。通常の受験勉強をしていれば通ります。ただし、長い時間自由にゲーム等をやらせて、子どものふだんの状態を見ることを目的としていますので、付け焼き刃のしつけや態度は通用しません。ふだんからの家庭での教育状態を見ます」とお話がありました。

▷ 教頭先生が以前お話しされていましたが、「説明会などに参加されていることは、こちらもしっかり把握しています。あとは詰め込みではなく、子どもらしさやその子のよいところをアピールできるように、笑顔で試験に来てください」とおっしゃっていました。しっかりしているけれど、子どもらしくかわいいところもある子どもが、求められていると感じました。

▷ ともかく子どもは、明るくキビキビした態度が好かれるようです。

▷ 教育方針がキリスト教に深く根ざしているので、志望にあたって、たとえクリスチャンでなくとも、キリスト教主義についての信頼や理解が必要と思われます。

成蹊小学校

〒 180 − 8633 東京都武蔵野市吉祥寺北町 3 − 3 − 1 ☎ 0422（37）3839

■ 形式と日程

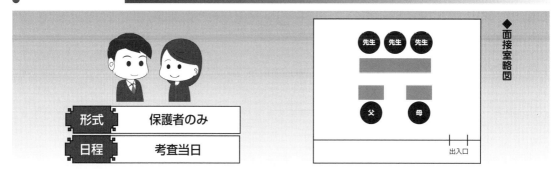

◆面接室略図

形式	保護者のみ
日程	考査当日

保護者のみの面接が考査の 2 日目に、子どものテストと並行しておこなわれます。
面接時間は 7 分。

■ 質問の内容

父親へ

志望理由をお聞かせください。
数ある小学校の中でなぜ本校を選んだのかお聞かせください。
どういったきっかけで本校に興味を持ちましたか。
学校行事にいらっしゃいましたか。…感想をお聞かせください。
オープンスクールの感想をお聞かせください。
オープンスクールで印象に残った授業は何ですか。
オープンスクールでの生徒の印象を教えてください。
本校の建学の精神について、何か思われたことはありますか。
本校の行事で興味があるのは何ですか。
本校の印象と生徒の様子で感じたことは何ですか。
「こみち」の授業についてどう思いますか。
本校でお子様はどう過ごせると思いますか。
英語教育についてどのようにお考えですか。
本校は体験的な授業を多くおこなうが、何かさせたいことはありますか。
本校では優しさを大切に教育しています。家庭ではどのように優しさを教育していますか。
本校に期待することを教えてください。
通学方法について教えてください。
通学時間がかかるようですが、乗り物の乗り方については大丈夫でしょうか。
お子様は本校のことをどう思っていますか。
お子様の性格についてお聞かせください。
子どもの個性についてどのようにお考えですか。
学校生活の中では「我慢」が必要になると思いますが、どのように言い聞かせていますか。
お子様の個性が発揮されたと感じられたことについて教えてください。
集団の中でわがままな行動を取ったとき、ご家庭でどのように対応しますか。
お子様の家庭教育で大切にしていることは何ですか。
休日はお子様とどのように過ごされていますか。
ご家族で大切にしている行事を教えてください。

お子様の名前の由来についてお聞かせください。
ご自身の子どものころと比べて、お子様に足りないと思われるものはありますか。
昔の子どもと比べて、今の子どものほうが優れていると思うことはありますか。
「親の背中を見て子は育つ」という考え方について、どう思われますか。
お子様に父親としてどのような背中を見せていますか。
子どものパソコンの使用についてどうお考えですか。
子どもの携帯電話の使用についてどうお考えですか。
お子様は、生き物を育てることは好きですか。
父と子の関係で、どんな約束を大切にしていますか。
お子様を強く叱ることはありますか。最近どんな場面で叱りましたか。
お子様が優しい子だと思ったエピソードを教えてください。
最近お子様が興味を持っていることを教えてください。
最近お子様の成長を感じるところはどんなところですか。
将来どのような人になってほしいですか。
お子様の将来の夢は何ですか。
ご自身の子どもの頃の思い出をお聞かせください。
国際化社会に向けて何が必要だと思われますか。
食育についてどうお考えですか。
自己中心という言葉がありますが、どうお考えですか。
お子様が学校でいじめの対象になったらどのようになさいますか。
「かわいい子には旅をさせよ」と言いますが、
　　…これに関するエピソードはありますか。
　　…子育てのなかでそのような経験はありますか。
４月から小学生になるにあたり、ご家庭で取り組まれていることは何ですか。

母親へ

志望理由についてお聞かせください。
私学を希望される理由をお聞かせください。
この学校のどこがよいと思いますか。
ご家庭の教育方針と本校の方針で一致する点はどこですか。
本校の建学の精神について、何か思われたことはありますか。
本校のどんなところがお子様に合っていますか。
本校の行事で１番印象に残ったものは何ですか。
本校の生徒をどう思いますか。
本校の教育でどのようなことを期待していますか。
お子様には、本校でどのように成長してほしいですか。
お子様は、小学校に入ってから何がしたいと言っていますか。
お子様は本校のどの授業に興味がありそうですか。
入学したら、お子様に何をやらせたいですか。
「こみち」の授業についてどう思いますか。
通学時間を教えてください。
通学のときに心配なことはありますか。
お子様の通学経路は交通の混雑が予想されますが、どのように考えていらっしゃいますか。
電車やバスで通学することに心配はありませんか。
電車でのマナーのしつけ方についてお聞かせください。
お子様の安全面について、どのように教えていますか。
幼稚園ではどのようなお子様ですか。エピソードを添えてお聞かせください。
幼稚園ではお弁当ですか。全部食べて帰ってきますか。
お仕事をなさっていますが、ふだんはどなたがお子様を見ていますか。
お仕事をなさっていますが、ＰＴＡには参加できますか。

学校行事にはご協力いただけますか。
学校でのトラブルについてどう対処されますか。
学校でいじめにあったら、その親に対してどのような心構えで接しますか。
ご家庭の教育方針を教えてください。
お子様は積極的なほうですか。
ご家庭での決めごとを3つ教えてください。
お子様のことで困っていることはありますか。
大切にしている家庭行事は何ですか。
お子様の食べ物の好き嫌いはありますか。その克服方法は何ですか。
食事について気をつけていることを教えてください。
食事のときにお子様とどんな話をされますか。
食育についてどうお考えですか。
食育が精神面に与える影響についてどうお考えですか。
食事のマナーについてどうお考えですか。
お子様はどんな性格ですか。
お子様の1番よいところを教えてください。
子どもの個性とはどういうことだと思いますか。
お子様の「個性」とは何ですか。
「個性の尊重」のために、ご家庭でされていることは何ですか。
お子様がやってはいけないことをしたとき、どのように対応しますか。
しつけの上で、ここまではOK、ここからはダメという線引きはありますか。
しつけにおいて大切にしていることを教えてください。
最近、我慢をさせたことはありますか。
小学校に入ってから、つらいことや、やりたくないことがあったとき、どのように励ましますか。
お子様が入学したら、どんな行事が楽しいと思いますか。
ご自身の子どものころの思い出を教えてください。
現在はIT関連が普及していますが、ご自身の子どもの頃と違う点はどのようなところだと思いますか。
子どもの携帯電話の使用についてどうお考えですか。
お子様はお父様のことをどう思っていると思いますか。
お子様が好きなもの、嫌いなものは何ですか。
お子様の健康面についてお聞かせください。
お子様の体力づくりで気をつけていることを教えてください。
最近お子様を褒めたことは何ですか。
お子様のお友達がご自宅に来て、してはいけないことをした場合、どのように対応されますか。
ご家庭ではどんなことをして遊んでいますか。
お手伝いはしますか。
母と子の関係で、どんな約束を大切にしていますか。
兄弟、姉妹関係はいかがですか。ケンカをすることはありますか。
上のお子様との性格の違いについて教えてください。
お子様が興味を持っていることを教えてください。
最近お子様が読んだ本を教えてください。
お子様が好きなテレビ番組を教えてください。
お子様に点数をつけると何点ですか。マイナス点の部分はどんなところですか。
お子様がお母様より優れていると思われるところはどんなところですか。
「親の背中を見て子は育つ」という考え方について、どう思われますか。
宿題や日記指導についてどのようにお考えですか。
自律についてどのように考えていますか。
習い事をさせていますか。
ご家庭で大切にしていることは何ですか。
最近、お子様が興味を持っていることは何ですか。

入 試 感 想

■考査当日のこと…
▷ 面接日の控え室は教室でした。十分間隔をとってあり、換気もよく快適でした。
▷ 考査日の控え室は体育館でしたので寒かったです。説明が1時間ほどありました。
▷ ビブスではなく、前後に受験番号のかかれたシールを貼りました。
▷ 考査のとき体育館から教室の移動が長いので、ふざけたり騒いだりしている子がいました。
▷ 控え室では、受験番号が貼ってある席で待機します。
▷ 校内のところどころに先生が立っていますが、控え室を見ている先生はいらっしゃいませんでした。
▷ 面接室の隣の教室で待機します。みなさんとても緊張している様子でした。
▷ 考査会場へ向かうため、グループごとに番号を呼ばれ、大学生の前に並びます。
▷ 控え室はとても静かでした。8組ほど待機していました。
▷ 待ち時間はトイレのみ外に出ることができます。
▷ 控え室に先生はいらっしゃいません。みなさん自由にお話しされていました。
▷ 2日目の控え室は給食室でした。
▷ 1日目がペーパーと運動、2日目が制作、行動観察、巧緻性、凝念でした。
▷ 1日目のとき雨が降っていて、控え室の体育館はとても寒かったです。
▷ 受付でリボンとカード受け取りました。その後「カードを胸の位置にして、リボンの長さを調節してちょう結びにする。テスト中は控え室で待ち、子どもが戻り確認したのち帰ってよい」旨の指示がありました。
▷ 子どもとあやとりをしたり、新しく買った絵本を読んだりして過ごしました。
▷ （1日目）13時に受付、給食室で待機。30分に子どもはペーパーテスト、体操テストへ。親はそのまま待機。14時30分に子どもが考査から戻ってきて終了。
▷ （2日目）9時30分に受付。10時に子どもは集団行動のテストへ、親は順次面接をおこなう。11時に子どもが考査から戻ってきて終了。
▷ 10時40分に受付、給食室にて受験についての説明を受ける。50分に親子ともに校舎へ移動、子どもは考査へ、親は控え室で待機。12時10分に子どもが考査から戻り、保護者面接、終了次第解散。
▷ 12時10分に受付、25分に当日の説明。35分に子どもは考査へ。13時からペーパーと体操をおこない14時に終了。
▷ 初日は受付後、親子で体育館で指示があるまで待ちます。受験番号により班が異なり体育館での席も班ごとに用意されます。かなりの待ち時間のあと学生2名（男女）により試験会場へ誘導されます。
▷ 受付が始まるまでカフェテリア（暖かい）で待ちます。体育館に番号指定で座ります。トイレ等用意ができたところで教頭先生の挨拶があり、大学生がグループごとに試験会場へ連れて行きます。移動中寒いので「コートを着てもいいですよ」と言われました。
▷ 学生が手助けをしてテキパキとスムーズに誘導があり、時間通りに進みました。
▷ 体育館で15名ずつの班ごとに分かれ待ちました。
▷ 両親のみで待っている間に1人3枚折り紙が配られて折ります。
▷ 出願も多いですが、欠席も多かったように感じました。

■面接では…
▷ 面接官が事前に教室に来てくださり、「2人で笑顔のチェックをしてください」とおっしゃって、緊張をほぐしてくれました。
▷ 面接官はうなずきながら笑顔で話を聞いてくださり、とてもよい雰囲気でした。
▷ 先生方はストップウォッチを持っていました。どの組も7分でした。
▷ 面接では、父親への質問が多かったです。
▷ 面接ではどの先生も優しく、質問もわかりやすかったです。
▷ 先生方は願書を読み込んでいるように感じました。
▷ 面接では、メモをとっている様子はありませんでした。しっかりと話を聞いてくださっている感じです。
▷ 面接では自分たちが終わると次の人に声を掛けます。
▷ 面接では左側の先生からおもに質問されました。

▷ 面接では願書の内容のことはほとんど聞かれませんでした。終了すると次の方を呼びに行きます。
▷ 面接では、子どもは順番に並んで別室へ行き、保護者は控え室に案内されました。
▷ 荷物は控え室に置いたまま、貴重品だけ持ち、面接室に移動しました。
▷ 控え室で待機していると、前の受験番号の方が声をかけてくれ、それを合図に入室しました。終始和やかな雰囲気でおこなわれ、何に重点を置いて見ていらっしゃるのか、最後までよくわからない面接でした。
▷ 和やかで回答に笑ってくださる場面もありました。ほとんどの方が 10 分以内で、短い方は５分でした。
▷ 食堂から教室へ移動し、順番を呼ばれたら隣の教室に入りました。和やかという雰囲気ではありませんでした。
▷ グループの男子から女子という順です。１階の教室を使用し、隣が控え室で、前の方が次の方の番号を呼び進行していきました。
▷ 面接は受験番号の早い人から順番におこなわれます。１番早い人は、子どもの試験と同時に始まります。終わった人が、次の人の番号を呼びます。面接が全員終わらないうちに子どもが戻ってきます。面接が終わっている親子は帰れます。
▷ 堅苦しくなく和やかな雰囲気で進められました。３名の方が面接官でしたが、左側の先生がひとりで質問されていました。
▷ ３人の先生がいましたが１人の先生のみが質問し、メモを取っていらっしゃいました。ほかの先生は話をじっくり聞いているようでした。全体的に和やかな雰囲気で、願書の中に不明確な部分がある場合、必ず確認するようです。
▷ 先生の年齢も若かったせいか、アットホームで和やかな感じでした。
▷ １番最初だったので、とても緊張して途中でよくわからなくなってしまいましたが、先生が頷きながらよく聞いてくださるので何とか乗り切ることができました。願書はよく読まれている感じでした。
▷ 主人が欠席したのですが、まったく気にしていない様子でした。
▷ とても熱心にこちらの考えを聞いてくれる感じで、話しやすい雰囲気でした。
▷ 父親、母親ともに、模擬面接テストのときより落ち着いて臨め、質問されて動揺したり、口ごもったりすることなく、わりとスムーズに進んだと思います。

アドバイス

▷ 運動テストは毎年同じなので、早くから練習しておくとよいと思います。
▷ 学校へ何回足を運んでいるか、どのくらい指導方針を理解しているかなど、親の熱意が見られていると感じました。
▷ 父親が学校行事に多く参加しているか、かなり重要なポイントだと思います。
▷ オープンスクールや学校説明会などでは、細かくメモを取り、特徴やよい点をまとめておくとよいと思います。
▷ 待ち時間も長いため、本などを持参している方が多かったです。
▷ 他校に比べて、工作が難しかったと子どもが言っていました。
▷ ペーパーは、短い時間の中で、いかに難しい問題を多く解けるかだと思います。
▷ ペーパーがカギだと思います。しっかりと準備しておけば大丈夫だと思います。
▷ 行動観察は、はしゃぎすぎないことです。注意されるとアウトだと思います。
▷ 初日の控え室は給食を頂く部屋でしたが、とても寒く、寒さ対策が必要です。
▷ 親の服装は、決まりきった“紺のスーツ”でなくとも、大丈夫そうな感じでした。
▷ 考査中に他のお子様と意気投合してしまい、おしゃべりをしてしまったようです。みなさん必ず言い聞かせることだと思いますが、話してよい場面、話してはいけない場面の判断力・抑制力の訓練が、いかに大切かがわかりました。
▷ 面接は、子育てや教育について、日ごろからどう考えているかを問う内容でした。

▷ 面接では、鋭く、質の高い質問が多かった気がします。

▷ ペーパー、行動観察、運動とすべてがバランスよくできないと難しい学校だと思いました。

▷ 運動と行動観察は、技能的に高度なことを求めているわけではなく、「先生のお話を1度で正確に聞き取れる」、「約束を守る」、「友達と協力したり話し合える」などのことが大事だと思いました。

▷ 昔のように積極的でリーダーシップの取れるお子さんよりも、現在はおとなしくて手のかからないお子さんを好む傾向があるように感じました。ペーパーの内容も簡素になり、ペーパー難関校といった印象は、今はあまり感じられません。

▷ 受付後、待ち時間が結構あるので、子どもの好きなものを持って行くとよいと思います。私はあやとり、折り紙、新しく買った本を持って行きました。

▷ 考査室に入ってからテスト開始までの間に「今日はここまでどうやってきましたか？」との質問があり、「バスと電車」「歩き」「バス」「タクシー」「自家用車」のいずれかに挙手をしたそうです。考査終了から控え室に戻るまでの間に騒いだり、ふざけたりするお子さんが多かったようです。子どもによると、最初静かにしていたお子さんでも、まわりの子に流されてふざけてしまったお子さんもいたそうです。ほかの子がふざけていても流されないように、言い聞かせておいたほうがよいと思います。

▷ 2日目は考査と面接が同時進行ですので、グループのなかで番号が遅いと、子どもが戻ってきてから面接ということも充分にありえます。受付後の説明のときにお話があると思いますので、該当しそうであれば子どもに話しておいたほうがよいと思います。引率の大学生がいっしょに待っていてくださいます。

▷ 親の面接では、父親がどのくらい関わっているかを見ている質問が多かったので、ふだんから嫌いな食べ物・習い事の様子・生活の様子を見て、聞かれたらよどみなく答えられるようにしておくといいと思います。

▷ 母親の方は、父親の質問をもう少し深くしたことを聞かれたので、同じことを繰り返すのではなく、追加して内容の濃い答えを期待しているようでした。

▷ ペーパーだけでも体操だけでもダメで、バランスよく見てくださっていると思います。長い時間をかけてしっかり考査してくださいます。

▷ テスト中、待っている間に隣の子に話しかけられたが、答えないようにしたそうです。

▷ トラスコンガーデンも給食室も教室も暖房が入っていて、子どもは暑いくらいだったと言っていました（長袖のポロシャツと半ズボン）。

▷ ほとんどの子どもが、白のポロシャツと紺の半ズボンと白い上履きでした。

▷ 2日間の集団検査は朝から2回目のグループで9時集合で家を出るのが早かったため、子どもは眠そうでした。1回目のグループは7時半集合だったので、朝にテストがくることを想定して早起きの習慣をつけた方がいいと思います。

▷ 待ち時間はフードコートにてですが、意外と寒いので、あまり早すぎる集合は避けたほうがよいかと思います。

▷ 控え室は1日目は体育館の中でかなりリラックスして待つことができました。席も背もたれのある座り心地のよいもので、皆さん本を読まれていました。2日目は面接の順番を待ちながらなので、皆さんあまり落ち着きがないように見え、夫婦で話し合いながら待っていらっしゃいました。

▷ ペーパーテストですべてが決まっているような感じがしました。

▷ 面接は調査書の志望理由に書いたことを、1つ1つ確認している様子でした。

▷ 4日目（最終日）の受験者はほとんど合格していなかったように思います。他校との受験日の調整などがありたいへんだとは思いますが、初日に出したほうが熱意が伝わるのではと思います。

▷ 同じ日に他校の考査日が重なり、タクシーをとお考えの方は正門前よりも、タクシーが多い中高正門前のほうをお勧めします。

▷ ルールを守らなかったり、自分勝手だったり、相談がいっしょにできない子は先生がチェックしているようで合格者の番号にはなかったようです。

▷ テストは半分以上共同制作と運動と行動観察でしたので、家でのしつけ遊び（折り紙、はさみ、のりの使い方）など、親がよく見てやることが必要だと思いました。

▷ 女子はキュロットの子が多かったです。

▷ 自由な雰囲気のなかで、子どもがどう規律を守れるかを自分で考えていく、すばらしい学校だと思います。

成城学園初等学校

〒 157 – 8522 東京都世田谷区祖師谷 3 – 52 – 38 ☎ 03（3482）2106

形式と日程

形式	親子同伴
日程	考査 1 日目

面接室略図

先生　先生　先生
男　　男　　男

父　子　母

荷物置き

入口

　親子同伴の面接が考査 1 日目におこなわれます。面接時間は 15 分程度。

質問の内容

父親へ

志望理由を教えてください。
本校の教育方針のどんなところに共感しましたか。
学校行事に参加されましたか。
本校の在校生の印象についてお聞かせください。
お子様の通学経路と所要時間を教えてください。
マナーについてのお考えをお聞かせください。
お仕事について教えてください。
休日はお子様とどのように過ごされていますか。
現在の教育問題についてどうお考えですか。
環境問題についてのお考えをお聞かせください。
環境問題について家庭で取り組んでいることはありますか。
ご家庭の家事の分担についてお聞かせください。
兄弟ゲンカのときにはどのように対応されていますか。
お子様にはどのように育ってほしいですか。
ふだんはどんなことに気をつけてお子様を育てていますか。
ご家庭の家事の分担についてお聞かせください。

母親へ

志望理由を教えてください。
参加した学校行事は何ですか。
授業参観で印象に残っていることは何ですか。
創立者の名前をご存知ですか。
創立者の建学の精神で共感できるものはありますか。
ご家庭の教育方針をお聞かせください。

家族構成を教えてください。
通学経路を教えてください。
お子様はお友達とけんかをしますか。
お子様が「消しゴムを〇〇ちゃんに盗まれた」と言ったらどうされますか。
お仕事について教えてください。
食の安全について気をつけていることを教えてください。
幼稚園からケンカをして帰ってくることはありますか。
エコについてのお考えをお聞かせください。
ご家庭での夫婦の役割分担について教えてください。
子育てで苦労されていることを教えてください。
どんな子どもに成長してほしいですか。
ご家庭のしつけについてのお考えをお聞かせください。
食の安全について気をつけていることを教えてください。
お子様が欲しがっているおもちゃを買いに行ったとき、そのおもちゃがなくて別のおもちゃを欲しがったらどうしますか。

子どもへ

お名前を教えてください。
幼稚園の名前と先生の名前を教えてください。
仲のよいお友達を何人か教えてください。…そのお友達のどんなところが好きですか。
…そのお友達とどんな遊びをしますか。
お友達のすごいと思うところはどんなことですか。
お父さん、お母さんとどんな遊びをしますか。
今日、朝ご飯は何を食べましたか。
好きな本を教えてください。その本の感想をお友達同士で話すことはありますか。
お母さんのつくる料理で好きなものは何ですか。…どんな味ですか。
お母さんのお手伝いをしたことはありますか。どんなお手伝いをしますか。
どんなときに褒められて、どんなときに叱られますか。

入試感想

■考査当日のこと…

▷控え室には机4台でつくった席が6セットあり、どこに座ってもよいと言われました。

▷控え室はとても静かでした。

▷学校行事にはほとんど参加しました。とてもオープンでフレンドリーなのが素晴らしく、毎回楽しませてもらいました。

▷入試日程も遅いため、辞退者も多かったです。その分、受験者は第一志望の方がほとんどです。

▷番号プレートを受付でもらって講堂で説明を受けます。順番に並んでAからIの控え室へ移動します。

▷9時30分に受付、控え室で待機。45分に点呼、考査開始（個別テスト）。10時50分に終了。

▷10時30分に受付、講堂で待機。45分に子どもは考査へ、親は別の控え室に移動。11時20分に子どもが戻ってきて終了。

▷12時20分に受付、講堂で待機。40分から説明があり、女子→男子の順で子どもが考査へ移動。親は控え室へ移動。13時20分に子どもが考査から戻ってきて終了。

▷控え室ではとてもリラックスしていましたが、本番はとても（特に子ども）緊張しました。

▷考査には、上履きは不要、運動靴との指定があります。体操は靴と靴下を脱いでおこなうため、タイツ等は履かせないようにとの指示が当日にもありました。服装は他校と比べ、カジュアルなお子様が多いように感じましたが、なかには考査にジャンパースカートというお子様もいらっしゃいました。

■面接では…

▷面接では、どの先生もにこやかに話しかけてくださったので、終始和やかに進みました。

▷面接の最後に、子どもに対して「明日も元気に成城に来てくれますか？」と優しく聞かれました。

▷面接では、子ども→父親→母親の順に質問されました。

▷面接では真ん中の先生がおもに質問をされ、終えるタイミングなども決めていました。

▷はじめの両親への質問が長く、子どもの耐久力を見られているように感じました。全般的に穏やかな口調でお話しいただき、内容についても特異なものはなく、答えに窮するようなことはありませんでした。両親が卒業生であるとアピールがしやすいと思いました。

▷面接は控え室の隣の部屋でおこなわれ、2組ずつで待機しました。父親、母親の順に質問がされ、最後に子どもへという感じで、5分から10分くらいおこなわれました。終始、和やかな雰囲気でした。

▷時間をかけていろいろなことを聞かれました。「〜についてどう思うか、どう考えるか」という抽象的な質問が多く、一般論でなく子どもと絡めて受け答えができないといけないと感じました。

▷最初に志望理由を質問された先生がにこやかだったので、安心することができました。初めにこわい顔で質問されると、こちらも緊張してしまいます。

▷子どもに対しても女性の先生が優しく質問してくださり、答えやすかったようです。

▷女性の先生は少し声が小さく、聞き取りづらかったです。

▷アピールすることを頭の中で整えてから答えたことが良かったようです。

▷主人が体調をくずしていて、まとまらない答えになってしまいましたが、同じ質問が母親にもあり、フォローすることができました。

▷父親と子どもの関わりを重視していらっしゃるようでした（父親に対してのお手伝いを聞く質問あり）。

アドバイス

▷ 控え室には5組ほどおり、私たちは4番目でしたので40〜50分待ちました。最後の家族は、1時間近く待つことになると思います。お子さんが飽きてぐずっていて可哀想でした。

▷ 待ち時間は静かに手遊びをしたり、ノートにお絵描きをしたり、何とか集中力を切らさずに待ちました。

▷ 願書など記入欄も少ないので、事前面接での、学校の理解度、親のアピールがポイントのようです。

▷ 兄弟出身者が多く、特色ある個性的な学校のため、いかに学校に共感できて協力できるかという、親の姿勢が大事なように思います。

▷ 考査には、上履きは不要、運動靴との指定があります。体操は靴と靴下を脱いでおこなうため、タイツ等は履かせないようにとの指示が当日にもありました。服装は他校と比べ、カジュアルなお子様が多いように感じましたが、なかには考査にジャンパースカートというお子様もいらっしゃいました。

▷ 面接がうまくいかず、コネもなく、説明会も1回のみの参加でしたが、補欠合格をいただきました。あきらめないで面接後の考査2日間をがんばったためかと思います。

▷ 受付時間まで校庭で待機するため、寒かったり、風が強かったり、遊具でお子様が遊んでしまう場合には、時間ちょうどに行くほうがいいと思います。とはいえ交通機関の遅延や災害等の心配がございましたので、私どもは成城学園駅前に受付40分前に到着し、駅前のカフェで調整しました。小学校正門や大学校門から入ると、駅から遠く坂もあるので、川沿いを行けば平坦で近く子どもでも苦もなく歩いて往復できると思います。

▷ 公開授業が常時（9月末まで）ありますが、「回数来ればよいというものではない」と学校側がおっしゃっていた通り、1回の参加でも合格いたしました。

▷ 願書提出から受験票が手元にくるまで約2週間あります。

▷ 受付時刻までは校内に入れず、校庭で遊んで待つので、特に男の子は汚れてしまった場合のために、着替えを一式用意されるとよいです。

▷ 多少、お行儀が悪くなってしまっても大丈夫です。子どもの本質を見てくださっていました。

▷ 自分のことが自分でできるか、いろいろな場面に出合ったときに、どう対処するかを見ていらした気がします。

▷ 過去に出題された問題を直前に何度も練習し、やり方をマスターしたことがよかったと思います。

▷「最後まであきらめない」が我が家の教育方針だったのに、試験の前には親の方が精神的にまいってしまいました。そんなとき桐杏学園の先生に励ましていただき、頑張ることができました。

▷ 合格発表では、100番までの受験番号に合格が集中していました。

聖ドミニコ学園小学校

〒157－0076 東京都世田谷区岡本 1－10－1 ☎ 03（3700）0017

形式と日程

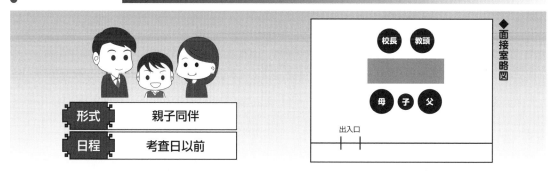

形式	親子同伴
日程	考査日以前

◆面接室略図

親子同伴の面接が考査日前におこなわれます。面接時間は 10 分程度。

質問の内容

父親へ

自己紹介をしてください。
本校を知ったきっかけを教えてください。
本校の教育目標について共感できることは何ですか。
宗教行事への参加はご了承いただけますか。
お子様の名前の由来を教えてください。
お子様のどこが好きですか。
お子様のよいところを教えてください。
お子様が最近成長したと思うのはどんなところですか。
お父様の小学校のときの思い出をお聞かせください。

母親へ

子育てで気をつけていることをお聞かせください。
幼稚園でお友達にケガをさせてしまったらどうしますか。
お子様の嫌いな食べ物は何ですか。
食物アレルギーなどお子様の健康上で気になることはありますか。
お仕事をしていらっしゃいますか。
送り迎えは大丈夫ですか。
本校に対して何か気がかりなことはありませんか。
お子様が学校でお友達とケンカをしたら、どのように対処しますか。

子どもへ

お名前を教えてください。
何人家族ですか。
幼稚園の名前と先生の名前を教えてください。

仲のよいお友達はだれですか。
幼稚園ではどんなことをして遊ぶのが楽しいですか。
幼稚園には何を持っていきますか。
好きな食べ物は何ですか。
牛乳は好きですか。冷たいのと温かいのではどちらが好きですか。
歯磨きはどうしていますか。
お手伝いはしますか。
テレビはよく見ますか。どんな番組が好きですか。
（１年生が描いた絵を見せて）使われている色を言ってください。何を書いたと思いますか。
道路を１人で歩くときはどんなことに気をつけたらいいと思いますか。

入 試 感 想

▷ 外に机が出してあり、受付を済ませると同じく外に出してある荷物置きのところで上履きにはきかえ、
　ゼッケンをつけるなど身支度を整えました。順番が来たらすぐ係の生徒さんから声がかかり、連れて
　行かれました。
▷ 女の子がほとんどで、男の子は数える程度でした。
▷ 受付は３コースに分けてあり、自分の受験番号のところに並び、そろったらコース別に試験会場に
　向かいました。親はすぐに控え室に移動しました。
▷ 面接室に行くまで、待合室で何組かの受験者の方たちと待っていました。静かに本を読んだり、小さ
　なノートみたいなものにお絵かきなどをして待ちました。
▷「椅子が動くので気をつけてください」と教頭先生が私と子どもの椅子を座るときに押さえてくださ
　ったのに驚きました。なにもかもゆったりと和やかに進んだと思います。
▷ 牛乳の質問は子どもが「好き」と答えた後に「毎日牛乳がでますよ」と言っていただいたり、ピーマ
　ンが嫌いだと答えると「ピーマンくらいだったら給食の時に問題ないですね」などフォローしてくだ
　さいました。私が仕事をしていないことについては「何かあったらいつでも来られますね」など、す
　べて子ども中心に考えてくださったうえでの質問だと思いました。
▷ 面接はほとんど子どもと父親に対しての質問でした。子→父→母の順に聞かれました。
▷ お遊びの時間があり、遊ぶ様子やふるまいから、チェックされるようです。
▷ 両親にはシスターが、子どもには男性の先生がとてもていねいにやさしく尋ねられました。

アドバイス

▷ 面接では子どもに詳しく質問されるので準備が必要です。
▷ 場所が不便なところにあるのですが、常設の駐車場のほかに臨時駐車場も用意してくださっているの
　で、早めに車で行くと楽だと思いました。
▷ 受付は外で番号順に分けられていて、準備も外でするので暖かい服装で行くといいと思います。
▷ 準備ができ次第、すぐに案内係の在校生が連れて行くので、話をしながらゆっくり支度をすると落ち
　着けると思います。
▷ 第１志望の方は、願書提出は早めがよいと思います。
▷ 宗教行事への理解を強く求められます。また、子どもが帰宅した時に母親がいないということは問題
　があるとのご意見なので、母親が仕事を持っていると不利です。帰宅した時に子どもの話をよく聞い
　てあげられる環境が大切ですとおっしゃいました。

星美学園小学校

〒 115 − 8524 東京都北区赤羽台 4 − 2 − 14 ☎ 03 （3906） 0053

▍形式と日程

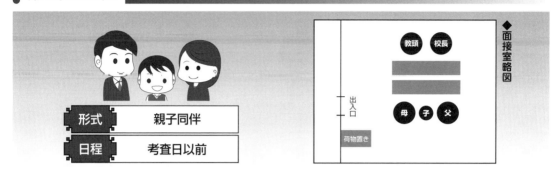

形式	親子同伴
日程	考査日以前

◆面接室略図

親子同伴の面接が、考査日以前（2 次試験は考査当日）におこなわれます。時間は約 20 分。

▍質問の内容

父親へ

志望理由を教えてください。
数ある私学の中で、どうして本校を選びましたか。
ミッションスクールについてはどうお考えですか。
カトリックについてはどう思われますか。
宗教教育についてどのようにお考えですか。
本校にいらっしゃったことはありますか。…その時の印象を教えてください。
学校説明会には参加されましたか。
本校の説明会や行事で、印象的なことは何ですか。
学校選びで決め手になったのは何ですか。
最終的に受験をすることは誰がお決めになりましたか。
学校に望むことは何ですか。
上のお子様と違う学校（公立）になりますが、どのように説明していますか。
お仕事について教えてください。
ふだんお子様とコミュニケーションをとる時間はありますか。
お子様と過ごすときに気をつけていることは何ですか。
お忙しいと思いますが、夕食はお子様といっしょに食べていますか。
食事で注意しているところはどこですか。
お子様の長所・短所を教えてください。
しつけで心がけていることは何ですか。
最近お子様を叱ったことは、どのようなことですか。
お子様がお父様に似ている点は何ですか。
父親としてお子様に何を伝えたいですか。
父親として、お子様の教育に対するこだわりはどのようなことですか。
「いじめ」「ひきこもり」が問題になっていますが、お考えをお聞かせください。
学校でトラブルがあったとき、先生の言うことと、子どもの言うことが違った場合どうしますか。
6 年後卒業のとき、お子様にはどのように成長していてほしいですか。
お子様には将来どのようになってほしいですか。

お子様の成長を感じたことは何ですか。
お子様が成長され、これからの世の中を生きていく上で、何が必要だと思いますか。
最近ご家族でどこか行かれましたか。
お子様が最近関心を持っていることは何ですか。
ご家庭での父親の役割についてはどうお考えですか。
モンスター・ペアレンツについてはどう思われますか。
最近のニュースで気になったことは何ですか。
昨今の子どもの事件について、どのように思われますか。
犯罪が低年齢化していますが、その原因は何だと思いますか。
通学する際のお子様の安全面について、考えていることを教えてください。

母親へ

志望理由を教えてください。
本校を知ったきっかけを教えてください。
来校した際の印象を教えてください。
本校の説明会や行事で、印象的なことは何ですか。
本校のどのような点がお子様に合うと思いますか。
家族・親族にクリスチャンはいますか。
キリスト教についてどのようにお考えですか。
キリスト教教育で1番学んだことは何ですか。
教育方針を教えてください。
お子様の家での様子、幼稚園での様子をお聞かせください。
お子様の幼稚園での評価を教えてください。
今日のお子様の様子はどうですか。いつもと同じですか
幼稚園でのお子様は、どのような存在ですか。
幼稚園には毎日行っていますか。
幼稚園の送迎はどうされていますか。小学校に入ったらどうされますか。
幼稚園のお母さまたちとの交流はありますか。
幼稚園で、これまで何かトラブルはありましたか。
学校で何かトラブルがあったとき、どう対処されますか。
いじめについてどう思われますか。…いじめがあったら、どのように対応しますか。
通学時間がかかりますが大丈夫ですか。
通学のときに気をつけたいことは何ですか。
お仕事をされていますが、急なお迎えは大丈夫ですか。
学校行事への参加は大丈夫ですか。…緊急時の対応は大丈夫ですか。
お子様の長所、短所を教えてください。
しつけで気を付けていることは何ですか。。
公共のマナーをどのように教えていますか。
子育てで気をつけていることを教えてください。
お子様の好きな食べ物と、嫌いな食べ物を教えてください。
お子様の好き嫌いをどのように克服していますか。
お子様にアレルギーはありますか。
お子様が成長したと思うことは何ですか。
お母様を手助けしてくれる人はいますか。
お子様はどのような本を読みますか。
お父様の仕事についてどう思われますか。
お父様の仕事を褒めてください。
ご夫婦で決めていることはありますか。
家族旅行へ行かれたとき、お子様の様子で印象的だったところを教えてください。

お子様には将来どのようになってほしいですか。
最近気になる教育問題についてお話ください。
最近多い、子どもへの虐待のニュースをどう感じていますか。

子どもへ

お名前を教えてください。
住所と電話番号を教えてください。
お父さんお母さんの名前を教えてください。
何人家族ですか。
家族は誰がいますか。…お兄さんの名前を教えてください。
家族でお出かけをした楽しい思い出を話してください。
幼稚園の名前と担任の先生の名前を教えてください。…どんな先生ですか。
幼稚園の先生に、褒められたことはありますか。叱られたことはありますか。…それはどんなことですか。
幼稚園はお弁当ですか、給食ですか。
幼稚園のお友達の名前を3人教えてください。
幼稚園では何をして遊びますか。
幼稚園では外の遊びと部屋の遊びでは、どちらが好きですか。
お友達とケンカをしてしまったらどうしますか。。
運動会では何が楽しかったですか。
お家では幼稚園のことをいつ話しますか。
この学校の名前は何ですか。
この学校に来たことはありますか。
今日はここまでどうやって来ましたか。
お休みの日は誰と過ごしますか。…どこへ行きますか。
朝ご飯は何を食べてきましたか。
お母さんの料理は何が好きですか。…いっしょにつくったことはありますか。
好きな食べ物、嫌いな食べ物を教えてください。…嫌いなものが給食に出たらどうしますか。
お父さんとお母さんの好きなところはどんなところですか。
お父さんお母さんに褒められることは何ですか。…どんなときに叱られますか。
お父さんと何をして遊びますか。
お父さんと公園では何をして遊びますか。
お父さんとお母さんではどちらが怖いですか。
知っている「色」を、できるだけたくさん言ってください。
お手伝いをしますか。…どんなお手伝いですか。…そのときお母さんはなんと言ってくれますか。
お母さんとお買い物に言ったとき、どんな野菜がありましたか。
最近頑張ったことはありますか。
本を読んでいますか。…本の名前は何ですか。　…それはどのようなお話ですか。
好きな動物は何ですか。
夏休みに楽しかった思い出を教えてください。
習い事は何をしていますか。
星美学園小学校の行事で何が楽しかったですか。
面接の練習はしましたか。
今1番やってみたいことは何ですか。
習いごとを何かしていますか。…週何回ありますか。
小学生になったら、1人で学校に来ることができますか。。
小学校に入ったら何がしたいですか。
大きくなったら何になりたいですか。

入試感想

■考査当日のこと…

▷考査日の控え室は4部屋あり指定されました。待ち時間が長いため、9時20分～11時10分まで外出可でした。

▷考査では体操服に着替えて、ゼッケンを蝶結びでつけます。終了後はまた着替えて戻ってきました。

▷考査日は受付を終えるとすぐに子どもと別れます。

▷考査日は外出可でしたが、ほとんどの方はそのまま読書をされていました。

▷考査日の控え室は、視聴覚室と図書室の2か所でした。

▷説明会では入試そっくり問題をおこないました。男子の場合、受験の指導に力を入れていることが伝わってきました。

▷とてもアットホームな雰囲気で、先生やシスターが子どもたちに目を配っている様子が感じられました。

▷8時30分から9時の間に受付、ドン・ボスコ広場で受験票と引き換えにゼッケンを受け取る。ゼッケンをつけたあと、受付カウンターに戻り、教員の引率によって子どもは考査へ、親は控え室に移動。9時15分以降は外出自由となる。12時過ぎに子どもが戻ってきて終了。

▷控え室には絵本が用意されていました。

▷トイレは控え室の近くにあり、面接室の前でした。

▷台風の影響で、面接日時が変更になりました。

▷指示行動の授業で、「きちんとする」というのはどういうことか、「お手本になる子」とはどういう人かがわかってきたようで、それが園での生活にも活かされてきました。考査でも、少しやんちゃな子が後ろにいたらしいのですが、動じることなく相手にせず振る舞うことができたようでした。

▷受付を終わらせると、ゼッケンをつけ、上履きに履き替えるとすぐに連れて行かれます。トイレが少し心配になりました。

▷控え室は4階で、皆さん本など読んでいらっしゃいました。途中で、「視聴覚室で“学習発表会”の映像を映しますので、よかったら見てください」とアナウンスがありました。12時15分くらい前にドンボスコ広場に移り、子どもが戻って終了となりました。

▷面接控え室の机の上に、生徒の作文集と学園の歴史のパンフレットが置いてありました。

▷受付後に子どもと別れると、終了まで会えませんでした。

▷考査当日はグループごとに指定された控え室で待ちました。途中外出して、また戻りました。

▷受付後、上履きに履き替え、控え室になっている体育館2階のイベントホールに移動しました。

▷受付で面接番号が書かれた紙をもらい、指定された椅子に座り待ちます。待ち時間の間にトイレを済ませました。

■面接では…

▷面接日は、面接室の隣の部屋で待機しました。

▷面接日は早めに着きました。先生から「よろしければ」と、少し早めに呼ばれました。

▷面接はマスクをつけておこなわれました。

▷面接控え室は複数用意されていて、他の方といっしょになることはありませんでした。部屋にはクラシック音楽が流れていました。

▷面接は予定時間より15分ほど早く始まりました。

▷面接の雰囲気は和やかでした。

▷面接では、子どもが答えられないときでも、言葉を言い換えて質問してくださいました。

▷面接では、子どもへの時間が長く、子どもの様子を見ているようでした。

▷面接では、時間より少し早め行ったのですが、すぐに案内され早く始まりました。

▷面接では、先生が終始やさしく、話しやすい雰囲気をつくってくれました。

▷校長室での面接だったので、練習していた部屋よりも狭かったです。ソファーに3人で座りました。隣の部屋は教頭先生の面接でした。

▷子どもは面接練習では答えられたのに、本番で答えられませんでした。女性の先生が助け船を出してくれました。

▷面接の資料は願書でした。細かくメモを取っていらっしゃいました。

▷ 面接は子どもへの質問が多かったです。先生方は優しい感じで、とてもリラックスして受けることができました。
▷ 面接では、最初に子どもに対して 10 分程度質問されました。
▷ 面接では、体育館で受験番号順に座り、順番がくると先生に案内されました。
▷ 教室前の廊下に椅子が 3 つあり、呼ばれるまで待ちます。
▷ 面接の控え室は体育館で、時間別に 1 ～ 9 番の部屋順に席がありました。面接時間の 5 分前になるとそれぞれの教室に案内されました。教室の前の椅子に座り、入室の合図を待ちました。
▷ 面接は教室でおこなわれ、こどもへの質問は若い先生、母親へは女性の先生から、父親へは男性の先生から質問されました。
▷ 面接室に入り、椅子に座ると前に机があり、子どもは椅子と机に挟まれるように座ったため、上半身が固定される形になり、体が動かずに面接を受けることができました。
▷ 子どもを褒めていただいたり、アドバイスしていただいたり、とてもあたたかい雰囲気でした。
▷ 子どもが返答に困ってしまっても、再度わかりやすい言葉で質問してくださいました。
▷ 1 つの質問を深く掘り下げて突っ込んで聞いてきます。住所と電話に関しては、子どもが答えている間に願書で確認されていて、無事に言えると褒めていただきました。
▷ 指定時間の 10 分前にという指示が学校からありましたが、皆さん 30 分前にはいらしてました。
▷ 校長とシスター、教務部長と先生の2つのグループがありました。校長の面接は非常に厳しい視線を感じました。質問も難しかったです。
▷ 子→父→母→子→父→母というような感じで次々に質問がありました。直接的な質問ではなく、少し考えて自分の意見を言わせるような感じを受けました。子どもが答えられなかった質問は少し立ってからもう一度聞かれていました。1 つの内容に関して深く聞かれることが多かったです。シーンとしていて、とても緊張しました。
▷ 子どもの椅子は大人用だったので、足がブラブラしないかひやひやしました。

アドバイス

▷ 活動体験や入試体験など、いろいろな行事に参加しました。子どもも緊張せずにすみました。行事にはできる限り参加されるとよいと思います。
▷ 面接や考査では、過去問対策が有効だったと思います。
▷ 控え室の窓は全開なので、寒さ対策をしたほうがよいです。
▷ コロナ対策のため窓が開いているので、お互いの声が聞き取りにくく感じるときがありました。マスクもしていますので、いっそうハキハキ答える必要があるかと思います。
▷ 行動観察では、先生の目を見る、友だちと騒がない、ケンカしないなどを注意したほうがよいです。
▷ 面接の練習は必要です。緊張で一言も話せない子がいたそうです。
▷ 上の子が別の私立でも、合格をいただけました。
▷ 面接では、子どもの態度が悪いと合否に影響があるようです。
▷ ペーパー問題は出題範囲も広く、難しい問題もあるため、準備が必要です。
▷ 学校見学などで、学校についてどの程度調べているかを見られていると思います。学校の印象など、自分の言葉で話せるようにしておくとよいと思います。
▷ 保護者への質問は、志望理由よりも、どんな家庭であるか、どのような生活をしているかを見ているように感じました。
▷ 学校行事には、極力参加したほうがよいでしょう。
▷ 第一志望であることをとにかくアピールするべきと聞きましたので、説明会、イベントは必ず参加しました。面接でも、顔を覚えていてくださいました。
▷ 長時間のテストですので、子どもが長い時間集中力がもつように、日頃から気をつけていました。

▷ 学校へ向かう途中、校舎外で教頭先生にお会いしたり、廊下に待機されている先生がいらっしゃったり、帰り際に再度教頭先生にお会いしたりしました。学校内外での行動は注意されたほうがよいと思います。

▷ 両親への質問の途中、子どもの集中力が切れてしまい、姿勢が崩れてしまいました。応答の練習もそうですが、両親の面接中もじっと姿勢よく座って待っている練習も必要だと思いました。

▷ 子どもが参加できる行事が多いので、できるだけ参加されると雰囲気にも慣れてよいと思います。足を運ぶたびにこの学校のよさが伝わってきました。

▷ 保護者に対しては、「なぜこの学校なのか」を確認しているように感じました。

▷ 面接では子どもへの質問が多く、テストではしりとりが2、3出題されたことを考えると、言語力のある児童を求めているのかもしれません。

▷ 3カ月の短い受験準備で、縁故もなく20人の枠に入れる自信はなかったのですが、学校側が求める子ども像、家庭像と家庭の教育方針が合致しており、ペーパーが得意だったこともあり、ご縁をいただきました。校長先生の「ボタンのかけ違いのないような学校選択を…」という言葉が印象的でした。

▷ 食事のときに騒がしかった子、兄弟姉妹であってもきちんと答えられない子、クレヨンが折れているものが多く「これじゃ書けない」といったお子さんは不合格になっているようです。幼稚園をたくさん休んでいるお子さんでも、勉強のできるお子さんは合格していました。

▷ 「個別相談」は何かと機会がありますが、そのたびに面接が始まっていると考え、言動は慎重にしておかれたほうがよいと思います。絶対に気を抜いてはいけません。一挙一動学校側は記憶しています。

▷ 学校行事（説明会・運動会・校内見学・学習発表会）はできるだけ両親で出席したほうがいいです。どれだけ学校を理解しているかを問われます。

▷ 男の子はほぼポロシャツにベスト、半ズボンでした。上着はジャンパーの子も多くいましたが、引き渡す前に脱いでしまえば問題はありませんでした。

▷ 当日、受付は外でした。直後すぐに親と離れ考査へと向かいます。上履きを履かせるのを忘れてしまい、外靴で中に入ってしまいましたが、すぐに思い出し、あわてて控え室から受付に走って靴を先生にあずかっていただき、外靴を返していただきました。親は一歩も中へは入れませんでした。

▷ 考査中の待ち時間が長いので、控え室で読む本などを持っていかれるといいと思います。特に在室の義務はありませんが、ほとんどの方が在室していて静かな感じでした。知り合いのいる方は廊下や広場に出てお話ししている姿が見受けられました。

▷ 控え室では静かに読書や編み物をしている方がほとんどでした。

▷ 試験当日は3時間なので、親の待ち時間が長く外出も可能ですが、何か読み物などを持って行かれるとよいと思います。

▷ 附属幼稚園の方もいっしょなので、あちこちにグループができていますが、気になさらないほうがよいと思います。

▷ 校長室で面接でした。面接官ととても距離が近かったです。椅子は長椅子でふかふかしていました。校長先生はシスターなので、シスターを目の前にすることに慣れておいたほうがよいと思いました。

▷ 20分と面接時間が長いので、質問量も多く、次から次へと来るのでしっかりと準備をして行かれたほうがよいと思います。

▷ 併願か単願かでかなり合否に影響が出るので、学校側に悟られないようにしたほうがよいと思います。面接日の都合の悪い日は、先生に申し出れば考慮していただけるのですが、なるべく「都合の悪い日はありません。学校の指示に従います」といった姿勢のほうがよいと思います。

▷ すべての行事に両親ともに参加されることをおすすめします（特に父親の参加を重視しているようです）。個別相談は極力参加し、顔を覚えてもらうとよいようです。ペーパーは問題を解く時間が短いようでスピードが重要だと思いました。学校側は第1志望の方の受験を希望されており、第1志望の方はアピールを熱心にされたほうがよいと思います。ペーパーは難しかったと言っていました。絵も描く時間が足りなくて未完成でしたが、みんなの前で発表させる（したい子だけがしてよいとのこと、実際した子は少なかったと言っていました）など自主性を見ているようでした。

▷ 試験時間がたいへん長く、運動、リズム遊びなど、行動観察が重視されているようなので、ペーパーだけでなくそちらのほうも十分準備されると合格につながると思います。

▷ 試験が終わって帰るときも、見送ってくださる先生方へのご挨拶や、校門を出る時など、きちんとしておくとよいと思います。

清明学園初等学校

〒145 - 0066 東京都大田区南雪谷3 - 12 - 26 ☎ 03（3726）7138

形式と日程

◆面接室略図

形式	親子同伴
日程	考査当日

親子同伴の面接が考査当日におこなわれます。時間は１０分程度。

質問の内容

父親へ

本校のよいところについてお聞かせください。
学校説明会の感想をお聞かせください。
本校のどんな点に魅力を感じましたか。
９年教育についてのお考えをお聞かせください。
お子様のよいところを教えてください。
会社名と仕事内容についてお聞かせください。

母親へ

本校のよいところについてお聞かせください。
学校説明会の感想をお聞かせください。
９年教育についてのお考えをお聞かせください。
お子様の健康面で知らせておきたいことはありますか。

子どもへ

お名前を教えてください。
お誕生日を教えてください。
幼稚園の名前を教えてください。
お友達の名前を教えてください。
幼稚園ではどんなことをして遊びますか。
好きな遊びは何ですか。

入試感想

■考査当日のこと…

▷ 9 時 30 分に受付、控え室で待機。50 分に点呼、子どもは考査へ。10 時 25 分にいったん子ども
が控え室に戻る。35 分に子どもは運動テストへ。40 分に戻り、50 分から面接。11 時過ぎに終了。

▷ 9 時 30 分に受付、控え室で待機。10 時に面接室前の廊下に移動。10 分より面接開始。終了後、
25 分に健康診断をおこない、40 分に終了。

■面接では…

▷ 同じ質問内容を父親と母親にともにするケースが多いです。

アドバイス

▷ 控え室には本が置いてあり、読んでいる人もいました。意外と騒がしかったです。考査の時間が短い
ため、腰を落ち着けて何かに取り組むというようなことは考えないほうがいいと思います。

▷ テストは驚くくらい早く終わります。子どもはすぐに控え室に戻ってきます。今年は内部生が 50 名
ほど進学する予定で、兄弟枠もあるために狭き門となったようです。

玉川学園

〒 194 − 8610 東京都町田市玉川学園 6 − 1 − 1 ☎ 042（739）8931

形式と日程

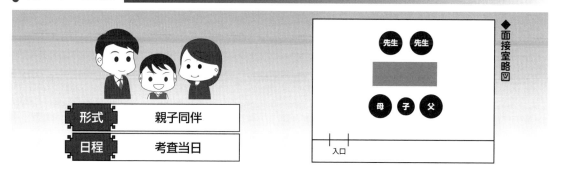

◆面接室略図

形式	親子同伴
日程	考査当日

親子同伴の面接が考査当日におこなわれます。面接時間は 10 分程度。出願書類といっしょに事前に面接資料を提出します。

質問の内容

父親へ

志望理由はいろいろあると思いますが、1 つ教えてください。
本校の魅力はどのような点ですか。
本校を知ったきっかけを教えてください。
学校見学の印象についてお聞かせください。
説明会などで 1 番印象に残った、決め手となったのはどんなことですか。
本校の教育方針に賛同するところを教えてください。
お子様のどんなところが本校にあっていると思いますか。
英語に特化したクラスをご希望されるということは、将来、海外の大学進学を希望されているのですか。
お子様には将来どのようになってほしいですか。
お仕事についてお聞かせください。
事前に提出した資料に付け加えることがありますか。

母親へ

お子様の紹介をしてください。
本校を知ったきっかけを教えてください。
学校見学の印象についてお聞かせください。
説明会で受けた印象と、お母様が学生時代に受けた印象のギャップはありませんでしたか。
宗教教育についてどのようにお考えですか。
一貫教育についてどのようにお考えですか。

今日のお子様の様子は、ふだんと同じですか。
お子様を最近褒めたことはどんなことですか。
お子様が1番成長したと思うことは何ですか。
ご兄弟で違う学校に通うことについて、お考えをお聞かせください。
通学経路を教えてください。
ご自宅が遠いようですが、通学に不安な点はないですか。
お仕事はされていますか。…送り迎えは大丈夫ですか。
ご家庭でのしつけについてお聞かせください。
子育てで気をつけてきたことを教えてください。
子育てで苦労したことを教えてください。
お子様の長所を教えてください。長所のどの部分を伸ばしていきたいですか。
お子様のたくさんあるよいところのなかで、特によいところを紹介してください。
お子様が興味を持っているのはどんなことですか。
食べ物の好き嫌いはありますか。
基本的な生活習慣を身につけさせるために、どのようなことに気をつけていますか。

子どもへ

お名前を教えてください。
幼稚園の名前とクラスを教えてください。
幼稚園で仲のよいお友達を3人教えてください。…何をして遊びますか。
お友達は男の子と女の子ではどちらが多いですか。
幼稚園ではどんなことをして遊びますか。
外と中で遊ぶのはどちらが好きですか。
今日はいつもより早く起きましたか。いつもと同じくらいですか。
どうやってここまで来ましたか。来る途中、お父さんやお母さんとどんな話をしましたか。
お家から学校まで遠いようですが通えますか。
好きな本を教えてください。
どんなとき叱られますか。
今朝は何を食べてきましたか。
食べ物の好き嫌いはありますか。…嫌いなものはどうするのですか。
お母さんのつくってくれる料理では何が好きですか。
お家ではどんなことをして遊びますか。…お父さんとはどんな遊びをしますか。
お家でのお母さんのお仕事は何ですか。
お母さんの好きなところはどこですか。
好きな動物は何ですか。…では「ぼくは○○が好きです」と英語で言ってみてください。
絵本は好きですか。
今日のテストは難しかったですか。
今、何をするのが好きですか。

入試感想

▷ 控え室から面接室前の椅子まで案内され、前の組が終わると面接官が外まで迎えに来ていただき、室内へと案内されました。

▷ 考査はとても楽しく取り組めたようで、先生方の配慮を感じました。

▷ 10 時 30 分に受付。控え室で待つ間、アンケート記入。45 分に点呼があり、4 人ずつ考査へ。11 時 30 分に考査から戻ってきて 40 分から面接。50 分に終了。

▷ 受付後、指定された控え室に移動し待機。控え室には机 3 つが 1 家族用にまとめてあり、それぞれ受験番号のところへ着席。試験開始時間前に係の先生が試験の流れを説明したあと、アンケートを 7 分程度で記入するよう求められる。机には折り紙が置いてあり、折り紙をして皆さん落ち着いた様子。5 名ずつで各試験会場へ引率される。

▷ 面接の際には、大きな荷物は控え室に置いておくように案内がありました。

▷ 面接は和やかな雰囲気でした。

▷ 質問する面接官の方は非常にハキハキとしており、子どもから回答を引き出すような話し方でした。親に対しては願書の内容を確かめるような質問でした。学校の教育方針に理解を示しているかをチェックしているような聞き方だった感じがします。

▷ 面接の部屋は 2 つあり、部屋の前で待機します。面接の受け方として事前に説明があり、入室後は自己紹介などをせず、速やかに子どもを中央にして着席するよう求められました。面接官は男性 2 名で、1 名がおもに記録をする分担となっています。質問する面接官の方は非常にハキハキとしており、子どもから回答を引き出すような話し方でした。親に対しては願書の内容を確かめるような質問でした。学校の教育方針に理解を示しているかをチェックしているような聞き方だった感じがします。

▷ 受験したなかでは唯一、先生方が立ってこちらを迎えてくれました。質問は基本的なもので予想外のものはありません。

▷ 両親も入りたいという意志をはっきり言えないといけないと思いました。

▷ 面接は重視するそうなので、子どもは大きな声できちんと正しく答えられないといけないと思います。

▷ 子どもの様子を 1 番見られているようでした。1 つの質問に対して掘り下げ、自分で答えられるかを見ていました。父親に関しては玉川学園のことをよく把握しているかを知りたいようでした。

▷ 子どもへの質問が多く、1 つのテーマに対して掘り下げていく感じでした。

▷ 子どもの答えにいろいろ褒めてくださったり、「小学校に入ったらもっとたくさんの文字を勉強しようね」と声をかけてくださいました（興味を持っていることで文字がたくさん書けることが伝わったので）。

▷ 質問の仕方がわかりやすかったのと、先生の口調が優しかったので落ち着いてできました。

▷ 最初に子どもにいくつか質問があり、その後に父親、母親という順でした。

▷ 子どもが話しているときの、母親の態度を見られていた気がします。

アドバイス

▷ 学校説明会の際に、「面接ではお子さんのよいところを中心に聞きます」とおっしゃっていました。

▷ 先生の前にアクリル板があるので、大きな声で話さないと聞こえづらそうでした。

▷ 先生方がいろんな場所に立ってらっしゃいますので、立ち話などなさらないほうがいいかと思います。

▷ 考査ではいろいろな問題が出題されるので、基礎をしっかりと学習しておくことが大切だと思いました。

▷ 説明会のときに「通園服で」と言われていたので、面接と考査のときはほとんどの方が幼稚園の制服で来ていました。なかには手作りと思われるスモックを着ているお子さんもいて、かなり目立っていました。両親の教育に関する考え方や環境等が、本当に学校が教育方針としていることと合っていることが大切だと思います。あとは子どもの学力、父親の職業などが学校の基準に達していれば合格するのでは、と思いました。

▷ 学校行事にはすべて参加いたしました。子どもも行くたびに楽しいと話しており、その楽しい印象のまま試験に臨むことができたことが、結果的によかったのではないかと思います。

▷ 学校のことを知るためにも、創始者である小原國芳先生の著書や、玉川大学出版部から出ている本を読んでおくことをお勧めします。

▷ 先生方がきちんとなさっているので、願書の写真も写真屋さんで撮ったほうがよいと思いました。

▷ 控え室は9〜10家族分のテーブルが用意されており、各テーブルには折り紙が1つずつ置いてありました。自由に使った後、持ち帰ってもよいとの指示がありました。

▷ 子どもに対しては後から後から質問が続き、横にいてドキドキしました。予想通り子どもは「蚊のなくような声」で応答し、「幼稚園では外で何をして遊ぶの？」と聞かれたら「あまり外では遊びません」と答えるなど、本当にハラハラの連続でした。

▷ 親子面接の部屋はかなり広く、入口から机まで遠いので、面接が終わった後の出口での挨拶などは見ていただけないようでした。先生方の机の近くで、しっかりとご挨拶をしてから退出するとよいと思いました。

▷ 質問されて沈黙が少しあったとしても答えられたり、ふいに子どもに質問が投げかけられたときも、すんなり答えられるとポイントが高いのではないかと思いました。

▷ 面接では作り過ぎず、自然体がいいと思いました。

▷ 教室に入ったらいつ呼ばれるかわからないので（受験番号順ではない）、トイレは早く済ませておいた方がいいです。

▷ 子どもらしくハキハキと振る舞えると好印象を持たれるようです。

▷ 入室も退室も係の女性の方がドアの開閉をしてくださいました。

▷ 自然の流れに沿った生活をしつつ学力を向上するという、生活そのものが大切だと思いました。

▷ 学園の中を歩いていても「おはようございます」など、大きな声でご挨拶ができるお子さんや、控え室で待っていて、名前を呼ばれると手を上げて「ハイッ！」と答えながら立てるお子さんは、やはり目立っていました。

帝京大学小学校

〒 206 - 8561 東京都多摩市和田 1254 - 6　☎ 042 (357) 5577

形式と日程

形式	親子同伴
日程	考査日以前

◆面接室略図

親子同伴の面接が、I期・II期は考査日前に、III期は考査当日におこなわれます。面接時間は約20分。

質問の内容

父親へ

本校を選ばれた理由をお聞かせください。
本校の教育内容や教育方針の、どのようなところに共鳴されたのですか。その理由もお聞かせください。
家庭のしつけで大切にされてきたことはどのようなことですか。
家庭教育のなかで、父親の役割はどのようなことだとお考えですか。
お休みの日のお子様とのふれあいは、どのようなことをされていますか。
お子様とどのような遊びをされていますか。
これからの子どもに必要なことは何だと思いますか。
お子様と、家や外でどんな遊びをしますか。
本校で学んで、お子様にどんなことが身につくと思いますか。

母親へ

私立の小学校を希望されたのは、どのような理由ですか。
本校にどのような教育を期待していますか。
お子様にどのようなお手伝いをさせていますか。
最近、旬の食材で食卓に並んだ料理は何ですか。…そのときのお子様の様子をお話ください。
お子様のすばらしいと思うところを教えてください。
お子様が、最近成長したと思われることは、どのようなことですか。
お子様の長所・短所を１つずつ教えてください。
ご家庭で大切にしていることは何ですか。
体験授業を通して、本校に対して感じたことを教えてください。
本校で学んで、お子様にどんなことが身につくと思いますか。

子どもへ

お名前を教えてください。
生年月日を教えてください。
幼稚園の名前を教えてください。
幼稚園では何をして遊んでいますか。
お友達の名前を教えてください。…そのお友達のよいところはどこですか。
１人で着替えができますか。
好きな遊びは何ですか。…どうしてそれが好きですか。
好きな歌を教えてください。…どうしてそれが好きですか。
好きな本のお名前を教えてください。…どうしてそれが好きですか。
この小学校に入ったら、どんなことを頑張りたいですか。
お手伝いをしますか。…その時お母さんは何と言ってくれますか。
嫌いな食べ物はありますか。…お弁当に入っていたらどうしますか。
好きな食べ物の１つ目と２つ目を教えてください。
あなたの大切なものは何ですか。
お父さん、お母さんの好きなところを教えてください。
最近頑張っていることは何ですか。

入試感想

▷ 教室が控え室でした。３組ほどでゆったりしていました。
▷ 面接室の扉は開いており、副校長先生が呼びに来ます。
▷ 面接では、教頭先生が保護者に、副校長先生が子どもに質問していました。
▷ 面接では、父親がどのように家庭に関わっているかを確認する感じでした。
▷ 来校時に毎回アンケートが有り、その内容を読んでくださっているようでした。
▷ 受験準備を通して、節目、節目で家族のあり方を夫婦で話し合うことができ、貴重な経験を積むことができました。
▷ 控え室には軽食のスペースもありましたが、先生が様子を見ている感じでしたので、くつろぐのはやめておいたほうがよいと思います。

東京創価小学校

〒 187 - 0023 東京都小平市上水新町 2 - 20 - 1 ☎ 042（345）2611

形式と日程

形式	親子同伴
日程	考査当日

◆面接室略図

先生男　先生女

父　子　母

荷物置き　　出入口

面接は考査当日におこなわれ、親子で入室し、親は面接が終了すると退室し、そのあと子どもだけの面接がおこなわれます。面接時間は親が 15 分程度、子どもが 5 分程度。面接当日に面接資料を記入し、入室時に提出します。

質問の内容

父親へ

志望理由を教えてください。
本校に期待することは何ですか。
通学時間と経路を教えてください。
本校を見学されたことはありますか。
本校にはどのくらい来たことがありますか。
創立者のことをお子様にどうお話しされていますか。
私学ですが、経済面は大丈夫ですか。
お仕事の内容について教えてください。
ご自身のお仕事で、気をつけていることを教えてください。
お仕事の都合で転勤されることはありますか。
お仕事のことをお子様にどのように話していますか。
休日はどのように過ごしていますか。
仕事で頑張っていることは何ですか。
お子様の長所を教えてください。
しつけで大切にしていることは何ですか。
ご自身のよいところを教えてください。
奥様のよいところを教えてください。
子育てで心掛けてきたことは何ですか。
お父様の子育てで、自慢できることを 2 つお聞かせください。
どんなときにお子様が成長したと感じますか。
お子様を褒めたエピソードを聞かせてください。
どのように育ってほしいですか。
幸せだなと感じることはどのようなことですか。
最近お子様に「ありがとう」と言われたことは何ですか。
お子様と喜んだことは、どんなことですか。

お子様と約束していることは何ですか。
本校を受験するにあたって、お子様といっしょに取り組んだことは何ですか。
お父様が小学校のときに、頑張ったことは何ですか。
お母様の尊敬できるところは、どのようなところですか。
お母様に感謝していることは何ですか。
お子様が学校とトラブルを起こしたらどう対処しますか。
子どもの頃の夢を、お子様にもわかるように教えてください。
現代はストレス社会と言われますが、解消法をお持ちですか。

母親へ

志望理由をお聞かせください。
本校の説明会の印象を教えてください。
本校の建学の精神についてどう思われますか。
本校の校訓についてどう思われますか。
本校に期待することは何ですか。
お通いの幼稚園を選んだ理由は何ですか。
幼稚園での様子を教えてください。
お子様から幼稚園でのことをどのように聞いていますか。
お子様が幼稚園でどのように頑張っているか、具体的に教えてください。
お子様が幼稚園で、特に成長したと思うところは何ですか。
幼稚園の行事では最近どんなものがありましたか。
幼稚園でのエピソードを教えてください。
幼稚園の出席状況を教えてください。
幼稚園は嫌がらず行かれていますか。
お子様を送ったあとはどのように過ごされていますか。
幼稚園のお母様方とはどんな話をされますか。
お子様は何時に起きて何時に寝ますか。
お子様はふだんどのような遊びをしていますか。
お仕事についてお聞かせください。…どんなところにやりがいを感じますか。
緊急のお迎えには対応できますか。
お子様にどんな本を読んであげますか。
子育てで1番大切にしていることは何ですか。
お子様のしつけについて心がけてきたことを教えてください。
お子様の健康面で気をつけていることを教えてください。
子育てを終えたら何をしたいですか。
ご自身が小さい頃から親に教えられたことで、今、お子様に伝えていることは何ですか。
受験に向けて、何に1番取り組んできましたか。
受験についてご家庭でどのように話し合いましたか。
お子様と受験に向けて頑張ったことを、エピソード交えてお聞かせください。
お子様と受験が終わったら約束していることはありますか。
お父様に感謝することは何ですか。
お子様の性格が、お母様に似ていると思うところはどこですか。
ご家庭での父親と母親の役割についてどうお考えですか。
家族の時間で大切にしているのは、どんなときですか。
どんな子どもに成長してほしいですか。
お子様を褒めるのはどのようなときですか。
お子様にテレビを見せるとき気をつけていることを教えてください。
お子様がご自身の背中を押してくれたエピソードをお聞かせください。
お子様がいじめにあったらどうしますか。逆にいじめたらどうしますか。

お子様が不登校になったらどうしますか。
幸せだなと感じることはどのようなことですか。
お子様の将来のために何かしていることはありますか。
今お子様が頑張っていることは何ですか。

子どもへ

お名前と生年月日を教えてください。
住所を教えてください。
幼稚園の名前とクラスを教えてください。
幼稚園の担任の先生の名前を教えてください。
お友達の名前を教えてください。…どんなところが好きですか。
お友達とケンカしたらどうしますか。
幼稚園はお弁当ですか、給食ですか。
幼稚園ではどんなことをして遊びますか。
今日はどうやってここまで来ましたか。
電車でここまで通えますか。
朝は何を食べてきましたか。
お母さんのつくる料理で好きなものは何ですか。
好きな食べ物と嫌いな食べ物を教えてください。
給食には嫌いなものが出てきたらどうしますか。
好きな遊びは何ですか。
好きな本は何ですか。…ほかにはありますか。
どんなお手伝いをしますか。

（親が退出後「もう1回お話しします」と言ってから）
ここの小学校は何という小学校ですか。
どこの小学校に行きたいですか。…なぜこの小学校が良いのですか。
この学校をつくった人は誰ですか。…どういう人ですか。
創立者のことを知っていますか。
創立者についてお父さんお母さんからどのように聞いていますか。
池田先生のことをどういう人と教えてもらいましたか。
池田先生のことで知っていることを教えてください。
この学校のほかにどこの学校を受けましたか。
本当にこの学校に来たいですか。…なぜ来たいですか。
小学校に入ったら何がしたいですか。
お父さんお母さんの名前を教えてください。
お父さん、お母さんのどんなところが好きですか。
お父さん、お母さんに叱られるのはどんなときですか。
お母さんは何をすると怒りますか。褒められるのはどんなときですか。
お父さんとお母さんどちらが怖いですか。
どんなお手伝いをしていますか。
お父さんとはどんな遊びをしますか。
お母さんはどんなときに笑いますか。
好きな歌を歌ってください。
お誕生日に何が欲しいですか。
お留守番をすることがありますか。
大きくなったら何になりたいですか。
好きなテレビ番組は何ですか。どうしてですか。
（ひまわりを見せて）この花は何ですか。
ハンカチを持っていますか。見せてください。

入試感想

■考査当日のこと…

▷ はじめは体育館にて親子で待機しました。子どもが考査室へ移動し、親は教室でアンケートの記入をしました。その後、子どもと合流して面接を受けました。

▷ アンケートは約30分で記入します。

▷ 控え室では両親でおしゃべりをしたり、スマホの電源を切るように注意書きがあるにもかかわらず見ている人もいました。受験者の意識の差を感じました。

▷ 控え室の後方にお茶の用意がありましたが、気がつかなかったこともありますが、飲んでいる人はいなかったです。

▷ 子どもの考査中に、親はアンケートを記入します。

▷ 下足を入れる袋がない人のために、ビニール袋も用意されていました。

▷ すべて終了したあとで、池田先生からの「受験された方へ」という感謝のお手紙を頂き、温かいミルクティーを一人ひとりに頂きました。

▷ 体育館で9時30分に受付をし、番号札をもらいました。椅子の後ろに番号がついているので、その席に座ります。

▷ 集団テストから面接に向かう間の時間調整で、図書館でDVDを見ました。

▷ 8時15分に受付、控え室で待つ。30分に点呼、子どもはペーパー、集団テスト、体操をおこない、9時15分に控え室に戻ってくる。20分から通常の親子面接、その後控え室で4組の家族が揃うまで待機。10時から集団面接、30分に終了。

▷ 受付開始時間まで控え室（カフェテリア）で待機。8時30分から受付が開始され、受験番号順にホールの椅子に着席します。9時から子どもは1列ごと（15人程度）に移動して考査へ、保護者は再び控え室で待ちます。10時40分子どもが考査からホールに戻ってくるのでそこまで迎えに行き、番号順に面接会場に移動します。11時過ぎから面接が開始され、30分には終了となります。

▷ 受付で受験番号のプレート子ども1枚、親1枚を受け取り胸につけます。控え室にて試験の流れの説明を受け、面接資料を記入します。

▷ 控え室にはお茶が用意され、面接資料記入用の鉛筆と消しゴムがありました。皆さん静かに時間いっぱい使って面談資料に記入していました。

▷ 親の控え室は、お茶がセルフサービスで飲めるようになっていて、自由なリラックスできる雰囲気でした。

▷ 控え室には飲み物と筆記用具が用意されていました。アンケートは持参した筆記用具で書き、持ち込み資料を見ながら記入しました。

■面接では…

▷ 面接室の入り口の扉は、先生が対応されていました。

▷ 面接のとき、机には透明のパネルがあり、先生方はマスク無しでした。こちらは外しても、していても大丈夫でしたが、子どものみマスクを外しました。

▷ 先生方はいろいろな場面で声をかけたり手を振ったり、子どもをリラックスさせようとしてくださいました。

▷ 面接では両親の質問の合間に、子どもに対して確認するようなことが数回ありました。

▷ 面接はとてもリラックスした感じで、笑いもありました。

▷ 面接の質問は最初に子ども、次に母親→父親の順番でした。最後に子どもだけ残り、親は退出します。

▷ 面接では、親子3人で入室し、面接の後は子どもだけ残して退室します。

▷ 面接はとても和やかな雰囲気でおこなわれました。ドアの開閉まで先生方がしてくださり、練習していた状況と違い、戸惑ってしまいました。

▷ 子どもが足をぶらぶらさせてしまい、親はハラハラしましたが、先生方は気にとめないといった感じでにこやかにお話ししてくださいました。

▷ 受付時に番号札を親子各1枚ずついただき、父親と子どもが左胸に付けました。子どもの考査終了後、在校生の誘導で面接会場前まで行って廊下で待機しました。質問は父→母→子の順番でおこなわれ、最後に子どものみを残して親は先に退出しました。全体的にあっさりとした質問でした。子ども重視の面接であるような印象を受け、先生方がとてもにこやかで優しく対応していただきました。

▷ 質問内容は前年までとほとんど変わりませんでした。お子さんは幼稚園の制服で来られる方が多く、保護者の方のなかにはピンクのスーツをお召しになられている人もいました。
▷ 控え室で記入したアンケートを提出し、まずそれに目を通され、男の先生が父親に教頭先生が母親にそれぞれ質問しました。終わると親は退室し、子どものみが残されて 15 問ほど質問されたそうです。
▷ 親子で入室し（ここまでは毎年同じ）子どものみ先に質問されます。その後、子どもが退室し（廊下で上級生と待つ）両親のみの面接が 10 ～ 15 分ありました。
▷ 教室に入ると和やかに「どうぞどうぞ」と言われ、先に男性の先生が父親に、その後女性の先生が母親に質問されました。圧倒的に母親に対する質問が多く、とても緊張しました。母親がどのように子どもと接しているかを重視している様子でした。
▷ 親子3人で入室し、父親→母親→子どもの順で質問されました。父親に対しての質問は短く、母親がたくさん聞かれました。私（母親）の答えも長めになってしまい、「手短にお願いします」と言われてしまいました。とても優しく温かくお話を聞いていただけて、リラックスした雰囲気で面接を受けることができました。子どもはリラックスしすぎて、足を大股開きしたり、母をつんつんとつつくなどして、じっとしていられませんでした。それでも合格できたのでちょっと信じられない気持ちです。
▷ 手元のメモの中から選んで質問されていました。評価表のようなものが手元にあって、質問に答えるとそれに〇をつけていました。
▷ 教頭先生が立って迎えてくださいました。穏やかな笑顔で、子どもが返答に困っても、じーっと待ってくださり、「ゆっくり考えていいよ。後で教えてね」と声をかけてくださったりと、終始ゆったりとした雰囲気でおこなうことができました。

アドバイス

▷ 子ども中心の試験でした。面接でも子どもに対しての質問がたくさんありました。
▷ 面接終了後、校長先生より、親子揃って 3 組いっしょの面接が 5 分ほどありました。
▷「ご両親どちらかお答えください」という質問には、父親に答えてもらいました。
▷ 子どもを通していろいろな方向から、家庭の様子、学校への思いを見ているようでした。
▷ 面接では父親への質問のあとに「お母様はどうですか」と聞かれるので、常に自分の回答も考えながら聞いていました。
▷ アンケートの内容は、「本校を知ったきっかけ、期待すること」「子どもの性格、好きな遊び」でした。両親それぞれ A4 用紙 1 枚を 30 分で記入します。下書きなど持ち込み不可です。
▷ 面接ではアンケートを見ながら質問をするので、親子の間で内容が一致しているか確認されます。
▷ 考査全体（アンケート、面接、自由遊びなど）で、例年より傾向が少し変わったように感じました。絞り込んで準備するのではなく、幅広くいろいろなことに取り組んでおいたほうがよいと思います。
▷ 面接はかなり重要だと思います。考査の最後に面接があるので、子どもも最後まで気を抜かない自覚が必要だと思います。
▷ 子どもがどれだけ創価小学校に行きたいか、両親とともに学校に対する魅力をどれだけ感じているかが重要だと思います。
▷ 服装などあまり形にこだわらないようで、紺のスーツでないお母様もいらっしゃいました。
▷ 昨年までと違い、ペーパーのみだったそうです。考査中にも面接とは別にいろいろと質問がされたようです。
▷ 面接は特に前もっての練習が必要だと感じました。お教室での面接練習はもちろん、日々少しずつでもやっておくと、いざというとき答えられるので安心して臨めると思います。
▷ 面接をとても重視しているのではないかと感じました。
▷ ペーパーよりも、面接や子どもの行動、反応に重きを置いていたように思います。
▷ かなり早いテンポで聞かれ、子どもと親が交互に質問されました。
▷ 全体を通して先生方や在校生の対応がとてもにこやかで優しい雰囲気でした。最後の集団面接にて、校長先生から感謝のお言葉をいただきとても感動いたしました。缶ジュースとお礼のメッセージもいただき、缶が温められていてその心遣いにも感動いたしました。子どももとても気に入ったようで、受験前よりも入学決意が深まったようです。
▷ 校長先生が代わった年はテストの内容が変わりやすくなります。ペーパーはあまりできすぎても受からないようです。番号も非公開なのでまったく基準がわかりませんでした。

▷ 家庭での子どもに対する態度を1番に見ているようでした。ただ、マイナス面を探すのではなく、プラス面を見てくださるように思いました。

▷ テストは幼稚園の制服でこられたお子さんが多かったです。

▷ 服装は幼稚園の制服でもよいような気がします。

▷ 駅から学校までの道で汚れるため、靴下は1足持っていたほうがよい。

▷ 説明会のときにどんな問題が出題されるかお話がありました。それをしっかりと聞いて子どもに学ばせました。騒がしい子、落ち着きのない子もいましたので、それに惑わされず「自分は自分」という自覚を子どもに持たせないと、実力が発揮できないと思います。まず面接にしっかり応対し、考査の準備を整えることだと思います。

▷ 待ち時間が長いので、子どもに飽きさせないために、折り紙を持って行くとよいと思います。たいへん役に立ちました。

▷ アンケートは父親は仕事について、母親は子育てについてのテーマがあり、15分くらいしか時間もなかったので、書くのがたいへんでした。その間子どもも同席しているので、折り紙など飽きないものを持参していかないと、集中してアンケートが書けない状況になります。

▷ アンケートの上半分は家族欄で受験者本人も書きます。職場や出身校、母親の勤務先も記入します。下半分は自由欄ですが、父親は仕事について、母親は子どもの成長過程について、願書に書ききれなかったことを記入するように指示がありました。

▷ 志望理由をまとめたレポートを持参するとよいです（簡潔なもの）。

▷ アンケート記入は持ち込みが可能なので安心して記入できました。

▷ 面接資料記入は、鉛筆と消しゴムを用意してあるので、定規だけ持って行くとよいと思います。

▷ アンケートに記入する内容が重要だと思います。家で用意したメモを当日持って行くことをお勧めします。

▷ 面接が重視されているように思いました。桐杏学園で2度模擬面接を受けさせていただき、さまざまなアドバイスをいただけたので、子どもも親も思ったことを話すことができたと思います。面接は何度練習してもしすぎることはないと実感しております。

▷ 面接重視だと実感しました。子どもには「行きたい！」という強い意志を持たせることと、質問に素早く答えられるように準備しておくとよいと思います。

▷ 先生方が「受験生の皆さん、大切なわが生徒との思いで、迎えさせていただきます」と温かく迎えてくださり、帰りには創立者の方より温かい紅茶と、先生方からお礼のお手紙を全員にいただきました。とにかく緊張せず、元気に本来の子どもの姿を見せることが大切だと思いました。

▷ あまりテストについての話はしてくれないのですが、OHPなどの問題も出たと言っていたので、塾に行って少し慣れていたのはよかったと思いました。面接では母親の方が多く質問をされたので、事前に桐杏学園の面接の本を読んでおいて本当に良かったです（ほとんど本の内容と同じ質問をされました）。アンケート記入は父親が仕事内容について、母親は子どもの成長過程についてでした。子どもがテストを受けている間、1時間ほどたっぷりと時間がありましたので、落ち着いてゆっくりと記入できました。

▷ 何よりも本人はもちろんのこと、両親、家族がどれだけこの学校を志望しているのかということを重視されていたように思います。本人に対して、両親面接でも聞かれましたが、子どもだけの面接のときにも、この学校に来たいか、何で来たいのかということを繰り返し聞かれました。

▷ 桐杏学園の面接模擬テストを受けておいて本当によかったです。父親に対する質問は、模擬とほとんど同じでしたので、かなりきちんと答えられました。

▷ 子どもの集団考査中にも「この学校に入りたい？」「この学校を作った人は？」と聞かれたそうです。

▷ 考査中に「ゲームボーイ」を持っているか聞かれたようなので、子どもに買い与えないことが大切だと思いました。

▷ 試験当日までに、早寝早起きなど規則正しい生活リズムがしっかりできているかどうか聞かれるので、最低限、生活のリズムは整えておく必要があると思います。

▷ 子どもが元気いっぱい、本来の姿を出せれば大丈夫です。先生方も子どもがリラックスする雰囲気を作ってくださっていました。うちの娘は、テストだと話さず臨ませたこともあると思いますが、とても楽しい1日だったようです。

▷ 校長先生は全受験者の様子を、一人ひとり観察されていたようです。学校に足を踏み入れてからは、自分の行動に注意することが大切です。

▷ テレビゲームではなく、絵本の読み聞かせなどをしっかりしておくことが大事だと思いました。

東京都市大学付属小学校

〒 157 − 0066 東京都世田谷区成城 1 − 12 − 1 ☎ 03（3417）0104

▋形式と日程

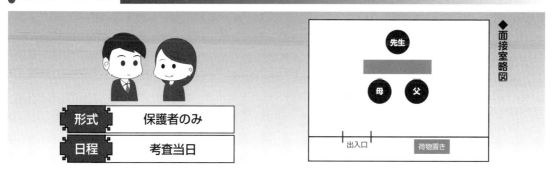

◆面接室略図

形式	保護者のみ
日程	考査当日

保護者面接が考査当日におこなわれます。面接時間は 10 分程度。

▋質問の内容

父親へ

志望理由をお聞かせください。
学校行事に参加されましたか。
本校についての印象を教えてください。
本校を知ったきっかけは何ですか。
ご家庭の教育方針をお聞かせください。
ご家庭の幼稚園とのかかわり方についてお聞かせください。
通学経路を教えてください。
会社名と仕事内容についてお聞かせください。
休日の過ごし方について教えてください。
お子様とはふだんどのように接していますか。
お子様とはどんなことをして遊びますか。
どのようなお子様ですか。
お子様の性格について教えてください。…短所を教えてください。
お子様の長所を教えてください。
お子様はご主人と奥様のどちらに似ていますか。
中学受験を考えていますか。
学校に聞きたいことはありますか。

母親へ

志望理由をお聞かせください。
本校を知ったきっかけを教えてください。
本校の説明会には参加されましたか。…どう思われましたか。
お通いの幼稚園についてお聞かせください。
通学経路と所要時間を教えてください。
ご自身はお仕事をされていますか。
子育てで大事にしていることは何ですか。

子育てにおいて気をつけていることを教えてください。
家庭でのお子様の様子をお聞かせください。
お子様はどのような遊びが好きですか。
どのように育ってほしいですか。
お子様の短所はどんなところですか。
お子様のよいところを教えてください。
お子様の性格を教えてください。
お子様に直してほしいところはどんなところですか。
今日のお子様の様子はどうですか。
お手伝いをさせていますか。
何か習い事をしていますか。

入試感想

■説明会・考査当日のこと…
▷控え室には10家族くらいが待っています。お茶の用意がありました。
▷10時40分点呼があり、子どもは考査へ。12時10分に終了でした。
▷控え室でペーパーをやらせている親もいました。
▷10時に受付、親子ともに控え室で待機。40分に点呼、子どもは小集団テストへ、親は引き続き待機。11時20分に親のみの面接がおこなわれ、50分に子どもが控え室に戻ってきて、諸注意のあと解散。
▷12時10分に受付、親子3人で2Fの控え室へ。30分に点呼、子どもは考査へ。50分に親は2グループに分かれて3Fへ移動。13時15分に面接開始、25分に終了。再び2Fの控え室に戻り待機。14時に子どもが戻ってきて終了。
▷控え室ではチェックされている様子はありませんでした。子どもと折り紙をして待っていました。
▷控え室にいる全員が1度に呼ばれて、面接室の前に受験番号順に座ります。面接室①が校長先生、②が教頭先生でした。記録係の方が最初にドアを開けてくださいます。
▷説明会には参加しませんでしたが、個別相談会では昨年のテスト問題をすることができ、よい経験になりました。
▷説明会では在校生がとても上手な合唱を披露してくれました。
▷10月に個人別進学相談会があったので、子どもといっしょに出席しました。そのとき前年度の問題（ペーパーテスト）をすべてやらせてくださいました。
▷親子で「個別相談会」に2回とも参加していたので、少しリラックスして臨むことができました。当日は校門からお花がたくさん置いてあり、学校側の心配りが伺えました。面接でも校長先生が笑顔を絶やすことなく、和やかなムードで進めてくださったのでリラックスして応答することができよかったです。考査が終わったあと子どもに聞くと、集団遊びの時から1人の男の子に「ぼくはこの学校にはいるのは決まっているから言うことを聞け」とずっと言われていて、最後に言うことを聞いてしまったとそのことを悔いていました。このように試験にはいろいろな子どもが参加しているので、自分自身をしっかり持てるいい機会でもあると感じました。
▷指定された教室で親子で待ちます。先生が1人ずつ番号を呼び、14人くらいのグループで考査室へ向かいました。

■面接では…
▷控え室には20～30組の親子が待機していました。子どもが考査に誘導されると、階を移動して親の面接がおこなわれました。
▷子どもが試験に向かったあと、親は控え室で待ちます。時間になるとグループごとに呼ばれ、面接室付近に移動して全員椅子に座り待機します。家庭ごとに呼ばれ、2つある教室のどちらかで面接を受

けます
▷ 面接会場に行く前と到着時に、「返答は簡潔にお願いします」と言われました。
▷ 面接室は3つにわかれ、校長、教頭、教務主任の先生が面接官でした。
▷ 決まり切った質問を用意しているわけでなく、話の流れで質問内容を変えているようです。テンポよく話が変わるので、じっくり伝えることが難しく感じられました。
▷ 子どもと母親の左胸に受験番号の番号札を付けます。子どもの考査中に親の面接がおこなわれ、3階の面接会場に移動します。
▷ 面接官の方がたいへん優しい感じで、和やかにあっという間に終わりました。

アドバイス

▷ 控え室には先生はおらず、チェックしている様子はありませんでした。
▷ 面接時間は本当に短いので、端的に学校への熱意を伝えられるようにしたほうがよいと思います。
▷ 基本的にペーパー重視だと思われます。過去問は出版各社の問題集をかなりやったつもりですが、8ページ中4ページほどは、やったことの無い問題だったそうです。少し傾向が変わったかもしれません。
▷ 待ち時間に子どもが静かに待てるかがポイントだと思います。
▷ 行事には必ず参加しました。
▷ ペーパーは取りこぼしが無いようにしないと、合格は難しいと感じました。
▷ 面接は短時間でした。家庭の様子をじっくり見るというよりも、確認のための面接だと感じました。合否は子どもの能力本意だと思います。
▷ 考査でわがままな子が複数いて、子どもは大変だったようです。先生方はちゃんとそれを見ていて、きちんとしている子は評価してくださるようです。
▷ 学校説明会や入試相談会に出席しているかどうかはチェックされているようで、そのことに関する質問もありました。20組ほどが2部屋に分かれて順次面接をしました。面接官は教頭先生で、奥にもうひとかたメモを取っていらっしゃる先生がいました。部屋が広かったです。
▷ 7月の入試相談会に出席しておくとよさそうです。番号と名前がチェックされます。子どもの写真を見て「好奇心旺盛そうですね」と言われ、とてもうれしく感じ、同時にあらためて写真の大切さを認識しました。曜日による合否への影響はなさそうでした。
▷ 説明会、学校公開がおこなわれていますが、毎回記名入りのアンケートを提出し、内容も違うのですべて出席されたほうがいいと思います。子連れできる日もあるので学校に電話で伺ってみるのもよいかと思います。
▷ 音楽会にとても力を入れているとのことでした。私どもは都合が悪く、行けませんでしたが、やはり出席したほうがよかったと思いました。
▷ 控え室で「名前を呼ぶので大きな声で返事をして並ぶように」と指示されました。手をあげて返事をして注意されているお子さんもいました。
▷ 子ども本位できちんと見てくださる学校という印象を受けました。先生方の応対もとても丁寧に感じました。
▷ 倍率は例年とあまり変化していませんが、すべり止めにする人がほとんどいない状態のようです。難しいテスト内容であるにもかかわらず、180人以上の人が6割ほどの点数を取っており、できない生徒が少なかったようです。
▷ 20名ほどのグループで考査に向いましたが、9割が男子でした。兄弟枠の試験は事前面接をおこなっていたようで、当日は面接されないと係の先生から説明がありました。1グループに数名こうした方がいて、私どもと同じグループの方は全員合格されていました。

東京農業大学稲花小学校

〒 156-0053 東京都世田谷区桜 3 - 33 - 1 ☎ 03 (5477) 4115

形式と日程

◆面接室略図

形式	親子同伴
日程	考査日以前

親子同伴の面接が考査日以前におこなわれます。面接時間は10分程度。

※2023年度入試では、オンラインによる面接がおこなわれました。

質問の内容

父親へ

志望理由を教えてください。
本校を選んだ決め手は何ですか。
お仕事について、特に大切にしていることは何ですか。
お子様を育てるうえで、気をつけていることは何ですか。
お子様が学校に行きたくないと言ったらどうしますか。
お子様のよいところ、直したいところ、これからどのように教育していきたいかをお話しください。
本校では授業時間が長いので、最初のころは疲れて精神的につらいときもあるようです。それでも頑張れるということを、具体的なエピソードを交えてお話しください。
今までを振り返って、どのような思いで子育てをしてきましたか。
昔の子育てと違うところは、どのようなことだと思いますか。
コロナ禍、また急速な ICT 化のなかで、子育てにおいてどんな点が難しいとお考えですか。
今から3分間、ご家族で本を読んだり、いつものように過ごしてください。

母親へ

SNS や LINE など、保護者同士のお付き合いをどのように考えていますか。
育児を通して学んだことは何ですか。
お手伝いは何をさせていますか。
小学校に入って特に伸ばしてほしい点を教えてください。
入学に際してもっとも心配なことは何ですか。
お子様が学校で問題を起こしていると言われたらどうしますか。

家庭で大切にしていることは何ですか。
お子様が苦手なことは何ですか。
お子様の長所を教えてください。
コロナ禍でどのように過ごしましたか。
絵本を選ぶときに留意していることは何ですか。
お子様が「今日は学校をお休みしたい」と言ったらどうしますか。
これからどのように育ってほしいですか。

子どもへ

お名前とお年と幼稚園の名前を教えてください。…何組ですか。
幼稚園では何をして遊ぶのが好きですか。
外で遊ぶのとなかで遊ぶのはどちらが好きですか。
お休みの日はどこに行って遊びますか。
今までで1番楽しかったことは何ですか。
お手伝いをしますか。…どんなお手伝いですか。
お父さんと何をして遊びますか。
お父さん、お母さんに叱られるのはどんなときですか。
お父さん、お母さんどちらに叱られることが多いですか。
褒められるのはどんなときですか。
小学校に入ったら何をがんばりたいですか。
運動会では何をしましたか。
好きな食べ物、嫌いな食べ物を教えてください。
将来の夢は何ですか。
用意した絵本を読んでください。…どうしてその本を選びましたか。
その絵本の好きなところを見せてください。…どうしてそのページが好きですか。。
本は好きですか。…家に何冊くらいありますか。
用意してもらうようにお願いした絵本を見せてください。…何という絵本ですか。…どうしてそれを選びましたか。
3人でどのページでもよいので、絵本のことを話し合ってください。
　　→（2〜3分後）1番お気に入りのページを見せてください。…それはどうしてですか。

入 試 感 想

▷ 出願などいろいろなことがパソコンで済むので、遠方のため助かりました。
▷ 今年の面接はオンラインでした。両親には「〜について、どちらからでもどうぞ」という形で、同じ質問に答えました。
▷ Zoom によるオンラインでの面接でした。事前に絵本を1冊準備するように指示がありました。
▷ オンライン面接で、音声が入らず、携帯電話で音声をつないでいただきました。
▷ 当日の持ち物については、オンライン入試説明会で説明がありました。
▷ 考査日は体育館に集合で、親1人と子どもで座って待ちます。子どもの考査中はそこで待機します。終了10分前に、座っていた椅子をアルコールの消毒シートで拭いて、考査の教室近くまで移動します。
▷ 考査日の控え室は椅子のみが並んでいて、受験番号順に決まった席に誘導されました。外出は不可です。多くの方は読書をしていました。校長先生があいさつに来てくださいました。
▷ 当日は体育館に集合し、子どもの顔写真の照合などありました。名札をつけて、子どもは考査室へ向かい親は控え室に移動しました。
▷「面接時間は10分。発言が途中であっても終了します」との注意書きがありました。学校側も時間を気にされている様子でした。そのため、話が長くなりそうなときは、やんわりと止められたりもしました。
▷ 子どもには間髪を入れずに質問がありました。
▷ 今年は感染対策のため、グループ活動や運動テストがおこなわれませんでした。
▷ 教室に移動する前、体育館で待機しているときもみなさん静かに待っていましたので、少し咳をするだけで目立つ状態でした。
▷ 事前に提出する作文は「小学校と親の役割」についてでした。
▷ 面接のとき絵本を示され、ふだん通りに親子での読み聞かせの様子を見せてくださいと言われました。

アドバイス

▷ 考査では、本当にいろいろなタイプのお子さんがいるので、自分のペースを守ることが大切だと思います。
▷ オンライン面接のため、子どもといっしょに画面越しに話す練習をしました。
▷ 面接は自宅なので、リラックスしすぎないように注意が必要です。
▷ 事前に提出する質問票はとても大事だと思います。
▷ ペーパーは解答時間が短いため、スピードも重要と感じました。
▷ 9月上旬には、面接資料がダウンロードできるようになります。作文は毎年テーマも異なり、文字数も多いので大変でした。
▷ ペーパーは量も多く、時間も短いので、時間内にできるよう練習が必要かもしれません。
▷ オンライン面接は指定時間の3分前にログインするよう指示があります。回線等の事前チェックは必要だと思います。
▷ 点図形が2つ出て、子どもは1題やっているうちに時間切れになったようでした。時間を計って練習しておいたほうがよいと思います。
▷ とにかく体調管理に留意して、万全の状態で臨むことが1番だと改めて感じました。
▷ 渋谷からのバスが1番学校近くに止まりますが、バス停の数も多く乗り降りも多いので、少々厳しいです。
▷ 考査日は大学の学園祭と重なり、かなり混み合います。

桐朋小学校

〒 182 − 8510 東京都調布市若葉町 1 − 41 − 1 ☎ 03 （3300）2111

形式と日程

保護者面接はおこなわれていません。

入試感想

▷ 控え室は親の席だけでした。静かに読書されている方が多かったです。

▷ 番号により控え室が分かれていました。

▷ アンケートの内容は、①この写真（子どもたちが砂場で泥遊びをしている写真）からどんな声が聞こえてきますか、②お子様の遊びでいいなあと思ったこと、③保護者の方自身が、生活の中で幸せだと感じるとき、という内容でした。

▷ アンケートの内容は、「お子様について、面白いなあと思うことはありますか。エピソードとともに書いてください」「子育てのなかで、迷ったり不安になったりした経験を書いてください」というものでした。

▷ アンケートの内容は、①お子様は、体と体が触れ合って楽しいと感じる経験がありますか、②他者に対する強い信頼を育むために、①のほかにどんな関わりが幼少期に必要だと思いますか、という内容でした。

▷ 考査中に何度か、トイレの時間があったようです。

▷ 控え室は図書室でした。受験番号により、控え室が違います。

▷ 2 人ずつ部屋に入り、口頭試問を受けます。自分の番まで廊下に並んで待ちます。

▷ 1 次の発表は封筒で渡されます。

▷ 8 時 30 分に受付、控え室で待機。9 時に点呼、子どもは考査へ。10 時 30 分に終了。

▷ 10 時に受付、控え室で待機。子どもはすぐに考査となり、11 時過ぎに戻ってきて終了。

▷ 11 時 10 分に受付、控え室の図書室へ。すぐに子どもは考査室へ向かい、12 時 20 分頃戻ってきて終了。

▷ 受付時間までは外で 4 つのグループに分けられ、並んで待機します。受付で自分のグループだけの控え室が書かれた用紙を受け取り、そのまま外で並んで待ちます。4 つのグループごとに部屋に入り、すぐに子どもは並びます。前のグループの考査が終了するまで校舎内へは入れません。

▷ 時間にならないと受付が始まりません。外に並んで待つので防寒の準備が必要です。控え室に入ってからトイレを済ませ、5 分くらいで整列し、在校生の誘導によって移動します。1 グループ 15 名。

▷ 靴から上履きにはきかえ、20 人ぐらいずつ控え室へ行きました。5 分から 10 分待って呼ばれました。

▷ 1 次、2 次とも親は考査が終わるまで控え室で待ちます。

▷ 集団遊びで「どうしたらいいかな？」という先生の問いに、思いやりを持って即座に答えられたのも好印象になったようです。

▷ 当日ダブル受験を考えている人は並び方を考えたり、人に時間帯を確認している人がいました。

アドバイス

▷ 受付後、控え室にて番号札を指定の場所につけます。すぐに子どもは呼ばれるため、受付前にトイレを済ませておくとよいと思います。

▷ 1次の際に、外廊下で順番を待つことがあるため、上着やカーディガンなどをはじめから着せるか、持たせるように指示がありました。子どもに持たせましたが、結局寒くて着たようです。

▷ 1次の試験終了時間は人によってさまざまです。30分で終わった方もいます。

▷ 服装は、親子ともに比較的自由な雰囲気です。あまりこだわらずに子どもの動きやすい服装がよいようです。

▷ 受付時間までは外で待つので、上着を持って行き、暖かくして待てるようにするとよいでしょう。

▷ 受付後トイレに行ったりしていると、すぐに子どもは試験の教室に案内されるので、早めに受付を済ませておくとよいと思います。

▷ 受験番号によって考査の時間帯が午前・午後数回あるので、当日ダブル受験が可能になることもあります。

▷ 個別テストでは、スカートやズボン、靴下などのイラストが描かれたカードを見て、それぞれ何であるかを答えたあと、指示されたとおりにカードをタンスに入れる、というものがあったようです。その際に「洗濯物を干したことがありますか?」「たたんだことはありますか?」などの質問がされたそうです。

▷ 集団テストでは、忍者になって武器をつくったり、修行をしたり、オニに扮した先生を退治したりしたそうです。子どもはうっすらと汗をかきながら、楽しそうに戻ってきました。

▷ 家の手伝いをふだんからしているか、指示をされなくとも後片付けをする、といったような生活力や、自分のことは自分でしっかりできるのかについて見られていたのかもしれません。

▷ 考査の制作のとき、右利き用のはさみを使って左手で切っていると、左利き用に交換してくれたそうです。

▷ 知的レベルだけで子どもを見るのではなく、生きていくための能力を重視されているように感じました。

▷ いろいろなことをペーパーで学習する前に、体験させてあげるほうがよいと思います。

▷ 子どもらしい、自然な発想を求めているように思います。

桐朋学園小学校

〒186 − 0004 東京都国立市中 3 − 1 − 10 ☎ 042（575）2231

▊形式と日程

保護者面接はおこなわれていません。

入試感想

■考査当日のこと…

▷受付をするとすぐに、保護者はホールへ、子どもは考査へと向かいます。

▷案内係は在校生でした。

▷親の付き添いは 1 名です。控え室は椅子のみ並べられており、机はありませんでした。みなさん本など読んでいました。

▷受付後、ゼッケンをつけるとすぐに在校生に誘導されて考査が始まりました。

▷携帯電話の使用は不可でした。少し寒いので防寒対策が必要です。

▷案内の先生はおりませんので、掲示物で確認します。

▷保護者はホールで待機します。考査が終わると、在校生が子どもたちを誘導して戻ってきます。

▷控え室では、みなさん本など読んでいて静かでした。

▷集合時刻の前は外で待つことになります。

▷控え室での携帯の使用は禁止です。

▷受付のあと、保護者が子どもにゼッケンをつけて、準備ができると教室に誘導されます。ゼッケンは紐で結ぶタイプなので、しっかり結べば方から落ちることはなさそうでした。

▷控え室には音楽が流れており、自由に椅子に座って待ちました。皆さん持参した本を読んでいました。

▷受付のあとトイレを済ませると、すぐに親と離れて先生の元に並びました。室内は暖かかったので、半袖のお子様が多かったです。

▷子どもの服装は、白の半袖、紺のベスト、紺の半ズボン、白のソックスの子が多かったです。

▷受付会場への誘導や試験終了のお知らせ、ゼッケンの回収など、在校生のお手伝いがとても好印象でした。

▷受付を済ませるとすぐにゼッケンをつけ、親は控え室へ、子どもは会場に誘導されます。控え室の黒板には、試験が 1 時間 15 分くらいであること、非常時の対応などの注意書きがありました。

▷控え室の席は決められておらず、自由に着席しました。トイレなども自由で、みなさん本を読まれたりしていました。

▷ 2 階の教室が控え室でした。8 〜 9 グループが待ってました。私語はなく、多くの方が本を読んでいました。

▷受付でゼッケンを渡され身につけるように指示され、ゼッケンをつけた人から順に生徒さんに連れられて試験会場へ行きます。親は指示された控え室（教室）で試験終了まで待ちます。

▷受付時間まで扉は開きません。扉の前に外からでも利用できるトイレがありましたので、使わせていただきました。受付を済ませると、すぐにゼッケンをつけ（安全ピンで固定）試験会場へ上級生に誘導され向かいました。親は控え室へ移動し、終了まで待ちました。

▷校舎に入る前と入ってからトイレに行けます（2 回行きました）。受付時間までは到着順に並んで待っていました。寒い日だと冷えると思います。校舎に入りゼッケンをつけます。4 〜 5 人揃うと上級生が次々に連れて行きます。

▷受験票は子どもが手で持っていきます。

▷先生方は、皆温かく優しく接してくださいました。

▷子どもは「すごく楽しかった」と言って 2 日間とも帰ってきました。

▷共同制作のときは明るく楽しくお友達とお話ししながらやったそうです。おかたづけもあったそうですが、半分くらいの子どもはもう終わったと思って、あまり一生懸命やらなかったそうです。

▷（1 日目）8 時に受付、30 分に在校生の誘導により子どもは考査へ、親は控え室で待機。10 時に子どもが考査から戻ってきて終了。

▷（1日目）13時10分に受付、時刻まで外で待つ。ゼッケンを付けて25分に子どもは教室へ、親は控え室へ。14時40分に子どもが考査から戻ってきて終了。

▷（2日目）10時に受付、30分に在校生の誘導により子どもは考査へ、親は控え室で待機。11時30分に子どもが考査から戻ってきて終了。

アドバイス

▷受付時間になるまで外で待つので、あまり早く行かないほうがよいです。

▷考査の途中、トイレの時間や水分補給は無いので、きちんと済ませておいたほうがよいです。かなり体を動かしたのか「のどが渇いた」と言って戻ってくる子が多かったです。始まる前は寒くとも半袖がよいと思います。

▷工作など立体物をたくさん練習したほうがよいです。

▷考査ではルールを守れているかどうかなどを、見られているように感じました。

▷受付後のトイレは混むので、屋内へ入る前の下駄箱外にあるトイレで済ませたほうがよいと思います。

▷受付を済ませてゼッケンを着けると、子どもはすぐ考査へ向かいますので、伝えたいことは早めに言っておいたほうがよいです。

▷子どもは受付後すぐに誘導されるので、トイレは済ませておくほうがよいです。

▷子どものテストのできも大事ですが、取り組む姿勢が重要だと思います。

▷ペーパーや面接もなく、子どもの本質や巧緻性などを重んじている試験だと思いました。

▷テストでありながら受ける子どもたちも楽しめる内容で、終わってから駅に向かって帰る子どもたちは、みなさんニコニコしていました。

▷初日の制作は、指示内容が難しかったようです。複雑な指示を聞く練習は、長期的な訓練が必要だと感じました。

▷子どものグループの子が、廊下で誘導の在校生に「静かにしないとダメだよ」と注意を受けている声が聞こえました。結果、不合格でしたので、態度はとても重要な判断になると痛感しました。

▷本当に子どもだけを見て判断する学校です。

▷子どもにとって楽しい考査だったようです。制作の課題に対しては、ふだんからいろいろな材料に接しておく必要があると思いました。

▷家庭での日常を、どのように過ごしているのかを試されている考査だと思いました。

▷10月下旬に風邪を引いてしまい、集中力が低下してしましました。当日はかなりよくなったのですが、体調管理の難しさを感じました。考査当日に、いかに本人のテンションをあげ、緊張を解き、自然体で臨めるようにするかが何より大切だと思います。

▷制作では、限られた材料で工夫を凝らした物をつくる発想力が試されたのだと思います。

▷考査2日目の集団テストで、例年と異なり、自由遊びがおこなわれました。過去の傾向に頼りすぎずに、分野の偏りなく準備して、臨機応変に対応できるようにしておくとよいと感じました。

▷ペーパーがないだけに受験対策をしていないように見受けられるお子さんが多く、集団行動などは少々騒がしかったです。控え室にはクラッシックが流れており、静かに本を読んで待っている方が多かったです。

▷考査時間まで外（校庭など）で待たなければいけないので、天気によっては防寒着（コートまたはショールなど）が必要かもしれません。

▷玄関を入るとすぐに受付となり、受付終了後ゼッケンをつけるとすぐに生徒さんにお願いし、移動となります。子どもとすぐに別々になるので、トイレや声かけなどをしっかりと済ませておいたほうがよいでしょう。

▷控え室には張り紙があるだけで先生方の出入りもなく、さっぱりしているという印象でした。

▷ 控え室に旧校舎の教室が使用されており、少々寒く感じました。本を読んで過ごす人が多かったです。

▷ 親の関与はあまりなく、受付時間まで玄関前で待つことになるので、早く行きすぎるのはどうかと思います。しかし15分の受付時間のなかで用意から入室まですべてを済ませなければならないため、トイレは玄関脇のもので済ませ、上履きなどもテキパキ準備をして素早く受付をするのがよいと思います。引率はすべて在校生がおこなっており、そのしっかりとした姿を見ながら、ますますこの学校に入りたいと感じました。

▷ 1日目、2日目ともに前日の考査内容にほとんどかわりがなかったようです。1日目の制作で、前日のグループ（月齢の早いグループ）は、ハサミを使って自分で切ったそうですが、月齢の遅いグループは考慮されたのか、ハサミを使うことはありませんでした。集団テストの後は汗だくになって戻ってきました。

▷ 保護者面接がないので、子ども自身を評価してくださる学校だと思います。そのせいか子どもはこの学校の試験が1番楽しかったと言っていました。遊びを通して子どものありのままの行動を見ているように思われます。

▷ 通学時間の制限があるので、こちらもしっかりと確認する必要があります。

トキワ松学園小学校

〒 152 - 0003 東京都目黒区碑文谷 4 - 17 - 16 ☎ 03（3713）8161

形式と日程

形式	保護者のみ
日程	考査日以前

◆面接室略図

保護者のみの面接が、考査日以前におこなわれます。時間は 15 分程度。面接当日に面接資料の記入があり、面接の際に直接提出します。

質問の内容

父親へ

志望理由についてお聞かせください。
どのようにして本校を知りましたか。
本校に期待することを教えてください。
学校行事には参加できますか。
この学校をどう思いますか。
通学経路を教えてください。
会社名と仕事内容についてお聞かせください。
休日には、お子様とどのように接していらっしゃいますか。
お子様とは何をして遊びますか。
お子様の健康面について伝えておきたいことはありますか。
ご家庭の教育方針を教えてください。
学校はサービス産業と言われることについてどう思われますか。

母親へ

通学方法と時間を教えてください。
本校の行事に参加されたことはありますか。
本校の行事に参加されて、子どもたちや学校についてどう思われましたか。
本校に期待することを教えてください。
本校は保護者参加の行事が多いですが、参加はできますか。
月 1 回の懇談会に出席することはできますか。
6 年の間に、母の会の役員を引き受けることはできますか。
併願となっていますが、他にどちらの学校を受けられますか。

担任の先生に期待することは何ですか。
幼稚園のお母様方とは、どのようにお付き合いされていらっしゃいますか。
お仕事の内容についてお聞かせください。
お子様の健康上のことで、伝えておきたいことはありますか。
お子様の食事面で知らせておきたいことはありますか。
子育てで気をつけてきたことをお聞かせください。
お子様の性格についてお聞かせください。
お子様の食べ物の好き嫌いを教えてください。
お弁当についてどう思われますか。
最近の教育はサービス業と言われますが、どう思われますか。

入試感想

■考査当日のこと…

▷ 玄関を入って左の控え室で待機します。子どもが考査へ向かったあと、親はグループごとに移動し、面接がおこなわれました。

▷ 9時に点呼があり、子どもは考査室へ移動します。11時10分に終了しました。

▷ カメがいるので、途中のトイレ休憩のとき「カメを見てもいいよ」と言われたり、和やかな雰囲気でした。

▷ 9時に受付、子どもは6年生に番号バッジをつけてもらい考査のため教室へ。親は控え室で待機。11時にグループごとに控え室に戻ってきて解散。

▷ 12時30分に受付、控え室で待機。13時に点呼、在校生の誘導で子どもは考査のため移動、親はそのまま控え室で待機。14時50分に子どもが戻ってきて終了。

▷ 事務室に受験票を提示し、控え室に案内されたあとアンケートを記入します。アンケートはA4サイズ、各項目2〜3行でした。時間になると順番に呼ばれて場所を移動し、面接がおこなわれます。

▷ 志望理由や子どもについてなど、数行で記入するアンケートがあり、控え室で記入後、番号が呼ばれるまで待機します。

▷ 受付後、控え室でアンケート記入をし、4組ほど呼ばれて各教室の前で待ちました。

▷ 控え室には約40組の保護者が待機しており、両親そろってが半数程度、他は母親のみで読書をされている方がほとんどでした。兄弟、姉妹が在校していると思われる母親の集団には余裕を感じました。

▷ 考査会場に案内してくれる6年生に「トキワ松に入ってね」と声をかけられ、子どもは「入りたい」という思いが強くなったようです。

▷ トイレは玄関で済ますことができますが、親子が別々になった後も、お手伝いの6年生の児童が何度もトイレに誘ってくれたとのことでした。

▷ 考査は和やかな雰囲気そのもので、子どもも考査終了後笑顔で戻ってきました。

■面接では…

▷ 面接はアットホームな感じでおこなわれました。受験者を見極めるというよりも、いっしょに楽しく話をするといった感じでした。

▷ 面接室は4〜5教室あり、同時進行でした。

▷ 面接官の先生が学校フェアや模試会場で何度かお話をして顔を覚えてくださっている先生でした。そのためかえって緊張してしまいましたが、やさしく穏やかに話を聞いてくださったので、終始和やかな雰囲気であっという間の10分間でした。

▷ 志望理由などは当日アンケートに記入しますので、面接の中では仕事について、かなり詳しく質問をされました。

▷ 2部屋に分かれて面接がおこなわれました。教室も広すぎず、校長先生がお優しい方でしたので、落ち着いた気持ちで話すことができました。

▷ 校長先生との面接でしたが、和やかな雰囲気でゆっくりお話しした感じでした。思っていたよりも長い面接でした。父親にした質問を「お母様はいかがですか？」というように聞かれました。

▷ 静かにゆっくりと質問され、いくつかの質問については丁寧に説明してくださいます。熱心にメモを取っておられ、最後に「せっかくの機会ですから何かご質問は？」と聞かれました。

アドバイス

▷ とにかく早めに登校してアンケートをじっくり書ける状況にすることが大事だと思います。ぎりぎりに来て、すべて記入できずに面接を迎えた人もいたようですので。面接中はアンケートをほとんど見ることはなく、決められた質問を順番に投げかけていく感じです。部屋は4から8ほどあったと思います。

▷ 公開行事ばかりでなく、学校フェアや模試会場など、先生と直接お話ができる機会があるものにはできる限り参加しました。熱意をアピールして顔を覚えていただいていたことが結果につながったと思います。ペーパーテストに難問はなく、あまり重視もしていないようですので、プリント対策よりも日常生活でできて当たり前のことこそ、しっかり身につけておくべきだと思います。

▷ 受付時間が12時30分から45分でしたが、10分ほど早く着くと控え室に通されました。35分には「受付どうぞ」と番号で呼ばれて、子どもの顔を見ることなく別れました。子どもは13時の考査開始前に誘導されるので、12時30分には学校に到着しているほうがいいと思います。

▷ 思っていたよりもアンケートを書く時間がかかったので、早めに到着しているほうが焦らなくていいと思いました。事前にアンケート項目についての内容をメモしておくと当日に慌てなくてすむと思います。

▷ アンケートの下書きは準備していったほうがいいです。途中の話し合いも入れて40分間書きっぱなしでした。

▷ 兄弟関係や親がご出身の方も多いので、どれだけ学校のことを知っているのか、入学後、ご両親ともに協力できるかどうかが大切になるようです。面接でもそのような面をアピールされるとよいと思います。

▷ 併願よりも単願、2日目よりも初日に受験されたほうが、熱意を感じてもらえる学校のように思いました。

新渡戸文化小学校

〒164 − 8638 東京都中野区本町 6 − 38 − 1 ☎ 03（3381）0124

形式と日程

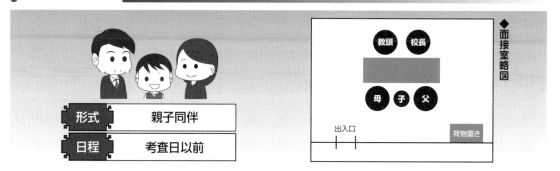

◆面接室略図

形式	親子同伴
日程	考査日以前

親子同伴の面接が考査日前におこなわれます。面接時間は 20 分程度。

質問の内容

父親へ

志望動機を 3 つあげてください。
本校を知ったきっかけを教えてください。
本校の印象についてお聞かせください
ご家庭での教育方針をお聞かせください。
お仕事の内容について教えてください。
休日はどのようにお過ごしですか。
ふだんのお子様との関わりについて教えてください。
お子さまとはどんな遊びをしますか。
お子様を子どもらしいと感じるときはどんなときですか。
お子様の好きな食べ物を教えてください。
アフタースクールに望むことは何ですか。

母親へ

本校を知ったきっかけは何ですか。
学校の委員活動の参加は可能ですか。
幼稚園で最近印象に残っていることを教えてください。
お仕事について教えてください。
どのようなお子様ですか。
子育てで苦労したことは何ですか。
子育てで気をつけてきたことを教えてください。
お子様の起床、就寝時間は何時ですか。
お子様はどのようなことをして遊ぶのが好きですか。
お母さまの小さいときの思い出はどんなことですか。
ご自分のご両親にしてもらったことで、嬉しかったことはどのようなことですか。
お子様には将来どのように育ってほしいですか。

子どもへ

お名前を教えてください。
幼稚園の名前と、担任の先生を教えてください。
幼稚園では何組ですか。
仲のよいお友達の名前を教えてください。
幼稚園ではどんな遊びが好きですか。
家ではどんな遊びをしますか。
学校までどうやって来たか教えてください。
好きな動物は何ですか。
朝食は何を食べましたか。
好きな食べ物は何ですか。
嫌いな食べ物は何ですか。…給食に出たらどうしますか。
好きな果物は何ですか。
テレビは見ますか。…何の番組が好きですか。
お手伝いは何をしていますか。
将来の夢は何ですか。

入試感想

■考査当日のこと…
▷ 控え室ではオペレッタの DVD が流されていました。
▷ 受付後は１年生のクラスで折り紙をしたりして過ごしました。点呼後はランチルームで「音楽の会」や「クリスマスのはじまり」のビデオを見て待ちました。
▷ ９時から９時 25 分の間に受付、親子いっしょの控え室で待機。９時 40 分に点呼があり、子どもは考査会場へ。11 時 40 分に終了。
▷ 出願順 40 名くらいを１グループとして午前８時より受付開始になり、最終グループは午後２時くらいだったと思います。控え室で待機していると先生が子どもを迎えに来て考査が開始され、待っている保護者には紅茶のサービスがありました。

■面接では…
▷ 面接は校長室でした。親子３人で受けました。
▷ 面接は雑談も交えて、終始穏やかに進めてくださいました。
▷ 子どもはとても緊張してしまって、そわそわして声も小さく、聞こえないくらいでした。先生が一生懸命話しかけてくださりましたが、親のほうにばかり目を向けてしまいました。面接後に校長室で先生がダーツをさせてくださり、そこでやっと少しだけ笑顔が出ました。
▷ 校長先生、教頭先生ともに立って出迎えてくださいました。特に教頭先生は終始微笑んでいらっしゃいました。質問はされていませんでしたが、あたたかく聞いてくださり、うなずきながらメモを取っていらっしゃいました。父親に自分の子どものことを詳しく聞きたかった様子で、母親へは１問のみの質問でした。質問内容はあらかじめ決められていたようで校長先生がメモを読み上げる形で質問されました。

アドバイス

▷ 年少の頃から行事参加していましたので、副校長先生に顔を覚えていただけたのがよかったかもしれません。

▷ 多少の失敗があっても、子どもの様子を総合的に判断していただいたように思います。

▷ 絵画のあとサンドイッチをいただき、そこでリラックスしてしまうお友達もいたようで、いっしょになってふざけないように前もって注意しておいたほうが良いかもしれません。

▷ 学校にもスリッパは用意されていますが、皆さん持参されているようでした。ほとんどの方が黒色のものでした。

▷ AOに関しては願書の内容をとても重視しているようなので、両親ともに学校に対する理解や子育てに対し積極的に参加することが大事であると思います。父親の存在は大きいように感じました。

▷ 保護者にも卒業生の方が多いらしい雰囲気でした。兄弟姉妹が在籍していると優先されるといううわさも聞いていたので、まったく無縁の立場で合格したことは意外でした。試験日が遅い割に欠席者がとても少ないことから第1志望の方が多いのではないでしょうか。

▷ ペーパーについては難しくはなかったようです。試験会場に向かう際、泣いてしまって結局試験を受けなかったお子さんもいたようです。多くのお子さんにとっては、テストは楽しく、先生方もとても優しかったそうです。

文教大学付属小学校

〒145 − 0065 東京都大田区東雪谷 2 − 3 − 12 ☎ 03（3720）1097

形式と日程

形式	親子同伴
日程	考査日以前

◆面接室略図

親子同伴の面接が考査日前におこなわれます。時間は 15 分程度。

質問の内容

父親へ

志望理由を教えてください。
当校を知った経緯についてお聞かせください。
本校に期待することは何ですか。
他校を受験されていますか。
お子様の通学方法と時間をお聞かせください。
ご家庭での教育方針ついて教えてください。
ご職業を教えてください。
お子様の健康状態をお聞かせください。
お子様の長所と短所を教えてください。
お子様の教育で、力を入れているところは何ですか。
両親から言われてきたことでお子様にも伝えたいと思うことを聞かせてください。
お子様には将来どんな子になってほしいですか。
お子様が成長したと思うところはどこですか。

母親へ

志望理由を教えてください。
学校説明会には参加されましたか。…印象を教えてください。
他校は受験されましたか。
ご家庭の教育方針についてお聞かせください。
家庭教育と学校教育の関係性を教えてください。
学校と家庭の役割の違いについてどのようにお考えですか。
本校に期待することは何ですか。
お子様の長所と短所を教えてください。
お子様の教育で、力を入れているところは何ですか。
お子様を褒めるのはどんなときですか。

どんなときにお子様を叱りますか。
お子様の健康状態をお聞かせください。
お父様とお母様の意見が違ったときはどうしますか。
お子様がトラブルを起こしたときにはどう対応しますか。
休日の過ごし方をお聞かせください。

子どもへ

お名前とお年、幼稚園の名前を教えてください。
住所と電話番号を教えてください。
幼稚園の先生のお名前を教えてください。
お友達の名前を教えてください。
幼稚園では何をして遊びますか。
今日は何でここまで来ましたか。…電車の中では、何をしたらいけませんか。
運動会では何が1番楽しかったですか。
お父さんのどんなところが好きですか。
お母さんのどんなところが好きですか。
お家ではどんな遊びをしますか。
最近お父さんに褒められたことは何ですか。
お母様に褒められるときはどういうときですか。…叱られるときはどんなときですか。
好きな食べ物と嫌いな食べ物を教えてください。
食事のときにしてはいけないことは何ですか。
最近読んだ本は何ですか。その内容を教えてください。
お手伝いは何をしますか。
将来の夢は何ですか。…それはどうしてですか。
楽しいときはどんなときですか。
大切にしているものは何ですか。どうしてですか。
朝起きたら何と言いますか。今朝は誰に言いましたか。
（ハンカチを見せて）どんなときに使いますか。
手はどんなとき使いますか。
水は何に使いますか。

入試感想

■考査当日のこと…

▷控え室は、校長室手前にある小さな応接室でした。
▷控え室は、休憩室のようなところでした。椅子がくるくる回るので、子どもは気をつけたほうがよいです。
▷子どもの服装は、白のポロシャツ、紺のベスト、紺の短パンにしました。
▷受付で考査票を見せて名前をチェックされ、番号のバッジを左胸につけてもらい、8時半の集合時間まで2階の教室で親子で待機します。皆さん折り紙やお絵描きをして待っていました。教室にはテレビがあり、NHKの番組が流れていました。8時45分に番号が呼ばれ、廊下に1列に並んで考査へ行きました。子どもが考査に行くと、テレビを見て待っていました。
▷子どもの服装は、白のポロシャツ、紺のベスト、紺の短パンにしました。

■面接では…

▷面接は1階の校長室で、待合室は2階の面談室でした。待合室には長テーブルが6台あり、それぞれにクレヨン1セットと上質紙が何枚か置いてあったので、子どもはお絵描きをして待ちました。1組ずつ教頭先生が呼びに来て面接室に案内され、荷物を室内に持って入りました。はじめに子どもに質問があり次に保護者でした。校長先生が質問をされ、教頭先生は隣でメモを取られていて、子どもの質問はゆっくりでしたが、親に対しては次から次へと質問されました。

▷ 面接では、校長先生が優しい口調で子どもをとても褒めてくださるので、子どもも安心して答えることができました。

▷ 和やかな雰囲気でした。子どもにもやさしく質問してくださいます。

▷ 隣に座っている先生がずっとメモを取っています。

▷ 子どもには特に難しい質問はなく、明るい態度で、自分らしく表現できることに注目していたように感じます。

▷ 校長先生が保護者にも子どもにもすべて質問され、隣にいらした教頭先生がメモをとっていました。

▷ 面接では校長先生が笑顔でお話しくださるので、子どもはリラックスしたいい状態で臨むことができました。

アドバイス

▷ 公開授業や説明会などの出席回数を把握しているようで、「たくさん足を運んでいただき、ありがとうございます」とのお言葉をいただきました。学校行事はまめに参加することが大切かと思います。

▷ 学校説明会や行事には、参加したほうがよいと思います。

▷ ペーパーテストは、過去問と似た問題でした。

▷ 面接日は、願書提出時に日時を指定できます。

▷ 説明会はとても丁寧に対応してくださり、校長先生の話の内容からペーパーテストよりも面接重視だということがうかがえました。学校の教育内容を理解してくれる家庭を望んでいるということを強調するとともに、生活習慣の必要性も訴えられていました。

▷ 学校説明会、私学フェアー、運動会、文化祭に参加しましたが、説明会で幼稚園からの推薦者が28名前後いますと、教頭先生からお話がありました。兄弟で通われている方が多く、30名程度の募集なので、かなり狭き門との印象を受けました。また、保護者同士が知り合いという方が多く、附属の幼稚園やご兄弟が在校している方がほとんどのような感じがしました。

▷ 受験校が決まったら、とにかく子どもといっしょにその学校の行事に参加をしてみるとよいと思います。お祭りと運動会に参加しましたが、子ども自身も楽しめ、この学校に行くんだという意志が持てたようです。また、試験のときにも、学校に慣れているのであがらないですむように思います。トイレなども大いに利用して、校内を探索気分で歩くのも楽しかったです。

▷ 我が子がどんなタイプの子か見極めて学習に取り組んだほうが、子どもが楽に楽しくできると思います。我が家の場合、自宅ではおだてて褒め、教室では先生方に厳しくしていただくというやり方で成功したと思っています。とにかく他のお子さんよりもスタートが2月と遅かったので焦りはありましたが、できなくて当然でできたときには思いっきり褒めてあげました。

▷ 親がうわさに惑わされ焦ってしまうことがありがちですが、それらに振り回されないことが大切だと思いました。親がおどおどしていると子どもにもわかってしまいます。自分の目で実際に学校を確かめられることをおすすめします。

▷ 考査はペーパーテスト→個別→運動の順でおこなわれました。

▷ 語りかけの口調なので、応答が「うん」「そう」になりやすいので、あらかじめ注意をうながしておくとよい。

▷ 面接時の椅子が柔らかく、不安定になりやすいので、浅めに腰かけるとよいと思います。

▷ 併願校の質問に対し前置きなく「もう1校考えております」と即答し、説明を付け加えようとしたところ「もうけっこうです。ありがとうございました」と話を切られてしまいました。

▷ 併願校を聞かれました。当然ですが、第1志望とする最大の動機を自信を持ってお話しするとよいと思います。

▷ 願書提出の際、8時半頃到着したのですが、すでに受付は始まっていました。面接の日時を決めるため、1人ひとりに時間がかかります。

宝仙学園小学校

〒164 - 8631 東京都中野区中央 2 - 33 - 26 ☎ 03（3371）9284

形式と日程

形式	親子別
日程	考査当日

◆面接室略図（一般試験）

親子別室での面接が、考査当日におこなわれます。面接時間は 5 ～ 10 分程度。願書といっしょに面接資料を提出します。

質問の内容

父親へ

志望理由をお聞かせください。
本校を知ったきっかけを教えてください。
学校行事には参加されましたか。
宗教に対してはどのようにお考えですか。
本校に望むことは何ですか。
他校はどちらか受験されましたか。
ご両親のどちらが強く志望なさいましたか。
通学は大丈夫ですか。
ご家庭での教育方針ついてお聞かせください。
お仕事の内容を教えてください。
お休みの日はお子様と何をして遊んでいますか。
お子様の名前の由来を教えてください。
お子様の長所と短所を教えてください。
お子様が成長したと思うところはどこですか。
子育てで気をつけていることを教えてください。
お子様には将来どんな人になってほしいですか。
ご兄弟、ご姉妹の関係はどうですか。
食事について好き嫌いがありますか。またアレルギーがありますか。
電車通学のマナーについて、ご家庭で話していますか。
電車の中で目を離した隙に、子どもが注意されていたらどう対処しますか。

母親へ

志望理由をお聞かせください。
本校を知ったきっかけを教えてください。
本校の行事に参加されましたか。
本校に望むことは何ですか。
ご家庭の教育方針について教えてください。
お子様の幼稚園での様子を教えてください。
幼稚園の行事で印象に残っていることは何ですか。
本校はどのような学校だと感じていますか。
本校に何を求めていますか。
お仕事の内容を教えてください。
お子様はお手伝いをしますか。
お子様の健康状態はいかがですか。
お子様の好きな食べ物と嫌いな食べ物を教えてください。
お子様にアレルギーはありませんか。
合掌について抵抗はありますか。
お子様の長所と短所を教えてください。
お子様の名前の由来を教えてください。
ご家庭で本の読み聞かせをしますか。
お子様はどのような本が好きですか。
ご兄弟、ご姉妹の関係はどうですか。
入学後のお子様の課題を教えてください。
お子様が学校からケガをして帰ってきたらどうしますか。
お友達とトラブルを起こした場合、どのように対処しますか。
子育てで成功したと思われることを教えてください。
お子様が成長したと思うところはどこですか。
お子様は衣服の着替えはスムーズにできますか。
どのようなお手伝いをされていますか。
お子様には将来どんな人になってほしいですか。

子どもへ

お名前を教えてください。
幼稚園の名前を教えてください。
お友達のお名前を教えてください。…何をして遊びますか。
この学校の名前を教えてください。…この学校に来たことはありますか。
今日の朝ご飯は何を食べてきましたか。
好きな食べ物は何ですか。
嫌いな食べ物を教えてください。…給食で嫌いな食べ物が出たらどうしますか。
外での好きな遊びを教えてください。
お部屋のなかでの好きな遊びを教えてください。
兄弟はいますか。…兄弟ケンカをしますか。
お兄さん・お姉さんが通っている学校名を教えてください。
両親に褒められるときはどんなときですか。叱られるときはどんなときですか。
お手伝いはしますか。
お父さんお母さんと何をして遊びますか。
小学校に入ったら何がしたいですか。
将来の夢はなんですか。
大きくなったら何になりたいですか。

小学校に入ったら何をしたいですか。
（公園の絵を見せられて）行けないことをしている子は誰ですか。
（公園の様子を絵で見せられて）危ないことをしているのは誰ですか。…それはどうしてですか。

入試感想

■考査当日のこと…

▷ 受付から面接まで、タブレットが活用されていました。一連の流れがとてもテンポよく、スムーズに進行していました。

▷ 控え室で待機していると、面接のためグループごとに呼ばれます（順不同）。2階へ移動し廊下で待ちます。

▷ 運動会や宝仙祭に参加しましたので、教室の雰囲気やトイレについてもよくわかっていたようで、本人も落ち着いて考査を受けられたように思います。

▷ ほとんどの家族が両親揃って来ていました。

▷ 説明会では、過去問を配られたり、考査内容についての説明もありますので、必ず参加したほうがよいでしょう。

▷ 控え室は1階の教室で、机2つをあわせ、椅子3つで席がつくってありました。座る席は自由でした。

▷ 受付でゼッケンを渡され、控え室に集合して待ちます。子どもはゼッケンを身につけ、番号の若い順に試験会場に移動します。

▷ 8時40分までに受付をし、控え室でゼッケンをつけて待ちます。9時から小集団テストが始まり、面接→ペーパー→運動→ひも結び→行動観察の順で進行していきます。子どもの考査中に両親面接があり、10時に子どもが戻ってきて終了となります。

▷ 受験番号をチェックし、ゼッケンを受け取って上履きに履き替えます。番号によって4つの控え室（1階）でそれぞれ待機します（机・椅子あり、座席指定はなし）。5分前に担当の先生より1日の流れが説明され、9時に子どものみが番号順に廊下に並んで考査会場（講堂）へと向かいます。保護者は2グループずつ面接会場へと誘導されます。

■面接では…

▷ 面接は3部屋で進行していました。

▷ 面接はどちらが答えてもよい感じでした。堅苦しい感じではありませんでした。

▷ 子どもの面接は体育館で、1人ずつゼッケン番号を呼ばれておこなわれました。

▷ 面接官は教頭先生でした。終始和やかな雰囲気でしたので、緊張せず落ち着いて答えることができました。

▷ 校長先生のお人柄がすばらしかったです。先生方もみなさんあたたかかったです。

▷ 子どもの考査が始まるとすぐに親の面接が始まりますが、受験番号順に呼ばれるわけではないので、落ち着きませんでした。

▷ 両親への面接では、先生が熱心にメモを取りながら話を聞いてくれました。資料にもよく目を通されていてそれについて質問をするなど、しっかりと相手にあわせて面接をしていて、ドライな感じがしませんでした。

▷ 非常に気さくで温厚そうな校長先生で、はじめに「短い時間ですから落ち着いて」と言ってくださったので、緊張がほぐれ和やかな雰囲気のなかで応答できました。

▷ 穏やかな口調の先生でいらっしゃったので、落ち着いて向かい合うことができました。タイマーでしっかり10分を計っていらっしゃいました。

▷ 父母どちらかに対する質問ではなく、2人に対して質問されますのでどちらが答えるかある程度事前に決めておいたほうがよいかと思います。

▷ 前の方が終了してから、1〜2分位して名前を呼ばれました。
▷ 和やかな感じで進んでいきました。特に仕事について、興味深く聞いておられたような気がします。
▷ たいへん和やかな雰囲気で、自然な受け答えができました。
▷ 先生がストップウォッチで時間を計り、早いペースで次々と質問されました。
▷ 私どもは校長室で校長先生との面接でしたが、他は教頭先生、先生の3つの部屋がありました。

アドバイス

▷ 貴重品以外は控え室に置いておけます。靴を入れる袋は必要です。
▷ 説明会では、過去問を配られたり、考査内容についての説明もありますので、必ず参加したほうがよいでしょう。
▷ ペーパーは時間が短いようなので、スピードも必要かと思います。ひらがなを声を出さずに読めるよう、練習しておく必要があると思います。
▷ 推薦入試に不合格でも一般で再チャレンジしたほうがよいと思います。学校の方々は人間味があるように感じられ、ペーパーの点数だけで合否を決めているとは思えませんでした。学校行事に多く参加したり、面接資料に熱意を込めて記入したり、面接で第1志望であることが伝わるように工夫した返答をするように心がければ、学校側もそこをくみ取ってくれそうな気がしました。
▷ 推薦であっても一般の願書も出している方がほとんどでした。
▷ 説明会で学校の内容を詳しく伺えますので、必ず出席されたほうがよいです。
▷ 願書は初日に出したほうがよいと思います。
▷ 試験日は雨で靴下が泥だらけになり履き替えました。靴下はもう一足必要ということを、つくづく思いました。
▷ 一般入試は推薦で不合格だった人も受験しており、約20人の枠を争うためノーミスでないとなかなか合格できないと思います。また、説明会などに参加する場合に必ず記名をするので、参加されておいたほうがよいかと思います。
▷ 家庭の中で子どもが、どのように生活しているのかを気にされていたようです。
▷ 面接が終わり子どもが戻ってくると、ゼッケンをかごの中に戻して随時解散でした。保護者の面接が済んでいないお子さんは、教室の本を読んで待っているよう指示されていました。
▷ 面接は片親だけの方も何人かいらっしゃいました。
▷ ほとんど両親で、母親のみは1組だけでした。本を読んだり、教室の図書コーナーを見たり、一言二言お話しする方もいましたが静かでした。お茶などは特に用意されていません。途中、先生が掲示してある生徒の作品についてお話ししてくださり、たいへん和やかな雰囲気でした。
▷ ペーパーテスト重視の学校ですが、最近では説明会で校長先生もおっしゃられているように、子どもの個別面接と集団遊びに時間をかけて重視しているようです。
▷ 合格者の男女比はやや男子が多く、受験者も男子のほうが多かったようです。
▷ 昨年度を上回る応募があったと学校のホームページにありました。
▷ 考査中の待ち方や移動は皆静かにできたと言っていました。
▷ どうしても宝仙には入りたいと思われるのでしたら、推薦がよろしいかと思います。一般入試は他の試験に受からなかったお子様たちばかりの考査のような感じがしました。親の面接は私どもは両親で参りましたが、両親でいらしている方はほとんどいませんでした。
▷ 第1志望の方は推薦と一般、両方とも受験した方がよいと思います。
▷ 第1志望校は2度目3度目に受験するようにしました。練習にどこか経験した方がよいと思います。
▷ 過去の問題を個別学習などで覚え込むほどやって、確実に点数を取ることが大切だと思います。
▷ 上着などを入れる大きな袋を持っていったほうがいいです。

武蔵野東小学校

〒 180 - 0012 東京都武蔵野市緑町 2 - 1 - 10 ☎ 0422（53）6211

形式と日程

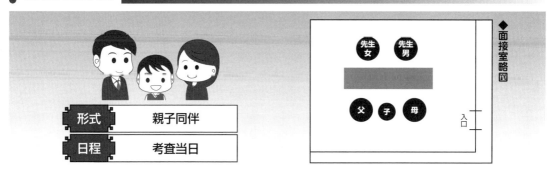

形式	親子同伴
日程	考査当日

◆面接室略図

先生女　先生男

父　子　母

入口

保護者と子ども同伴の面接が考査当日におこなわれます。面接時間は 10 分程度。面接当日に面接資料に記入し提出します。

質問の内容

父親へ

志望理由をお聞かせください。
説明会はいらっしゃいましたか。…印象を聞かせてください。
ご家庭の教育方針を教えてください。
他に併願されていますか。
混合教育についてどのようにお考えですか。
小中一貫教育についてどのようにお考えですか。
お仕事について教えてください。
お子様との時間をどのように取っていますか。
お父様の帰りが遅いとき、お子様とどのようにコミュニケーションを取っていますか。
他に受験している学校はありますか。
お子様の長所と短所を教えてください。
お子様はお母様のことをどう思っているとお考えですか。
お子様の自慢できるところを教えてください。
家庭での父親の役割をどのように考えていますか。
お母様の長所と短所を教えてください。
お子様が、ご両親に似ているところはどこですか。
お子様は食べ物で嫌いなものはありますか。…重いアレルギーはありますか。
ご両親で意見が分かれることがあると思いますが、そのときはどうしますか。

母親へ

学校を訪問してどのような印象を持ちましたか。
混合教育についてのお考えを聞かせてください。
混合教育がお子様にどのような影響を与えると思いますか。
説明会の感想をお聞かせください。
家庭のしつけで大切にしていることは何ですか。
通学経路と通学時間を教えてください。
お子様にアレルギーはありますか。
お仕事について教えてください。…学校行事の参加は大丈夫ですか。
健康面で学校に伝えておきたいことはありますか。
お子さんの不安な点はなんですか。
お父様の長所と短所を教えてください。
お子様はふだんどのように遊んでいますか。
お子様のよいところはどんなところですか。
お子様が夢中になっている遊びは何ですか。
最近の教育問題についてどう思われますか。

子どもへ

お名前と生年月日を教えてください。
幼稚園の名前を教えてください。
園長先生の名前を教えてください。
お友達の名前を教えてください。
好きな遊びは何ですか。…それはどうしてですか。
朝ご飯は何を食べましたか。
どうやってここまで来ましたか。
お父さん、お母さんの名前を教えてください。
お父さんとお母さんの好きなところはどこですか。
お父さんとお母さんのおもしろいところはどこですか。
お父さんとお母さんの仕事は何ですか。
どこの学校に行きたいですか。
お誕生日に欲しいものは何ですか。
お手伝いをしますか。
なってみたい動物は何ですか。…どうしてですか。
どんな絵本を読んでいますか。
習い事をしていますか。
小学校に入ったらどんなことを頑張ってみたいですか。

入試感想

▷ 控え室では、携帯などを見ている人はおりませんでした。ほとんどの人は流されていた映像を観たり、本を読んだりしていました。

▷ 当日の面接資料は、「本校をどのように知ったか」「幼児教室について」「通学時間」「アレルギー」などを記入しました。

▷ 9時に受付をし、子どもはペーパー、運動、絵画などの考査に向かいます。保護者はこの間別室で面接をおこない、12時20分に終了となります。

▷ 面接の待ち時間が長いので、発表会のDVDを見ながら待ちます。外出は可能です。

▷ 面接は和やかな感じでした。

▷ 面接の最初に「緊張をほぐすために、しりとりをしましょう」と言われ、親子3人と先生1人でしりとりをしました。

▷ 事前提出の資料は「志望理由」「受験児紹介」で、当日記入するアンケートは「幼児教室について」「アレルギーについて」などでした。

アドバイス

▷ 事前に提出する受験児の紹介文に触れて、子どもにいろいろ質問がありましたので、内容は子どもに伝えておいたほうがよいです。

▷ 入試直前に個別の学校見学を依頼したのですが、とても丁寧に対応していただきました。とても面倒見のよい学校だと感じましたが、入試の日もそれを実感しました。

▷ 子どもの面接の練習は、充分やっておいたほうがよいと思います。

▷ 考査は3時間半と長時間ですので、耐えられる力が必要だと感じました。

▷ 保護者面接の時間が長いように感じました。面接の比重が大きいように感じました。

▷ 面接官の先生は、時間などあまり気にしていないようでした。じっくり見ているように思います。

▷ 子どもの考査と保護者の面接は別の校舎ですので、子どもの様子はまったくわかりません。

明星小学校

〒 183 − 8531 東京都府中市栄町 1 − 1 ☎ 042（368）5119

形式と日程

形式	親子同伴
日程	考査当日

◆面接室略図

先生　先生

母　子　父

荷物置き

出入口

親子同伴の面接が考査当日におこなわれます。面接時間は 10 分程度。

質問の内容

父親へ

志望理由をお聞かせください。
本校を知った理由を具体的にお話しください。
本校の特色のどこに魅力を感じましたか。
ご家庭の教育方針と本校の教育で、合致しているところはどこですか。
本校の教育理念や教育目標についてのお考えをお聞かせください。
本校の受験をいつ頃から考えられましたか。
本校のどのような点を評価していますか。
教育において大切なことは何だと思われますか。
しつけについてどのようお考えですか。
家庭で大切にしていることは何ですか。
お仕事の内容についてお聞かせください。
お仕事で大切にしていることは何ですか。
お仕事でやりがいを感じていますか。
お子様に仕事内容を伝えていますか。
お仕事がお休みのとき、お子様とどのよう接していますか。
お子様とどのようなことをして遊びますか。
お子様が物事を途中であきらめると言ったらどうしますか。
お子様に物事の善悪をどのような方法で教えていますか。
お子様が最近成長したと感じるのはどんなときですか。
これまでの子育てで、どんなことに感動なさいましたか。
子育てでどのようなことに気をつけていますか。
どんなときお子様の成長を感じますか。
これからの社会に必要となってくる能力はどのようなもので、本校でどのように得られると思われますか。
お子様の名前の由来をお聞かせください。
しつけで大切にされていることは何ですか。
お子様の長所と短所を教えてください。

お子様の目が輝くときはどんなときですか。
お子様に何か伝えたいことはありますか。
「凝念」についてどう思われますか。
「正直なよい子」についてお考えをお聞かせください。
最近のご家族の明るいニュースについてお聞かせください。

母親へ

3つほど本校の特色を踏まえて、志望理由をあげてください。
本校を知った理由を具体的にお話しください。
本校の受験はいつ頃からお考えになりましたか。
どうして本校を選びましたか。
本校の特色をどのようにご理解されていますか。
本校の校訓「健康・真面目・努力」についてどう思いますか。
しつけで気をつけていることは何ですか。
子育てと本校の教育との共通点は何ですか。
幼稚園を選ばれた理由を教えてください。
幼稚園でのお子様の様子をお聞かせください。
通学経路と時間を教えてください。
入学してからの送迎について確認させてください。
お仕事はされていますか。
緊急のお迎えは大丈夫ですか。
学校行事には参加できますか。
お子様の長所と短所を教えてください。
日ごろどのようなことに気をつけて、お子様と接していらっしゃいますか。
お子様の目が1番輝くのはどんなときですか。
夏休みはお子様とどのように過ごされましたか。
小学校生活がスタートしたとき、大切だと思われる公共のマナーは何ですか。
お子様に最近めばえてきたことは、どんなことですか。
これまでの子育てで、どんなことに感動なさいましたか。
これまでの育児のなかで、困ったこと、つらいことなどありましたか。
子育てで1番大切に思うことを教えてください。
お子様に言われてうれしかった言葉は何ですか。
お子様の成長を感じたエピソードを教えてください。
既往症、アレルギーはありますか。
お子様は大きな病気やケガをしたことがありますか。
子ども同士のトラブルがあったときにどう対処しますか。
どのようなお手伝いをさせていますか。
家庭での決まりごとはありますか。
お子様には将来どのようになってほしいですか。
お子様の名前の由来を、お子様に語りかけるようにお話ししてください。
お子様のよいところを、お母様の言葉で、今ここで語り掛けてください。
お子様のどのようなところに成長を感じていますか。
お子様が成長したなあと思うところを、お子様に今、語り掛けてください。
お子様が今、頑張っていることは何ですか。
「凝念」についてどう思われますか。
「正直なよい子」についてお考えをお聞かせください。
最近のご家庭内での明るいニュースについてお聞かせください。

子どもへ

お名前を教えてください。
生年月日を教えてください。
住所を言ってください。
幼稚園の名前を教えてください。…園長先生の名前を知っていますか。
幼稚園の担任の先生のお名前を教えてください。…どんな先生ですか。
幼稚園のお友達の名前を2人教えてください。
お友達と何をして遊びますか。
お友達が泣いていたらどうしますか。
幼稚園で、お外では（お部屋では）何をして遊びますか。
幼稚園のお庭にはどんなものがありますか。…それでどのように遊びますか。
幼稚園がお休みの日は何をして遊びますか。
今日は何時に起きましたか。…それは誰かに起こしてもらったのですか。
朝起きてからここに来るまで、何をしてきましたか。
今日はここまでどうやってきましたか。
この学校の名前を知っていますか。
この小学校に来たことはありますか。…どんな遊具がありましたか。
小学校に入ったら何をするのが楽しみですか。
お父さんに褒められる（叱られる）ときはどんなときですか。
お手伝いをしますか。…気をつけていることは何ですか。…そのときお母さんは何と言っ
てくれますか。
お父さん、お母さんの好きなところを教えてください。
朝ご飯は何を食べましたか。
好きな食べ物の1つ目と2つ目を教えてください。
嫌いな食べ物を教えてください。…嫌いなものが給食に出たらどうしますか。
お母さんのつくる料理では1番好きなものは何ですか。
お弁当に入っていて、うれしいものは何ですか。
お父さんお母さんと、どんな遊びをしますか。
お父さんお母さんに、どんなとき褒められますか。
お父さんお母さんのどんなところが好きですか。
もしも何でも出てくるポケットがあったら、何が欲しいですか。
お父さん・お母さんに本を読んでもらうことはありますか。
兄弟とケンカをしますか。…ケンカをしたときにお母さんには何と言われますか。
大きくなったら何になりたいですか。
夏休みの思い出を話してください。
迷子になってしまったらどうしますか。
あなたの大切なものは何ですか。
1つだけ魔法が使えるとしたら、何をお願いしますか。
（行事の絵を見せて）この絵は何のことかわかりますか。どんなことをするのかお話しして
ください。
（『ももたろう』や『うらしまたろう』の本を見せて）この本を知っていますか。誰が出て
きますか。

入試感想

■考査当日のこと…

▷ 子どもの考査中に記入するアンケートがあります。iPadでのアンケートもありました。

▷ 面接があり、それから子どもの考査でした。受付から面接までの待ち時間が長かったです。

▷ 感染対策で換気がされており、室内でも少し肌寒く感じました。

▷ 控え室はとても静かでした。面接の順番までは、待ち時間が長めです。

▷ 9時10分に受付をしてから、終了まで3時間ほどありました。

▷ 9時30分に受付、控え室で待機。55分に受験番号に関係なく男女に分かれて2列で考査へ、親は2年生の教室3つに分かれ待機、待機中にアンケート記入をおこなう。11時30分に先生の引率で子どもが戻ってきて終了。

▷ 入口で受験票を見せて確認を受けた後、番号札を子どもの首にかけていただきます。その後、控え室に案内していただき待機し、順番になると先生が呼びに来てくださいます。

▷ 受付が済むとプラスチックの番号札を首からさげます。とても和やかな場にしてくださいますが、気を抜くとチェックが入ります。

▷ 控え室で開始時間の5分前まで親子で待ち、子どもたちが呼ばれて控え室を出ていった後、親も他の部屋へ移動しました。

▷ 12時15分頃到着しましたが、すぐに受付を済ませることができました。その後、親子とも控え室に移り呼び出し時間（1時）まで子どもと父は折り紙をして待ちました。私（母）は受付時にいただいたアンケート用紙に早速記入をしました。1時になると、子どもたちは順番に並び試験室に向かいました。父母は控え室に移動しました。

▷ 玄関から入ってすぐのところで受付をして、受験番号の札を子どもの首に下げます。女性の先生の案内により会議室で待ちました。控え室ではお茶のサービスがありました。2組ずつ呼ばれて、奇数は校長先生、偶数は教頭先生が面接されていました。

▷ 6家族が待てるくらいのスペースで呼ばれるまで待ち、待っている間は子どもは折り紙やあやとりなどをしていました。お茶の用意があり飲んでいる方も多かったです。時間になったら呼ばれ、面接室へ案内されました。

■面接では…

▷ 面接では、マスクを外しておこなわれました。

▷ 面接では、とてもやさしく語りかけてくださいました。

▷ 面接での質問は、1人の先生だけで、もう1人の先生はメモを取っていました。子どもの様子をじっと見ていらっしゃいました。

▷ 面接での校長先生の質問は和やかな雰囲気で、とても答えやすかったです。当日記入のアンケートは、「いつ頃から入学をお考えになりましたか。また、志望理由」「今小学校教育に望むこと」「子どものどんなところを伸ばしたいか」「さすがわが子と思えるところ」「明星っこクラブの利用について」などでした。

▷ 面接は終始和やかな雰囲気でした。どの程度学校のことを理解しているかをチェックされていると感じました。

▷ 月齢を考慮されてのことかもしれませんが、子どもへの質問が「はい」で済んでしまうものが結構ありました。家でも面接の練習の時にはそのような想定をしていなかったので、「はい、そうです」という練習もしておけばよかったと思いました。だんだんと先生方も気さくな口調になってこられたので、子どももつられて「うん」などと首をタテに振って返事をし始めてしまい、たいへんあせりました。

▷ 面接がおこなわれた応接室は少々せまく、先生とかなり近い距離でした。子どもにはわかりやすく、やさしく質問してくださったので言葉に詰まることもなく、答えることができました。先生方の印象がとてもよく、主人も私もそれまで以上にすばらしい学校だと感じました。

▷ 先生方と同じ机で対面しての面接でしたので、圧迫感があり緊張感がありましたが、子どもにとって面接は4度目でしたので妙に慣れてしまい、先生の問いに「うん」とうなずくことから始まってしまい、先生には失笑を買いました。私がじろりと子どもの方を向いたところを他の先生に見られてし

まいました。私も入室したとき、受験票をお渡ししなければならないところを鞄に入れてしまい、先生にご注意を受けましたので失敗したなと思いました。
▷ 最初に父親に紙を渡され職業を書かされます。その間に子どもへの質問が始まります。
▷ 親への質問の内容は予想外のもので困りました。事務的な感じがしました。
▷ 面接の先生の前に木製のプレートが立っています。面接官と近い位置に座るため、足下は見えません。
▷ 荷物置き場がありますが、椅子の上に置くような状態です。
▷ とにかく子ども中心の面接でした。何とか子どもらしい一面を見ようといろいろな角度から質問されていました。答えに詰まったとしてもやさしく次の質問へ移るなどの配慮もしてくださいました。父親に対しても母親に対しても一般的な質問はなく、子どものことに関することに終始してました。面接室がとても狭く、入退室がすこし雑になってしまいました。
▷ 校長先生の面接でした。子どもが先に面接され、その間に小さな紙に保護者名と職業を記入しました。少しして、親も子どもの席の隣に座るよう指示されました。緊張しましたが、校長先生は穏やかに対応してくださいました。

アドバイス

▷ ９月の入学試験説明会で、試験内容を詳細に教えてくれます。
▷ アンケートのなかに、「参加したイベントの中での、本校教員とのエピソードがあればおしえてください」という項目がありました。プレスクールなど参加は必須で、そこでのやり取り、先生のお名前など記憶されておいたほうがよいと思います。
▷ 控え室の移動もあるので、荷物はコンパクトにまとめられるとよいと思います。
▷ 「面接中は、感染予防をしているので、マスクを外してください」と説明がありました。
▷ アンケートは、事前に下書きを準備しておいたほうがよいです。
▷ 平日は朝のラッシュで、バスの時間がかかることがあります。
▷ 説明会などに何度も足を運んでいたので、当日教頭先生からお声がけをいただき、安心して試験を受けることができました。
▷ アンケートは例年と同じような内容でした。「志望を考えた時期と志望理由」「今、小学校教育に望むこと」「お子様の伸ばしたいところ」「さすが我が子と思えるところ」でした。下書きを持参されるとよいと思います。
▷ 子どもたちが試験をおこなっている間、保護者は３階の教室でアンケートを記入していました。番号が早い方は、子どもが早く戻ってくるのでアンケートの時間が短かったようです。辞書を持ってきている方もいました。
▷ すべてが規則正しく、きちんとした印象でした。それでいて先生方は子どもたちをとてもあたたかく見守ってくださっていたように感じました。子どもも楽しく受験できたようで、どの子もみな笑顔で戻ってきました。
▷ 国分寺駅からバスで5分とされていますが、朝のラッシュアワーでは20分以上かかります。
▷ 余裕を持って家を出たつもりでしたが、国分寺駅からのバスが思っていた以上に時間がかかり（道が混んでいた）受付開始時刻ぎりぎりに（８時半）なってしまいました。早く来ていた方は、控え室で待っていたようです。
▷ 提出書類の写真には特に注意しました。校長先生が体育会系の方なので印象をよくするために、顔がふっくらしている方なら、すっきり見せるように白黒で、痩せていて細身のお子様でしたらカラーのほうがよいと思います。

▷私たちはアンケートの準備をしておいたのでよかったですが、早い子は1時間ちょっとで帰ってくるので、あの文章量をその場で書くのは大変かと思います。電子辞書を持ってきている方も見られました。

▷アンケートは前もって準備されている方がほとんどでしたが、その場で夫婦で話し合って書かれている方もいました。とにかく明るく温かな学校の雰囲気がよく出ていて、先生の対応、在校生の対応はすばらしいと思いました。

▷アンケートを記入する部屋にポットがあり、子どもも飲めるようにとぬるめのお茶が用意してあったので、遠慮なくいただきました。

▷控え室はアンケートを書くのにたいへんでとても静かでした。お茶の用意がありました。

▷控え室ではとても和やかな中で待つことができました。ほかの保護者の方もリラックスされているようでした。学校側の配慮が皆さんをリラックスさせたのだと思います。

▷試験時間は50分と短く、その間にアンケート5問を書き上げるため、子どもが逆にアンケートを書き上げるのを待つような状態でした（下書き、辞書持参可）。

▷先生は温かく迎えてくださり、面接の誘導役の女生徒さんもとても穏やかで素朴な感じがしました。我が娘もこのように育ってほしいと思ったほどです。とても面倒見のいい学校だという印象をうけました。

▷6年生の女子生徒が誘導してくださいました。とても丁寧で好感が持てました。

▷面接では散々でしたので、試験を受けてもだめかな…と思いながら考査日を迎えましたが、子どもががんばってくれたようで、運よく合格をいただき本当にうれしく思いました。

▷校舎は吹抜けなので、2階と3階で試験を受けている子の声がしました。きちんとごあいさつできる子ばかりのようで、うちの子もハキハキできているか少々不安でしたが、結果をいただいてできていたのかなと安心しました。

▷ジャンケンをしてみんなで遊ぶ集団テストは、みんなとても大きな声を出していて楽しそうでした。1階まで聞こえてきました。

▷廊下にも何人もの先生がいて、子どもたちをチェックしているようでした。

早稲田大学系属 早稲田実業学校初等部

〒185 − 8506 東京都国分寺市本町 1 − 2 − 1 ☎ 042（300）2171

▌形式と日程

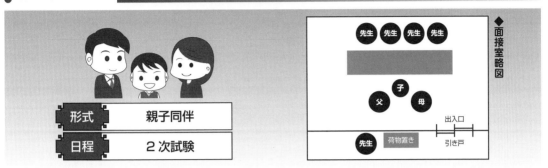

形式	親子同伴
日程	2 次試験

◆面接室略図

親子同伴の面接が 1 次考査合格者のみ、2 次試験としておこなわれます。面接時間は 15 分程度。

▌質問の内容

父親へ

志望理由をお聞かせください。
学校説明会や見学会に来られて、どのように感じましたか。
数ある私学の中で、本校を選んだ理由をお聞かせください。
小学校ではどんなところを伸ばしてほしいですか。
本校は私立なので、建学の精神や教育方針があります。本校にどのようなことを望んでいますか。
オンライン授業などありますが、対面授業についてどのようにお考えですか。
中・高と続きますが、それについてはどのようにお考えですか。
お子様に身につけてもらいたい力はどんな力ですか。
ご家庭の教育方針についてお聞かせください。
学校と家庭の役割の違いについて、どのようにお考えですか。
通学経路と通学時間を教えてください。
電車通学となりますが、お子様は電車には慣れていますか。
お子様が通学途中に迷惑をかけた場合に、どのような対応をしますか。
住んでいる地域から離れて、遠い小学校に通うことについてどうお考えですか。
現在お通いの幼稚園を選んだ理由を教えてください。
お仕事についてお聞かせください。
転勤などの場合はどのように対処されますか。
大学卒業後、いままでお仕事をしてきたなかで、何が 1 番大切だとお考えですか。
休日にはお子様とどんなことをしますか。どのように遊んでいますか。
早大の卒業生として、お子様に伝えたいことは何ですか。
早稲田で学んだことで、仕事に活かしていることは何ですか。
お子様のすごいところはどこですか。
お子様の長所と短所についてお聞かせください。
お子様が成長したと思われることを教えてください。
お子様に期待することを教えてください。
お子様には将来どんな人になってほしいと思われますか。
子育てで困ることはどんなことですか。

子育てをするうえで、学んでいることは何ですか。
子育てで1番大事にしているのは、どんなことですか。
1番大切なこととして、お子様にどんなことを伝えていますか。
お子様が行き詰ったときに、どのように声をかけますか。最近のエピソードも含めてお答えください。
お子様を褒めたり、叱ったりされると思いますが、最近の出来事で、エピソードを含めお話しください。
お子様が泣いて帰ってきたらどうしますか。
ご家庭での父親の役割をどのようにお考えですか。
ご自身とお子様の似ているところは何ですか。
子どもの教育で、これだけは身につけさせたいと思っていることは何ですか。

母親へ

志望理由をお聞かせください。
本校のどこが気に入ったのか、一言でお願いいたします。
上のお子様と違う学校ですが、こちらを選ばれたのはなぜですか。
ご家庭の教育方針についてお聞かせください。
学校教育と家庭での教育の役割に、どのような違いを求めていますか。
幼稚園のうちに身につけさせたいことは何ですか。
通学経路と通学時間を教えてください。
ラッシュ時に登校することに、不安はありますか。
通学の準備はしていますか。
自宅から遠いですが、緊急時にすぐお迎えに来られますか。
公共の場でのマナーについて、どのように教えていますか。
お仕事をお持ちですが、お子様に割く時間はありますか。
お子様が嫌いな食べ物を、どうやって食べさせていますか。
しつけについてお考えをお聞かせください。
育児を通して感じていること、印象に残っていることは何ですか。
食に対してのお考えをお聞かせください。
ふだんからお子様によく言い聞かせていることはありますか。
子育てで苦労したことは何ですか。
子育てで気をつけていることを教えてください。
お子様の性格を一言で言ってください。
お子様の良いところと、これから頑張ってほしいところを教えてください。
お子様がご自身に似ていると思うところはどこですか。
お子様がご自身に似ていて、よかったと思うところを教えてください。
お子様を褒めるときに気をつけていることを教えてください。
お子様を叱るときに気をつけていることを教えてください。
学校が嫌だとお子様が言ったとき、どのように対応しますか。
お子様の成長を感じたエピソードを教えてください。
お子様の名前の由来を教えてください。
鉛筆を削るときナイフを使いますが、どう思いますか。
お子様がケンカをして帰ってきた場合どう対応しますか。
いつもお子様は何時に起きていますか。自分で起きますか。
弟さん、妹さんが生まれて何か変化はありましたか。
どのようなきっかけで、習い事を始めましたか。

子どもへ

名前と生年月日を教えてください。
お家の住所を教えてください。
家族は何人ですか。
幼稚園の名前を教えてください。
幼稚園の先生の名前を教えてください。
お友達の名前を3人教えてください。
幼稚園ではどんな遊びをしますか。…幼稚園は楽しいですか。
お友達とケンカをすることはありますか。…どんなときケンカになりますか。
幼稚園には誰とどうやって通っていますか。…何分くらいかかりますか。
幼稚園で楽しいこと、嫌なことは何ですか。
今日はここまで、何できましたか。…乗り換えはありましたか。…どの駅から来ましたか。
電車に乗って学校に通うのは平気ですか。…電車に乗るときには何に気をつけますか。
電車の中で気をつけることはありますか。
この学校に来るまでに見た「きれいなもの」を教えてください。
運動会はどうでしたか。
今日は何時に起きましたか。…自分で起きますか。起こしてもらいますか。
朝ごはんは何を食べましたか。
お母さんのつくる料理で1番好きなものは何ですか。
嫌いな食べ物は何ですか。…それが給食に出たらどうしますか。
給食で好きなものは何ですか。…嫌いなものが出たりしますか。…そんなときどうしますか。
お家でお手伝いをしていますか。
お家では何をして遊びますか。…お母さんとは何をして遊びますか。
お父さん、お母さんはどんな人ですか。
お父さんとお母さんでは、どちらが怖いですか。
お父さん、お母さんの好きなところを教えてください。
お父さんとお母さんのすごいなと思うところを教えてください。
お父さんと休日に何をして遊びますか。
どうしたら、お父さんお母さんがもっと好きになりますか。
お父さん、お母さんに褒められる（叱られる）ことは何ですか。
弟とケンカをしますか。…ケンカしたらどうしますか。
家族で出かけて、楽しかった所はどこですか。
家族みんなですることは何ですか。
お家での約束事は何ですか。
スポーツは何をしていますか。
好きな生き物は何ですか。…それはどこが好きですか。…育てるのに大変なことは何ですか。
好きな昆虫は何ですか。…どうしてですか。
お家で飼っている動物はいますか。
飼ったことがある生き物は何ですか。…飼って気づいたことは何ですか。…エサは何をあげましたか。
好きな本を教えてください。…どうしてですか。
今がんばっていることはありますか。
最近、ひとりでできるようになったことは何ですか。
小学生になったら、できるようになりたいことは何ですか。
お手伝いはしますか。…どんなお手伝いですか。…気をつけることは何ですか。
「東京都」って知っていますか。
習い事で1番好きなことは何ですか。
今欲しいものは何ですか。
夢は何ですか。
将来なりたいものは何ですか。

入試感想

■考査当日のこと…

▷ 今年はシールタイプの番号を右腕に貼りました。考査時間は１時間ほどでした。

▷ 考査日の控え室は体育館で、前後左右１つずつあけて親子で座りました。

▷ 学校内は、スマホなど禁止でした。控え室では本を読んでいる方が多数でした。

▷ 控え室は図書室でしたが、学校の本は読まないよう、指示がありました。

▷ 考査では１５人のグループでした。考査中、何度もトイレ時間の声掛けがあったようです。

▷ 控え室は図書室で、８席ほど用意されていました。各家庭で静かに待っていました。先生が１人い
らっしゃいました。

▷ 控え室には子どもの机とパイプ椅子１脚があり、子どもの考査中そこで待機します。トイレ以外で
は出られません。

▷ 机にはゼッケン、受験票を入れるホルダーが置いてあり、考査終了後、元の位置に戻すように指示が
ありました。

▷ 学校見学では、校舎見学をしたり、音楽発表会のビデオを見ることができました。いなほ祭は、実際
に通われているお子さん、保護者の方、中学生・高校生の様子を知ることができ、とても有意義でし
た。

▷ 子どもが控え室から考査会場へ向かうと、併願校アンケートを渡され、１０分で記入しました。

▷ 図書室で待機しました。本など自由に見てよいとのことでした。

▷ ゼッケンを安全ピンで留めます。

▷ 控え室の前後のドアは開けられており、廊下に先生がいらっしゃいます。トイレのみ自由に行けます。

▷ 控え室では大半の人が折り紙をしたり、絵本を読んで過ごしていました。静まりかえっている感じで
はありませんでした。

▷ 考査日の控え室では、みなさん読書などされていました。携帯・スマホの使用はいっさい禁止です。

▷ 控え室では折り紙をしている子が多かったです。１２時から１２時３０分の受付で、試験開始が１３
時でしたので、待ち疲れた子どもが多かったです。出欠の確認は１２時３５分頃でした。

▷ 教室に２０人ずつ入室し、５人ずつのグループにわかれます。

▷ ８時より前に着いてしまいましたが、校舎内に入れていただきました。

▷ 直前までペーパーをやっているお子さんもいました。

▷ １階の教室が控え室でした。机には受験票とビブス、名札ケースがおいてあり、ケースのなかに各自
受験票を入れて首から下げます。時間になると子どもたちだけ別室に移動します。

▷ ペーパーが少ないと感じました。内容も難しくなかったようです。

▷ 子どもの考査中に、親は無記名の併願校アンケートを記入しました。

▷ 付き添いは保護者１名ですので、ほとんど母親でした。

▷ 他のグループでしたが、騒いでいる子は先生に注意され、手の甲にマーカーで印をつけられたようで
す。

▷ テスト終了後、ネームバッチをとり、ゼッケンをたたんで返却しました。

▷ 早めに到着してしまったのですが、すぐ控え室に入れていただきました。子どもには机と椅子、付き
添いにはパイプ椅子でした。点呼があるまで絵本を読んだり、折り紙などで遊びました。

▷ 考査中にゼッケンのひもがほどけてしまい、先生に直していただいたとのことでした。考査前に「途
中でゼッケンがほどけてしまっても、直しますので大丈夫です」との説明がありました。

▷ 子どもの考査中は、携帯、PC、電子機器の使用は禁止となっていました。

▷ ゼッケンの番号が名札で隠れないように、番号の下ぐらいに名札がくるように調整していましたが、
先生が「番号がなくても大丈夫です」とおっしゃったので、多くの人が名札がブラブラしないように短
く調整していました。

▷ ９時３０分までに受付、控え室で待機。ゼッケンを付け、受験票をケースに入れて首からさげる。
１０時に子どもは２０名単位で考査へ、親はそのまま控え室で待つ。１１時に子どもが戻ってきて解散。

▷ １４時に受付、控え室で待機（１教室２０組）。５０分に点呼、子どもは大学生の引率で考査へ、親は
そのまま控え室で待機。１５時より５人グループごとに考査。１６時に子どもが戻ってきてゼッケン
と札を机に戻して終了。

▷ 指定された受付時間より１５分くらい前に受付をしました。靴は靴箱に入れておいてよく、上履きに

履き替えて2階の図書館に移動すると、入口に男の先生が1人いて番号を確認後「図書館に置いてある本は自由にご覧ください。座る場所も自由です。順番になりましたらお呼びしますので、リラックスしてお待ちください」などの説明をしてくださいます。順番に2組ずつ図書室の端の椅子に呼ばれ、女の先生が呼びに来たら面接会場へ移動します。
▷ 両親での付き添いはあまりいませんでしたが、父親のみの方も多かったです。折り紙をしている子が多かったです。問題集に取り組んでいる方も数名いました。思ったよりにぎやかで立ち歩く子や折った紙ヒコーキをくれる子がいたり、ポロシャツの裾をズボンから出している子も結構いました。本を読んだり、メールをしている方もいました。

■面接では…
▷ 面接日の控え室は図書室でした。5組ほどおりました。
▷ 面接は子ども中心でした。とても緊張感がありました。
▷ 面接では、先生方はマスクをされていて、1人ずつアクリル板の衝立がありました。
▷ 面接では子どもに対しての質問がとても多かったです。
▷ 面接日の控え室は図書館で、5～6組が待機していました。自由に本を読んでよいと言われました。
▷ 面接は子どもに語りかける感じで、優しく聞いてくださいました。質問数はかなり多かったです。
▷ 廊下に荷物置場が用意されており、案内の先生に指示されました。
▷ とても優しい面接でした。子どもへの質問がほとんどでした。
▷ 面接では、内容を掘り下げていくような質問が多い気がしました。
▷ 面接では先生方が終始穏やかに話してくださいました。
▷ 面接のとき、子どもは前に出て応答するので、表情は見えませんでした。
▷ 面接当日は8時45分に受付。すぐ2階の図書室に行き待機します。9時5分に入口まで移動し、10分に入室し面接を受けました。およそ10分ほどで終了でした。
▷ 面接室は奇数と偶数の部屋に分かれ、面接官は4名いました。右の先生から順に質問がされ、全員男性の先生だったので、子どもははじめ少し怖く感じたようです。皆さん優しく語りかける感じでしたが、質問する言葉が子どもにとっては少し難しいようでした。
▷ 親への質問は1問ずつのみで、あとはすべて子どもに対するものでした。子どもは決して親のほうに振り向いたりせず、自分の考えや思いをしっかりと自分の言葉で堂々と言えることが大切だと感じました。
▷ 先生方には優しく接していただきました。子どもへの質問は「～ですか?」ではなく、「～なの?」と問いかけられていました。控え室は図書館で自由に本を読むことができました。
▷ 控え室に案内され、ゼッケンと受験票をケースに入れ首にかけます。うちは折り紙をして待ちましたが、絵本やお絵描きやあやとり、問題集のペーパーテストをやっている人といろいろでした。
▷ 子どもが大変元気よく笑顔で挨拶、返事、返答をしたので、面接官の方も終始にこやかで柔らかな表情、雰囲気でおこなわれました。校長先生の子どもに対するあたたかいまなざしと表情が印象的でした。
▷ 1次合格の際に2次の整理番号をもらい、その順番に従って面接をします。10組ずつ同じ時間帯で奇数・偶数で分けられ最後の人は約50分待つことになります。
▷ 面接では先生方一人ひとりの手元に願書のコピーがあり、すべてに目を通されていました。
▷ 緊張感はありましたが、息子のペースに合わせてくださるかのようにゆっくりと和やかに質疑応答がありました。子ども中心に質問がおこなわれ、息子は「両親がいることを忘れていた」と申しておりました。
▷ 男性4人の面接官で自分の就職試験を思い出しました。娘は返答に困る質問をされて、時間も長く最後のほうは「うん」と言ってしまったりして、これはもうだめだと思いましたが、予想に反して合格をいただきました。
▷ 元気よく挨拶して部屋に入ったものの、4人も大人の方がいらっしゃったので子どもはたいへん緊張しました。
▷ 親には念を押すような質問がありましたが、誠意を持ってお答えすればよいと感じました。
▷ 面接室にはそれぞれ願書等のコピーを持っていて、マーカーでラインが引かれていました。志望理由等びっしりと書き込みましたが、「一言でいってこの学校のどこが気に入ったのですか」と聞かれました。

アドバイス

▷ 先生方は子どもたちをなごませてくれますが、そんななかでも他の人に流されず、順番などルールを守ることが大切だと思います。

▷ 待ち時間用の折り紙や本は必須です。

▷ 控え室は寒いので、防寒対策は必要です。

▷ 考査では総合力を見られていると思います。

▷ 私たちに対する先生方の気遣いが、素晴らしい学校だと思いました。

▷ 何をおこなうにも素早く、丁寧に、わかりやすくなど、基本的なことを大事にしている印象を受けました

▷ 先生から、知人がいても会話しないこと、トイレ以外で控え室から出ないことなどの指示がありました。

▷ 控え室では電子機器は不可なので、本などを持参されるとよいです。

▷ 受験票を入れるストラップは少し長めです。調整してあげるとよいと思います。

▷ 子どもの靴や上着、待ち時間用の折り紙、クーピー、落書き帳などをまとめる、大きいカバンがあると便利です。大半の方がそうされていました。▷ ゼッケンが大きいので、安全ピンでとめました。ほとんどの方がそうしていました。

▷ ゼッケンを止める針と糸や、安全ピンを持参している方が多かったです。

▷ 受験番号とゼッケンの番号が違うので、ゼッケンの番号を覚えるように指示しました。

▷ 携帯の利用は校内禁止です。待ち時間が長いので、本など持参されるとよいと思います。

▷ ゼッケンのひもが長いので安全ピンが必要です。多くのお子さんが紺や白のベストを着用されていました。

▷ ビブスはとめないと肩が落ちてしまうため、安全ピンでとめました。カードケースも紐が長いので自分たちで調整しましたが、先生が調整が必要と判断したら、先生がしてくださるようです。

▷ 「早稲田が好きな子に来てほしい」と説明会で話しておられましたが、「勉強ができること」に、プラスアルファが求められていると思います。

▷ 考査では、多方面の能力や生活習慣が見られていると感じました。何を問われても、自分の意見をぶつけられる力、考えてやってみる力が求められていると思います。

▷ 知り合いのお子さんで、他の子がふざけても影響されずにできたそうで、ペーパーなど多少間違いがあっても、そのグループの中では1人だけ合格したそうです。出来不出来よりも、集団の中での態度を通じて、家庭のしつけなどを見ているのだと感じました。

▷ 待ち時間が長いので、子ども用の折り紙、親は本などを持って行ったほうがよいと思います。

▷ 面接はほとんどの質問が子どもへの質問でした。親は不完全燃焼で終わりました。最初の1問に想いを込められると良いと思います。

▷ 考査のとき、大学生3人にグループで引率されていきましたが、その大学生もボードを持って何かチェックしていたようです。

▷ 考査の合間の待ち時間が長いときがあり、姿勢や態度に注意が必要です。

▷ 子どもへの質問は、どんどん突っ込んでくるので、てきぱきと答えられたほうがよいです。

▷ 子どもがつけるゼッケンが大きかったので、安全ピンが役立ちました。

▷ 試験中に保護者に対する併願アンケートが無記名でありました。

▷ 「子どもたちにとってよい経験になればと思いながら問題を練った」と先生がおっしゃっていました。

▷ 制作のときに出されたノリが固く、使いづらかったため最後まで終わりませんでした。グループは違いますが、同じ時間帯に受けたお友達もおなじことを言っていました。わざとそのようなノリにしているのか、たまたまなのかはわかりませんが、どんな状況にも動じないことが大切だと思いました。

▷ お話の記憶とペーパーを重点的にこなしてきましたが、生活巧緻や行動観察のウェイトが重く、正直言って的がはずれた形になりました。巧緻性はふだんからのお手伝いに比べ、スピードを求められますので、受験だからといって「やらされて」いる子はダメだと思います。

▷ いろいろな場面で臨機応変さが求められるのではないかと思います。

▷ 集団での自由遊びでは、自ら遊びを考えてお友達に声をかけ、いっしょに遊ぶことができるか、が大切のようです。絵画では与えられた課題に対して、みんなと同じ表現や真似をするのではなく、自分なりの考えで描くことがよい結果につながるように思いました。

▷ 面接で両親のどちらに聞いているか確実でない質問は、父親が答えました。

▷ お教室の先生の指示通り、安全ピンを持っていくべきだと思いました。点呼が始まり、先生の説明のなかで「ゼッケンが大きいときは少しつまんで結んでおくか、安全ピンで留めるように」との指示がありました。結ぶほどの余裕がなかったので、安全ピンのほうがいいと思いました。半数以上の方が持参されていて、持っていない方は少々あせっていたように思います。

▷ テストは比較的簡単なようでしたので、まわりのお子さんたちから「できた！」と言う声が聞かれました。テストでは差がつかないでしょうから、ペーパー以外で合否が決まるのではと思いました。

▷ 8時～8時半受付で9時から考査開始なのですが、受付が済んで待っている間、子どもが飽きないような工夫が必要です。8時に受付が済んだ人は1時間待つことになります。

▷ 控え室では寝ているお父さんや携帯電話をいじっているお父さんがいました。そのお二人は落ちていました。

▷ 控え室は普通の教室で机の横にパイプ椅子が置かれていて、そこに保護者が座ります。机の上にはランニングシャツのゼッケンと首から提げるタイプの受験票入れがあり、ゼッケンは保護者がつけました。

▷ 20人ずつ1部屋に集まって待機します。その間にゼッケンやカードの準備、トイレなどを済ませておきます。アドバイスをいただいていた通り安全ピンを持っていっていたので、ゼッケンがきちんと固定されました。親子ともそれ1つで安心できました。

▷ 15番ずつ教室で待ちます。皆さん本を読まれていたと思います。とても静かで息が詰まりそうでした。そのためかお手洗いにたたれた方は非常に多かったと思います。

▷ 何よりまず家庭でのしつけが大事だと思います。合格のためのしつけではなく、しっかりと自立するためのしつけができているかが見られていると思います。

▷ 特に難しいテストではないと思いますが、それがかえって難しいのではないかと思います。面接はかなりのコミュニケーション能力が必要と思いました。

▷ 試験時間が短く、ペーパーテストの枚数も少ないので、完璧にできないと合格はいただけないと感じました。ミスは許されないです。テストもひねった問題のようで、さすが早稲田といった感じです。

▷ 日々の生活のなかで、すべてがこの日に通じると思って過ごすべきだと思いました。お手伝いの問題ではありませんでしたが、母子でいっしょに手作りのものをつくるなどのことを、たくさんしてきた家庭が優位になると思います。

▷ 保護者は1人付き添いとのことでしたが、両親ともどもいらっしゃった方もいました。早実はペーパーでは差がつかないように思いますので、決め手はやはり面接になると思います。子どもの行動をよく見ていると感じました。桐杏学園の本を参考にしたので、合格をいただけました。ありがとうございました。

▷ 本当に行動観察中心のテストでした。子どもながら掲示に自分の番号があるというのは喜びだったようです。最終的に合格通知をいただけたのは、数回の模試を通して度胸をつけたことだと思います。自信と度胸が必要だと思います。

▷ 考査の途中で「トイレに行きたい人は？」と計4回聞かれ、1人1回は行ったそうです。

▷ 考査中に休憩時間があるようですが、自己紹介をしたりチェックされている様子です。

▷ ペーパーテストより生活習慣を重視されたように思います。また子どもの表情や態度も見られていると思います。

▷ 問題が簡単な分、スピードがないと最後までできずに終わってしまいます。テストは5種類くらいでどれも楽しかったと言っていました。

▷ 元気であること、大学生の指示をきちんと聞いて動けること、約束が守れることが大切だと思います。

▷ 特に「お父様に」とか「お母様に」ということなく、話の中で目が合った方に答えを求めた感じです。

▷ 通学時間が長いため、現在の1年生がたいへんストレスを感じているので1時間を超えるとあまりよく思われないようです。

▷ まわりの子に振り回されないように気をつけた方がよいと思います。

▷ 積極的に面接の練習の時間を、多くしておけばよかったと思いました。

▷ 型通りの面接ではないので、積極的に質問以外のことをアピールしてもよいと思いました。

▷ 落ち着きがあって、自立した子どもを求めていると感じました。

▷ お手伝いをたくさんさせることが、とても有効だったと思います。

暁星国際流山小学校

〒 270 - 0152 千葉県 流山市 前半井 175 - 2 ☎ 04（7150）4141

▌形式と日程

形式	保護者のみ
日程	考査日以前

◆面接室略図

保護者面接が考査日以前におこなわれます。面接時間は約 20 分。子どもには考査中に質問があります

▌質問の内容

保護者へ

志望理由をお聞かせください。
本校は第 1 志望ですか。
本校をどのようにして知りましたか。
説明会には何回いらっしゃいましたか。
体験授業の感想をお聞かせください。
教育理念について、ご家庭と学校で、どの部分が合致していますか。
幼稚園はどちらですか。
幼稚園で英語の時間はありますか。
お子様のこれまでの英語経験について教えてください。
ご家庭での英語の取り組みについて教えてください。
ご両親の英語力はどのくらいですか。
幼稚園でトラブルがあった場合どう対応していますか。
お仕事について教えてください。
緊急の際にはお迎えに来ることができますか。
ふだんお子様とはどのように接していますか。
子育てで大切にしていることは何ですか。
習い事をさせていますか。
読書についてのお考えをお聞かせください。
入学に際して心配なことはありますか。
今お子様が夢中になっていることは何ですか。
通学経路を教えてください。
お子様の嫌いな食べ物は何ですか。
叱ったときのお子様の態度はいかがですか。
何か聞いておきたいことはありますか。

子どもへ

※考査中に立ったまま、英語での質問がある。順番に聞いていく。
名前を教えてください。
何歳ですか。
"78"を英語で言ってください。
（虫がたくさんいる絵を見て）このなかでてんとう虫は何匹ですか。

入試感想

▷ 面接の控え室はありませんでした。面接室前の廊下で待機しました。
▷ 面接室には手荷物置き場は無く、足元に荷物を置きました。
▷ 面接は両親のどちらが答えてもよい形式でした。
▷ 考査日は2つの教室が控え室になっていました。考査時間は3時間弱でした。
▷ 面接室は校長室でした。穏やかな口調で丁寧に質問してくださり、リラックスして話すことができました。
▷ 子どもの月齢順のグループでした。控え室もそのグループごとでした。
▷ 運動着への着替えを5分以内でと指示があり、たたんで袋に入れるところまでチェックされていました。
▷ 面接の控え室には5、6組が待機していました。
▷ 面接では、校長先生が質問し、教頭先生がメモを取っていました。
▷ 面接はとても和やかな雰囲気でした。校長先生が、よく本校を理解し、教育に賛同して受験してくれるのはとても嬉しいとおっしゃっていました。

アドバイス

▷ 説明会ではかなり服装がカジュアルな方がいらっしゃいますが、学校側は規律・ルールを守れるかを重視しているように感じましたので、きちんとした服装、ふるまいを心掛けたほうがよいと思います。
▷ 簡単な英会話や、筆記の練習をしておいたほうがよいと思います。
▷ 学校への協力姿勢を重視しているように感じました。
▷ 全体的に和やかな雰囲気で、子どもも笑顔で戻ってきました。英語に慣れておくことが大切なようです。
▷ 考査のとき子どもの面接があります。質問は英語ですので、簡単な英語の受け答えができるよう、練習しておいたほうがよいと思います。
▷ 今年はかなり応募者が増えていました。

国府台女子学院小学部

〒 272 – 8567 千葉県市川市菅野 3 – 24 – 1 ☎ 047（322）5644

▌形式と日程

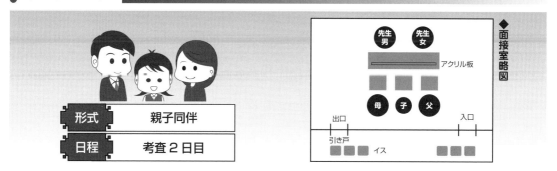

◆面接室略図

形式	親子同伴
日程	考査2日目

親子同伴の面接が、第1回入試では考査日の翌日に、第2回入試では考査当日におこなわれます。面接時間は10分程度。

▌質問の内容

父親へ

志望理由をお聞かせください。
女子校を志望する理由は何ですか。
女子校についてどのようにお考えですか。
ご家庭の教育方針についてお聞かせください。
本校にいらっしゃったことはありますか。…そのときの生徒の印象はいかがでしたか。
仏教についてのお考えをお聞かせください。
仏教を通しての教育について、どのように思われますか。
本校ではどのように学ばせたいですか。
本校の発展のために望まれることを教えてください。
通学経路と時間を教えてください。
最寄り駅はどちらですか。…時間がかかりそうですが通えますか。
お仕事について教えてください。
帰宅時間はどのくらいですか。…お子様とはどう過ごされますか。
お休みはいつですか。
休日はお子様とどのように過ごしていますか。
コロナ禍のなかで、お子様と屋内や外で何をして遊びますか。
お子様の性格を教えてください。
お子様の長所を教えてください。
お子様を褒めたこと、叱ったことを教えてください。
子育てについてどのようにお考えですか。
お母様の子育てをご覧になって、どのように思っていますか。
お母様は母親としてどんなところがよいと思いますか。
名前の由来を教えてください。
しつけについて何に注意していますか。
我慢についてどのように教えていますか。
ふだん通りにお子さんを呼んでみてください。
お子様といっしょに勉強する機会はありましたか。

お子様には将来どのように成長してほしいですか。
お子様と将来について話をしていますか。
姉妹の接し方に違いはありますか。
お子様はどんなときに困った表情をしますか。そのときはどう対応しますか。
今までの家族旅行のなかで、1番思い出に残っていることを教えてください。

母親へ

志望理由についてお聞かせください。
家庭の教育方針について教えてください。
本校を知ったきっかけは何ですか。
本校のよいところを、具体的に聞かせてください。
本校は仏教ですが、どのようにお考えですか。
本校のホームページの印象はいかがですか。
本校を見学されての感想をお聞かせください。
私立についてどんなことを希望されますか。
教育方針を教えてください。…具体的にどのようにしていますか。
通学経路を教えてください。…通学時間がかかりますが大丈夫ですか。
今日ここまで来る間に、お子様と何を話しましたか。
願書に"○○○"とありますが、どのようなことですか。
本校のことをお子様にどのように話していますか。
お仕事についてお聞かせください。
共働きのようですが、お子様が発熱したり、その他の緊急のときはすぐにお迎えにこられますか。
子育てで気をつけていることは何ですか。
子育てをしてきて、印象に残っていることは何ですか。
子育てで苦労されたことを教えてください。
お父様のお子様への接し方を見てどう思いますか。
お子様との大切な時間はどんなときですか。
お子様のことで、最近うれしかったことは何ですか。
お子様の性格を教えてください。
お子様の長所を教えてください。
姉妹の性格の違いについて教えてください。
姉妹ゲンカはよくしますか。…どう対応されますか。
上のお子様と違う学校になりますが、大丈夫ですか。
お父様のよいところを教えてください。
思いやりを育てるためには、どのようにしたらよいでしょうか。
お子様の相談は誰にされますか。…どんなことを相談しますか。
お子様がうそをついているとわかったときはどうされますか。
お子様が成長したと感じたことは何ですか。
お子様との1番の思い出は何ですか。
最近、お子様を叱ったことは何ですか。
どんなときにお子様を褒めますか。
どんなお手伝いをさせていますか。
どんな本を読み聞かせていますか。
お子様は受験にあたってどんなことをしましたか。
お子様は幼児教室には通われましたか。…幼児教室に通ってよかったことをお聞かせください。
受験準備で大変だったことは何ですか。
習い事はしていますか。

お子様の健康状態で心配なところはありますか。
お子様は食べ物の好き嫌いはありますか。
ご家庭でのお子様との約束ごとを教えてください。
どのような母親でありたいですか。
お子様にはどんな女性になってほしいですか。
お子様の特技を教えてください。
お子様の好きな遊びは何ですか。
お子様は外で挨拶ができますか。
最近お子様に対して心配に思われることはありますか。
お子様がお友達とケンカしてケガをしたらどう対処しますか。
「自分の時間」はどのように過ごしますか。

子どもへ

お名前を教えてください。
お父さん、お母さんのお名前を教えてください。
幼稚園の名前を教えてください。
お友達の名前を教えてください。…何をして遊びますか。
幼稚園で好きな遊びは何ですか。
お友達とケンカをしたときはどうしますか。
幼稚園で先生に叱られたことはありますか。
ここまではどうやってきましたか。
電車に乗るときに注意していることは何ですか。
お父さんとお母さんとあなたで満員電車に乗りました。そのとき席が1つだけ空いたらどうしますか。
今朝、歯磨きをしてきましたか。…どうして歯磨きをすると思いますか。
好きな食べ物と嫌いな食べ物を教えてください。
お母さんがつくる料理で好きなものは何ですか。
好きな本は何ですか。…それはどんなお話ですか。
最近読んだ本は何ですか。
将来は何になりたいですか。…どうしてですか。
この小学校に入ったら何が楽しみですか。
運動会に来ましたか。…どの競技が印象に残っていますか。
どんなときにお父さん、お母さんに叱られますか。
お母さんにごめんなさいと言うときはどんなときですか。
お母さんに褒められるのはどんなときですか。
お父さん、お母さんと何をして遊びますか。
お父さん、お母さんの好きなところはどんなところですか。
お父さんとお母さんではどちらが好きですか。
お父さんと今やりたいことは何ですか。
お父さんとして、楽しかったことは何ですか。
お姉さんとケンカをしますか。…どんなことでしますか。
お手伝いは何をしていますか。…そのときお父さん、お母さんは何と言ってくれますか。
1番好きな習い事は何ですか。…（スイミングと答えて）どのくらい泳げますか。
お兄さん・お姉さんとはどんなことをして遊びますか。
道路に白い線が書いてあるところがありますが、それを何といいますか。
横断歩道はどんなことに注意して渡りますか。
信号がない横断歩道を渡るときはどうやって渡りますか。
お風呂は誰といっしょに入りますか。
ハンカチはどんなときに使いますか。
楽しいと思うときは、どんなときですか。
今までで1番楽しかったことは何ですか。

入 試 感 想

■考査当日のこと…

▷考査日の控え室は寿光殿（講堂）で、ゼッケンが置いてある席に案内されました。ゼッケンをつけて待機。8時45分ごろに呼び出しがあり、番号順に列に並びます。

▷考査終了は予定時間より20分ほど延びていました。子どもにとっては楽しい試験だったようです。

▷考査当日の控え室は講堂で、机がありませんでした。折り紙はやりにくいので、あやとりや本を持参しておいてよかったです。

▷考査の日、寿光殿で待機していたところ、学院長自らご挨拶され、帰りの際も玄関口に立たれていらっしゃいました。

▷受付時間は8時40分まで、考査開始時間は9時でしたが、8時40分より前に全員集合していたので、8時35分に考査が始まりました。

▷控え室はみなさん本など読んでいました。熱いお茶の用意がありました。

▷8時10分〜8時40分に集合。ペーパーテスト終了後、6年生が「トイレに行きますか」と声をかけてくれました。

▷控え室では親子並んで座り、机の上に受験番号とゼッケンがありました。ゼッケンをつけて、折り紙などして静かに待ちました。

▷控え室はいつも説明会をおこなっている場所だったため、特別な緊張感を感じませんでした。

▷控え室は受験番号順に席が設けてありました。時間になると番号が呼ばれますが、受験番号順ではなく、2番と10番など不規則でした。

▷アンケートの内容は「本校を志望した動機・理由を箇条書きで」「受験者の行動・性格について」「子育てにおいて、家庭で1番大切にしてきたこと、またその結果をどのようにみているか」についてでした。

▷子どもは試験が終わったあと、「6年生が素敵だった」と、あこがれを強くしたようでした。

▷子どもが考査から戻るまで、本などを読んで待ちました。

▷6年生が案内してくださいましたので、緊張も和らぎ、落ち着いて試験を受けることができたと思います。

▷親は1人で来ている方がほとんどでした。読書をされている人が多かったです。

▷受付時、受験番号が書かれたネームプレート（バッジ）とゼッケンを渡され、在校生が控え室に案内してくれます。その後、その控え室ですぐに子どもにゼッケンをつけ、子どもはそのまま在校生に別室へ誘導され、保護者は控え室にそのまま待機します。廊下では在校生がお茶の用意をしており、希望者はいただいておりました。

▷ゼッケンと保護者用のナンバープレートを受け取り、係の児童の誘導で保護者控え室へ。ゼッケンをつけたあとトイレを済ませて待機します。12時50分に子どもが受験者控え室へ誘導されて試験が開始されます。

▷ゼッケンははじめから肩の部分が安全ピンで留められており、番号札は親の胸につけるように指示があります。

■面接では…

▷面接では入ってすぐに、座席の指示がありました。荷物は座席横のカゴに入れました。着席すると「マスクを外してください」と言われました。

▷面接の集合時間は細かく分かれていました。控え室は受験番号が書かれた机で待ちます。子どもはゼッケンをつけます。時間通りに進行していました。

▷面接は3組ずつ案内されていました。

▷面接日の控え室は2階の教室で、時間になると面接室前まで誘導され、廊下の椅子に座って待ちました。

▷面接室は6部屋あり、受験番号ごとに部屋が決まっているようでした。遅い番号の方が先に呼ばれることもあります。

▷面接での質問の返答をいろいろ練習していましたが、想定していた質問と違っていたため、「ぜひ御校に通いたい」という意思を伝えるタイミングがつかめず終わってしまいました。

▷面接ではメモを取っている様子はありませんでした。

▷ 面接では先生方が、私たちの回答に対して、緊張を和らげてくれるような言葉をいただきました。考査全体で、先生方や在校生が親切で、緊張しすぎずに臨めました。

▷ 子どもへの質問は女性教師から早いテンポでされました。母親、父親には学院長から質問されました。子どもが返答に詰まり、「わかりません」と答えても、すぐ助言をしてくれました。自分の受験番号が置かれている机の上にゼッケンがあり、呼ばれるまで折り紙をして待ちました。他の受験生も、折り紙をして待っている方がほとんどでした。

▷ ドアを女性の先生が開けてくださり、挨拶もそこそこに席に促されたので、バラバラな挨拶になってしまいました。最初から最後まで終始和やかな雰囲気で、最後に挨拶をそろってしようとしたところで、教頭先生より仕事場はどこかを聞かれ、またバラバラな感じの退出になってしまいました。

▷ 家庭でのコミュニケーションを問われるような面接でした。

▷ 面接は、子ども→父→母の順番で質問されました。

▷ 親への質問の最中に、先生が子どもの様子を見ていらっしゃいました。

▷ 面接では先生方がフォローしてくださり、和やかな雰囲気をつくっていただけました。

▷ 面接で子どもが答えにつまると、別の言い方で聞き直していただいたり、選択肢をあたえていただいたりしました。

▷ たくさんのやりとりがあり、世間話をしているような感じでした。

▷ 子→父→母の順で質問されました。子どもにはやさしく問いかけてくださいました。椅子も子ども用は足がしっかり着くものでしたので、最後まで姿勢を崩さず、前を向いて応答することができました。

▷ 保護者は控え室、子どもは試験会場から在校生に引率されて玄関で合流します。在校生が面接室の前まで案内してくれ、順番が来るまで椅子に座って待ちます。面接は子どもに対する質問から始まり、おもに女性の先生が担当されていました。入口と出口が違うため子どもにとっては間違えやすいので注意が必要です。終わったら保護者は控え室、子どもは試験会場へと戻ります。

▷ 事前に提出する書類はしっかり見られているようで、その内容をふまえての面接という印象でした。

▷ 父親が胸に番号札をつけました。控え室では5組待っていました。

▷ 面接官の先生との距離がかなりあって、双方に机もあったので少し遠く感じました。質問自体は答えやすかったです。早めに受付を済ませたら指定時間よりも30分ほど早く開始されてびっくりしました。

▷ 子どもが応答につまると再度質問されるか、関連のある問いを投げかけていただけます。

アドバイス

▷ 面接資料は考査日に提出します。7月下旬ごろからダウンロードできます。

▷ 面接の出来があまりよくありませんでしたが、合格できました。やはりペーパー重視なのかもしれません。

▷ 年中のころより運動会や学校説明会に参加しました。早い時期より学校へ足を運び、学校への理解を深めてから受験されることをお勧めします。

▷ 子どものブラウスを半袖か長袖か悩みましたが、ボレロも脱がせ半袖で送り出しました。天気も良く、戻ってきたときは汗をかいていたので、ちょうどよかったです。

▷ 年中の頃より説明会などに足を運んでいたので、先生からお声をかけていただきました。できるだけ説明会、見学会に参加されたほうがよいと思います。

▷ 面接では、父親がどのように子どもと関わっているかを、重視しているように思いました。

▷ 模擬テストなど数多く受けておくと、親子ともども場慣れがしてよいと思いました。

▷ 子どもは1、2か月やらないと問題の解き方を忘れてしまうので、復習はやはり大事だと思いました。

▷ 面接では、子どもへの質問が多かったです。次々に聞かれるので、てきぱきとした回答が必要だと感じました。

▷ 面接室の椅子は、子ども用、大人用とわかれておりません。生徒用の机と椅子のため、子どもは少し座る練習が必要かも知れません。

▷ 荷物置き場は特に用意されていないので、椅子の脇に置きました。

▷ 当日は肌寒く、ブラウスを長袖にするか半袖にするか悩みましたが、動きやすさを重視して半袖にしました。実際に会場に着くと、みなさんボレロを脱ぎ、半数以上の人が半袖でした。会場は暖かく、半袖にしてよかったです。

▷ 面接ではメモを取っていらっしゃいませんでした。

▷ 受付時間内でも、用意ができた人は先に試験会場に案内されていました。

▷ ペーパー重視ということで不安でしたが、思ったよりも簡単だったようです。

▷ ペーパーは時間が少ないので、時間切れにならないよう、練習が必要です。行動観察での移動や待ち時間のときは、静かにできるよう心がけましょう。

▷ 説明会、学院祭、運動会、学校見学会などはすべて出席しました。

▷ 学校説明会だけでなく、学校見学会にも早めに参加したほうがよいと思いました。運動会の入場券が手紙とともに送られてきましたが、説明会だけの方には来なかったと聞いています。

▷ 受験生と付き添いの保護者1名で来るようにといただいた書類に書いてあったので、校門まで親子3人で登校して別れました。

▷ 当日の皆さんのスタイルはほとんど紺でした。スリッパにしても子どもの靴下にしても黒や紺でなければいけないとか、ワンポイントが入っていてはいけないなどの風潮がありますが、それ程こだわる必要はないのだなとこの学校に関しては思いました。

▷ 3つ折り靴下は10月に入ると在庫もなくなるようですので、早めに2足は購入しておかれたほうがよいと感じました。

▷ 子どもの服装はできるだけお教室の先生にご相談して目を通していただくと、安心して前に進めると思います。たとえば、子どもの上履きに名前を記入してきてくださいとの指示がありましたが、これは行動観察のお部屋がカーペット敷きになっていて、上履きを脱いで上がるので、表にきちんと明記しておいたほうがすぐに見分けがつくとのことなどアドバイスをいただきました。

▷ 考査も面接も早めに呼ばれるので余裕を持って行かれたほうがいいと思います。控え室が講堂で少々寒いので、ひざ掛けなどを持っていくといいです。待機中はおしゃべりする方もあまりおらず、皆さん本を読んだり、翌日の面接の資料を見ていたようです。

▷ 受験前は「今年は倍率が3倍くらいになるかも」といううわさが流れていましたが、実際は昨年とあまり変わらなかったようです。うわさはあくまでもうわさなので、それに惑わされないよう自信を持ったほうがよいかと思います。

▷ 絵本を読むには靴を脱いでカーペットの上に上がるため靴の脱ぎ履き、読むときの姿勢には気をつけたほうがよいと思います。

▷ 控え室に不要なものを置いていけるので、面接の際にはコンパクトにバッグだけにしました。

▷ いちおうタバコを吸われる方へ案内がありましたが、どなたも行きませんでした。

▷ 面接の順番を呼ばれるときに、控え室が広いため少し聞き取りにくかったり、番号順でなかったりするので(4つの部屋で面接がおこなわれているため、多少前後している)注意していたほうがいいと思います。

▷ 娘が面接で答えに詰まったこともありましたが合格でした。やはりペーパーテスト重視なのでしょうか。

▷ 面接よりペーパーを重視しているようですが、テスト内容は易しい問題ですので、子どもが緊張せずにできるよう日頃から気をつけられたらよいかと思います。

▷ 同じ時間帯の考査に4人もお友達がいて、そのうち3人とは行動観察もいっしょでした。お互いにふざけ合うこともなく、むしろ心強い気持ちで行動観察に臨めたようで、桐杏学園に通ってよかったと心から感じています。

昭和学院小学校

〒272 - 0823 千葉県市川市東菅野 2 - 17 - 1 ☎ 047（300）5844

形式と日程

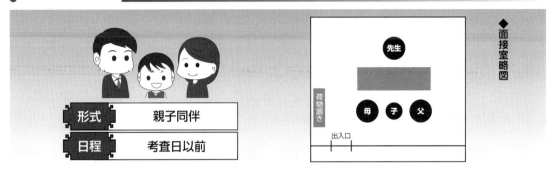

形式	親子同伴
日程	考査日以前

◆面接室略図

親子同伴の面接が、考査日前におこなわれます。時間は 15 分程度。

質問の内容

父親へ

志望理由を教えてください。
本校のことはどのようにお知りになりましたか。
私学を選んだ理由は何ですか。
併願をしていますか。
本校を選んだ決め手は何ですか。
オープンスクールに参加されましたか。…印象に残ったことは何ですか。
本校に望むことは何ですか。
ご家庭の教育方針についてお聞かせください。学校の教育方針と合うところはありますか。
お子様の通学経路を教えてください。
公共の交通機関で通学されると思いますが、きちんとできますか。
緊急時にはどのように対応されますか。
子ども同士のトラブルにはどう対応しますか。
お仕事について詳しく教えてください。
コロナ禍のなかで、お仕事はどうでしたか。
平日の帰宅後はどのようにお過ごしですか。
お子様と関わる時間はありますか。
お子様と遊ぶときに気をつけていることは何ですか。
お休みのときはどのようにお過ごしですか。…お子様と何をして遊びますか。
家族との関わりで気をつけていることは何ですか。
最近お子様を褒めたこと、叱ったことはどのようなことですか。
最近、お子様の成長を感じたことはありますか。
お子様の長所、短所を教えてください。
お子様の長所を物語るエピソードをお聞かせください。
お子様の健康状態についてお聞かせください（身長・体重を含む）。
お子様の名前の由来を教えてください。
お子様にとって、どのような父親像でありたいですか。
小学校に入ってから伸ばしてあげたいと思うのはどんなことですか。
最近お子様が興味を持っていることは何ですか。

最近、奥様と共通の話題で話したことは何ですか。
ゆっくりと自分の時間がもてたとしたら、何をやりたいですか。
最近、興味を持ったニュースを2つ教えてください。

母親へ

志望理由をお聞かせください。
本校を知ったきっかけを教えてください。
説明会の印象をお聞かせください。
他校は見学に行かれましたか。…どのくらい行きましたか。
いつ頃から小学校受験を考え始めましたか。
オープンスクールに参加しましたか。…印象に残ったことは何ですか。
本校の率直な感想をお聞かせください。
本校に期待することを教えてください。
ご家庭での教育方針を教えてください。
ご夫婦で教育方針の一致する点、しない点をお聞かせください。
どのようなことに気をつけて、しつけをしていますか。
お子様が小学校に入るまでに、しつけたいことは何ですか。
コロナについてどのように考えていますか。
お通いの幼稚園を選んだ理由は何ですか。
幼稚園の先生からはどんなお子様だと聞いていますか。
年中のときと比べてお子様が成長されたと感じるところを教えてください。
子育てで気をつけていることは何ですか。
子育てでたいへんだと感じることを教えてください。
子育てについての悩みは誰に相談していますか。
おやつはどのようなものを与えていますか。
お仕事について教えてください。
災害やトラブルのとき、どのように対応されますか。
お子様が友達とケンカしたときどうしますか。
学校生活のなかでいじめがあった場合には、どのように対処しますか。
過保護、過干渉な親とは、どのような親だと思いますか。
お子様の性格を教えてください。
お子様の長所・短所を教えてください。
お子様の成長を感じるのはどんなときですか。
お子様が何回言っても聞かないときどうしますか。
お子様が興味を持っていることは何ですか。
最近褒めたこと、叱ったことは何ですか。
お子様に本の読み聞かせをしていますか。…どのようにおこなっていますか。
お子様はどんな本が好きですか。
お子様にどのように本との関わりをもたせていますか。
お子様はお手伝いをされますか。
今日のお子様の様子はどうでしたか。
お子様の好きな料理を教えてください。
食事面で直したいと思っていることを1つお答えください。
通学経路を教えてください。
バスや電車に乗るときのお子様との約束ごとはありますか。
公共の交通機関で通学するにあたって、お子様に気をつけてほしいことはありますか。
ご自身の小学校から高校までの部活動のことについてお聞かせください。
お子様の名前の由来を教えてください。
お子様が今、1番興味を持っていることは何ですか。

子どもへ

お名前を教えてください。
生年月日を教えてください。
住所と電話番号を教えてください。
幼稚園の名前と担任の先生の名前を教えてください。…どんな先生ですか。
お友達の名前を3人教えてください。…どんな遊びをしますか。
お父さんとお母さんの名前を教えてください。…何人家族ですか。
兄弟の名前を教えてください。
兄弟げんかをしますか。
幼稚園にはどんな遊具がありますか。
幼稚園で意地悪をされたことはありますか。…もしされたらどうしますか。
今日はどうやってここまで来ましたか。
バスや電車の中でやってはいけないことは何ですか。…それはどうしてですか。
電車で通学するとき、もしも寝過ごしてしまったらどうしますか。
今朝は何時に起きましたか。…誰に起こしてもらいましたか。
朝ごはんは誰と食べましたか。…何を食べましたか。
ご飯を食べる前に何か言いますか。…それは誰に対して言いますか。
朝、寝るとき、食事の前、食事の後には、それぞれどんな挨拶をしますか。
好きな食べ物を教えてください。
嫌いな食べ物は何ですか。…どうしてですか。
お母さんの料理で好きなものは何ですか。
秋の食べ物は何が好きですか。
お父さんのお仕事を知っていますか。
お手伝いはしますか。…その時に気をつけていることは何ですか。
お父さん、お母さんの良いところを教えてください。
お父さん、お母さんのすごいところはどこですか。
お父さんにどんなとき褒められますか。
お母さんに怒られるときはどんなときですか。
お父さん、お母さんとは何をして遊びますか。
好きな絵本は何ですか。…最近読んだ本は何ですか。…どんなお話ですか。
お父さんは本を読んでくれますか。
勉強は好きですか。
この小学校の名前を知っていますか。…小学校に入ったら何をしたいですか。
大きくなったら何になりたいですか。…どうしてなりたいのですか。
将来の夢は何ですか。
ドラえもんが出てきたら何を出してほしいですか。
英語は好きですか。
今1番頑張っていることは何ですか。

入試感想

■考査当日のこと…

▷ 今年は午前と午後に分けて考査がおこなわれました。

▷ 受付を済ませると1階のロビーで待ちました。面接時間の少し前に呼ばれ、面接室の前で待ちました。

▷ 考査日は、受付のあと体育館でゼッケンをつけて待機します。大き目のゼッケンなので、安全ピンで両肩に留めました。

▷ 受付の20分前に到着し、体育館で受付開始まで待ちました。子どもは少し緊張していましたが、絵本を見たり絵を描いているうちにリラックスしてきました。

▷ 開始5分前に先生から声がかかり、受験番号を呼ばれ、子どもたちは考査に行きました。親は外出する方と体育館でそのまま待つ方がいました。体育館ではみなさん読書をしていました。

▷ 面接の前は、玄関脇のソファで3～4組が待っていました。子どもたちは、折り紙をしたり、お絵かきをしたりしていました。

▷ 待ち時間は、折り紙と本を持参したので、うまく過ごせました。

▷ 9時に受付開始のところを7時30分に行くと30番くらいでした。9時前には60人ほどが並んでいました。

▷ 8時20分に受付、体育館でゼッケンを付けて待機。9時に点呼、子どもは番号ごとに4グループ（1グループ12名程度）に分かれて考査へ、親はそのまま待機（外出可）。12時に子どもが控え室に戻ってきて終了。

▷ 10時20分から40分の間に受付。入り口で受験票を見せてゼッケンを受け取る。大きめのゼッケンを安全ピンで両肩に留める。控え室の体育館で待機。机はなく座席指定もない。45分頃、番号順に呼ばれて1列に並び移動。12時50分に子どもが帰ってきてゼッケンを返し終了。

▷ 受付でゼッケンを受け取り、2階の控え室（図書室）で待ちます。最初の時間の考査が始まっていたので、待っている方とこれからの方たちで結構な人数でした。おしゃべりをされている方もいらっしゃいました。子どもは折り紙やお絵かきをしながら待っていました。呼び出しは予定時間より5分ほど早く、ゼッケンの色、番号、名前で呼ばれました。

▷ 合否の結果は宅配便で受け取りました。

▷ 12時過ぎに子どもが戻ってきたときには、テストがとても楽しかったと明るい表情でした。

▷ 受付時間が受験番号によって決まっているので（受付による）待ち時間はほとんどありません。

▷ 受験番号順で6から8パターンで考査時間が決まっていました。待機の時間が短いので子どもの集中力が途切れずにおこなえました。

▷ 私どもは早くに着いたので、1番早いグループの方たちだけが受付されて、玄関でしばらく待ちました。開始15分前に玄関の前で受付を済ませ、ゼッケンと靴用のビニール袋をいただき、6年生の案内で2階の（22～42）と書かれた教室で、ゼッケンをつけたりトイレに行ったりして時間まで待ちました。時間より5分早くに教員の方が見え、挨拶があり、番号を呼ばれた順に1人ずつ前に整列し、揃って会場へ出発しました。子どもたちが会場へ出発したあとに校長先生から挨拶がありました。

▷ 昇降口に受付があり先生1人と6年生が1人いました。受付でゼッケンと外靴袋を受け取り、2階の控え室で待機します。控え室では座席指定がありませんが、遅く行くとパイプ椅子になってしまうので、子どものことを考えると、早めに行き机の席に着くとよいと思います。考査前に校長先生よりお話とテストの諸注意があり、その後番号順に呼ばれ、整列してから考査へ向かいます。

■面接では…

▷ 面接ときは入口のところのホールで待ちました。考査日は体育館で待ちました。外出も可でした。

▷ 子どもは折り紙をしたり、本を読んだりして、みなさん落ち着いて待っていました。

▷ 面接室の外の荷物置き場に貴重品以外を置き、部屋のなかの荷物置き場に貴重品を置きました。

▷ 面接日はロビーで待機し、時間5分前に面接室前まで誘導されました。廊下にある椅子で待機します。

▷ 面接の質問は、「はらはらドキドキ入試面接」の本の内容とほぼ同じでした。

▷ 面接は子どもや親の回答に同調してくださり、和やかな雰囲気でした。

▷ 質問に対して子どもが答えられないときでも、子どもが話し始めるまで待ってくださいました。

▷ 面接では、教頭先生がとてもやさしく、わかりやすく質問していただいたので、子どもは緊張せずに応答できたと思います。

▷ 面接では、校長先生が優しく話しかけていただいたので、子どもも緊張せずに答えられました。

▷ 教頭先生との面接でしたが、緊張気味の子どもに対して冗談も言っていただきながら、とても和やかな雰囲気でおこなわれました。

▷ 面接日は在校生の授業がある日だったので、体育館を使う生徒がロビー付近を通り、元気に挨拶をしてくれました。

▷ 願書提出時に、同時間帯に①②と選べる枠があり、①を選ぶと、校長先生が対応してくださいました。校長先生がとても優しい口調で丁寧に質問してくださり、子どもも集中力が途切れることなくハキハキときちんとした姿勢で答えることができました。校長先生からも、「しっかりお答えできてえらいですね。たくさん練習しましたね」と笑顔で褒めていただき、和やかな雰囲気でした。

▷ 父親に対する質問が多かったです。

▷ 調査書に記入した内容や、父母どちらかに質問した内容を質問され、どの程度補足すべきか迷いました。

▷ 子どもが返答に詰まった際には、校長先生が具体的な表現で、再度質問してくださいました。

▷ 面接は願書の内容の確認といった感じで、難しい質問はありませんでした。

▷ 面接官は校長先生お一人で、和やかな雰囲気のなか進行しました。あまり突っ込んだ質問はなく、いろいろなことを聞かれました。答えを急がせるようなところもなく、子どもが詰まっていると、角度を変えたり、答えるのをじっくりと待っていただいたりしました。

▷ 受付で子どもが名前を聞かれ、ロビーで時間まで待機します。時間になると先生に案内され、廊下の椅子で待ちます。前の方が終わると面接室のドアが開き、校長先生に呼ばれて入室しました。質問は、子→父→母→子→父→母→子という流れでおこなわれました。

▷ ドアが開いたままだったので、そのまま入室しました。閉めないでいると教頭先生が閉めてくださいました。娘はとても楽しく話し、和やかな面接でした。

▷ アンケートを記入しているうちに2分ほど早く呼ばれ、面接が始まり、面接中に続きを書くように言われ引き続き書きました。主人は「フランクな感じで話しやすかった」と言っていましたが、私はアンケートを記入しながらだったので、とても緊張しました。

▷ ひとつの問答を掘り下げていく会話形式の面接でした。特に子どもへの質問から会話が続いていきました。日時がしっかりと決まっているので、1Fの体育館の前で待っていると順番に案内されます。待ち時間がないので助かりました。

▷ 机を挟んでの面接で和やかな感じでした。落とすための質問をする様子はなく、子どものことや保護者の考え方、家族の様子をより詳しく知りたいといった様子でした。

▷ あらを探すのではなく、穏やかに話し相手になってくださっているような感じでした。

▷ とてもやさしい調子でお話をしてくださいました。質問はおもに子どもに対してで、子どもがどんな子か知りたいといった感じでした。

▷ 校長先生が関心を示されている事柄について深く質問を受けたように感じます。母親への質問は形式的というよりも、子どもと日々しっかりと向き合っていれば答えられるようなものです。子どもへの質問がたいへん多く、質問の答えから派生していくような話がふくらむようなやりとりでした。校長先生は優しく穏やかでいらっしゃるので、場も和やかな雰囲気になるのかと思います。

▷ 校長先生がとても優しくて、緊張せずに話すことができました。子どもの言葉を引き出すような話し方をしてくださったので、子どももうまく答えることができました。ふだんの家庭の様子を伝えることができたと思います。

▷ 質問内容は桐杏学園で練習したとおりだったので、子どもは自信を持って答えていました。親も安心して見守ることができました。

▷ 幼稚園のクラスの人数が答えられず、「わかりません」と答えましたが、校長先生が「わからなくてもいいんです」と笑顔でおっしゃってくださいました。

▷ 面接官の先生はとても穏やかで、「落とすための面接」というのではなく、むしろ子どものいろいろな面から、校風に一致するところを丁寧に探されているように思えました。あたたかさを感じる面接でした。

アドバイス

▷ 面接では、子どもが自力で答える姿勢を見ていたように思います。

▷ 子どもへの質問がかなり多く、事前の練習が大切だと感じました。

▷ 考査日の控え室は体育館で、換気のため寒かったです。防寒対策は必須です。

▷ 今年は受験生が多かったため、私共が終了したのが 12 時半過ぎでしたが、まだ終わっていないグループもありました。

▷ 長い待ち時間をしっかり待てることも、大事になってくると思います。

▷ 本格的に準備を始めたのが 4 月からでしたので、遅いスタートでなかなかペースがつかめず、焦りが募るばかりでした。子どもを叱りながら勉強したこともありました。今から思うと、年中の秋から学習ができていたら、もう少し余裕をもって過ごすことができたと思います。

▷ 考査の朝、登校時間の少し後のためか急にバスの本数が減り、早めに本八幡駅のバス停に到着したものの長く待つことになり、さらにバスも受験生で満員でした。通学時の混雑と重なりますが、早めの時間帯がよいと思います。

▷ 考査ではペットボトルのミネラルウォーターが、各自に渡されます。子どもはキャップを開けられたので、他のお友達の分も開けてあげたと言っていました。キャップを開けられた方が、困らなくて良いかもしれません。

▷ 校長先生による面接で、終始穏やかで子どもに対しては特に優しく質問をしてくださいました。しかしながら、親に対して質問する場合は、和やかながらも視線は鋭いように感じました。やはり過去のたくさんの面接のご経験から、短い時間でも瞬時に分析をされ、どのような家庭なのかを見抜かれているように思います。日ごろから模範的なよい生活をする心がけが必要だと思います。

▷ 家庭での学習は続けていましたが、受験することを決めたのが遅かったので、後半は焦りもありました。年長の夏を境に子どもの成長を感じ、受験するということを理解できるようになっていました。

▷ 桐杏学園の模擬面接を受講したこともあり、落ち着いて答えることができました。やはり親のほうがかなり緊張してしまい、心配していた子どもが 1 番よくできたという結果でした。

▷ 子どもには待ち時間に本を小さな声で読み聞かせたりしました。ひざの上でお絵描きができるよう、ミニサイズのスケッチブックをもっていきました。

▷ 面接の当日は観たい映画の話などをして、面接のことはいっさい話さず、リラックスさせるようにしました。本番では子どもが 1 番落ち着いていました。

▷ 面接のときも考査でも、先生がみなさん優しく、子どもも安心して受けられたようです。特に運動と制作はとても楽しかったと言っておりました。

▷ 面接のとき、答えていない人の様子をチェックされていたように感じました。

▷ ペーパーはさまざまな問題が出ましたが、教室でいろいろな問題をやっていたので、知らない問題はなかったようです。

▷ 子どもが年中時から説明会、オープンスクールに参加して学校に慣れ、試験ではあまり緊張せずにいられたようです。

▷ 待ち時間が長いため、外出しても時間を待つ場所は多くないので、本など持参されるとよいと思います。

▷ 当日の外出は自由でした。3 分の 1 ほど外出していました。残った方たちは、読書などされていました。

▷ 考査では、答えの内容というよりも答える姿勢を見ているように感じました。いろいろな面から子どもを観察しているように思います。3 時間という長丁場ですので、その場で取りつくろうようなことは通用しないと思います。都内の受験を視野に入れて勉強していたおかげで、新しい問題にも対応できました。桐杏学園で指導いただいたことが本番の試験にもとても助かりました。塾での講習やテストの復習が、とても大切だと実感した入試でした。

▷ 面接は、基本的な練習をして、スムーズに答えられるようにしておきましょう。本の内容など聞かれます。本は読んでおきましょう。

▷ 控え室は図書室で、アンケートの記入をしました。10 分前に来校とのことでしたが、30 分以上記入に時間がかかりますので、早めに着いたほうがいいです。

▷ 子どもの服装は制服が多かったです。

▷ 男の子はポロシャツ (白) に紺色半ズボン、女の子は白ブラウスに紺色のスカートが多かったです。

気温が上がり、「半袖など薄着になさったほうがよいと思います」という先生からお話もあり、アンサンブルのボレロを脱ぎ、ワンピース（半袖）で試験を受けました。子どももそのほうが動きやすかったようです。

▷ 考査日は他の学校と比べると、子どもの服装に差があったように思います。男の子は紺ベスト・半ズボン・白シャツがほとんどでしたが、女の子は幼稚園の制服や水色のトレーナーなど普段着のお子さんも多くいました。第一印象のことを考えると、やはりきちんとした服装のほうがよいと思いました。

▷ 着替える時間はありませんでした。寒かったので上着を着用されている方もありましたが、動きにくそうな感じでした。

▷ 当日は雨ではなかったのですが、移動だけにもかかわらずソックスが非常に汚れ、慌てて履き替えました。子どもは何が起こるかわかりませんので、予備のものは必ず持参したほうがよいと思います。

▷ 集合時間より 30 分ほど早く着くように行きましたので、ゼッケンをつけたりトイレを済ませたり、余裕を持って過ごせました。絵を描いたり折り紙やあやとりをして待ちました。

▷ 主人の仕事の都合で面接時間のぎりぎり 10 分前に着いたので、アンケートを記入する時間に余裕がありませんでした。30 分は早く着くようにしたほうがよいと思います。

▷ 控え室では読書する人、目を閉じている人、友人同士で話をしている人、さまざまでした。服装はほとんどの方が紺のスーツでした。体育館なので寒さ対策が必要です。

▷ 体育館で待機しましたが、とても寒くて防寒対策が必要だと実感しました。時間帯が３つに分かれており、私どもは１回目でしたが、控え室はとても静かでした。２回目の方が来られてから大変にぎやかになりました。時間を持て余してしまいますので、本などお持ちになったほうがよいと感じました。

▷ ２階図書館前の廊下に椅子があり、呼び出しまで待機します。肌寒い日だったので、膝掛けを持参してよかったです。大きな荷物は椅子に置いたままで大丈夫でした。

▷ 子どもの考査中は図書室で待機していましたが、図書室の本には触れてはいけないので本などを持参されたほうがよいかと思います。教室、図書室ともに思いのほか寒かったのでひざ掛け等を持って行けばよかったです。昨年の人たちは教室内が暑かったと言っていたので、その時々で何にでも対処できるようにしておいたほうがよいかと思います。

▷ ゼッケンが非常に大きく、安全ピンで留めてもだぶついた印象になってしまい、バランスが難しかったです。ピンがはずれて、ゼッケンがズルズルの状態で戻られたお子さんもいらっしゃいました。絶対に取れないくらいしっかり留めておいたほうが、子どものためにもよいと思います。

▷ 面接の待ち時間に書くアンケートは、きちんと書こうと思うと 30 分くらいはかかるので、早めに入室したほうがよいと思います。

▷ 面接は受付順に希望日時を選べるので、いつでもよければ並ばなくても大丈夫です。面接資料は願書といっしょに提出します。

▷ 面接日は初日に人気があるようで、そこから先にうまっていきました。

▷ 面接の部屋には荷物を置く場所がないので、大きな荷物は控え室の図書室に置くとよいです。

▷ 面接の最後に校長先生から「集団テストで友達と遊ぶときに、１人になったり自分勝手なことをしないように注意してください」と言われました。

▷ 事前面接のときは、当たり前のことですが、在校生が通常通り授業を受けているので静かになされていたほうがよいです。受付で注意を受けている方が多数いらっしゃいました。

▷ 長い時間をかけていろいろな点からよく見てらっしゃると感じました。面接も一人ひとりじっくりとされていて学校に対する信頼や安心感を持ちました。ただ決められたペーパーをするのではなく、広い範囲での準備が必要だと感じましたが、特に難しいということはなく、ふだんからしっかりとした生活習慣を心がけていれば心配ないのではと思いました。

▷ 年中から制作や体操に取り組ませていただいたこともあり、本番では簡単に思えたようです。どこかの学校の対策だといって講座を選ぶのではなく、プリントや体操、制作などなんでも挑戦することが子どもの経験につながると実感しました。

聖徳大学附属小学校

〒270 - 2223 千葉県松戸市秋山600 ☎ 047（392）3111

形式と日程

形式	親子別
日程	考査当日

◆面接室略図

親子別々の面接が考査当日におこなわれます。面接時間は10〜15分程度。

質問の内容

父親へ

お子様の名前、生年月日、住所を確認させてください。
ご家庭の教育方針を教えてください。
志望理由をお聞かせください。…数ある私立学校のなかで、なぜ本校を選びましたか。
本校の教育方針に賛同していただけますか。
本校のカリキュラムで、1番興味のあるところはどこですか。
本校の行事に参加したことはありますか。
本校に望むことは何ですか。
入学するにあたって、伝えておきたいことはありますか。
通学経路を教えてください。
お仕事について教えてください。…学校行事に参加できますか。
ふだんはお子様といっしょに食事をしますか。
緊急時のお迎えはどなたがいらっしゃいますか。
お休みの日に、お子様とはどのように関わっていますか。
お子様の長所、短所を教えてください。
しつけで注意していることは何ですか。
お子様の健康面で、学校で注意することはありますか。
お子様を自慢してください。
お子様は妹さんと何をして遊んでいますか。
ほかの学校は受験されますか。…どちらの学校ですか。
幼児教室には通われましたか。…どちらに通われましたか。
お子様の将来の夢は何ですか。

母親へ

志望理由をお聞かせください。
ご家庭の教育方針を教えてください。
本校に期待することは何ですか。
本校の教育方針に賛同していただけますか。
本校に対して何かお話ししたいことはありますか。
通学経路と所要時間を教えてください。
お仕事の内容を教えてください。…緊急時の対応は大丈夫ですか。…どなたがお迎えにいらっしゃいますか。
ご家庭での教育方針をエピソードを交えてお話しください。
お子様に食べ物の好き嫌いはありますか。
お子様の健康面で気をつけていることを教えてください。
お子様は過去に大きな病気、けがなどされていますか。
お子様にアレルギーはありますか。
食事について気をつけていることを教えてください。
お子様にはどのように成長してほしいと考えていらっしゃいますか。
お子様の長所と短所を教えてください。
子育てで気をつけていることを教えてください。
しつけについて重視していることを教えてください。
お泊りのときの心配事はありますか。
今日は下のお子様はどうされましたか。
ほかの学校は受験されますか。
幼児教室には通われましたか。どちらの教室に通われましたか。
学校生活で、気をつけてほしいことはありますか。

子どもへ

お名前を教えてください。
住所と電話番号を教えてください。
お誕生日（生年月日）を教えてください。
幼稚園の名前を教えてください。
お友達の名前を3人教えてください。
幼稚園で何をして遊びますか。…「ごっこ遊び」では何役をやりますか。
お友達とケンカをすることはありますか。…どんなときですか。
お兄さん・お姉さん・弟さん・妹さんの名前を教えてください。
外で遊ぶのとお家の中で遊ぶのとどちらが好きですか。
好きな食べ物を教えてください。
嫌いな食べ物は何ですか。…給食に出たらどうしますか。
お母さんのつくる料理では何が好きですか。
お父さんのお仕事は何ですか。
この学校の名前を教えてください。…この学校まではどうやって来ましたか。
お母さんのお手伝いはしますか。
どんなときに褒められ（叱られ）ますか。
好きな絵本は何ですか。…どんなお話ですか。
お父さん、お母さんとはどんな遊びをしますか。
大きくなったら何になりたいですか。…どうしてですか。
先生としりとりをしましょう。
先生と同じ言葉を言ってください。「赤色の花が咲いています」
※始まりは薄い実線、途中から点線で描かれた曲線の多い図形の書いてある紙を渡されて、はみださないように、鉛筆でなぞる。その線にそって、はさみで切る。

入試感想

■考査当日のこと…

▷ 受付の時から最後まで、先生方が優しく声をかけてくださり、子どももリラックスして臨むことができました。

▷ 8時に受付。30分に子どもはゼッケン色ごとに考査会場へ。40分頃に控え室に校長・教頭・副校長の各先生方が来られて挨拶と本日の流れについて説明。10時30分に子どもが戻ってきて40分から面接、10分ほどで終了。

▷ 家庭科室が控え室になっており、試験開始の10時から終了の10時40分までそこで待ちました。ご夫婦でお話ししながら待っている方が多かったです。

▷ 受付で色のついた番号札を渡され、その番号札をゼッケンと交換、ゼッケンをつけた子どもといっしょに控え室に入室しました。ゼッケンと同じ色、同じ番号の座席に着くよう案内されました。

▷ 9時になると、ゼッケンの色が黄、青、赤、緑の順に担当の先生が呼びかけをし、それぞれの子どもたちが一列になって控え室を出て行きました。保護者だけになってから、校長先生の挨拶があり、続いてスケジュールの説明がありました。

▷ 子どもが教室を移動するとき、親の姿を見ると動揺してしまう可能性があるということで、特別な用事がない限り控え室から出ないよう指示がありました。ただし飲み物が必要な場合は、正門を出て左手の自動販売機での購入が可能でした。携帯電話は控え室を出た付近なら使用可能とのことでした。

▷ 10月ということで冬服で臨みましたが、選考日当日は暑かったです。

▷ 台風の影響もあり、14日に合否連絡の書留が届くか心配でしたが、東京都の我が家では朝10時前に届きました。しかし同じく受験をした千葉県の方は夕方5時頃に届いたということで、地域によって差がありました。

▷ 体操室へ移動していく様子が、控え室から見えました。

▷ 控え室では、ご両親で打ち合わせをされている方が多かったです。

▷ 子どもの待ち時間用に絵本が置いてあり、喜んで読んでいました。

▷ 食堂の入口は常に開いておりました。足下が冷えましたが、暖房をつけていただき、とてもありがたかったです。

▷ 受付を済ませるとすぐにゼッケンをつけ、控え室へ案内されます。その間にも所々に先生方がいらっしゃり、こちらの様子をうかがっているようでした。8時30分より子どもはグループごとに試験会場へ誘導され、保護者はそのまま当日の流れなどの説明を受けました。

▷ 引率していただく先生方は、子どもがリラックスして試験に臨めるようにと気づかっているようでしたが、同じグループのお子さんがしゃべり続けていると「○○くん静かに！」と叱っている様子もうかがえました。

▷ 幼児教室で準備されていないお子さんもいらっしゃったようですが、桐杏学園のご指導のおかげもあり、最後まで乱れずに終えることできました。体操は前日の特講でやっていただいたものがそのまま出題されたようで、子どもも喜んでおりました。

▷ 受験番号順に考査するものと思っていたので、グループ分けの結果、水色の1番になってびっくりしました。控え室の食堂では外出は不可なものの、皆さんお話をされていて、かなり自由な感じでした。説明会や行事参加をきちんとカウントされており、面接時に「何回通ってくださりありがとうございます」と言われました。子どもは桐杏学園に通っていたので、移動の際にも列を乱すことなく落ち着いて行動できたようで、教頭先生からテストに臨む姿勢を褒めていただきました。

▷ 控え室では食堂の4人がけのスペースを1家族で使用し、面接を事前に終了している45組前後の方たちが待機していました。当日に面接するグループには別の控え室が用意されていたようです。2時間ほど考査の時間があり、持参した本を読んだりしながら過ごしました。全体的に静かではありましたが、一部お知り合いのお母様方が大きな声でお話をしていました。

▷ 受付時に番号札を受け取り、家庭科室で待機します。時間前になると担当の先生が面接室まで案内してくださいます。親と子の面接はパーテーションで区切られておこなわれたため、子どものほうはよくわかりませんが、男性の先生が質問されているようでした。親には校長先生が質問されて、男性の先生がメモを取ってらっしゃいました。

■面接では…

▷ 控え室は食堂でした。面接のアンケートを記入しました。

▷ 面接室は区切られていて、隣で子どもが受けるのですが、声は聞こえましたが何を話しているかはわかりませんでした。

▷ 当日記入するアンケートは、家族構成、通学経路、志望理由、子どもの性格、入学後の学校への要望、説明会の参加状況などでした。

▷ 面接の開始時間が遅くなったため、軽食などコンビニなどに買いに行ってもよいとのアナウンスがありました。

▷ 面接の控え室は食堂でした。グループごとで座席が指定されていました。

▷ 面接の待ち時間は長めですが、絵本もおいてあり、子どもも静かに待つことができました。

▷ 教室のオープンスペースで、教頭先生と５年生の担任の先生とでおこないました。和やかな雰囲気のなかでおこなわれたので、特に緊張することなく答えられました。面接は３グループに分かれて15分ずつおこなわれました。

▷ 私たちは青のゼッケンでしたが、全部で、赤・青・黄・緑の４色に分けられていました。時間になると礼法室に通され、広い部屋で子ども、横の小さな部屋で私が面接しました。子どもの声がよく聞こえてきました。私への質問の応答に対して、子どもが質問されていました。面接官の方は２人で、１人の方は質問せずに応答内容を記入していました。ずっとにこやかで雰囲気がよく、私の言うことに大きくうなずいてくださり、とても楽しい面接でした。

▷ 控え室で待っている間に校長先生のお話があり、そのお話がおもしろくてとても和やかな雰囲気になりました。誘導してくださる先生方もどなたも優しく、試験とは思えないくらいのリラックスした状態で臨めました。子どもが挨拶ができると、「すごく上手だね」「えらいね」などと必ず褒めてくれました。専願だったので、面接では、「合格した際は必ず来てくださるとお約束できますか」と聞かれました。最初から最後まで緊張せずに楽しめました。

▷ 面接は４つのグループに分かれ、それぞれの会場はかなり離れていました。３階の、５年生・６年生の教室のオープンスペース、礼法室などが会場に使われていました。

▷ 受験番号は、１番＝ゼッケン黄-1、２番＝ゼッケン青-1、３番＝ゼッケン赤-1…となっていました。面接終了後すぐに解散です。受験番号＝願書受付順なので、願書の受付が早いほど早く終了します。

▷ 赤色のゼッケンでしたが、親の面接官は質疑が教頭先生、筆記が５年生の担任の先生、子どもの面接官は低学年担当と思われる女性の先生２人でした。

▷ 教室へ入る出口は扉が閉まっており、いったんは廊下の待機場所で待ちます。案内の先生だけが先に中に入り、準備ができると「お入りください」と案内されました。

▷ 父親が先頭で、続いて子どもと母親が「失礼します」と入室し、３人そろって「よろしくお願いします」と挨拶をしたあと、「お子様はこちらでお預かりします」と、子どもだけパーテーションの向こう側へ案内されました。

▷ 親の面接は終始和やかな雰囲気でした。むしろ先生方が気をつかって、言葉を選んで親に質問するという感じでした。

▷ 圧倒的に母親への質問が多かったです。「お母様にお聞きします」「お父様にお聞きします」といちおうおっしゃっていましたが、質問をする際、父母双方の様子を見て、その場で決めている感じでした。

▷ パーテーションの向こう側にいる子どもや先生の声は気になりませんでした。子どもはもともと声が大きいほうではなく、先生方も優しそうな先生だったので、それほど声が響かなかったと思います。また、私たちも自分たちの面接に集中していたので、他の音があまり耳に入りませんでした。

▷ 親の面接が長引き、子どもは荷物置き場の椅子に先生付き添いのもと、座って待っていました。親の面接が終了後、３人そろって「ありがとうございました」と挨拶をし、出入り口から退出します。そのまま玄関まで案内され、下校しました。

▷ 面接では８時30分まで食堂で待機しました。８時前でも受付は可能です。青、オレンジ、赤、緑の４グループに分かれて座ります。グループごとに４カ所分かれて、９時に面接がスタートしました。

▷ 面接の質問は皆さん丁寧で、特にひねった質問や細かい質問はありませんでした。

▷ 終始和やかな面接で、「責任を持ってお預かりします」と言っていただき、心強かったです。

▷ 私どもの通された部屋は校長先生と事務長先生がいらっしゃいました。質問は答える相手を指名しないので、前もって家族で打ち合わせておく必要があるかと思います。

▷ 両親への面接は６年生の担任の先生が２名担当され、子どもの面接は１年生の担任の先生が２名担当されていました。面接の部屋には仕切りがあって、親子別々におこなわれました。先生方はとても優

しく、子どもは元気に答えられました。案内してくださった先生も素晴らしい方で、丁寧で、親切で、きめ細かな対応に感動しました。

▷ 私どもは 10 時開始でしたが、20 分前に到着しました。受付で番号札を渡され、控え室の同色・同番号の座席に着くように指示がありました。色はオレンジ、赤、青の 3 色で、その色別で面接会場が異なるようでした。席にはアンケートが置いてあり、待機中に記載します。予定よりも 10 分ほど遅れてはじまり、父親、母親どちらかに伺いますといったものでなく、質問の際に目が合ったほうが答えるという感じのものでした。校長先生のお人柄が伺えて、とても和やかにおこなわれましたが、事務長先生がしっかりこちらの様子を見ており、若干緊張いたしました。時間は 10 分ほどでした。

▷ 校長先生が面接をされると想像しておりませんで驚きましたが、とても温かく迎えてくださったので和やかに進行しました。主人が答えに詰まる場面もありましたが、「～ですか？」と助け舟を出してくださり、大変ありがたく思いました。校長先生のお人柄がうかがえて、こちらの学校にお世話になれればと夫婦で感じておりました。

▷ 面接会場に向かう際、子どもが「お願いします」と案内の先生に自分から挨拶したところ、とても褒めていただき、直前には「頑張ってね」と声をかけていただいたおかげで、自信を持って臨めたようです。

▷ パーテーションの向こうから子どもの面接の様子が聞こえてきましたが、ハキハキと答えられているようで安心しました。終了後、子どもの面接を担当した教頭先生が私どものところへいらっしゃり、「よくできていましたね」とおっしゃっていただきました。

アドバイス

▷ コロナ禍で説明会の中止が続きましたが、おこなわれたものにはすべて参加しました。

▷ できれば年中くらいのときから、いろいろな小学校の行事に行かれるとよいと思います。

▷ 個別見学ができる場合は、参加したほうがよいです。

▷ アンケートの記入用に、メモなど持参するとよいと思います。内容は、「志望理由」「子どもの長所・短所」「本校に話しておきたいこと、願うこと」などでした。

▷ 親の面接は、基本的なものがほとんどでした。

▷ 先生方全員がとても優しく、温かく、入学したら子どもを大切に教育していただけると思いました。

▷ アンケート記入がありますが、事前に用意していけば、問題なく書ける内容だと思います。

▷ 学校特有の突っ込んだ質問はないと思われますので、普通に面接の練習をしていれば十分に答えられる内容です。

▷ ペーパーの内容は、基礎的な問題を確実に解ければ大丈夫なようです。

▷ 動きやすい服装と言われていたので、ワンピースを着ている子は少なかったです。

▷ 桐杏学園の模擬面接で「学校側が聞きたいのは具体的な家庭でのエピソードです」とアドバイスをいただき、特に父親はそれを意識して答えていました。子どもの長所を答える質問に対し、父親は、家庭でいっしょに遊んだエピソードを引き合いに答えましたが、先生方は特に興味深く耳を傾けていらっしゃいました。

▷ 控え室の座席にはそれぞれアンケート用紙が用意され、書けた人から前方の教壇の上のケースに提出しました。私たちは事前に準備をし、書き込むだけだったので、開始時刻の 9 時前に書き終わりましたが、子どもが考査を終えて戻ってくる 10 時 40 分ぎりぎりまで書いていらっしゃる方もいました。事前準備は必要だと思います。

▷ 受験に対して我が家は遅いスタートで非常に不安でしたが、桐杏学園の適切な指導と「この学校に行きたい」と子どもが言ってくれたことで親子が一致団結して臨むことができ、よい結果が得られました。数か月しか通っていませんが、教室に通ってからの子どもの成長が目覚ましかったです。ただ、急激な環境の変化に子どももストレスを感じていたようで、プリントをやり始めると 5 分も経たずに頻繁にトイレに行ったり、家では急にぐずったりわがままになるなど、親としても接することが難

しかった部分もあります。受験対策はできるだけ早いうちから始めて習慣化することが、親子双方にとってよいかと思いました。

▷ アンケートの内容は、「本校を知った手段は何ですか」「聖徳と共鳴したところ（志望した理由）はどこですか」というものでした。

▷ 面接は教頭先生でしたが、進学相談のときに直接お話しする機会がありましたので、とても話しやすかったです。

▷ 待ち時間が長いので、時間をつぶせるもの（本など）があるとよいと思います。

▷ グループによっては、子どもが控え室に飲み物などを飲みに戻ったりしますので、面接以外で席を外さないほうがよいと思います。また、水筒を持参したほうがよいです。

▷ 天気がよく、あまり寒くありませんでしたが、年によっては寒いときがあると思いますので、暖かいものを持参されるとよいと思います。

▷ まわりのお友達同士、朝ご挨拶できるよう心がけたほうがよいと思います。

▷ 控え室の大食堂は少々冷えるので、保護者は厚着をしていったほうがいいと思います。子どもは運動テストがあるので、すぐに軽装になれるような服装選びをなされるとよいかと思います。

▷ 説明会などに参加すると学校のよさがとてもよく見えますし、学校側も重視されているようですので積極的な行事参加をおすすめします。入試説明会では過去の問題を体験することができ、親にも配点や時間を教えていただけます。

▷ 当日提出のアンケートは控え室で記入し、前方の机上に提出します。当日の受付順に記入しますが、何を書くかある程度まとめておかないと時間が足りなくなり、先生に急かされている方も見受けられました。また漢字がわからずに戸惑っている方もいましたので、口頭だけでなく書面も考慮しておくほうがよいかと思います。

▷ 学校主催の説明会や運動会、聖徳祭などの行事に積極的に参加されたほうがいいです。校長先生はじめ、先生方が丁寧に対応してくださいます。幼児教室での対策と家庭での学習を早い時期からはじめれば、充分に対応が可能な考査内容と推察されます。家族全員で受験対策をする重要性を強く感じました。桐杏学園のご支援をいただきながらよい結果を得ることができ、受験という機会を通じて家族の絆を深めることができたと思います。

▷ 控え室では読書をされている方が多かったです。あたたかい水筒を持参されたほうがよいと思います。学校説明会などに参加したかどうかをアンケートの紙面でも面接でも聞かれたので、事前に何度か学校に足を運んでおいたほうがいいと思います。聞かれること、記入することは決まっているので、ノートに書いておいて当日は書き写すだけの状態にしておくと、あせらずに時間を過ごせます。

▷ いろいろなお子さんがいらっしゃるので、自分の子どもに対してふざけてはいけないということをきちんと話しておいたほうがいいと思います。プリントもさほど難しくはなかったようで、テストから戻った子どもたちの顔からはみんな楽しんできた様子がうかがえました。

▷ 説明会や行事の多い学校なので、入学後の行事参加の状況などを見られているのではないかと思い、できる限り参加しました。先生から「父親からの質問も大切」という意見を聞いてから、主人も積極的に個別相談会に参加してもらいました。

▷ 学校見学会、学校説明会、運動会には必ず参加したほうがいいと思います。

▷ 考査中の保護者の控え室では暖房もなく、寒く感じました。何か本でもあると退屈しないと思います。

▷ 控え室では本を読んでいた方が多かったようです。考査の始まりに学校長と教頭先生から挨拶があり、1日の流れなどについて説明がありました。

▷ 控え室は1年生の教室で、先生から「本などを読んでいいですよ」と言われ、本を読んで待ちました。

▷ 面接では子どもに最後に好きな本を聞かれます（毎年決まっているそうです）。

▷ 試験内容は易しめで、お教室に通っている方なら楽しく受験できると思います。

千葉日本大学第一小学校

〒274 - 0063 千葉県船橋市習志野台8 - 34 - 2 ☎ 047（463）6621

形式と日程

形式	親子同伴
日程	考査日の前日

◆面接室略図

親子同伴の面接が、Ⅰ期では考査日の前日に、Ⅱ期では考査当日におこなわれます。
面接時間は10〜15分程度。

質問の内容

父親へ

志望理由を教えてください。
学校説明会にいらっしゃいましたか。どう思いましたか。
本校に望むこと、期待することはありますか。
上のお子様は別の学校ですが、どうして本校を志望されましたか。
お子様に本校のよいところを伝えるとすると、どんなことを話しますか。
ご家庭の教育方針を教えてください。
家庭で気をつけていることは何ですか。
電車でお子様が注意され、学校に連絡がきたときどう対応しますか。
子ども同士のトラブルにどのように対処されますか。
お子様の紹介をしてください。
お子様の1番よいところはどこですか。
ご自身のお仕事についてお聞かせください。
休日のお子様との過ごし方についてお聞かせください。
父親としてどのように子育てに参加していますか。
ご家庭でのしつけについて気をつけていることを教えてください。
最近どんなことでお子様を褒めましたか。
将来どんな子どもになってほしいですか。
高校時代はどのようにお過ごしになりましたか。
昨今の教育問題について思うことをお聞かせください。
受験をするにあたってどちらの塾に通いましたか。

母親へ

志望理由をお聞かせください。
本校の説明会には参加されましたか。…印象についてお聞かせください。
運動会にいらっしゃいましたか。…どう思いましたか。
ご家庭の教育方針を教えてください
ご家庭で1番重視していることは何ですか。
しつけで大切にしていることは何ですか。
お子様を見ていて、ほほえましく感じること、困ったなと感じることは何ですか。
幼稚園の運動会はどうですか。
もしもお子様が登校拒否になったらどうしますか。
お友達とトラブルがあったときどのように対処されますか。
お仕事をする上で、時間の工夫はどのようにされていますか。
お父様の帰宅時間は何時ですか。
お父様とお子様のコミュニケーションはどのようにしていますか。
今日のお子様の様子はどうですか。
子育てで気をつけていることは何ですか。
子育てで苦労したことは何ですか。
子育てをしていて感動したことを教えてください。
お子様のことで相談できる人はいますか。…どんな相談をしますか。
最近お子様を褒めたことはどのようなことですか。
お子様はどれくらい身の回りのことができますか。
お子様から最近学んだことは何ですか。
お子様にはどのような大人になってほしいですか。
今朝は何時ころ起きられましたか。…ふだんは何時に起きていますか。
お子様のことで最近うれしかった出来事を教えてください。
お子様の名前の由来を教えてください。
お子様の嫌いな食べ物を教えてください。…お子様が嫌いな食べ物を残したときどうしますか。
食事で気をつけていることは何ですか。
夕食は家族そろって食べますか。
ご主人に褒められる得意料理を教えてください。
どういう母親でありたいと思いますか。
テレビをご覧になりますか。好きなテレビ番組についてお聞かせください。
1日でどのくらいテレビを見させていますか。
お子様にどんな本を読み聞かせていますか。
公共の交通機関を利用する際の注意点についてお聞かせください。
防犯対策についてお考えのことを教えてください。
受験にあたりどのような準備をされましたか。
幼児教室には通われましたか。どちらの教室でしたか。

子どもへ

お名前を教えてください。
幼稚園の名前を教えてください。
幼稚園の先生の名前を教えてください。
仲よしのお友達の名前を教えてください。…そのお友達のどんなところが好きですか。お友達と何をして遊びますか。…何人で遊びますか。
幼稚園でどんな遊びをしますか。
遊ぶとき、自分からお友達を誘うほうですか。お友達から誘われるほうですか。
先生に叱られること、褒められることはどんなことですか。
幼稚園でのお約束（してはいけないこと）は何ですか。
幼稚園で楽しかったことは何ですか。
幼稚園から帰った後は、どんなことをしますか。
運動会で頑張ったことは何ですか。
お父さんとお母さんの名前を教えてください。
お家でお父さんとどんな遊びをしていますか。
お父さん、お母さんに褒められるのはどんなときですか。
お父さんにどんなことを注意されますか。
お手伝いは何をしていますか。…お手伝いをするとき、気をつけていることはありますか。
…お手伝いをするとお兄さん・お姉さんとケンカはしますか。
ここまでどうやって来ましたか。
電車のなかでしてはいけないことを2つ教えてください。
学校に歩いて来るときどんなことに気を付けていますか。
この学校の名前を言ってください。
今日は自分で起きましたか。
朝は何と挨拶しますか。夜は何と言いますか。
自分でお着替えができますか。
朝ご飯を食べてきましたか。
好きな食べ物と嫌いな食べ物は何ですか。嫌いな食べ物を出されたらどうしますか。
お母さんのつくる料理で好きなものは何ですか。
お友達の家へ行くときに気をつけることは何ですか。
好きな本を教えてください。
どんなテレビを見ていますか。
動物は好きですか。どんな動物が好きですか。
お花の名前を3つ教えてください。
習いごとをしていますか。…幼児教室には通いましたか。
大きくなったら何になりたいですか。
ハンカチを出してください。…広げてください。…たたんでください。
（ナプキンに包まれたお弁当箱をさし出される）包みを開いてください。…初めと同じように包んでください。

入 試 感 想

■考査当日のこと…

▷ とても穏やかで雰囲気のよい学校でした。テストという雰囲気がよい意味でしませんでした。

▷ 控え室では、みなさん折り紙や読書をされていました。

▷ 子どもは、考査前はたいへん緊張していましたが、先生方がやさしかったようで帰ってきたときは「楽しかった」と言っていました。

▷ 保護者は3時間待機します。廊下にはお茶が用意されていました。

▷ 7時45分〜8時30分の間に受付。8時35分に説明があり、8時50分に会場へ向かいます。9時に考査開始。12時に考査終了となりました。

▷ 8時20分に受付、控え室でゼッケンなどを付け待機。35分に日程説明、50分に点呼があり子どもは考査へ、親はそのまま控え室で待機。9時より30分間ペーパーテスト、30分に休憩がはいったのち、45分から運動テスト、12時20分に子どもが控え室に戻ってきて終了。

▷ 受付を8時半までに済ませ、体育館で待ちました。8時35分から説明があり45分頃から教室ごとに呼ばれ考査室へ移動しました。9時から9時半までペーパーテストで、いったんもどり10時から順に行動観察と運動テスト（10人くらい）と個別テストがありました。もどったら各自昼食をとり帰りました。体育館には終始1名の職員の方がいらっしゃいました。

▷ 受付でゼッケンをもらい、親子ともに控え室で待機します。待ち時間は折り紙やあやとりをして皆さん静かにしていました。控え室は受験番号で分かれ、時間になると20人1組で1列になり考査の教室に子どものみ移動しました。

▷ 廊下の各クラスの前に給茶器が置かれていて、温かいお茶が紙コップで自由に飲めました。

▷ 控え室は指定されていますが席は自由です。ふたつの机が向かい合うかたちでセットされています。ご家族3人で来られている方はあまりいませんでしたが、空いている椅子で対応していました。

▷ 控え室では、面接が終わった順にホワイトボードの番号を消し、次の方に声をかけました。

■面接では…

▷ 面接室の前が控え室になっており、3〜4組が待っていました。

▷ 面接では、先生方が「わからないことは、わからないで大丈夫だよ」と、優しく声をかけていただきました。

▷ 面接の控え室では、子どもと折り紙をしたり、本を読んだりして静かに待ちました。ホワイトボードに受験番号が書いてあり、終わったら番号を消して次の人に声をかけ退出します。

▷ 親子とも緊張しましたが、子どもに対してゆっくりとやさしく聞いていただけたので、とても答えやすかったようです。

▷ ペーパーは模試のときよりも問題数が少なく、あっという間に終わったそうです。個別テスト・体操・集団テストはとても楽しかったと話していました。個別テストの合間には先生といっしょにしりとりをしたり、クイズをして遊んだそうです。

▷ 面接官がにこやかに、優しい言葉で話しかけていただいたので、リラックスできました。

▷ 子ども、父親、母親の順番で、教頭、校長、事務長からおのおの質問を受けました。先生の手元にある願書など一式に目の件で付箋が貼ってあるのが見えたので、心配ないことをお話ししました。窓のあるお部屋だったので明るく和やかな雰囲気でした。午後の2組目でしたが、入室が予定よりも5分ほど遅れていました。

▷ 控え室で前の人が終わったら次の人に声をかけてから帰ります。呼ばれたら面接室に自分たちでノックして入ります。終わったら控え室へ戻り、次の人に声をかけてホワイトボードの自分の番号を消して終了です。

▷ 受付で面接カードを提出し、2階の控え室で待ちます。面接会場の前が控え室となっており、すでに数組の方が待ってらっしゃいました。ホワイトボードには「面接が終わりましたら次の方に声をかけ、番号を消してお帰りください」と書かれていました。面接時間は10分程度で、長机に「お子様」「お父さま」「お母さま」と記された紙が貼ってあり、座る場所が指定されていました。

▷ 子どもと父親に対する質問が多かったです。母親は残りの時間で聞かれる程度の感じでした。

▷ 面接官の先生が終始和やかになるよう努めてくれました。すべての受験生に対して一様に質問をしながら、子どもの個性や家庭の取り組みを見ようとしていると感じました。

▷ とても和やかな雰囲気でした。父が真ん中に座り、母子が左右に離れて座るので、子どもに対して母がフォローできないので日頃のしつけ、振る舞いが出てしまいます。桐杏学園での練習がフルに発揮された時間でした。

▷ 法被と帯を渡され「着てください」と言われ、その後「脱いで机の上に戻すように」と言われました。子ども1人で、面接官の前で行いました。

▷ 最初に子どもへの質問がいくつかあり、その後教頭先生の指示で席の後ろで子どもが法被を着るテストがあり、法被を着ている間に父親と母親への質問がありました。子どものことがとても気になりました。

▷ 家族で姿勢がよいと褒めていただき、また会話から家族の雰囲気が伝わったようで「楽しそうなご家族ですね」と事務長先生から声を掛けていただきました。

▷ 校長先生も事務長先生もにこやかに話してくださり、緊張が和らぎました。

▷ 教頭先生はしっかりと子どもの様子を見ていらっしゃいました。

▷ 子どもだけ奥の部屋に行き、教頭先生から質問されました。冗談を言ってくださり、楽しんできたそうです。

▷ 子どもへの質問は、わかりやすい言葉に変えて質問してくださいました。

▷ とても温かい雰囲気と特にお部屋も狭いので、先生方との距離が近く、あまり緊張感もなく面接が行えました。突然法被を着て、リボン結びをと指示があったときは、予想していなかっただけにヒヤリとしました。塾での練習のおかげで無事乗り越えられました。

アドバイス

▷ 願書は初日に出して、早い受験番号のほうがよいと思います。

▷ 学習はやればやるほど伸びるので、受験対策は早めに始めたほうがよいです。

▷ 試験が終わるまで、大人は長時間待たなければなりませんので、時間がつぶせるように本などを持参されるとよいと思います。

▷ 考査会場へ移動の際、受験番号順に並んで行動しますが、列が乱れて態度があまりよくない列がありました。そのグループの合格者は、やはり少なかったです。受験番号が早い人たちほど、意識が高いように見受けられました。

▷ 安全ピンは持参したほうがよいと思います。

▷ 親への質問中も、子どもの様子をみているようでした。

▷ 控え室では温かいお茶が自由に飲めますが、足もとが冷えるので女性の方は膝掛けなどを持って行ったほうが無難です。

▷ 当日は寒かったのですが、集団テストのときは元気よく見えるように、あえて半袖シャツに半ズボンを着用しました。

▷ 子どもが面接前にトイレに行った際、蜂の格好をした外国人女性の先生に「ハロー」と声をかけられ、ちょっと緊張感が和らいだようでした。面接が終わるときに校長先生から「入ってきたときにお子さんがきちんと挨拶され、ずいぶんちゃんとしておられましたが、どこの幼児教室にお通いですか」とおっしゃったので答えると「ああそうですか」と言ってうなずいておられました。

▷ 集合時間が早く、終了はお昼過ぎになるので当日の持ち物のなかに書かれているお弁当は、持っていったほうがよいと思います。考査が終わるころには子どもはかなりお腹をすかせた状態です。考査から体育館へ向かう途中の様子を見ましたが、何人かが列からはみ出して前の子を押したりしていましたので、いっしょになって騒がない訓練も必要かと思いました。

▷ 今年は幅広い分野から出題されたと思います。自分の名前を書くのは必須だということでしたが、書けないお子さんに対しては先生が書いてくれていたということでした。ペーパーテストや指示行動では根気や集中力を見る内容が多く、自己紹介などでは快活な態度や積極性を見ているように感じました。受験番号に関わらず、ローテーションを組んで考査をしていたようで、終了時間に大幅な差はなかったようです。考査の仕方の工夫などから学校の選考方法に熱心さを感じました。桐杏学園で学んだ内容も多く出たようで、子どもは自信を持って取り組めた様子が表情から感じ取れました。学園で学ばせていただいたこの1年は親子ともに成長を感じられる貴重な経験となりました。諸先生方のご

尽力にあらためて感謝しております。ありがとうございました。

▷ 第1回の説明会しか参加できなかったのですが、他の方のお話を聞いてみると、やはり説明会、運動会、作品展、バザーなどの行事にはすべて参加し、桐杏学園の情報講演会にも参加するなどして、こちらの熱意を積極的に表したほうがよいと感じました。他校と併願するときはよほどの成績でないと難しい学校だと思いますが、まずは行事参加皆勤賞が（前提条件として）必要な学校なのではないでしょうか。

▷ 受付時にゼッケンを受け取るのですが、大きめなので安全ピンを持参して肩のところで調整している方が多かったです（ゼッケンの形は、桐杏学園のものと同じでしたのでよかったです）。

▷ 考査日はほとんどの人が紺の服装でした。体操服に着替える子もいました。

▷ 受験番号が70番台ですと、終了するのがお昼過ぎになってしまうので待ち時間がかなりあります。親の待ち時間には文庫本を読んでいる人が多かったです。私も本を持って行って読んでいました。

▷ 面接は朝早く、子どもも機嫌が悪くあまりいいできではなかったのですが、考査は待ち時間に親子で仲良くなったご家族ができ、リラックスしてとても楽しくテストを受けられました。2人とも合格できていたので面接よりは、考査を重視していると思いました。

▷ 折り紙と魚図鑑の本を見て絵を描いて静かに待てました。待っているときもチェックされていました。ペーパーテストの前に1回、戻ってきて集団テストの前に1回、トイレに行かせました。

▷ 控え室での待機のときは、何か子どもが遊べるもの（折り紙や絵本など）を持っていったほうがよいと思います。ほとんどの方が折り紙を持参していました。

▷ 面接のとき子どもがあまりにも声が小さかったので、校長先生が集団考査のときに声が小さかったら減点になるようなことを言ってくださいました。

▷ 学校の名前は必ず言えるほうがよいと思いました。

▷ 面接は番号順でおこなわれ、早い番号だと願書提出後すぐに面接になるので、早めに心の準備をされるとよいです。

▷ 予定していた時間よりもかなり早い時間に呼び出されたので、皆さん動揺されていました。朝早くからお昼過ぎまでの試験なので、子どもたちが飽きないよう工夫されたほうがよいでしょう。また、早めにお弁当を食べて正解でした。

▷ テストが全部終わった後、子どもが「桐杏学園で勉強したものばっかりで全部できたよ。楽しかったよ」と言っていました。リズムのすず、ひも結び、ジグザグ走り、ケンパーなど、面接も含めてですが学園で勉強したものがたくさん出ました。本当にありがとうございました。

▷ 集合時間も早く、拘束時間も長いので、最後まで全力を出せるか心配でした。今年は校長先生が「学力重視」を強調なさっていることもあり、ペーパーが多く、幅広く問われたようです。

▷ 考査当日は、集団考査、体操、リズム検査に2時間半費やすので、本などを持って行ったほうがよいです。学校説明会でも言われていたとおり、完全に学力重視の方向性を取っています。面接は240点満点のうち40点で、今後はペーパーの比重がもっと増えてくるのではと思います。ペーパーも実技も多様な範囲からおこなわれるので、バランスのよい対策が必要になってきます。また、子どもが移動する際の様子もきちんと見ています。ペーパーと実技の間に20分の休憩がありますが、お腹がすいてしまうお子さんは軽食を取るなどして対応していました。

▷ やはり幼児教室に通っていないと難しいのではと感じました。普通のドリルや体操もできましたし、2倍だから平気だろうとタカをくくっていたのですが、慌てて書店で桐杏学園の面接ビデオを買うことになりました。受験番号は前の方の番号の人は早生まれが多く、合格者は後ろの番号の人が多かったようです。

▷ 子どもの話では、ペーパーテストは全部できたそうです。桐杏学園のプリントは難しかったけど今日は自信を持ってできたそうです。グループテストは全部きちんとできてとても楽しかったようです。

▷ ペーパーテストの当日以外は車で行ってもいいようですが、面接時に「どうやってここまできたの」と聞かれたので、車はやめた方がいいと思います。

▷ 行動観察や待合室から試験会場に移動する際の態度がチェックされていたようです。先生方の指示に反応して行動に移せない子ども、泣き出してパニックになっていた子ども、おしゃべりが多かった子ども、ふざけていた子ども、1人だけ違うことをしていた子どもが不合格になったようです。

▷ 考査日の集合時間（8時半）は全員いっしょのため、受験番号が遅い人はかなり待つ時間があり、子どもには負担だと思いました。

日出学園小学校

〒 272 − 0824 千葉県市川市菅野 3 − 23 − 1 ☎ 047（322）3660

形式と日程

形式	親子別
日程	考査当日

◆面接室略図

親子いっしょに入室して、親子別々の面接が考査当日におこなわれます。面接時間は親子ともに 5 分程度。

質問の内容

父親へ

お子様の受験番号と名前をお願いします。
志望理由についてお聞かせください。
本校のことをどのようにして知りましたか。
学校を選ぶときのポイントを教えてください。
本校の第一印象はどのように感じましたか。
本校に期待することを教えてください。
家庭での教育方針についてお聞かせください（父親としての教育方針を教えてください）。
ご家庭でのしつけについてお聞かせください。
現在の学校教育の問題点についてお聞かせください。
公立、私立問わずに教員に望むことはありますか。
学校行事の中で、お子様に特に経験させたいと思うものがあれば教えてください。
昨今家庭教育が疎かになっていることが問題になっていますが、どのようにお考えですか。
小学校入学にあたり、心配なことや不安なことはありますか。
コロナの感染拡大で困ったことは何ですか。
この国際化社会に必要なことは何だと思いますか。
1 週間の休みがあるとして、旅行に行くとしたらどこに行きますか。具体的にお話しください。
ご自身とお子様で似ているなあと思うところはどこですか。
6 年間でどのように成長してほしいですか。
ご自身のお仕事についてお聞かせください。
社会に出たときに重要なことは何ですか。
日頃お子様とどのように関わっていますか。
大学時代に取り組んだことで、今にいかされていることは何ですか。
お子様にはどのように成長してほしいですか。
ご家庭での父親の役割は何ですか。
お子様の名前の由来を教えてください。
お子様の長所と短所を教えてください。
知的好奇心を促すために、ご家庭でどのように工夫していますか。

「学ぶ」とはどういうことだとお考えですか。
子育てで失敗したと思うことはありますか。
ご自身の両親から教わったことは何かありますか。
子育てをしてきて嬉しかったことを教えてください。
家族愛を感じるのはどんなときですか。
家族の自慢できることは何かありますか。
お子様のお手伝いの様子を見て、思うことはありますか。
どんなときお子様の成長を感じますか。
どんなときお子様を叱りますか。
最近お子様のことで感動したことはありますか。
勉強以外に大切だと思われることをお聞かせください。
現在関心のある社会問題についてお聞かせください。
いじめについてどうお考えですか。
ご自身が尊敬する人物とその理由を聞かせてください。
お母様から日頃感謝されることは何ですか。
お子様の将来について、期待することは何ですか。

母親へ

本校のことをどのようにして知りましたか。
私立のメリットは何だと思われますか。
共学を選んだ理由について教えてください。
家庭教育と学校教育の違いについてお聞かせください。
現在の教育に必要と思われることをお聞かせください。
本校に期待することを教えてください。
１年生を担当する教師に、期待することはどのようなことですか。
小学校入学にあたり、心配なことや不安なことはありますか。
子ども同士のトラブルには、どう対処しますか。
お子様が学校へ行きたくないと言ったらどうしますか。
自殺やいじめについてどうお考えですか。
いじめにあってしまったら、どう対処しますか。
目まぐるしく変化する世のなかで、これからどんな力を身に着けさせたいですか。
コロナの感染拡大で、お子様の様子に変化はありましたか。
コロナで休みのとき、どのように過ごされましたか。…それによって変わったことはありますか。
お子様にどのようなときに我慢させますか。
お子様が嫌いな食べ物は何ですか。…食べさせるための工夫をしていますか。
本校までの通学経路を教えてください。
公共のマナーについて、どんなときに教えていますか。
学校側から、お子様の交通マナーが悪いと言われたらどう対応しますか。
電車通学の途中でお子様が問題を起こしたらどう対処されますか。
最近お子様を褒めたこと、叱ったことを教えてください。
お母様の子ども時代と最近の子どもでは、どのような点が違いますか。
お手伝いはどんな目的でさせていますか。
お子様の成長を感じた出来事を教えてください。
お子様にこれからの人生で大切にしてほしいことは何ですか。
６年間でどんなことを学んでほしいですか。
ご家庭でのしつけについて教えてください。
お子様が１人でできるようになったことは何ですか。
毎日どんなお手伝いをさせていますか。
子育てで気をつけていることは何ですか。

子育てをしてきて、嬉しかったことと困ったことを教えてください。
子育てをするうえで、誰に相談しますか。
最近お子様とどのような会話をしましたか。
お子様のお風呂は、おもにどなたがいっしょに入りますか。…その時どのような会話をしますか。
お子様とオリンピックを見てどんなお話をされましたか。
受験の準備で大変だったことは何ですか。
お子様がテストで悪い点を取ったとき、家庭ではどう対処しますか。
社会人として何が大切だと思いますか。
お子様に読ませたいと思う本は何ですか。
ご家庭でのお子様との約束事があれば教えてください。
お子様が「ありがとう」「ごめんなさい」を言えないときにはどうしますか。
集団生活で気をつけなければならないことは何だと思われますか。
ご家庭における、父親、母親の役割を教えてください。
最近の犯罪の低年齢化の原因は何だと思われますか。
お父様から日頃感謝されることは何ですか。
将来ユーチューバーになりたいと言われたらどうしますか。
お子様と約束していることはありますか。

子どもへ

お名前を教えてください。
誕生日はいつですか。
住所、電話番号を教えてください。
幼稚園の名前を教えてください。
仲のよいお友達の名前を3人教えてください。
幼稚園ではどんなことをして遊んでいますか。
お友達といっしょに遊ぶとき、何と言いますか。
部屋のなかで遊ぶのと外で遊ぶのは、どちらが好きですか。
友達が遊んでいるおもちゃをとったらどうしますか。
友達から意地悪されたらどうしますか。
友達が意地悪されていたらどうしますか。
幼稚園で何をしているときが1番楽しいですか。
何人家族ですか。…家族の名前を教えてください。
この小学校の名前を知っていますか。
今日は誰とどのようにしてここに来ましたか。
バスや電車に乗るときのお約束を教えてください。
いっしょに住んでいる人の名前を教えてください。何人家族ですか。
お友達のものを壊してしまったときどうしますか。
お家での約束事は何ですか。
お母さんが喜ぶのはどんなときですか。
駅で気をつけることは何ですか。
お父さん、お母さんに叱られるのはどんなときですか。
お母さんに褒められることは何ですか。
お家ではどんなお手伝いをしていますか。
お母さんは本を読んでくれますか。
好きな絵本は何ですか。…それはどんなお話ですか。
好きな食べ物、嫌いな食べ物は何ですか。
いつも夜ご飯はだれと食べますか。
習い事は何をしていますか。
お手伝いは何をしていますか。

お母さんに1つお願いするとしたら、何をお願いしますか。
どんなときに「ありがとう」と言いますか。
どんなときに「ごめんなさい」と言いますか。
宝物を教えてください。
迷子になったらどうしますか。
1人でできるようになったことは何ですか。
何ができるようになりたいですか。
なぜ、教室の中でボール投げをしてはいけないのですか。
大きくなったら何になりたいですか。
折りたたみ傘をたたむ。
スモックを着て脱いで、たたんでください。
ロケットの絵を渡されて、はさみで切る。
おもちゃの電話でお母さんが留守の時にかかってきたという想定で先生とやりとりする。
(裏返しになった)体操着上下を時間内にたたんでください。
この紙に三角が描いてあります。線の通りにはさみで三角を切ってください。
お日さまとチューリップの色を塗ってください。
(カードを見せられて)どんな挨拶をしているところだと思いますか。
(鞄と絵の具のパレット、クレヨン、白い箱などが置いてあり)置いてあるものを鞄の中に
入れてください。
(おかずに見立てた小さなスポンジを)箸で入れてナプキンで包んでください。

入試感想

■考査当日のこと…
▷控え室では番号順に座り、番号の早いグループから考査に行きました。
▷控え室は受付順に前から着席するようになっていました。
▷控え室では、番号バッジをゼッケンの左上につけ、子どもに着用させるよう案内がありました。感染
　対策のため、考査、面接ともマスク着用です。
▷玄関や教室に入る前には、必ず手指のアルコール消毒をしました。
▷子どもの考査中に、親はアンケートを記入します。みなさんメモなど持参されていました。
▷子どものペーパーテストや行動観察、面接のとき、すべてマスク着用でした。
▷9時に出欠の確認をし、9時25分頃、子どもだけ考査へ移動しました。10時10分に控え室から
　戻り、そこから次の行動観察まで1時間以上ありました。11時15分～11時50分までが行動観
　察のテストでした。
▷控え室から、在校生の誘導で面接室前の廊下に移動します。先生より番号の確認があり、並べられた
　イスに着席し待ちます。
▷控え室の席には、ゼッケン、バッジが置いてありました。前の机には、ゼッケンの調整用にピンが用
　意されていました。
▷控え室内に先生はおりませんでしたが、廊下に在校生2人と先生1人がいらっしゃいました。10
　組の家族が待っていました。
▷私たちの組ではすべてのご家庭で両親揃っていました。
▷控え室では、みなさんぬり絵をしたりして、静かに待っていました。
▷控え室でアンケートを記入します。内容は「志望動機」「しつけ、教育について」「学校行事の感想」「ア
　フタースクールについて」「学校への意見、要望」でした。
▷控え室で、親は子どもの考査中にアンケートを記入します。1時間くらいで回収されました。
▷「赤」「青」「緑」に分けられ、番号順に控え室で待機します。9時に先生がいらっしゃって、テスト
　の説明と出欠確認がおこなわれます。ペーパー、運動ごとに在校生が呼びに来ます。ペーパー終了後

30分ほどで運動の考査へ移ります。運動が終わるとアンケートが回収されます。

▷ どの先生方も優しく接してくださったようで、子どもが「先生がみんな優しかった」「この学校は楽しそうだね」などと話していました。

▷ 控え室は20人ずつでした。8時20分に受付をし、バッジを受け取りました。9時に点呼があり、番号と名前が呼ばれました。10時過ぎに筆記試験で子どもたちだけ移動しました。親はその間アンケート記入で、11時までに書き終えるよう指示がありました。11時過ぎに子どもが控え室に戻りゼッケンをつけて待ちました。11時30分に運動テストのため移動をし、12時15分頃子どもが戻り、アンケートが回収され終了しました。

▷ 時間までみんなトイレに行ったり、折り紙、お絵描きなどをして過ごしていました。説明が終わってから試験まで、試験が終わってから運動テストまでと、待ち時間がかなりありました。

▷ 受験番号順に控え室（教室）があり、持参した折り紙などで皆さん試験開始まで過ごされていました。

▷ 面接はリラックスしてやっていたのですが、ペーパーでは緊張していたようで、時間が足りなくて全部終わらなかったと言っていました。体操では玉入れの相手方が内部のお子さんだったらしく、控え室が違う子どもたちといっしょにやったようです。太鼓のリズムに合わせてのスキップでは、前のお子さんがうまくできなくてやりにくかったそうです。

▷ 1部屋20名、親子隣どうしで座れるように席が用意されています。父親が来ている場合には後ろにある椅子に座る。面接は土曜日でしたので父親の姿もたくさん見えていました。ペーパーの日は両親ともに来られている方が多かったようです。子どもたちは折り紙や本を読んだり、絵を描いたり、迷路のような問題を解いている子もいました。

▷ 控え室には先生も生徒さんもいらっしゃらないせいか、始めは静かでしたが時間がたつにつれ、おしゃべりやたち歩きが目立ちました。

▷ 試験日両日とも、校長先生自ら玄関前に立ち、受験者親子を出迎え、見送りしておられました。なかには「元気がいいね」などと校長先生に声をかけられた子どももいました。緊張感いっぱいのピリピリした雰囲気はまったく感じられず、和やかでおおらかな校風がよくわかる光景でした。

▷ 控え室からテスト会場へ誘導してくださる男性の先生が、子どもたちに「これから、運動とゲームをします。元気にやりましょう。暴れてもいいですよ」などと声をかけ、なごませてくれていたのには正直驚きました。緊張感をほぐし、子どもたちが本来の力を発揮できるように配慮してくださったものと思われ、ありがたかったです。子どもたちも笑顔で整列し、楽しそうに試験会場に向かう姿が見られました。

■面接では…

▷ 面接は親子同室ですが、真ん中にパーテーションがあり、親と子は別々に面接を受けます。

▷ 面接のアンケートを当日記入します。「志望理由」「アフタースクールについて」「併願校について」などでした。

▷ 面接室は、1つの教室をパーテーションで区切り、隣でも面接がおこなわれていました。入室してすぐ横に荷物置場がありました。

▷ 面接官はお一人でしたが、斜め後ろに筆記する方がいらっしゃいました。

▷ 面接は終始和やかな雰囲気でした。

▷ 面接室の廊下で待機します。先生が最初から最後まで、にこやかに応対してくださいました。

▷ 3〜4組ずつ面接室の前に待機します。

▷ 部屋を2つに仕切って、2組同時に進行しているので、お隣の面接の声も聞こえてきます。時間は5分程度と短いので、考えるまもなく終わったという印象です。

▷ 1つの教室をついたてで仕切って同時に2組が面接をしていましたが、とても静かでした。少し後ろに座っておられた女性の先生はメモを取っている様子でした。

▷ 面接の集合時間が女子はみな同じのため、控え室で1時間ほど待ちました。あまり突っ込んだ質問をせず、一問一答のような形式だったため、すぐに終わってしまったように感じ、きちんと伝えられることができたか心配になりました。

▷ 1日目と同じ控え室に行き、出欠を取りました。番号札を子どもの左胸に付け、はじめ各教室5組ずつが呼ばれて面接室前に座って待ちます。面接は質問用紙を見ながら4問ほど質問されました。斜め後ろの女性の先生が考査日のアンケート用紙＋リスト票に応答内容を要約して書き留めていました。

▷ 受験番号ごとに開始時間が異なり、指定された時間に前日テストをおこなった部屋に集合、時間が来

たら2班に分かれて面接会場に移動をします。移動の誘導はすべて在校生がおこなっていました。内容は相手の話をよく聞いていっしょに考え、意見を先生とともに出すという感じでした。子どものできなかったことに関して、「どうしたかったか」など声をかけてくれ、子どもの意見を聞き出すことを大事にしてくれたようでした。

▷ 両親面接では、1問ずつ交互に質問されました。

▷ 父親に対して聞かれると思っていた質問が母親に、母親にと思っていた質問が父親にされた感があります。面接官の男性の先生も、記録のみの女性の先生もこちらが答える度に手元の用紙に何か記入していました。

▷ 親に対する質問はとても短く、志望理由などを伝えることはできませんでした。子どもはとても緊張したと思いますが、先生がとても優しかったと言っておりました。お弁当のときはストップウォッチでタイムを計っていたようです。

▷ 子どもは前日に頂いた番号札をつけて入室しました。

▷ 穏やかな雰囲気で進みましたが、どうしても緊張し焦ってまとまりなく話してしまいました。先生方は静かにうなずきながら聞いてくださいました。

▷ 子どもの面接は前方の女の先生が質問し、後方の女の先生はメモのみで、親の面接も前方の男の先生が質問し、後方の女の先生はメモを取るのみでした。一教室を仕切っているだけなので隣の声が聞こえてきました。

▷ 初めてだったので少し緊張しましたが、おおらかに見守ってくださったように感じました。

▷ 面接はざっと聞いているという感じで、あまり重視されていないように思いました。答えた内容についても、それ以上突っ込まれることもなかったです。

▷ 面接官の先生の声と隣の方との声が重なってしまい、質問内容がよく聞き取れないことがありましたが、その旨を伝えると、少し大きな声で言ってくださいました。

アドバイス

▷ 当日のアンケートは、かなり記入することがありました。

▷ 集合から終了までかなりの時間がかかるため、待ち時間用に本などが必要です。

▷ 受付が早いと、面接も早い時間帯で受けられます。

▷ 感染防止のため窓を開けていたので寒かったです。待ち時間が長いので、防寒対策が必要です。

▷ 今年はコロナ感染予防のため、軽食の持ち込みは不可でした。

▷ ゼッケンは大きいので、ひもで縛っただけだとずれてしまいます。教室前方の机に安全ピンが用意されていますので、肩のところで留めたほうがよいです。

▷ コロナの影響で説明会や授業見学があまりできませんでしたが、教室に貼ってあるクラス目標などが、学校の校風をあらわしていると思います。見学ができるときには、メモなど取っておくとよいと思います。

▷ 子どもの面接は、回答に対する理由も添えて言えることが大切に思いました。

▷ 待ち時間用にお絵かき道具を持参し正解でした。好きな絵を描くことで子どもは落ち着けたようです。

▷ アンケートの記入があるので、シャープペンシルと消しゴムは持って行ったほうがよいです。学校側で鉛筆を用意してくれていますが、使っている方はいませんでした。

▷ Web出願では、最後に納入金の決済があり、終了順に番号が決まります。

▷ 初めての試験のせいか、子どもが意外に緊張しており、その姿に親のほうが動揺してしまいました。親ができるだけどしっと構えて、子どもに動揺しているのを見抜かれないようにするのが大事だと思います。

▷ 子どもが最後まで頑張れたのは、早めに学校説明会や公開行事に参加し、「この学校に通いたい」と子ども自身が思えたことだと思います。

▷ 子どもが考査中にアンケートに記入しましたが、下書きを持参された方がほとんどでした。内容をびっしりと書かれている方が多く、そうとう準備されていると感じました。

▷ 番号によっては待ち時間が長いので、子どもが静かに過ごせるものを、持って行かれるとよいと思います。我が家では、ミニ絵本と折り紙を持って行きました。

▷ 全体を通して試験時間も短く、ペーパーでは練習もしていただけたようで子どもたちも不安なく楽しめたようです。基本的なこと、常識は、ペーパー以外でも家庭でしっかり教えておけばクリアできると感じました。

▷ 子どもは行動観察を含めて練習どおりにできたようです。面接の試験官の先生がペーパーテストの監督もしたそうです。同じ部屋で2組に分かれるため、もう1組の方の声が聞こえてきます。両親面接はまず父親に子どもの名前と受験番号が聞かれます。面接時もペーパー試験の時も、廊下に温かいお茶があるので教室内の飲食は不可です。合格発表では校長先生が一人ずつに「おめでとうございます」と言ってくださいました。

▷ 待機中に記入するアンケートは、あらかじめ内容をまとめておかないと、その場で書くのはたいへんだと思います。面接は時間が非常に短く自分でも何を言っているのかわからないうちに終わってしまいました。簡潔に答えられるようにしておくとよいと思います。

▷ 1日目の考査日に親にアンケートが配布され、考査終了までに書き上げなければなりません。鉛筆は教卓に置いてありますが、消しゴムはありません。保護者の方は皆さん、筆記用具を持参していました。

▷ アンケート記入は、ほとんどの方が下書きを持参しておりました。

▷ 試験の3日前から体調を崩し、受験が危ぶまれたため前日に学校に相談したところ、「保健室で受験した方が過去にいた」とのことで配慮していただきました。受験当日も教頭先生とお会いして、通常どおり受験して体調が変化するようならすぐに申し出るよう言っていただきました。

▷ 面接の順番は廊下で待ちますが、2名の先生がじっくり見ています。3組ずつ廊下で座って待つので、長い場合15分ほど待つことになり、訓練されてないお子さんは大変だと思います。

▷ アンケート用に教室の前の席に、鉛筆が20〜30本くらい置かれてます。2Bなので細かく書くのには不向きです。

▷ アンケートの内容は毎年あまり変わりませんが、面接の内容は年々変わるようです。予想がつきませんでした。

▷ アンケートの記入時間は2時間くらいありましたが、皆さん1時間くらいで終了していたようです。下書きや辞書を持ってきている方も少数ですがいらっしゃいました。

▷ ゼッケンはやや大きめなので安全ピンで調節しました。

▷ 説明会や行事の多い学校なので、入学後の行事参加の状況などを見られているのではないかと思い、できる限り参加しました。先生から「父親からの質問も大切」という意見を聞いてから、主人も積極的に個別相談会に参加してもらいました。

▷ 学校見学の時に「プリントもさることながら挨拶が大事。自分から挨拶できるようなお子さんを取っていきたい」と教頭先生がおっしゃっていました。個別の見学会等もあるのでぜひ参加して、特に教頭先生とはたくさん話す機会を持ったほうがよいと思います。同じ控え室にお友達や顔見知りの子がたくさんいて、少し焦りました。集団での考査もあるので、知っている子がいてもふざけないように日頃から声かけをしておくことが大事です。

▷ 受験番号が遅いと待ち時間が長くなりますので、子どもが飽きないようにする工夫が必要です。

▷ ペーパーテストと運動テストにスウェットの上下で来ている方がいましたが、「動きやすい服装で」と書かれていても一応ポロシャツとベスト、半ズボンのほうがよいと思います。

▷ 教室は暖房が入っていて暖かいので、寒い日でもセーターなどではなく、動きやすい服で来られるといいと思います。先生もそうおっしゃっていました。

▷ 親の服装も典型的な受験スタイルでなくても、常識的なスーツや子ども服なら大丈夫という印象を受けました。

▷ 子どもはのどが渇きやすいので、水筒を持参してよかったです。

▷ 右も左もわからない状態からのスタートでしたが、桐杏学園で受けた模試は娘にとってよい経験になったようで、当日は私が考えていたほどの緊張はなかったようです。また学校全体の雰囲気も和やかな印象を受けました。

▷ 考査当日は雨でした。私は主人の車で送ってもらいましたが、市川駅からのバスは道が混み、ダイヤ通りにバスが来なくて人であふれて、次のバスまで待たされた方もいたそうです。

▷ 待ち時間の長いお子さんは廊下で走り回ってしまい、先生に注意されていました。

▷ 控え室には先生は常駐していないので、あまり緊張せず待ち時間を過ごせました。

▷ 控え室に説明にいらっしゃる先生が面接官となりますので、態度には注意すべきだと思います。

▷ 面接の時間は番号によってはかなり待ち時間が長いので、外に出たりお茶を飲んだり、うまく気分転換をはかり、リラックスされるといいと思います。

▷ 面接では1度控え室を出るとそのまま戻ってこないので、荷物は全部持っていくようにと言われました。荷物はハンドバッグ以外は1つにまとめておくとよいようです。

▷ 面接終了後は、そのまま帰るようになっているので、荷物を持って移動します。教室に入るとすぐに、先生から荷物をおくように言われました。

▷ 時間が短いため、質疑に対する応答は簡潔に要点をまとめておいた方がいいです。

▷ 面接で、説明会などに参加したのか質問がありましたので、できるだけ参加して学校の印象について考えておく方がいいと思います。

▷ 面接では日常生活面でのしつけや、どのように親子で過ごしているのかを重視されていたように思います。

▷ 難しい問題はほとんどなかったようですので、時間内に終わるかどうかが分かれ目のようです。

▷ 千葉日大との併願の方が結構いらっしゃいました。女子の受験者も多かったです。交通マナーなど社会常識には、特に力を入れている学校なので、日頃からよいことと悪いことの区別をしっかり身につけておいたほうがよいです。

▷ 廊下で走らない、騒がないなどのことは、あらかじめ子どもに言い聞かせておいたほうがいいです。

▷ 同じグループに終始おしゃべりをして、まったく落ち着きのないお子さんがいました。母親も普段着であいさつもきちんとできない方で、そのお子さんがいた前後5人はいっしょに不合格でした。受験をする意識をしっかりと持ってほしいと思いました。服装、子どものしつけはきちんとおこない受験に臨むということの大切さを知りました。

▷ 教室にはいませんが、廊下には生徒さんと先生方がいるので、トイレに行く際は走らせないように注意が必要です。

▷ 体操では太鼓をたたきながら説明をするので、よく聞き取れなかったそうです。音に惑わされず、集中して説明を聞けるようにしたほうがよいと思います。

▷ 考査中はトイレに行けないため、先生方が合間合間に、トイレに行くよう促してくれます。水分は控えめにし、こまめにトイレに連れて行っておくとよいと思います。トイレに行くことによって、待ち時間のリフレッシュになります。

青山学院大学系属 浦和ルーテル学院小学校

〒 336 − 0974 埼玉県さいたま市緑区大崎 3642 ☎ 048（711）8221

▌形式と日程

形式	親子同伴
日程	考査日以前

◆面接室略図

親子同伴の面接が、考査日前におこなわれます。面接時間は20分程度。アンケートを当日記入し、それが面接資料となります。

▌質問の内容

父親へ

志望理由をお聞かせください。
私学を選ばれた理由をお聞かせください。
本校を知ったきっかけは何ですか。
本校をいつ頃から志望校にしていただきましたか。
ご家庭の教育方針を教えてください。
今の教育に欠けていることは何だと思いますか。
ご兄弟で違う学校に通うことについてのお考えをお聞かせください。
キリスト教についてのお考えを教えてください。
プロテスタントについて理解はありますか。
数あるキリスト教の学校のなかから、本校を選んだ理由は何ですか。
お仕事について教えてください。…ふだん何時頃帰宅しますか。
平日は帰宅が遅いと思いますが、食事はいっしょにしていますか。
ふだんお子様との時間をとっていますか。
お子様といるときに気をつけていることは何ですか。
学校行事にご協力いただけますか。
いじめについてのお考えをお聞かせください。
子育てで苦労されたことはどのようなことですか。
子育てで気をつけていることは何ですか。
ふだんはどのようなお子様ですか。…今日のお子様の様子はどうですか。
お子様の長所と短所を教えてください。
幼稚園でのお子様の様子はご存じですか。
お子様の幼稚園の担任のお名前を教えてください。
お泊まり保育で心配なことはありましたか。
兄弟ゲンカはしますか。
お子様にアレルギーはありますか。
お子様が今、夢中になっていることを教えてください。

お子様が高校生になったとき、どのようになっていてほしいですか。
ご夫婦で意見が違ったときどうしますか。
絵本の読み聞かせをしていますか。
お父様自身が印象に残っている本は何ですか。
将来どのようになってほしいですか。
（控え室で描いた）お子様の絵を見て、よいところ、アドバイスすることなどをお子様に向かって話してください。

母親へ

志望理由をお聞かせください。
本校をどのようにして知りましたか。
本校に来たことはありますか。
キリスト教教育についてのお考えをお聞かせください。
ルーテルの子どもたちのふだんの様子を知っていますか。
併願される学校と本校の違いは何ですか。
本校に知り合いの方はいますか。
ご家庭の教育方針を教えてください。
お子様の幼稚園での様子をお聞かせください。
幼稚園から帰ったあとはどのように過ごしていますか。
ご出身はどちらですか。
子育てで気をつけていることは何ですか。
しつけについてのお考えをお聞かせください。
通学経路を教えてください。
ご職業、勤務地を教えてください。
学校行事にはご協力いただけますか。
緊急時のお迎えは大丈夫ですか。
ふだんはどのようなお子様ですか。
ふだんお子様とどのように接していますか。
今のお子様を見て、どのような人になると思いますか。
お父様とお子様の関係をどのように見ていらっしゃいますか。
お子様の長所と短所を教えてください。
お子様の"ギフト"は何だと思いますか。
お子様のアレルギーなど健康状態はいかがですか。…山の上学校は参加できますか。
絵本の読み聞かせをしていますか。
お母様自身が印象に残っている本は何ですか。
お子様の健康状態を教えてください。
一言でいって、どのようなご家庭ですか。
外遊びは好きですか。
お友達はたくさんいますか。
お手伝いをさせていますか。
お子様にはどのように育ってほしいですか。
お子様と買い物に行った際、どのようなことに気をつけますか。
お教室ではどのような勉強をされていますか。
ルーテルキッズを利用しますか。
お話づくりについて、お子様と話し合ってください。
道路を渡るときに気をつけることを、家で話しているようにお子様にアドバイスをしてみてください。

子どもへ

お名前と生年月日を教えてください。
幼稚園の名前を教えてください。
幼稚園の先生の名前を2人教えてください。
幼稚園では何をするのが好きですか。
幼稚園でどんな楽しいことがありますか。2つ答えてください。
お父さんと何をして遊びますか。
お友達があなたといっしょに遊んでくれません。そのときどうしますか。
お友達が貸したおもちゃを返してくれません。どうしますか。
おもちゃの取り合いになりました。あなたはどうしますか。
先にお友達から外で遊ぼうと誘われたあとで、仲良しのお友達から部屋で遊ぼうと言われたら、なんと答えますか。
あなたと仲よしのお友達1人の、どちらかでリーダーを決めます。他のお友達は「あなたにリーダーになってほしい」と言っています。お友達は「私がリーダーをやりたい」と言っています。あなたならどうしますか。
朝は自分で起きますか、起こしてもらいますか。
朝ご飯は何を食べましたか。
幼稚園の仕度は自分でできますか。
お家でお手伝いをしますか。
嫌いなものはありますか。
お父さんが休みの日は何をして遊びますか。
外にある大きな石をひっくり返すと何がありますか。
ダンゴムシを触ったことがありますか。
本を読みますか。…本の名前を2冊教えてください。
今日の試験はどうでしたか。
パズルはいくつできましたか。
この絵を見てお話をつくってください。
公園で遊ぶときに気をつけることは何ですか。いくつ答えてもいいですよ。たくさんお話してください。
レストランで食事をするときに、気をつけることは何ですか。
横断歩道を歩くときどのようなことに気をつけますか。いくつ答えてもいいですよ。
（控え室で）何の絵を描きましたか。…どうしてその絵を描きましたか。

入試感想

■考査当日のこと…
▷ 控え室は2階の教室でした。
▷ アンケートを当日記入しました。面接日は「コロナ禍において子どもに身につけさせたい力は何ですか」、考査日は「小学校と家庭の役割についてご家庭の考えを、具体例をあげてお書きください」というものでした。面接日のアンケート記入中に、子どもは絵をかきます。
▷ 先生方は非常に親切に、優しく対応してくださいました。
▷ 控え室で当日記入するアンケートは、「お子様が学校に行きたくないと言っています。理由を聞いても話してくれません。どのように声をかけ対応するか具体的にお書きください」というものでした。
▷ アンケートは「"学校が求める保護者像"を理解したうえで、学校と家庭の役割について具体例をあげて記入してください」というものでした。
▷ アンケート記入のための資料やスマホは禁止でした。
▷ 考査ではマスク着用、道具持参でした。

▷ 控え室はみなさん静かで、ルーテル学院の冊子 "光の子" を読んでいました。これは持ち帰ることはできませんが、子どもたちの文集で、学校の様子がよくわかりました。

▷ ペーパー試験の筆記用具は鉛筆です。

▷ ペーパー試験のサイズは、B5 判の大きさでした。筆記用具は鉛筆です。

▷ 考査日は控え室でアンケートを記入します（40 分）。

▷ アンケートは、「子どもを育てる上での小学校の役割と、家庭の役割について、「浦和ルーテル学院小学校が求める子ども及び保護者像」を理解し、具体的に例をあげて家庭の考えをお書きください」というものでした。

▷ 10 時 25 分までに受付、控え室で待機。40 分に子どものみが 5 人ずつの 4 グループに分かれ考査へ。11 時に 7 人ずつ 3 グループに分かれて面接がおこなわれ、12 時 20 分に子どもが戻り終了。

▷ 受付を済ませて、4 階の大きな教室で時間まで親子で座って待ちました。

▷ 控え室で待っていると 20 分ほどで 6 グループが呼ばれて、各階の各教室に移動しました。

▷ 控え室では、用意されてある文集をみなさんが静かに読んでいらっしゃいました。

▷ 保護者面接の終了後、1 時間近く待ち時間がありました。控え室は 1 部屋に 7 組がいて、受験番号の下 1 ケタが同じ席に指定されていました。皆さん置いてあった文集「光の子」を見ていたり、ご夫婦で話をしたりしていました。先生が 1 人座っていて何かメモを取っているようでした。

▷ 面接以外の時間は自由に掲示物など見てくださいと案内があり、多くの方が歩き回って時間を過ごしていました。

■面接では…

▷ 面接では先生が入口の扉を開けてくださいました。

▷ 面接はとても和やかでした。先生方は子どもに対し、優しく接してくださいました。

▷ 面接は途中で子どもが退室し、親だけになるときがありました。

▷ 面接日の控え室には 6 家族 1 教室でした。その場で親はアンケートを記入（30 分）し、子どもは絵を描きます。絵の課題は「お友達と外で何かをしているところ」でした。

▷ 面接では、子どもはいったん退出して、親のみの面接をおこなったあと子どもが再度入室して終わりました。

▷ 親がアンケート記入中に、子どもは「夏に外でどんな遊びをしたか」という課題で絵を描きました。

▷ 面接は何部屋か同時進行でした。とても和やかな雰囲気でした。

▷ オンライン面接でしたので（2020 年実施）、子どもにとってはリラックスして答えられたようです。先生方は 2 名いらっしゃいました。

▷ 面接は校長先生が 1 人でされていました。面接時間も長く、30 分ほどでした。

▷ 面接では、学校への協力体制について、強く確認されました。

▷ 部屋は 9 部屋に分かれ、同時進行でした。

▷ アンケート用紙をご覧になりながら質問されていました。

▷ 30 分と長い時間でしたが、とても和やかな雰囲気でした。面接官によっては時間が異なるようです。

▷ スクールフェアのときと同じ先生でしたので、リラックスして応答できました。

▷ 学校の教育方針や行事に、理解と協力が得られるか、かなり念入りに確認を求められました。

▷ とても穏やかで、お話をよく聞いてくださいました。すべてメモをお取りになっていました。

▷ 子どもの面接はグループの中から 2 人ずつ別室に移動して、2 名の先生と話をしたそうです。保護者の面接官は 1 名のみで、15 分程度おこなわれました。

▷ 女性の先生がドアを開けてくださったので、面接官の先生は 2 人だと思いましたが 1 人でした。こちらが座る前と帰るときにお礼の言葉を言ったとき、わざわざ立ってくださったり、とても感じのよい先生だったのでリラックスしてできました。

▷ 和やかという感じではなく、話している中でどんどん質問してくるという感じでした。最後には、やさしく「ご縁がありましたら、ぜひよろしく」とおっしゃってくださって、最後の最後まで気を抜けないといった感じでした。

▷ 兄弟・姉妹の学校での学習面、生活面においての資料が手元にあるようで、「妹さんなら大丈夫」と言われましたが、「本人に協調性があればよいですね」と言われました（ペーパーはともかくとして、集団遊びを重視しているようでした）。

アドバイス

▷ 考査中、親は控え室で待ちます。スマホ使用可でしたが、何か本など持参すればよかったと思いました。外出も可でしたが、外出される人はいませんでした。

▷ 面接では親と子のかかわり方を見ているようでした。

▷ 考査の際には、子どものコンディションを整えることが大事だと思いました。

▷ 「はらはらドキドキ入試面接」の内容を、家族で練習しておけば、類似の質問にも対応できると思います。

▷ 面接では、ふだんの親子のコミュニケーションや関係性を見ているように感じました。

▷ 面接では、学院への熱意をどれだけ伝えられるかが大切だと思います。

▷ アンケート記入のために、鉛筆、消しゴム、定規を持参するとよいと思います。

▷ 送迎のスクールバスに乗車するために、長い列ができました。余裕をもって並んだ方がよいと思います。

▷ オンライン面接は"BIZMEE"指定でした。

▷ オンライン面接は iPad や iPhone では回線が途切れやすいので、デスクトップ PC がお勧めです。

▷ アンケート記入時はメモを見ても大丈夫でした。

▷ 面接はピリッとした雰囲気で始まりました。やはり事前にしっかりと準備しておかなければ、スムーズに答えられないと感じました。

▷ 「お父様、お母様どちらかがお答えください」という形式だったので、伝えたいことは1人で話すことを前提に準備すべきだと思いました。

▷ 面接では、学校への協力体制について、強く確認されました。

▷ 面接の前に15分間でのアンケート記入があります。内容は「学院の特色、学校に望むこと、家庭の教育方針、子どもの様子」などでした。手早く書きましたが時間内で終わらず、5分ほど延長してくださいました。内容理解など、事前に準備が必要だと思いました。

▷ スクールフェアのときの記入用紙があり、入学したいと意志を伝えるためにも、参加してよかったと思いました。

▷ スクールフェア、オープンスクールには必ず参加されたほうがよいと思います。昨年度から足を運んでいたためか、先生も顔を覚えていてくださいました。

▷ ペーパーテストについては8月に個別相談会があり、そこで過去問を子どもが体験できるので、参加しておくとよいと思います。名前を書く練習や、「め」と「ぬ」、「れ」と「わ」など、形が似ていて子どもには間違えやすい単語は読む練習をしておくことが大切でしょう。問題もあまり多くはなく、基本的なことができれば大丈夫だと思います。

▷ 面接はきちんとした理由があれば、母親だけでも受け入れていただけるかと思います。

▷ 学校に到着してから5階の教室まではかなり歩くので、30分程度早めに行かれたほうがよいと思います。

▷ 当日アンケートの記入がありますが、父母が別席のため内容について相談することができません。日頃から夫婦で話し合って、意見を一致させておくことが大切です。

▷ 子どもが試験を行っている間、親はスライド（学校紹介）を見ておりました。その後、アンケートの形でいくつかの質問事項があり、スライドをよく見ていれば答えられる内容もありましたので、試験前に学校案内のパンフレットはよく読んでおいたほうがよいと思います（例：教科担任制は何年からか、お弁当は何年までか）。

▷ 鉛筆と消しゴムは、持ち物に指定されていなくても持参されたほうがよいです。持っていない人には学校側で貸してくださいますが、自分のものを使用するのが当然という感じです。

▷ キリスト教の学校ですので、宗教に理解があることも大切なようです。

開智小学校（総合部）

〒 339 - 0004 埼玉県さいたま市岩槻区徳力西 186 ☎ 048（793）0080

形式と日程

形式	親子別室
日程	考査日以前

◆面接室略図

教頭／母／父／荷物置き／入口

親子別室での面接が第 1 回の第 1 志望者は考査日前に、第 1 回の一般志望者と第 2 回は考査当日おこなわれます。面接時間は親子ともに 10 分程度。

質問の内容

父親へ

志望理由を教えてください。
なぜ私学を志望しましたか。
ご家庭の教育方針を教えてください。
本校の教育方針で共感できることを 1 つあげてください。
本校をどのようにして知りましたか。
本校を見学されたことはありますか。
本校の説明会には参加されましたか。…そのときの感想をお聞かせください。
本校の印象をお聞かせください。
学校行事に参加していただけますか。
学校に求めることは何ですか。
いつ頃から受験を考えましたか。
第一志望校はどちらですか。
併願をされていますか。
通学経路を教えてください。
幼稚園の出席状況についてお聞かせください。
お子様の幼稚園での様子を教えてください。
お子様は幼稚園のことを話してくれますか。
お父様から見てどのようなお子様ですか。
今朝のお子様の様子はどうでしたか。
お子様の性格についてお聞かせください。…何かエピソードはありますか。
お子様の長所で、どんなときにそれを感じますか。
お子様の成長を実感したエピソードを教えてください。
公園で、知らないグループの輪に入っていけますか。
お子様に同性として伝えたいことはありますか。
お子様は、「ごめんなさい」「ありがとう」を言えますか。…どんなときに言いますか。
お子様の弱点はどこですか。

お子様に直してほしいところはありますか。
勉強などでつまってしまったとき、投げ出してしまうタイプですか。頑張ってやろうとするタイプですか。
お仕事がお忙しい中、お子様との時間をどのように取っていますか。
休日はお子様とどのようにお過ごしですか。
緊急時にお迎えに来られますか。
子育てで大切にしていることは何ですか。
子育てで大変だったことは何ですか。
お友達とケンカになったときに、お子様はどのように振る舞いますか。
お子様は、幼稚園で嫌なことがあったとき、ご両親にお話ししますか。
お子様は、生徒同士のトラブルや失敗などで落ち込んで、引きずるタイプですか。
異学年学級で問題があったらどうしますか。
学校でのトラブルにはどのように対処しますか。
いじめについてどのようにお考えですか。
もしも学校でいじめが発生したときに、お子様はどのような反応を示すと思いますか。
受験対策はいつ頃から始めましたか。
受験準備でご苦労されたことは何ですか。
どのようなことで気分転換をさせて、お子様に勉強させていますか。
家族で旅行はしますか。
将来どのようになってほしいですか。
何か伝えておきたいことはありますか。
本校に何か質問はありますか。

母親へ

志望理由を教えてください。
本校の説明会には参加されましたか。そのときの感想をお聞かせください。
説明会に参加したときのお子様の様子を教えてください。
学校に求めることは何ですか。
本校は行事が多いですが大丈夫ですか。
本校は保護者のみなさまとともにつくっていく姿勢ですので、ご協力いただけますか。
どうして私学に行かせたいと思いましたか。
本校までの通学経路・時間を教えてください。
日頃、教育の主導権はどちらが握られていますか。
１年生から英語の授業が週５時間ありますが、どう思われますか。
お子様は自分の意思で本校を希望していますか。
お子様が本校に入りたいと思うようになった理由は何ですか。
お子様は幼稚園では、どのような様子ですか。
お子様は幼稚園でリーダーシップを発揮する方ですか。
幼稚園の先生から、どのような子だと言われていますか。
親しいお友達とかたまるのではなく、初めて会うお子さんに、自分から関わっていくことができるお子様ですか。
まわりからどのようなお子様だと聞いていますか。
最近成長したなあと思うエピソードを教えてください。
集団生活について気になることをお聞かせください。
お仕事をされていますが、緊急のとき迎えに来ることはできますか。
休日の過ごし方を教えてください。
お子様が具合が悪くなったとき、すぐ来ていただけますか。
お子様の長所と短所を教えてください。
お子様の良いところを３つあげて、そのうちの１つについて詳しく話してください。
お子様の自慢できるところを教えてください。

ご兄弟の性格の違いはどのようなところですか。
兄弟げんかはしますか。…仲直りは早いですか。
子育てで気をつけていることは何ですか。
勉強につまずいたとき、壁にぶつかったとき、お子様はどう乗り越えていきますか。
お子様はケンカを仕掛けるほうですか、仕掛けられるほうですか。
お子様のケンカのあとの謝り方はどのような様子ですか。
お子様は、悩み事や困ったことがあったとき、家に帰ってきて話しますか。また、話さなかったときはどうしますか。
子ども同士のトラブルなどがあったとき、シグナルを見つけることができますか。
もし学校で何かあった場合、学校側にすぐ言ってもらえますか。
いじめについてどうお考えですか。
お子様は他の子をいじめたりしますか。逆にいじめられてしまう方ですか。
学校でお子様がいじめられて、泣いて帰宅したらどうしますか。
もし学校でいじめが発生した場合、お子様はどのような反応を示すと思いますか。ご両親に話せると思いますか。
お父様とお子様は日頃どのようにコミュニケーションをとっていますか。
食事に関して気をつけていることについてお聞かせください。
健康面はいかがですか。今までに大きな病気をしたことはありますか。
お子様が最近お手伝いをしてくれたことは何ですか。
習い事はしていますか。
ひらがなや本を読むことができますか。
祖父母様はどちらにお住まいですか。協力関係にありますか。
受験対策として何をしてきましたか。
入試準備の勉強はどのようなことが大変でしたか。
お子様にはどのような大人になってほしいですか。
入学後に何か心配事はありますか。
何か聞いておきたいことはありますか。
お子様のことで伝えたいことはありますか。

子どもへ

お名前を教えてください。
生年月日と住んでいるところを教えてください。
幼稚園の名前を教えてください。
好きな先生の名前を教えてください。
仲のよい友達は誰ですか。…友達のいいところを教えてください。
幼稚園では何をして遊んでいますか。
年上のお友達はいますか。
お家で遊ぶときは何が1番楽しいですか。
どんなことをしているときが1番楽しいですか。
自分のいいところはどこですか。
直したいところはありますか。
運動では何が好きですか。
コロナで幼稚園がお休みのとき、何をしていましたか。
お友達に自分の家がどこかを教えるときに、どのように教えますか。
どうやったら開智小学校に合格できると思いますか。
この学校に入りたい理由は何ですか。
小学校に入ったら何がしたいですか。
今日はどうやってここまで来ましたか。
考査で楽しかった部屋はどこですか。
外では何をして遊びますか。
お父さんと何をして遊びますか。…何のおもちゃで遊びますか。

どんなときに褒められますか。
何が得意ですか。
何の花が好きですか。
朝ご飯は何を食べてきましたか。
好きな野菜を2つ教えてください。
今好きなことは何ですか。
好きな動物は何ですか。それはどうしてですか。
お母さんがつくる料理で好きなものを教えてください。
どんなテレビ番組を見ますか。誰と見ますか。
「ありがとう」と言うのはどんなときですか。
近所で好きな場所はどこですか。
近くに公園はありますか。…名前は何と言う公園ですか。
公園にはどんな遊具がありますか。
砂場で遊んでいたら、宝の地図が出てきました。宝を見つけるために何が必要ですか。
知っているスポーツは何ですか。…好きなスポーツは何ですか。
もし大変なことが起きたらどうしますか。
津波が来たとします。どうしますか。
大きな台風が来たらどうしますか。
今、1日変身できるとしたら、何になりたいですか。
とてもよいこととは何だと思いますか。…それはどうしてですか。
大きくなったら何になりたいですか。
桃太郎のお話を知っていますか。…もしあなただったら、ほかにどんな動物を連れていきますか。

5つのおもちゃから2つ選んでください。それを使って先生にお話をつくってください。
（すべり台、ベンチ、ブランコなどの模型がある）これを使って公園をつくってください。
（街の絵を見せられて）ここに何があるといいですか。…どうしてですか。
（絵本を見せられて）よいことをしているウサギはどのウサギですか。
クレヨンを使って、ぐちゃぐちゃな絵を描いてください。
（昆虫の図鑑を見せられて）この中で知っているものはありますか。
（本を見せられて）この人は何と言っていますか。
（公園の絵本を見せられて）どれで遊びたいですか。…どうしてですか。…この公園では誰と遊びたいですか。
（他、世界地図を見て日本がどこか聞かれたり、4枚のカードの中から1枚を選んで、お話づくりをするものがある）
「動物」「魚」「虫」「恐竜」の図鑑のなかから好きな本を1冊選んでください。どうしてその本を選びましたか。どこがおもしろいですか。
（実際の品物＜グミ・タオル・望遠鏡・おしぼり・えびせん・袋＞を見せられて）動物園に行くときに何を持っていきますか。…おしぼりとえびせんと袋はどのように使いますか。
（動物園、レストラン、海の模型を見せられて）どういう順番で行きたいですか。どうしてですか。
ケーキとフルーツとお茶があります。どんな順番で食べたいですか。どうしてですか。
（泣き顔の子の絵を見せられて）どんなときにこんな顔になりますか。
（4枚のカードを見せられて）好きなカードを選んで、お話をつくってください。

入試感想

■考査当日のこと…

▷ 先生方がにこやかに対応してくださり、子どもをリラックスさせようといろいろ話しかけてくださいました。

▷ 考査日は子どもの考査が終わるまで、読書をして待ちました。

▷ 考査日は2階のプレイルームで受付でした。控え室は窓全開で少し寒かったですが、コロナ対策のため止むを得ないと思いました。

▷ 考査日も面接日も、時間通りに進行していました。

▷ 考査で集合したときに3つのお約束を言われました。「廊下は静かに歩くこと」「自分の番号を呼ばれたらお返事をすること」「トイレに行きたくなったり、気分が悪くなったら先生に言うこと」でした。

▷ 10時30分に考査へと向かいました。最初に体操、次に集団指示行動、制作をおこなったあと、ペーパーテストでした。12時40分に終了となりました。

▷ 控え室の廊下には、常に先生方がいらっしゃいました。

▷ 控え室は2～4組の家族が入れ替わりで待機している感じでした。

▷ 控え室のドアは常に開いており、順番になると先生が呼びに来てくださいました。

▷ 控え室では、子どもたちは個々に好きなことをやりながら、静かに待っていました。

▷ 控え室には4、5組が待っていました。折り紙やぬり絵などをして、みなさん静かに待っていました。

▷ 学校からのお願いとして、「異学年学級では、上下関係のトラブルが起こりやすい。教師の見えないところもあるので、家庭で発せられたシグナルは対応が必要と考える。何でもよいので学校へ相談してほしい。学校としても保護者との信頼関係を築き、不安を払拭していきたい」とのことでした。

▷ 子どもにとって難しい質問だったようですが、校長先生がとても優しく、楽しかったようです。自己発信のあとの質問も練習したのですが、すぐ終了で質問はなかったそうです。

▷ 常にあたたかい対応をしていただき、緊張することなく受験できました。

▷ 受付でビブスを受け取り、控え室で待ちました。先に子どもが呼ばれ、廊下の椅子で待ちます。親は呼ばれるとそのまま面接室へ案内されます。

▷ 受験票といっしょに送られてくる面接資料を、受付に提出します。

▷ 控え室は長机に椅子が3脚あり、15組くらい待てるようになっていました。

▷ ビブスで色分けされたグループ（5～12人）で先生2人に誘導され、考査会場に向かいました。

▷ 開智はとても温かい学校だと思います。子どもたちも試験から「とても楽しかったよ」と笑顔で戻って来ました。

▷ 自己発信のための着替えの部屋があり、校長先生との面接のあと案内され着替えをします。

▷ 自己発信の内容ごとにゼッケンの色が違いました。

▷ 8時20分に受付、控え室で待機。45分に点呼（ゼッケンの色で呼ばれる）、子どもは考査へ、保護者は控え室で待機。10時50分に子どもが戻ってきて終了。

▷ 服装は半袖・半ズボンの子が多く、ベストを着た子は少なかったです。試験日に面接をする方もいらしたので、両親で付き添いの方も多かったです。待機中は読書をしながら子どもを待つ方がほとんどでした。

▷ 若い男性と女性の先生が子どもを誘導し、優しく3つのお約束「ゼッケンの番号と名前を呼ばれたら大きな声で返事をすること」「教室から教室へ移動するときはほかのお友達に迷惑にならないよう静かにすること」「トイレに行きたい、お腹が痛い、気分が悪いときには先生に言うこと」を説明していました。ほかにも手遊びやクイズなどで、終始、子どもをリラックスさせる配慮をしていただきました。

▷ 願書を窓口持参で提出しましたが、開始時間の30分前には、すでに40人以上並んでいました。

■面接では…

▷ 面接日は集合時間の20分前に着き、かなり余裕をもって待つことができました。控え室は1階にある教室でした。3組ほどが待機していました。

▷ 説明会に参加した回数は把握されているようでした。

▷ 面接の控え室には、3組ほど待機していました。折り紙やお絵描きをして待ち、ほぼ時間通り始まりました。

▷ 面接では、校長先生がパソコンの画面を見ながら質問されていました。終始穏やかな雰囲気でした。

▷ 面接のとき、受付で面接シートを提出し、ビブスを受け取り控え室へ。名前が呼ばれるまで待ちます。

▷ 面接の集合時間は１１時３０分で、２０分前に到着しました。１１時半になると子どもが呼ばれ、先生と移動します。１２時に戻ってきて終了でした。親は１１時４５分頃に呼ばれ、面接室に移動しました。

▷ 教頭先生が柔らかい雰囲気で対応してくださいましたので、緊張することなく面接を受けることができました。

▷ 最初に子どもに対して校長先生の面接があり、しばらくすると親が呼ばれて、教頭先生との面接がありました。親が面接中に子どもの自己発信も始まり、３０分ほどで終了でした。

▷ 親の面接は、教頭先生との面接でしたが、ざっくばらんにリラックスしてお話しすることができました。

▷ 面接は和やかな雰囲気でした。

▷ 面接の最後に、異学年学級はさまざまなことがあるので、ご理解いただきたいとのお話がありました。

▷ 自己発信のための着替えを先にしてくださいと言われ、控え室の隅のスペースで着替えをしました。

▷ 子どもは自己発信をおこない、そのまま面接の部屋の前で椅子に座って待っています。

▷ 子どもの面接と自己発信は、１５分ほどで終わりました。

▷ 面接官の先生が、面接室のドアの開け閉めをしてくださいました。

▷ 面接室に入ると、最初に「リラックスしてください」と言われました。

▷ 面接では、学校側との協力体制について確認している印象を受けました。

▷ 面接は終始和やかに進みました。子どもの性格や、トラブル時の対応などでの学校への協力体制について確認しているようでした。

▷ 面接の質問は父親、母親のどちらが答えてもよいという感じでした。

▷ 志望理由については、願書や面接資料に書いてあることを読まれたのか、面接の中では質問されませんでした。

▷ 志望動機や子どものアピールなど事前に考えて準備しましたが、いじめに対する意見交換という感じでした。

▷ 面接は願書を中心に質問されました。願書に線が引かれており、熟読されているようでした。

▷ 面接では子どもの本質、家庭と子どもの関わり、子どものことをよく理解しているかなどのことを知っておきたいようでした。

▷ ゼッケンを渡され、控え室でつけて待ちます。名前を呼ばれるまでは、子どもは本を読んでいました。名前を呼ばれ廊下に出ると親子別々の面接になることを説明され、子どもが先に部屋に入りました。子どもが部屋から出てきてしばらくしてから、私達も別の部屋に案内されました。

▷ 願書の内容（教育方針、自己アピール）と面接資料をよくご覧になっており、それに関する質問が多い印象を受けました。

▷ 教頭先生はよくお話を聞いてくださり和やかな雰囲気の中で行われました。

▷ 控え室の雰囲気は和やかで、子どもも緊張する素振りはありませんでした。校長先生との個別テストは「すごく楽しかった」と笑顔で戻ってきました。自己発信ではバイオリンやピアノなど楽器を演奏する子が多かったようです。

▷ 受付を済ませ、控え室となる図書室で親子３人で待ちます。６～７組ほどの親子が同じ時間に集合し、先生の説明があり順に面接が始まりました。親の面接は控え室のすぐ隣で、子どもは別に先生に呼ばれ順に別室に移動し個人面接がおこなわれました。子どもは１度戻ってから、またすぐに子ども３人くらいが先生に呼ばれ、自己発信をおこなうため、体育館、校庭に移動しました（運動系自己発信の指定日でした）。図書室の窓から校庭が見えるので、校庭での子どもの自己発信は見ることができました。子どもが先生に連れられ親のもとに戻り、終了を告げられ帰りました。順番としては子どもの面接・親の面接・自己発信でした。

▷ 保護者面接は願書提出時の資料を見ながら、本当に短い時間であっという間に終了しました。子どもの面接も一問一答形式で、学校説明会での校長先生のお話とはだいぶ違う印象でした。子どもはかなり緊張したようです。

▷ とても優しい先生で、じっくり話を聞いてくださる感じがいたしました。メモも取られている様子でした。子どもの面接は校長先生だったようです。矢継ぎ早の質問というよりも、ゆっくりとした雰囲気のなかで質問してくださいました。

アドバイス

▷ 面接は基本的な質問でした。志望理由をしっかり固めて、熱意をもって言うことだと思います。

▷ 自己発信は、何度も繰り返しの練習が必要であったと感じました。

▷ 駅のロータリーにタクシーがなく困りましたが、5分ほどで乗車できました。時間がかかる場合もあるようですので注意が必要かもしれません。

▷ 体験学習や入試トライアルへ参加するごとに、子どもの感想、印象に残ったことをかき留めておいたので、面接のときに具体的に話すことができました。

▷ ペーパーテストの問題数がとても多いので、どんどん解いていくことが大事だと思います。

▷ 受験の準備は、少しでも早く始めたほうがよいと思います。

▷ 面接では面接シートの他に、説明会や見学会の参加状況の記録も手元にあったようです。できるだけ行事には参加されたほうがよいと思います。

▷ 開智は問題が独特のため、早いうちからパズルやゲームなどで、空間認識を高めておくとよいと思います。

▷ 開智はテストの数が多いので、1つできないことがあっても、次に切り替えられるとよいと思いました。

▷ 子どもの質問の前に、「簡単なことは聞きません」とおっしゃっていたそうです。

▷ 年少の頃から教室にお世話になっていたので、ペーパーの勉強になったとき、知識の詰め込みにならず、スムーズに年長クラスに入ることができたと思います。早めの準備をすることで、焦らずに入試を迎えることができました。

▷ 願書に外国語ができる旨を書いたのですが、とても評価されたように感じました。

▷ 願書に書いたことについてのエピソードを聞かれました。

▷ 親の面接は、開智の教育方針に対する確認のような感じでした。

▷ 子どもも親も、受験番号を聞かれることはありませんでした。

▷ アンケートの内容は、幼稚園名、家族構成、開智の教育に関する意見、通塾している塾名・期間でした。

▷ 先生は、異学年学級のためトラブルがたくさんあるとのことで、子どもがそこを乗り越えることができるのかを気にしていらっしゃいました。学校と保護者でいっしょに学校をつくっていきたいとおっしゃっていました。

▷ 面接と自己発信の教室はわかれていて、いっしょに終わらせてくる子もいれば、1度戻って再度出ていく子もおりました。

▷ あくまでも知能や個性を重視していて、お行儀の良さなどは求めていないように感じました。

▷ アンケート（家族構成、開智の教育についてなど）は、受験票とともに送られてきます。

▷ 子どもの個性重視とのことで、以前は自己発信がかなり重視されていたようですが、年々受験者数も増えており、考査の点数が基準以上でないと合格できないと思います。

▷ ペーパー重視のように思います。自己発信の位置づけは、少しでも幅広く子どもの能力を見ていただけるように、少しでもプラスになってくれればとの思いで準備しました。

▷ ペーパーAはオーソドックスな内容で、時間もちょうどよかったそうです。ペーパーBは時間が少し足りなかったようです。

▷ 考査当日は、みなさん30分前には到着されていました。

▷ 教頭先生が学校の様子をお話しされている時間がほとんどでした。子ども重視の学校だと思いました。

▷ ほとんどお受験服できちんとしていましたが、大きなゼッケン（ビブス）をかぶってしまうので、服がほとんど隠れてしまい、あまり合否には関係ない気がしました（面接時も）。幼稚園の体操服やジャージ姿の子もいましたが、違和感があって目立っていました。

▷ 受験日が迫ってくると、親や子の面接・試験時の服装や持ち物の細かいところまで、こういうのがいいという情報やうわさが入ってきますが、開智はそういう点にはこだわっていないので、あまり神経質にならなくてよいと思います。ただ、実際の面接や本試験では、親はほとんどの方が紺のスーツ、子どもは紺と白の服装でした。

▷ 親の面接はあまり重要ではないように思いました。むしろ説明会などで学校に何度も足を運んでいるかということを見られているように思いました。また、子どものテストは重要なポイントになるように思います。試験当日は体操着がよいとホームページにあり、当日着替えるように体操着を持って行

きましたが、女の子のほとんどはキュロットスカートを着用されていました。

▷ 面接では「両親の面接は合否に関係ありません」と最初に言われました。あくまで子どもの実力のみで取るそうです。また、服装などもこだわらなくてよいと思います。動きやすい服装であれば大丈夫です。幼稚園の体操着の子もいました。男女比は６：４くらいだったかと思います。

▷ 学校説明会には出席せず、願書だけを取りに行くと「説明会には出席されましたか」と聞かれ、「いいえ」と正直に答えると「お時間がありましたら、これから説明をさせていただきますけれど」とおっしゃっていただき、１対１で説明を伺いました。30分以上かけてお話をしてくださいました。

▷ 願書には他校受験予定の人は記入してくださいとの欄があります。正直に記入しましたが、合格をいただきました。

▷ 控え室が図書室だったので、子どもたちが自由に本を読んでリラックスした雰囲気でした。

▷ 待ち時間はかなり寒かったので、ひざ掛けや羽織るものを持っていけばよかったです。子どもの待ち時間は折り紙を折っている子が多かったです。折り紙・本・お絵描きセットなどはほとんどの方が持参されていました。

▷ 受付後、控え室で名前を呼ばれるまで待ち、親と子どもは同じ時間に別々の部屋で面接をおこないました。親の面接はあっという間に終わり、話足りない気がしました。伝えたいことはまとめておいたほうがよいと思いました。

▷ 子どもの面接では、すべてのことにどうして選んだのか質問されるので、答えられるようにしておくといいと思います。

▷ 試験の途中で先生に「トイレに行きたい子」と聞かれると、全員が手を挙げたためトイレタイムになったそうです。

▷ 各設問のそれぞれで優れた子で、全体で７割以上の点数が取れたお子さんを合格にするということでした。自己発信は点数化はしないということですが、ボーダーライン上の合格者決定の参考に使うようで、ほとんどの子がトライしていました（私どもの子はダンス）。東京からの受験者も地域外ということで落とされることはなく、あくまで子どものレベルを見て判断してくれるようです。

▷「自己発信」をやらなくても不利にはならないとのことですが、私は絶対やったほうがよいと感じました。校長先生と子どもが１対１で向き合う機会がここでしかないからです。短い時間ですが子どもをよく見てもらう、知ってもらう絶好のチャンスです。我が家では自己発信でおこなうことは子どもに決めさせました。その内容の技術（上手い下手）を見るのではないとのことなので、やはり本人が「やりたい」と思うことをさせるのがよいと思います。

▷ あまり特定の問題ばかりをやるのではなく、広い範囲の勉強をしておいたほうがよいと思いました。桐杏学園の授業で習ったことをしっかり身につけさせておけば大丈夫です。

▷ 試験の内容はさほど難しくはなかったようですが、各項目別に上位から合格者を決めていくので、総合点がよくても不合格だったり、悪くとも合格したりします。すべての項目を平均的にこなす子が落ちる可能性が割合と高い学校のように思います。

▷ 理数系に強い子どもを入学させたいようなので、空間やパズルなどの問題は今後も出題されると思います。

▷ 行動観察でグループ全員で力を合わせて１つの目標を達成させることや、知らない子どもたちの中で自分の意見を発言したり、面接での発言・態度など、すべて桐杏学園の講習の中で体験したことが本当に活かされたと思います。また、模試もできる限り受けさせたので、場の雰囲気や要領などを体得できたと思います。結果から言うと合格だったので、これでよかったとも言えますが、やはり受験の準備はもっと早くからしっかりやればよかったと、入試直前になると後悔していました。親子とも早くから準備しておいたほうが精神的にも余裕ができてよいと思います。

▷ 受験を終えてみて幼児教室でのレッスンは、やはりどれも大切な時間だったと思いました。模擬テスト・夏期講習・直前講習など、本当によい経験でした。指示行動や絵画・体操の講習を受けていたお陰で、子どもは抵抗なく本番に臨めることができました。子どもにいつも言っていたことは「先生の話をよく聞いてね」ということでした。先生の熱意で子どもも私も頑張ることができたことを感謝しています。

▷ 開智に限らずどこの学校を受験するにしても、基本をしっかり身につけさせることが本当に大切だと思います。あとは先生の話をよく聞くことです。いろいろなうわさが出ますが、わからないことは塾の先生や学校に聞くようにしたほうが確実です。惑わされないことが一番です。

さとえ学園小学校

〒 331 − 0802 埼玉県さいたま市北区本郷町 1813 ☎ 048（662）4651

形式と日程

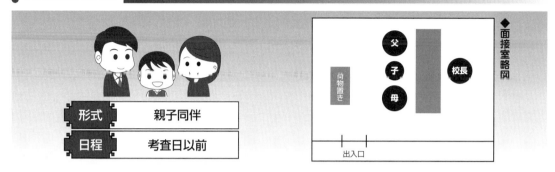

◆面接室略図

父
子
母

校長

荷物置き

出入口

形式	親子同伴
日程	考査日以前

親子同伴の面接が、考査日前におこなわれます。時間は20分程度。

質問の内容

父親へ

志望理由を教えてください。
なぜ私学を選びましたか。
本校を知ったきっかけは何ですか。
本校の建学の精神をご存じですか。…どのようにお思いですか。
本校とご家庭の教育方針で共通している点はどんなところですか。
複合型教育についてどう思いますか。
本校にいらっしゃったことはありますか。
説明会、オープンスクールなど何回くらい参加しましたか。…その際の印象を教えてください。
本校のイメージはどのようなものですか。
他校と比べて本校をどのように思いますか。
第１志望ですか。併願校はありますか。
お仕事についてお聞かせください。
本校は行事が多いですが、協力していただけますか。
ふだんお子様とどのように関わっていますか。具体的に教えてください。
お休みの日、お子様と何をしていますか。
お子様と毎日していることはありますか。
今日のお子様の様子を見てどう思われますか。
通学時間がかかるようですが、どのようにお考えですか。
お子様はお父様のことを、どう思っていると思いますか。
お母様の教育やしつけについてどう思われますか。
お子様の長所と短所を教えてください。
お子様のどんなところを伸ばしたいですか。
お子様が成長したなと思うのはどんなときですか。
お子様を褒めるとき、どのようなことを意識して褒めますか。
どのようなときお子様を叱りますか。
寄付をお願いすることがあると思いますが、ご理解いただけますか。
ご姉妹がいらっしゃいますが、性格の違いはありますか。

お子様にはどのような本を読んでほしいですか。
家庭で大切にしていることは何ですか。
お父様がご両親から学ばれたことで、お子様に伝えたいことはどのようなことですか。
将来はどのような職業に就かせたいですか。

母親へ

ご家庭の教育方針を教えてください。
本校の建学の精神について、どのようにお考えですか。
本校を知ったきっかけは何ですか。
本校のどこが好きですか。
本校にいらっしゃったことはありますか。
学校見学のときの感想をお聞かせください。
数ある学校のなかで、本校を選んだ理由を教えてください。
他校に比べて、本校のよいところはどんなところですか。
共学についてはどのようにお考えですか。
ご家庭で重視している教育は何ですか。
お子様のどのようなところを、本校で伸ばしていきたいですか。
本校は行事が多いですが参加できますか。
具合が悪いときなど、すぐに来ていただけますか。
どのようなことに気をつけて子育てをしていますか。
お子様はお父様のことを、どう思っていると思いますか。
お子様が困っているとき、どのように声を掛けますか。
お子様の夢を知っていますか。
お子様の欠点を教えてください。
お子様には将来どのようになってほしいですか。
どんなお手伝いをさせていますか。
お手伝いは、どのような目的をもってさせていますか。
どのようなことで叱りますか。
通学経路を教えてください。
電車通学で心配なことはありますか。
電車の中では、お子様はどのような様子ですか。
今日のお子様の様子を見てどう思われますか。
食事のときには、どんな会話をされますか。
食事のときは、どんなことに気をつけていますか。
受験に向けてどのような準備をされましたか。
テレビを見るうえでのご家庭の決まりごとはありますか。
お子様に読み聞かせているのは、どんな本ですか。…これから読んであげたい本は何ですか。
今までご自身が読んだ本、あるいは読み聞かせをした本のなかで、これはいいと思った本は何ですか。
ご両親にしつけられたことで、自分もお子様に対してしていることがありますか。
ここ1か月また夏休みの間などは、どのようにお過ごしになっていましたか。

【子どもへ】

お名前と年齢、生年月日を教えてください。
住所を言ってください。
幼稚園の名前を教えてください。…クラスは何人ですか。
幼稚園の担任の先生の名前をお教えてください。
お友達の名前を3人教えてください。…お友達と何をして遊びますか。
幼稚園で1番楽しかった行事は何ですか。
幼稚園から帰ってきたら何をしますか。
お家では何をして遊びますか。
この学校に前に来たことはありますか。…何回来ましたか。…そのときどう思いましたか。
この学校のどんなところが好きですか。
小学生になったら何をやりたいですか。
水族館は見ましたか。…どんなお魚が好きですか。
今日は何に乗ってここまできましたか。
1人で電車に乗ったことはありますか。…電車の中でやってはいけないことを2つ教えてください。
電車の中で席が1つしか空いていなかったとき、あなたは座りますか。…では、足をケガした人が乗ってきたら譲ってあげられますか。
朝ご飯は食べましたか。…何を食べましたか。
嫌いな食べ物と好きな食べ物を1つずつ教えてください。…なぜ嫌いですか。…給食に出たらどうしますか。
お父さんの好きなところはどんなところですか。
朝は何時に起きて、夜は何時に寝ますか。
朝は自分で起きられますか。お家の人に起こしてもらいますか。
好きなテレビ番組は何ですか。…テレビは1日どのくらい見ますか。
本を読むのは好きですか。…どうやって読みますか。
好きな本の名前を教えてください。…どんなお話ですか。
好きなテレビゲームを教えてください。
お父さん、お母さんに褒められるとき、叱られるときはどんなときですか。
お手伝いはしますか。…どんなお手伝いですか。
毎日しているお手伝いは何ですか。
習い事をしていますか。…何をしていますか。
ハンカチを持っていますか。…ハンカチが必要なときは、どんなときですか。2つ教えてください。
お友達があなたの大切なものを壊してしまったらどうしますか。
自分でできないことがあったときどうしますか。
知らない人に話しかけられたらどうしますか。
もしも魔法が使えるとしたら何をしますか。
将来は何になりたいですか。…どうしてですか。

入試感想

■考査当日のこと…

▷受付を済ませたあと、指示された教室で子どもだけで待機でした。親の控え室には、飲み物が用意されていました。

▷ビブスはやや大きめでした。

▷トイレは各教室の近くにあり、開始前であれば自由に行けました。

▷控え室では読書をされている方が多かったです。

▷控え室には5グループほど待機していました。時間通りに始まりました。

▷控え室は、コロナ対策もあり、他の家族との間隔はかなりあいていました。あやとりをして待ちました。

▷早く着きすぎてしまい、塗り絵などを持参しましたが飽きてしまい、失敗しました。

▷ゼッケンが大きいので、ゴム2本で調整しました。

▷2階のロビーに椅子が並べられており、そこで待機しました。面接室も2階でした。

▷控え室には、さとえの新聞が置いてありました。コーヒー、紅茶など用意されていました。席は受験番号順になっていました。

▷考査の最後に体操着から着替えて、保護者の元に戻ってきます。

▷控え室でソファーに座って待ちました。時間通りに始まりました。

▷試験はとても楽しかったようで、「楽しかったー」と興奮気味でした。はしゃぎすぎなかったか、心配になるほどでした。

▷集合時間は9時30分でしたが、15分前には受付をすませました。

▷受付をすませると、すぐ隣の控え室で待機しました。予定よりも早めに呼ばれました。

▷考査の待ち時間は、読書をされている方が多かったです。

▷控え室はとても静かでした。折り紙やパズルやテトリスで遊んでいました。

▷控え室には、コーヒー、紅茶が用意され、自由に飲めるようになっていました。

▷合否の結果はホームページのみでした。

▷8時45分に受付、ゼッケンを付け椅子に座って待機。9時に点呼、子どもは集団テストへ、親はカフェテリアで待機。12時15分にグループごとに子どもが戻ってきて終了。。

▷Aグループ（男子）は8時30分から45分までに受付後、ホールに集合、9時から考査が開始される。1時間遅れでBグループ（女子）の点呼がおこなわれる。受付後の控え室は生年月日の番号順に椅子が並べてあり、自分の番号の椅子に座りながらゼッケンをつけて待つ。Aグループの考査は10時50分に終了。

▷控え室で受付まで待ち、受験番号にて呼び出しがあり、受付を済ませると別の控え室で待ち考査の説明を受けます。控え室には受験番号がはってあります。体操着に着替え、考査を受けます。

▷動物のプラカードを持った先生が迎えに来て、1グループ5、6人で男の子、女の子いっしょに考査会場へ案内してくださいます。

■面接では…

▷面接のときは15分前に受付を済ませるよう指示があり、予定時刻より5分早く始まりました。

▷面接では校長先生が「緊張しなくて大丈夫ですよ」と声をかけてくださいました。

▷コロナ対策のため、マスク着用でした。

▷面接はピリピリとしたものはなく、和やかな雰囲気で進行しました。

▷面接会場は2階が校長先生と教頭先生でした。1階は担当の先生でした。

▷面接では子どもに優しく語りかけていただきました。

▷面接では子どもに対して質問が多かったように思います。

▷面接の最後に、「今日は、大きなお声でちゃんとできましたよ。もう1日あるから、風邪などひかないように気をつけて、ちゃんとしっかり来てくださいね」と子どもににっこりと言ってくださいました。

▷面接当日、正門を入ってすぐの入口から校舎内の受付へ行き、受験票を見せてアンケート用紙をもらいます。1階でアンケートに記入して受付に提出。その後トイレをすませて待ちました。

▷面接室は、第1会議室と第2会議室の2部屋でした。

▷ 面接資料は、身長、体重、病歴などを記載する欄がありました。
▷ 最初に子どもへの質問があり、「次はご両親へお伺いします」と言って父親、母親へと続き、また子どもに対して質問が移りました。
▷ 始めに質問の順番を説明されました。子→親、了→親という順序でした。予定時刻の5分前に部屋に通され、約20分間おこないました。子どもの質問は1度に3つほどの内容が含まれているので、戸惑っていました。
▷ 副校長先生はたいへん穏やかな感じの方でしたので、緊張した雰囲気はありませんでした。子どもにもたいへん優しく話しかけてくださいましたので、質問に対してすべて答えることができました。
▷ こちらの話を優しくじっくりと聞いていただいて、「見られている」というよりも「入学の資料にしたいので聞かせてください」というような感じで、こちらの緊張感をほぐしてくれました。子どもへの質問が多く、質問に対して「考えているのか」を見ているような気がしました。
▷ 面接官は男性と女性の先生の2名で、約15分間、[子ども→父親→子ども→母親]の順で質問されました。お二人ともとてもにこやかな表情で、女性の方が子どもに、男性の方が両親に質問されていました。8割方が子どもへの質問です。
▷ 面接官は副校長先生で、とても和やかに面接が進んでいったので、緊張せずに面接を終えることができました。堅苦しく暗記してきた使い慣れない言葉より、自分なりの表現で答えるのが1番いいと思います。
▷ はじめに父→母→子の順番で質問がされましたが、圧倒的に子どもへの質問が多かったです。質問に対して子どもが考えているときは促すことはしませんが、きちんと子どもが話しはじめるまで待ってくださいました。15分ほどで終了しました。
▷ 質問がひっきりなしに来ました。特に父親に質問が集中しました。
▷ 「好きな物はありますか」「はい」「それは何ですか」といった感じで、イエスかノーの返答のあとにさらに問う質問形式で、子どもがどの程度質問の内容を理解しているかを、瞬時に判断しているようでした。

アドバイス

▷ 早く到着しすぎると教室での待ち時間があるため、折り紙や絵本などあるとよいです。
▷ 当日は土呂駅からスクールバスの送迎がありました。駅やバスはとても混み合っていました。
▷ 受験料決済開始日（Web）と願書提出日（郵送）は別日なので注意してください。
▷ 考査では蝶結び、ゴム輪つなぎ、段ボール積み上げなどがでました。授業でやっていた内容だったので、問題なくできたそうです。
▷ 直前に「体操着に着替えても着替えなくてもいいですよ」と説明がありました。子どものグループはお着替えの指示自体が無く、着替えずに体操したそうです。
▷ ペーパーテストでは問題が放送で読み上げられ、時間が短いものが多かったそうです。
▷ 面接が重視されているように感じました。学校について、教育方針について、家庭で理解しているかどうか見ている感じでした。
▷ 温かい雰囲気でとてもよい学校だと思います。待ち時間が長いので、本など持っていくとよいと思います。
▷ ペーパーや運動など、ほとんどが桐杏学園で勉強したことでした。
▷ 面接では、学園の行事などで何が心に残っているかなど聞かれました。数多く足を運んで、印象を心に留めておかれるとよいと思います。
▷ 子どもを宝とし、その原石を磨き上げるという教育理念にあるとおり、心を育みながら知力を育ててくれる学校だと感じました。
▷ 控え室には無料でコーヒーと紅茶が出ました。皆さんそれを飲みながら、本を読んで子どもを待っていました。子どもを大事に見てくれるとてもよい学校だと思います。保護者にも待っている間に時々経過を報告してくれました。

▷ 若い先生が多いので、子どもたちはリラックスしすぎないように気をつけなければならないと思います。1日入試になったため、考査時間が3時間以上と少々長くなり、子どものふだんの様子がどうしても出てしまいます。ペーパーは基本さえ理解していれば充分に対応できると思います。

▷ 説明会やオープンスクール、運動会は必ず行かれたほうがいいです。何回学校に来ているかチェックしています。

▷ 学校説明会や運動会は、絶対に参加したほうがよいと思います。面接で具体的に聞かれました。

▷ 説明会は1回目から参加したほうがよいです。ドルフィンカードで何回参加したかがわかります。

▷ 運動会の見学ができなかったので、面接時に来年は参加してくださいと言われました。

▷ 願書点や面接点など、親にも点数をつけるとのことを聞いていたので気が抜けませんでした。

▷ 願書に子どもの得意なことを書く欄があり、その内容について聞かれました。アピールする絶好のチャンスだと思いました。

▷ 受付時間が8時30分から45分で試験開始が9時だったので、8時30分に受付できるように行きましたが、すでにかなりたくさんの人が控え室の食堂で待ってらっしゃいました。早く行けば受付できるというわけではなかったので、時間はちょうどよかったです。控え室にはお茶・コーヒー・アメが置いてあり、自由に飲むことができました。読書をする方とおしゃべりをする方が半分半分くらいで、少々騒がしい印象でした。

▷ 考査の日はスクールバスがなかったので、駅からタクシーで学校へ行きました。帰りは一斉に終わるので、タクシーがなかなか来ないと言っている方がいました（説明会ではバスが出ていました）。

▷ 子どもの考査中に、学校行事の映像を見て、それをふまえたうえで志望理由を書くという時間があるのですが、前もって通っている方に聞いていたので、行事の具体的なことまで書き入れることができてよかったです。同じお教室に通っていたお子さんたちをみるかぎり、身体の大きいお子さんが合格されていました。

▷ 実際にどのくらいの難易度の問題が出題されたのかはわかりませんが、娘は「桐杏学園のプリントより簡単だった」と言いながら戻ってきました。桐杏学園の教育内容であれば、さとえ学園は十分に合格できると感じました。

▷ 問題がやさしいので、1つでも点を落とすと合否に影響が出ると思います。

▷ 面接はパンフレットや説明会でのお話や内容をよく考えて、調べてから臨むと質問にスムーズに答えられます。子どものことは基本的に母親に質問されますが、父親へもどれだけ子育てに関わっているか聞かれます。

▷ 子どもが質問されたことを自分で考えて答えたことを、とても褒めてくださいました。親に助けを求めるのではなく、まっすぐ面接者を見て答えるほうがいいようです。最後に「いっしょに1年生からお勉強しようね」と言ってくださいました。

▷ 子どもへの質問事項は、基本的な生活習慣についての返答ができれば問題ないと思います。親子ともにテレビに関する質問が多かったように思います。返答に困っても親があせらず、子どもをしっかり見守れば大丈夫だと思います。退室後に子どもをしかったり、夫婦ゲンカをしないようにとのことを入試説明会の際にお話しされていました。終わってから考えてみると、ペーパーなどできる子よりも、ふだんのしつけや友達との協調性、長時間先生の指示を聞けるかが大事なのではないかと思いました。最後に「質問はありますか」と聞かれましたので、説明会でお話しされていないことを質問するとよいと思います。

▷ 子どもへの質問は多く、判断能力が必要と感じました

▷ ペーパーや運動テストは、教室で習ったことをきちんとできるようにしておけば大丈夫です。

西武学園文理小学校

〒 350 − 1332 埼玉県狭山市下奥富 600 ☎ 04（2900）1800

形式と日程

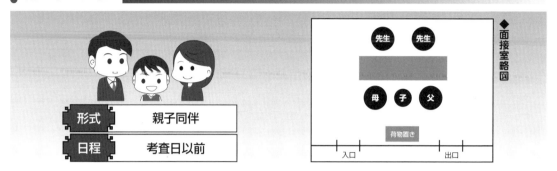

形式	親子同伴
日程	考査日以前

◆面接室略図

親子同伴の面接が、考査日前におこなわれます。面接時間は 15 分程度。

質問の内容

父親へ

お仕事を含めて、自己紹介をお願いします。
志望理由を教えてください。
家族構成を教えてください。
併願校があれば教えてください。
一貫教育についてはどのようにお考えですか。
教育方針を教えてください。
本校を知ったきっかけを教えてください。
本校の説明会にはいらっしゃいましたか。
本校に期待することを教えてください。
学校の行事には参加していただけますか。
本校までの通学経路と所要時間について教えてください。
お子様の教育に対して、何を 1 番大切にしていますか。
ふだんは何時くらいに帰宅されますか。
朝ご飯はいっしょに食べますか。
週に何回お子様と夕飯を食べますか。
休日はお子様とどのように過ごしていますか。
お子様とはどんなことをして遊んでいますか。
お子様のことで、印象に残っているエピソードを 1 つ教えてください。
コロナ禍をどのように過ごしましたか。
しつけで気をつけていることは何ですか。
一言で言うとどのような性格のお子様ですか。
お子様の長所と短所を教えてください。…どちらに似たと思われますか。
お子様の名前の由来を教えてください。
お子様が答えた「将来の夢」に対して、思うところをお話しください。
幼児教室に通いましたか。
ご家庭での英語教育は何をされていますか。
お子様に身につけさせたいことは何ですか。
将来どのように成長してほしいですか。

母親へ

志望理由を教えてください。
本校を知ったきっかけは何ですか。
併願ですか、単願ですか。
学校説明会での印象をお聞かせください。…施設など、どのように思われましたか。
本校に多くいらっしゃっていますが、お子様は何回いらっしゃいましたか。
英語教育のどこに期待していますか。
通学経路を教えてください。
ご家庭の教育方針をお聞かせください。
学校と家庭の関係はどうあるべきだとお考えですか。
今の幼稚園を選んだのはどうしてですか。
お子様の通っている幼稚園の教育方針を教えてください。
幼稚園ではどのようなお子様と言われていますか。
お兄さん、お姉さんはどちらの学校ですか。
お仕事について教えてください。…急なお迎えには対応できますか。
お子様との時間をどのようにとっていますか。
コロナ禍でお子様との時間が増えたと思いますが、気をつけていることは何ですか。
お子様に食べ物のアレルギーはありますか。
お子様の嫌いな食べ物を教えてください。
どのように考えて食事を用意していますか。
今までに大きな病気をしたことがありますか。
どのようなお子様ですか。
お子様の性格について教えてください。
お子様の長所と短所を教えてください。
お子様を叱るとき、褒めるときはどんなときですか。
しつけに関して家庭で行っていること、またそれに関するエピソードをお聞かせください。
子育てで気をつけていることを教えてください。
子育てで苦労したことは何ですか。
学校で友達とケンカしたらどうしますか。
お子様の成長を感じるのはどんなときですか。
お子様はどんな習い事をしていますか。
田植えをしたことはありますか。
絵本の読み聞かせはしていますか。…どんなときにしますか。…ひらがなは読めますか。
将来どのように育ってほしいですか。
幼児教室には通っていますか。…教室に通って成長したことはなんですか。
試験で留意すること（視力など）はありますか。

子どもへ

お名前と生年月日を教えてください。
住所と電話番号を教えてください。
幼稚園の名前を教えてください。
担任の先生の名前を教えてください。…どんな先生ですか。
幼稚園のお友達の名前を3人教えてください。…どんな遊びをしますか。
晴れの日は園庭で何をしますか。…雨の日は何をしますか。
幼稚園では，お弁当ですか、給食ですか。
好きな食べ物と苦手な食べ物は何ですか。
お弁当の中身は何が好きですか。…嫌いな食べ物は何ですか。…給食に出たらどうしますか。
お母さんの料理で何が好きですか。
どうやって幼稚園に行っていますか。
お友達とは何をして遊びますか。
友達がケンカをしていたらどうしますか。
幼稚園で頑張っていることは何ですか。
今日はここまでどうやって来ましたか。
この学校に来たことはありますか。…この学校のどこが好きですか。
この学校に1人で電車で通えますか。
小学校に入ったら何がしたいですか。
お手伝いはしますか。…したあとお母さんに何か言われますか。
好きな本は何ですか。…それはどんなお話ですか。…どこが好きですか。
ひらがなは読めますか。
お母さんとはどんなことをして遊びますか。
休日はお父さんと何をして遊びますか。
お祖父さん、お祖母さんとはどんなことをして遊びますか。
父さんとお母さんでは、どちらが怖いですか。
どんなときにお父さんに叱られますか。
お父さんお母さんに褒められるのは、どんなときですか。
コロナで大変でしたが、夏休みで1番楽しかった思い出は何ですか。
好きなテレビ番組は何ですか。…何時間ぐらいテレビを見ますか。
お兄さん、お姉さんとはケンカをしますか。
ゲームは持っていますか。
今までで1番楽しかった所はどこですか。
習い事は何をしていますか。…どの習い事が1番好きですか。
幼児教室のお勉強では何が好きですか。
自転車に補助輪なしでも乗れますか。
将来は何になりたいですか。…どうしてですか。

入 試 感 想

■考査当日のこと…

▷ 学校説明会や面接日、考査日には、スクールバスを運行してくださいます。

▷ 考査日の控え室に、校長先生があいさつに来てくださいました。説明会などでも校門に立たれて、ひとり一人に挨拶をしてくださいました。

▷ 試験から戻ってきた子どもの楽しそうな姿を見ると、先生方が子どもを大切にしてくれているのを感じました。

▷ 控え室の様子を、チェックしていることはありませんでした。

▷ 面接の控え室は BA ホールで、考査日の控え室は３階の教室でした。

▷ 考査日の待ち時間のとき、最初に校長先生のお話しがありました。考査は２時間半かかるので、本を読んで待ちました。

▷ 30 分くらい前に到着しました。入り口と受付で受験票を確認されました。

▷ 考査の日は川越駅から送迎バスがありました。

▷ 子どもの考査中に、校長先生が学校の説明をしてくださいました。

▷ 控え室は３階の講堂で、30 分ほど待ちました。みなさん静かに絵本を読んだり、折り紙をしていました。

▷ 考査日は、長時間親だけで待ちますので、本を読んでいる方が多かったです。

▷ 学校側の心温まる対応がありがたかったです。校長先生がお迎え、お見送りをしてくださり、子どもも親しみを感じていました。

▷ ８時 30 分に受付、控え室のホールで待機。45 分に点呼、列ごとに子どもは考査へ、親はそのまま控え室で待機。控え室では校長先生のお話がある。11 時 40 分に子どもが考査から戻ってきて、ゼッケンを前の椅子の背にかけて終了。

▷ 13 時 10 分に受付、控え室で待機。30 分に点呼、子どもは考査へ、親はそのまま待機。14 時 50 分に控え室で教頭先生のお話があり、16 時 20 分に子どもが考査から控え室に戻ってきて終了。

▷ インターホンで門を開けていただき、職員室の玄関でくつをはきかえました。受験票の確認をしたあと３F 大部屋に行き、そこで受付をして待機しました。トイレは部屋を出たところのものを使用してくださいとありました。過去に問われたものばかりが質問されたので、子どもは安心したのか、ほかの学校の時よりも、はっきりと大きな声が出ていました。母親への質問がほとんどで、父親へは１問だけでした。

▷ 門が施錠されているので受験番号と名前をインターホンで伝えて中に入ります。３階まで案内され、ホールで受付し、指定された番号の席で待ちます。その後、係の方から呼ばれ、面接室そばの廊下で待機し、前の方が終わると面接室へ案内されます。面接は２部屋同時におこなわれ、入室する前に係の方から荷物置きの説明、帰りの説明がありました。

▷ 当日バスの運行が遅く、到着が面接時間ぎりぎりになってしまいました。子ども用の椅子が少し高く、足が床につかないせいか、集中力が切れ始めると足をブラブラして気がきではありませんでした。また面接室にはいろいろと飾りがあり、興味をそそられるのか、まわりをちらちらと見ていました。子どもへの質問よりも主人への質問が多く、最後は名前の書き方のアドバイスと風邪をひかずにテストに来るように、とお気遣いいただきました。

▷ １階玄関で靴を履き替え２階の教室で受験票のチェックを受けます。３階ホールで待機するように指示があり、ホールの番号がふってある椅子に誘導され受験番号順に座って待ちます。その間写真照合がおこなわれ、時間まで持参した遊具で過ごし、時間通りの８時 45 分に先生の誘導で子どもは試験会場に行きました。

▷ ２階のアカデミーホールという教室のような部屋で自分の番号の席順に座ります。後ろに紙コップと麦茶などを用意してくださっていて、親は子どもの試験が終了するまでそこで待ちます。学校の発行している小冊子（中高のことも載っている）をいただき、その本を読んで待っていました。折り紙やぬり絵をして待っている子が多かったです。折り畳み式のテーブルがあるので、それを出して絵を描いたりできます。

▷ 受付で娘が名前と体調を聞かれ、私も娘の体調を再確認され、ゼッケンをいただきました。控え室が２部屋に分かれているようで、私たちは３階のホールで待ちました。６列で座り、後ろまでいっぱいでしたが、ほとんどの方が折り紙をしていて静かでした。その後写真で本人確認をし、１列１グルー

プで移動していきました。試験中親はそのまま３時間待っていました。その間に校長先生のお話などがありました。

▷ 正門で受験番号と名前、面接時間を告げて門を開けていただきます。職員室近くのドアに先生がお待ちくださっているので、受験番号と名前を再度お伝えし、確認後控え室（音楽堂）に案内されます。

▷ 控え室では本を読んでいる方が多く、何人かはグループで話をしていました。お茶が用意されており、皆さん飲んで待っていました。

▷ 控え室では皆静かで、何か雑誌などを読んでいたようです。自分は仕事関係で外出しました。

▷ 番号順に受付時間が決められていたため、バス・受付・控え室への移動ともまったく混雑することなく、静かに整然とおこなわれている印象がありました。控え室も１部屋 20 名のみなので、他の方とほとんど顔を合わせることもありませんでした。

■面接では…

▷ 面接日はホールで待機しました。アナウンスがあると教室へ向かいます。教室は A ～ F までありました。考査日は親子で教室へ行き、ゼッケンをつけて待ちます。その後子どもが考査会場へ向かい、親はその教室で待機でした。

▷ 面接日の控え室は講堂で、座席は決められていました。

▷ 面接では感染防止のため、ビニールのシートが張られていました。

▷ 面接は事前に練習していた質問でしたので、スムーズに答えられました。和やかに進行しました。

▷ 子どもが答えにつまっても、優しく問いかけていただきました。

▷ 面接日は職員室入口から入り、靴を履き替え、受付をして、BA ホールで待機しました。

▷ 面接は到着順ではなく、番号順でした。

▷ 面接では、子どもに対してわかりやすく、ゆっくりと話しかけてくれました。考査でも子どもたちがリラックスできるように、先生方の配慮が感じられました。子どもが「楽しかった」と戻ってきたので、安心しました。

▷ 面接の質問は「はらはらドキドキ入試面接」の本の内容といっしょでした。

▷ 面接の質問は、オーソドックスなものがほとんどでした。

▷ 面接官の先生は、とても優しく、和やかに子ども語りかけてくださったので、自然に答えることができました。

▷ 面接では子どもが緊張してしまい、完璧にはできませんでした。

▷ 面接では予定より早く呼ばれました。内容は練習通りだったのですが、子どもが緊張してふだん通りできなかったのが残念でした。

▷ 面接では、最初に子どもへ集中して質問がありました。過去の質問例と変わらず、基本的な内容でした。

▷ 面接は終始和やかでした。内容も基本的なもので、確認のためという印象でした。

▷ 第一志望であるかどうかを、確認しているような面接でした。

▷ 面接は子どもに対する質問が多かったです。両親に対しては、あまり掘り下げた質問は無かったです。

▷ 面接日のスクールバスは、説明会のときのように案内係はおりませんでした。

▷ 面接は終始穏やかで、優しい話し方でした。子どもに対しても保護者に対しても、終始笑顔でした。

▷ 面接では、親と子ども交互に質問されました。

▷ 先生方は大変優しく迎えてくださいました。子どもが答えに詰まると助け船を出してくださり、話しが止まらないように進めてくださいました。

▷ 子どもが質問に答えられないと、やさしい表現に言いかえて導いてくれました。

▷ 質問に対する答えの後では、回答に対する感想や学校の取り組み、様子などを説明していただきながら対話形式で進められました。

▷ 面接は子ども中心に質問されました。１つの質問に対して答えると、それはどうしてか、具体的には、と、どんどん会話が広がり、質問が続いて、子どもに対してというよりも大人の会話のように進んでいきました。

▷ 面接での質問はとても優しく、穏やかで落ち着いた雰囲気の話し方でした。子どももハキハキと答えることができました。

▷ 子どものよいところを見つけてくださっているということが伝わってくる、和やかな面接でした。

▷ 最初から子どもに対し優しく語りかけながらの面接でした。最後に再び子どもに対して「お話を聞く姿勢もよくお答えも上手にできましたね。もう一度学校に来てもらうけれど、お風邪をひかないよう

元気で来てね」とおっしゃってくださいました。

▷ とても和やかで緊張して子どもが言葉に詰まってしまっても助け舟を出してくださいました。会話をしているような雰囲気でしたが、質問内容は多く、一つの質問にもいろいろと答えを求められた気がします。学校に入ってから出るまですべての行動をチェックされていて、面接中だけでなく、一つひとつの動作も親子ともに慎重にしました。

▷ 教頭先生からは鋭い質問が多いように感じました。案内してくださる先生方は大変親切な対応でした。音楽室で待っているとき、幼稚園の友達がいて、子どもがそわそわしていましたが、ご指導いただきましたとおり、お話はしませんでした。2部屋に分かれておこなわれ、子どもに対する質問が最も多かったです。

▷ 面接の内容は、子どものふだんの様子、親の教育に対する姿勢を見ているようでした。

アドバイス

▷ 面接では難しい質問はありませんでしたが、事前の練習や準備が必要だと思いました。
▷ 長時間で子どもも大変ですが、集中力やルールを意識させることが大切だと思いました。
▷ 今年から Web 出願になりました。自宅にパソコン、プリンターがあると便利です。
▷ Web 出願の際にアンケートがあります。
▷ ペーパーについては、幅広い分野をやっておく必要がありそうです。
▷ ペーパーは難易度が高いので、しっかりと取り組む必要があると思います。
▷ 生活の中でお手伝いをさせ、1人でできることを増やし、自信をつけさせることが大切だと思います。
▷ 入試体験をできる日があるので、参加されるとよいと思います。
▷ 面接は例年とほぼ同じです。事前に準備しておけば大丈夫だと思います。
▷ 控え室には、常時先生がいらっしゃいました。後ろに用意されたお茶をいただきながら待っていました。
▷ 3階の受付のとき、子どもに「ここまでどうやってきましたか」、父親に「何か留意する点はございますか」など質問されました。その後席に案内されました。
▷ 面接は例年通りの質問内容で、難しいことやつっこんだ質問はなかったと思います。
▷ 常に子どもの体調やその日の様子を気づかってくださる学校だと感じました。先生方があちらこちらに立っていらして、その多さに驚きましたが、説明会のときに「生徒数の割には教員数が多い」とおっしゃっていたので納得しました。
▷ 学校説明会の出欠をチェックされているようですので、参加されたほうがよいと思います。どのお子さんもしっかりされていて、泣いたり、ふざけたりしているお子さんは見受けられず、受験レベルが高そうに思えて、考査を待っている間は不安でした。試験を終えて戻ってきた際に、子どもから「楽しかったよ」と言う言葉を聞いたときにはホッとしました。
▷ 説明会の出席回数を調べられていて、子どももいっしょに連れてきていたかを聞かれたので、学校の説明会にはできるだけ出席しておくことが大切だと思います。「子どもが通う学校なのに、子どもが知らないのでは」と思うので、子どももいっしょに連れて行かれるとよいと思います。
▷ 校門前で受験票を見せ、くつをはきかえ消毒をしてから校内へ入りました。子どもの集中力が心配で、控え室での待ち時間が長く感じました。
▷ 駅、校門から昇降口まで何人もの先生方が見えていたようです。受付は受験番号で分かれていて少し迷ってしまいました。帰りにも校門までのあいだ何人もの先生が見えて、くつをはきかえるところにもいらしたので、はきかえは手伝いませんでした。テストから戻ってきたときの子どもの第一声は「つかれた〜」でしたので、大丈夫かなと思いましたが、あとになって内容を聞いてみると、結構おぼえていたので少し安心しました。
▷ 先生方が皆さん礼儀正しくきちんとされていて、また子どもへの配慮が行き届いており、知れば知るほどよい学校だと思いました。3時間、子どもの様子をじっくり見られています。待っているときも、

移動中も気をつけるように子どもに言い聞かせましたが、どうしても本来の姿が出てしまうと思いました。お行儀のよい子が多くて感心しました。

▷ 試験当日の登校方法に○をつける欄がありますので、忘れずに記入してください。つけ忘れると自宅に確認の連絡が来ます。

▷ ペーパーテストでは3時間もの長い間集中しなくてはいけないので、日頃から長い時間集中できるように、お教室や習い事などに通い慣れておくことが大切だと思います。

▷ 行動観察は、考査開始から終わりまで、すべて見られているようです。

▷ ペーパーテストは本人にとっては難しかったようで、日頃の成果が出せずにちょっと沈んでいましたが、全体を通しては楽しんで受験することができたようです。控え室ではお話をしたり、席を立ったりする方はおらず、静かに待っている人が多かったです。先生方のお話はあらためて教育について考えさせられましたし、蚕を見せられたのにはびっくりしました。無事に終えることができ、ホッとしております。

▷ 体操を終えたばかりで、汗ばんで戻ってきましたので幼児教室でアドバイスされたとおり、薄着にしてよかったと思いました。内容は公開テストよりもずっと難しかったと子どもが申しておりました。

▷ 控え室は、音楽室で受験番号1〜69番までがいっしょだったと思います。席を立って近くのお母様と15分くらい話をされる方や、携帯電話が鳴り電話に出てしまうお父様など、緊張感のない方もいてびっくりしました。先生方もさすがにそのお父様には不快な顔をされていました。後ろで待機していた先生が全体を見て回り、戻ったときにはボードを手にしていたのでチェックされているように感じました。

▷ 試験の待ち時間が、とても長く感じました（1次3時間・2次約2時間半）。受付で文理学園の冊子をいただき読んでいましたが、そのほかに短めの文庫本1冊を読み終えてしまい、待っているのがたいへんでした。長い本を持っていけばよかったです。

▷ 長い試験時間中、何度もトイレタイムがあったそうです。我が子はそのたびにトイレに行ったとのことです。シャツの裾の始末やハンカチのしまい方をきちんと教えておくとよいと思います。

▷ 荷物置き場に荷物を置いた際に、倒れても中身が出ないように気をつけるか、すわりのよいバッグにすればよかったと思いました。

▷ 面接で廊下で待機しているときに前のほうの出口から出て階段を下りたあと、出入り口で待機している先生が、自分の持っているチェックリストに何やら書き込んでいました。挨拶を大事にする学校なので、最後まで挨拶ができるかどうか見ているのかと思いました。

▷ 面接では子どもより親の話を中心に聞かれているという印象でした。ただし、面接も子どもにとって学校に接する一機会であり、面接時と比べると考査当日ではかなり学校に慣れて、のびのびと自己表現できるようになったようです。

▷ 試験中に校長先生のご挨拶がありました。どんなことがあっても親の声かけ1つで「立ち上がることができる子ども」が欲しい子ども像だとのことでした。

▷ 桐杏学園所沢校での説明会で、先生の顔を間近にして話を聞く機会に恵まれたので、当日も過度に緊張することなく臨めたと思います。

▷ 全体として受験者はお行儀のよいお子様揃いという印象でした。

▷ 勉強ができるできないに関わらず、幼児教室でトレーニングすることは、小学校受験をする上でのマナーだと思うことが多くありました。

▷ 試験当日は靴を入れる袋は置いていなかったようなので、持って行かれるといいと思います（説明会などのときにはビニール袋をくださいました）。

▷ 考査全体で、だんだんと子どもが楽しくなるように内容が設定されています。「休憩」と子どもには言っている時間が設けられていますが、当然のことながら考査対象となる時間ですので、子どもの自覚が大切だと感じました。体操では人数が多く、あとのほうの子どもはかなり待たされた様子です。

▷ 考査時間が3時間にわたり、子どもの集中力が持つかどうか心配でした。まわりに左右されないように、自分のやるべきことをやるように言い聞かせるのが大切だと思いました。

星野学園小学校

〒 350 - 0826　埼玉県川越市上寺山 216 - 1 ☎ 049（227）5588

形式と日程

形式	親子同伴
日程	考査日以前

◆面接室略図

親子同伴の面接が、考査日前におこなわれます。時間は 15 〜 30 分。

質問の内容

父親へ

志望理由をお聞かせください。
私立を志望される理由についてお聞かせください。
本校を知ったきっかけと、選んだ理由を教えてください。
本校を選んだ決め手は何ですか。
本校のよいところを一言で言うと、どのようなところでしょう。
本校のイメージを一言で言うと何ですか。
単願にした理由を具体的にお聞かせください。
ご家庭の教育方針についてお聞かせください。
本校の教育方針とご家庭の教育方針で、合致することはありますか。
武道についてどうお考えですか。
学校説明会やオープンスクールでの印象を教えてください。
学校で剣道をおこなうことについてはどう思いますか。
全人教育についてのお考えをお聞かせください。
通学経路を教えてください。…通学には遠くないですか。
学校から連絡があった場合、ご両親のどちらかが来校することは可能ですか。
お子様とはどのようにコミュニケーションを取っていらっしゃいますか。
ふだんお子様とどのように過ごしていますか。
お子様との遊びは、何を考慮して遊んでいますか。
ご自身のお仕事についてお聞かせください。
最近の新入社員を見て、よいところ、悪いところはどこですか。
過去 1 年間の幼稚園の欠席日数を教えてください。
お子様が学校でいじめられたら、どう対処しますか。
学校でケガをした場合、どのように対応されますか。
子ども同士のトラブルで、相手が謝ったとき許すことができますか。
お子様が泣いて帰ってきたとき、どう対応しますか。
お子様を育てるうえで、ここに気をつけてきたというところはありますか。
コロナ禍でのストレス解消法は何ですか。
お子様にアレルギーはありますか。

入学するにあたって、心配事はありますか。
学校へ前もって言っておくべきお子様の留意点はありますか。
お子様が1番興味を持っていることは何ですか。
お子様の宝物を知っていますか。
お子様の名前の由来を教えてください。
ご家族で出かけるようなときに、お子様の成長を感じたのはどのようなときですか。
お子様の叱り方についてお聞かせください。
お子様の長所と短所を教えてください。
奥様のことをお子様にはどのように伝えていますか。
お稽古ごとをさせていますか。
子どもが生まれて世界観がどのように変わりましたか。
お子様の将来像を教えてください。

母親へ

志望理由を教えてください。
この学校をどのようにして知りましたか。
ご家庭の教育方針を教えてください。
全人教育に期待することは何ですか。
私学を選んだ理由について教えてください。
12年一貫教育についてはどのように思いますか。
本校の説明会には何回出席しましたか。…印象はどうでしたか。
はじめて本校に来たときに、施設以外で印象に残ったことは何ですか。
家庭教育で大事にしていることを教えてください。
家庭の教育方針と学校の教育理念で、合致するところは何ですか。
何に気をつけて子育てをしていますか。
家庭でのしつけで重視していることは何ですか。
情操教育についてのお考えをお聞かせください。
体育の授業で武道を取り入れていますが、どう思いますか。
本校に希望することを教えてください。
毎年宿泊がありますが、心配ありませんか。
幼稚園の欠席理由を教えてください。
通学経路と所要時間を教えてください。
幼稚園でのお子様の様子を教えてください。
幼稚園ではどのようなお子様だと言われますか。
幼稚園のお母様方とのお付き合いで、気をつけていることを教えてください。
いろいろな保護者の方との円滑な関わり方について、どのようにお考えですか。
他のお母様方に、この学校を紹介するとしたら、どう説明しますか。
お仕事をされていますか。
学校行事には参加していただけますか。
お子様が具合が悪くなったときなど、すぐに来ていただけますか。
保護者のご協力をお願いした場合、ご協力いただけますか。
災害に対しての準備はされていますか。
緊急時の対応について、家族で話し合ったこと、再確認したことはありますか。
子ども同士のトラブルには、どのように対処しますか。
お子様がいじめにあった場合、どのように対応しますか。
お子様の健康状態を教えてください。
お子様の名前の由来を教えてください。
お子様の叱り方についてお聞かせください。
お子様の寝る時間と起きる時間を教えてください。
食育について、気をつけていることを教えてください。
子育てのなかで、ご両親の意見が分かれたとき、どう対応しますか。

お子様にアレルギーはありますか。…どの程度ですか。
お子様の性格を教えてください。
お子様の長所と短所を教えてください。
お子様に足りないところは何ですか。
最近お子様が成長したと感じる出来事を教えてください。
お子様が生まれる前と後では、何が大きく変わりましたか。
将来はやはり国際的な人になってほしいですか。英語教育を重視しますか。
絵本の読み聞かせはしていますか。…1人で読んだりすることはありますか
お子様のことで、何か伝えておきたいことはありますか。
さまざまに変化する世の中で、対応して生きていくために必要なことを、お子様にどのように伝え、どのようなこと実践していますか。

子どもへ

名前、生年月日、幼稚園の名前、担任先生の名前を、今言った順に教えてください。
先生にしかられたことはありますか。
お友達の名前を3人教えてください。
お友達と何をして遊ぶのが好きですか。
お友達とケンカをすることはありますか。…ごめんなさいと言えますか。
お友達とケンカになってしまったらどうしますか。
幼稚園の運動会では何をしましたか。
幼稚園では何をして遊びますか。
幼稚園から帰ったらどんなことをしますか。
朝ご飯は何でしたか。
幼稚園はお弁当ですか、給食ですか。
好きな食べ物と嫌いな食べ物を教えてください。
お父さん、お母さんがつくる料理で、好きな料理は何ですか。
今日はどうやってきましたか。
好きな乗り物は何ですか。
習い事はしていますか。…○○は好きですか。
夏休みに1番楽しかったことは何ですか。
夏休みの思い出は何ですか。
お家ではどんなことをして遊びますか。
お父さんと休日に何をして遊びますか。
お母さんの好きなところはどこですか。
お父さん・お母さんにはどんなとき叱られ、どんなとき褒められますか。
好きな本は何ですか。…最近読んだ本は何ですか。
本を読むのとテレビを見るのはどちらが好きですか。
好きなテレビ番組は何ですか。
お兄ちゃんとはケンカをしますか。…どんなことですか。…仲直りできますか。
お手伝いはしますか。…どんなお手伝いですか。
「ありがとう」と最近言いましたか。また誰かに言われたことはありますか。
将来何になりたいですか。…それはどうしてですか。
敬老の日は何かしましたか。
運動は好きですか。
剣道って知ってますか。
魔法使いになったら、何がしたいですか。…それはどうしてですか。
どうしてこの小学校に入りたいと思いましたか。
小学校に入ったら何を頑張りますか。
今、一生懸命やっていることは何ですか。

入試感想

■考査当日のこと…
▷ 考査日は大ホールで待ちました。
▷ 受付でゼッケンを着用し、その場で子どもと別れ、保護者は大ホールに移動し待機します。
▷ 考査日の控え室はホールで２〜３ｍ間隔で座って待ちました。声がかかると前の席に移動して、アンケートを記入します。内容は「既往症、アレルギーの有無、１年間の幼稚園の欠席日数」というものでした。
▷ 考査は９時５０分にスタートし、１２時３０分頃終了でした。グループごとに戻ります。
▷ 考査日のバスには、すぐ乗車することができました。
▷ 控え室の講堂で、考査内容について先生から説明がありました。
▷ 受付後、多少時間があったので、子どもをトイレに行かせました。
▷ アンケートの内容は「受験生の既往症等及び家族の状況について」でした。
▷ 子どもの考査中、親は高校のホールで待ちます。その間、校長先生から受験者数などのお話がありました。
▷ 考査当日は、受付を済ませると先生が子どもにゼッケンをつけてくれます。その後すぐに親と別れて、考査会場へと向かいます。
▷ 限られたスペースで、靴から上履きに履き替えるので、座らず立ったまま履き替えができると、他の方に迷惑にならずよいと思います。座ったままの方が数名いらっしゃって、他のお子さんがなかなか校内へ入ることができませんでした。
▷ 控え室では、みなさんとても静かでした。
▷ 控え室では面接アンケートを記入して待ちます。内容は、疾患・アレルギーの有無、家族構成、在学中の兄弟の有無でした。鉛筆が用意されていました。
▷ 考査当日の親の控え室は、ハーモニーホールでした。
▷ 体操の順番を待つ間は、静かに体操座りで待つように指示がありました。
▷ 受付後、多目的ホールで待機しました。面接会場は２階と３階に分かれ、呼ばれた順に部屋に移動しました。
▷ 余裕を持って１時間前に着きましたが、受付ですぐに子どもが別室へ誘導されて行ったため、少々不安でした。
▷ 控え室の入り口には先生が１人立っていらっしゃいました。他の教室の方はかたまって話をしていましたが、桐杏学園の方はみんな別々に座り待っていました。
▷ 控え室からは直接子どもの様子は見られませんでしたが、教室から体育館への移動時や考査が終了して控え室に戻ってくるときには、かなり賑やかな様子が聞こえました。保護者の控え室では、本を読んで待っている方が多くいらっしゃいましたが、話し声も多少聞こえました。
▷ 控え室の講堂では、本を読んでらっしゃる方々が多数でしたが、先生方が「お話は控えてください」とアナウンスされた後も話している方がいました。ロビーでお話をされている方もいました。途中、校長先生やほかの先生が何度も子どもの考査の経過を「今はこんな感じ」とか、「〜時くらいに終わります」というふうに話してくださったので、安心しながら待てました。
▷ 考査は私どもは初めてで、他の学校のことはわかりませんが、星野学園では校長先生がとても細やかに説明していただけたので、時計を見て今はペーパーをがんばってるなとか、体操の時間だとか、子どもの動きがわかって安心しました。本を読んでいるお母様方が多く、私も持って行ったのでよかったですが、子どものことが気になって頭に入ってきませんでした。

■面接では…
▷ 面接日は体育館の入り口で受験票を渡し、案内された番号の席で待機します。待っている間にアンケートを記入しました。先生から５組ずつ呼ばれ、体育館から控え室に移動しました。
▷ 面接日は１５分前には到着するようにとのことでした。
▷ 第一控え室の体育館で指示された番号の机に着席します。親はアンケート記入、子どもは折り紙をして待ちました。５分くらい前になると第２控え室の教室へ移動しました。
▷ 面接では、入室後に消毒をして受験番号と名前を言うように指示がありました。
▷ アンケートは待機室で記入し、入室後面接官に渡すよう言われました。アンケートからの質問があり

ました。

▷ 面接控え室で簡単なアンケートに記入しながら、親子3人で机のある席で待ちます。

▷ 面接当日は2階ホールで受験票を確認され、アンケートを渡されました。面接会場ごとに席がわかれておりました。開始10分ほど前になると3組呼ばれ、3階の控え室へ移動しました。そこで注意事項を説明されたあと、3組とも部屋を指定されて入室しました。入室後受験票とアンケートを面接の先生に渡しました。

▷ 家族構成の記入では、鉛筆と消しゴムが用意されており、1家族に1つ大きな机があり、周りを気にすることなく記入できました。子どもは折り紙をして待ちました。

▷ 面接当日、車で来ている方も結構いました。私たちは駅からタクシーに乗り、学校から見えないところで降りて歩きました。

▷ 面接官は男性の先生と女性の先生でした。とても具体的に突っ込んで質問されました。

▷ 面接は3階のいくつかのいくつかの教室で、同時におこなわれます。

▷ 面接は先生2名でした。男の先生が子どもに対して質問されます。両親には女性の先生から質問されました。

▷ 終始穏やかで、子ども中心の面接でした。

▷ 面接は和やかな雰囲気でした。最初に子どもへ質問があり、その後保護者でした。

▷ 子どもへの質問で、子どもが答えられないときは、再度わかりやすく質問してくださいました。

▷ 面接は堅苦しい雰囲気ではありませんでした。緊張せず面接を受けることができました。

▷ 面接は教室でおこなわれました。子どもの椅子のみ小さい椅子でした。

▷ 質問は、子ども→父→母の順でした。終始緊張感のある面接でした。

▷ 親に対しては、掘り下げた質問が多く、理解度を試されていると感じました。待っている間にも子どもの様子を見ているのではないかと心配でした。

▷ 子どもへの質問がかなり多く、子ども中心の面接でした。親に対しては入学の意思確認という感じでした。

▷ 受付が済むと丸椅子に色別の3列になり、座って待ちました。その後、3グループずつで入室し、3部屋で同時進行していたようです。面接中、メモは特にしている感じではありませんが、○などを付けているようでした。

▷ 案内の先生から、面接室に入ったら左にある机に荷物を置き、受験票と家族表を面接官に渡すように指示されました。

▷ 控え室の黒板に「荷物は入り口左の置き場に置いてください」とあり、案内の先生からもそのように指示があったので、入室後すぐに「荷物を置かせていただきます」とこちらから先に申し上げました。

▷ 面接室の1から10のいずれかに振り分けられておこなわれました。子どもが答えられないと答えを誘導してくださいます。終始、和やかな面接でした。両親には男性の先生から、子どもには女性の先生から質問がありました。順番は[父親→子ども→母親→子ども]でした。私どもが退室したときには、ほかの方はすでに終了しており、1番長かったようでした。

▷ 先生方はふだんの生活態度を注意して見られていたように感じます。あいさつはもちろん、廊下でも壁にもたれずしっかりと立っている子どもをきちんと見ておられました。

▷ たいへんリラックスした雰囲気でおこなわれました。11の教室の同時進行でおこなわれ、質問されているというよりも、大人どうしで会話をしているような感じで、とても話しやすかったです。

▷ 特に難しい質問はありませんでしたが、両親よりも子どもへの質問が多く、礼儀やあいさつなど、子どもの様子を注意深く見られていました。

▷ 面接中はメモをとることもなく、ただ話をするという感じでした。

アドバイス

▷ 受付でビブスをいただき子どもにつけると、すぐに親子分離となります。来校前の最寄駅やコンビニなどで、身だしなみ、トイレなど済ませておくとよいと思います。

▷ 控え室で12時過ぎまで待つのですが、スマホや飲食は禁止とホームページや書類に記されています。本など持参するとよいと思います。

▷ 試験終了後クラスごとに戻るのですが、時間はまちまちです。アナウンスなど特に無いため、12時にはトイレなど行かず着席して待つのがよいと思います。

▷ 電車やバスを利用する場合は、遅延を考慮しておくほうがよいです。当日電車の遅れがありました。

▷ 面接では、教育理念に関しての理解度を確かめているようでした。

▷ 考査が終わって、子どもたちが控え室に戻ってくるのですが、ズボンからシャツがひときわ出ている子がいるなと思ったら、我が子でした。ペーパー対策はもちろんですが、日常の過ごし方もとても大切だとつくづく感じました。

▷ 行動観察や運動では、コロナ対策で密集を避けるための内容になっていました。

▷ 子どもと親が離れるのが早いため、伝えたいことは前もって話しておいたほうがよいです。

▷ 学校内に駐車できるので、車で行きました。面接の質問は、桐杏学園での模擬面接があったので、ほぼ準備通りの回答ができました。細かく質問して、1組ずつ時間をかけて確認している、そんな印象を受けました。

▷ 待ち時間が長いので、本など持参したほうがよいと思います。

▷ 待ち時間にひそひそ話をしている方がいて、先生から注意を受けていました。

▷ 面接や考査など、1度にいくつか指示を受けて発言、実行しなくてはいけないので、日ごろから練習をされるとよいと思います。

▷ 学校紹介のあるフェアーなどは、参加しておくべきだと思います。

▷ 当日体調を崩したお子さんが数名いて、別室で試験を受けていらっしゃいました。体調管理には十分注意するべきだと思います。

▷ 学校説明会で毎回記入するOCRシートが試験当日にも渡され、それに記入します。合否には関係ないということですが、出席回数はチェックされていると思われます。試験当日、受付があいている場合、ゼッケンも先生が付けてくださり、子どもとの接触がほとんどできないので子どもが緊張している場合には、受付をする前に声かけや最終確認をされるのがよいと感じました。トイレは廊下での待機後と教室へ案内された後など数回聞かれるそうですが、慣れない場所と環境のなか中学生や先生に聞かれるので、緊張して言い出せないお子さんもいたようです。控え室の講堂で待っているあいだ、移動中の楽しそうな子どもの声が聞こえ安心しました。

▷ 年々学校の風格があがり、大ホールでのお母さま方の服装や髪型も私学の入試らしく、また話し声も密やかだったことが何よりもほっとしました。先生方が様子をチェックしていることもなかったのですが、緊張感がありました。

▷ 説明会には出席したほうがよいと思います。面接で聞かれることもあるので、できれば9月の星華祭も見ておいたほうがよいと思います。

▷ 提出書類の写真添付が、願書と受験票の2枚必要だったのに気づかず焦りました。

▷ 例年どおりのことかもしれませんが、受付を済ませると子どもとすぐに別れますので、玄関に入る前に言い聞かせておきたいことを伝えておくのがいいと思います。

▷ あまり早く行きすぎると待ち時間が長いため、落ち着きのないお子さんを心配しているご家族がいらっしゃいました。

▷ 受付が終わるとすぐに子どもと別行動になるので、トイレは事前に済ませておいたほうがよいと思います。

▷ 待ち時間が長かったのですが、厚めの本を持参していたので退屈しませんでした。

▷ ホール内では飲食はできないので、ロビーで持参したお茶を飲んでいる方もいました。

▷ 面接前に子どもが、試験前に母親がインフルエンザにかかり、あわただしくなってしまった3週間でした。しかし、子どもは試験から戻ってきたときに、とても明るい表情で楽しかったと言っていました。体操がおもしろかったとも話していました。ペーパーの内容は緊張のせいか、ほとんど覚えていないとのことでしたが、過去問とは少し内容が違っていたようです。幼児教室で多様な問題をくり返し練習し、いろいろな経験を積んでいてよかったと思います。

▷試験までは、まずは子どもの健康管理が大事だと思います。本番当日には子どもが大変緊張していました。スクールバスの中で、「何人中何人合格できるの」と聞かれ、子どもながらに心配しているのだなと思いました。ちょうどそのタイミングで桐杏学園からいただいたアメを渡しました。本人もとても喜んで、「今日は今までのなかで一番がんばる」と言っていました。テストから帰ってきた子どもはいつもよりテンションが高く、「楽しかった」と言っていました。

▷部屋ごとにテストが終わり次第戻ってくるので、若い番号の方は講堂の下段で待っていたほうが、子どもが迷わなくてよいと思います。

▷まず玄関を入ってすぐの場が混雑しているのに驚かされました。受付が用意されていましたが、受験番号ごとに大きく4つほどのグループに分かれていることに気づくのが遅れ、戸惑いました。番号が掲示してある紙の位置が低く、ごった返す人の中で見えずに困りました。

▷控え室はホールで着席順などはなく、好きなところに座りました。待っている間は校長先生が現在の試験の途中経過を報告してくださるのを聞いたり、本などを読んでいました。考査については、お話の記憶は文章が長く難しかったようです。日頃から長文に慣れておく必要があるように思われます。

▷控え室のハーモニーホールは私語・飲食が禁止ですが、ロビーでの飲食は許されています。

▷ペーパーは静かにおこなわれたようですが、体操のときにはおしゃべりをして騒いでいる子もいたようです。合格発表で番号を確認してみると、集中力がなくおしゃべりをしていたお子さんは不合格のようでした。面接は細かいことよりも、学校の教育方針にどれだけ賛同しているかなど、誠意を伝えることが大事だと思いました。

▷ペーパーだけでなく運動、絵画制作も場慣れが必要だと思いました。いろいろな模試を受けさせていたので、いつもより簡単だったとのことでした。楽しく受験できたのですが、終わった後「後ろの子に汚いことをされた」と気になることを言っていたので発表時は心配でした。受験に備えて、周囲に惑わされることなくしっかりと頑張ることを子どもには言い聞かせていたのでよかったですが、やはり当日には何があるかわからないと思いました。

青山学院横浜英和小学校

〒 232 〒 2268580　神奈川県横浜市南区蒔田町 124 ☎ 045（731）2863

形式と日程

◆面接室略図

形式	親子同伴
日程	考査日以前

親子同伴の面接が考査日前におこなわれます。面接時間は約 20 分。

質問の内容

父親へ

自己紹介をお願いいたします。
志望理由をお聞かせください。
家が遠いようですが、どのようにお考えですか。
お仕事について詳しく教えてください。
ふだんお子様と接する時間はどのくらいですか。
近頃の切れやすい若者をどう思いますか。
今の幼稚園を選んだ理由を教えてください。
最近、お子様について、ご両親で話題になった話は何ですか。
お子様に感動させられたことは何ですか。
ご自身の人生の信条を教えてください。

母親へ

志望理由をお聞かせください。
本校のどのようなところが、お子様に合っているとお考えですか。
他の私立を併願していますか。
お子様が学校に行きたくないと言ったらどうしますか。
お子様の性格を教えてください。
お子様の長所と短所を教えてください。
お仕事をされていますか。
ご自身の人生の信条を教えてください。
お子様の好きな食べ物と嫌いな食べ物を教えてください。
嫌いな食べ物が給食に出た場合、どんな指導を担任に望みますか。
お子様の健康状態を教えてください。

子どもへ

お名前を教えてください。
幼稚園の名前を教えてください。
幼稚園では何をして遊びますか。…年下の子とも遊べますか。
今日ここに来るまでにどんな話をしましたか。
お父さんのお仕事は何ですか。
お父さん、お母さんに最近褒められたことは何ですか。
好きな遊びは何ですか。
休みの日は誰と遊びますか。…お父さんと何をして遊びますか。
好きな食べ物を教えてください。
今日の朝ご飯は何を食べてきましたか。
嫌いな食べ物はありますか。…○○が出てきたらどうしますか。
好きな動物を教えてください。
お手伝いをしていますか。…それをやるときに気をつけることは何ですか。
夏休みに遊びに行ったところを教えてください。
宝物はありますか。…どうしてそれが宝物なのですか。
お風呂は誰と入りますか。
将来何になりたいですか。…それはどうしてですか。

入 試 感 想

■出願、考査当日のこと…
▷ 募集定員は附属幼稚園からの 20 数名が含まれます。
▷ 考査は午前が 100 番以降、午後が 1 番から 99 番でした。
▷ 事前に提出するアンケートの内容は、「志望理由」「子どもの性格」「学校行事の参加について」「習い事」「身内に出身者がいるか」「幼児教室について」でした。
▷ 8 時 40 分までに受付を済ませ、控え室で待機。9 時に子どもは受験番号順のグループに分かれて考査へ。ペーパー、個別、集団、運動をおこない、お弁当を食べて 14 時 15 分頃から順次、子どもが戻ってきて終了。
▷ 控え室では、大きなテーブルのまわりに家族で座りました。
▷ 控え室は 37 組につき 1 部屋となっていました。長時間の考査のため、比較的ゆったりとした椅子を用意してくださいました。お茶も用意されており、自由にいただいていました。
▷ テスト当日は名前ではなく番号で呼ばれます。合否にはあまり関係ないと思いますが、子どもに受験番号を覚えさせたほうがよいと思います。

■面接では…
▷ 面接は前の人が出たら入室します。着席後、3 人ともマスクを外して手に持ちます。
▷ 面接は和やかな雰囲気でした。
▷ 面接で子どもが返答に困っているとき、親の様子をしっかり見ていました。
▷ 面接の質問は、真ん中の先生からでした。
▷ 順番になるまで控え室で待機し、女性の先生に名前を呼ばれてから校長室に行き、長いソファに父→子→母の順に座りました。質問は父→母→子といった順番でおこなわれました。ときどき笑顔がこぼれ、穏やかな雰囲気のなかで進行し、面接というよりも知り合いの方とお話をしている感じでした。

アドバイス

▷ 考査は年々難しくなっていると思います。
▷ さまざまな受験生がいるので、巻き込まれないことが大切です。
▷ お弁当を食べる時間があり、食べ方や片付け方などを先生方が見られていたようです。
▷ 控え室は、長時間の考査のため比較的ゆったりとした椅子を用意してくださいました。お茶も用意されており、自由にいただきました。

カリタス小学校

〒 214 - 0012 神奈川県川崎市多摩区中野島 4 - 6 - 1 ☎ 044（922）8822

形式と日程

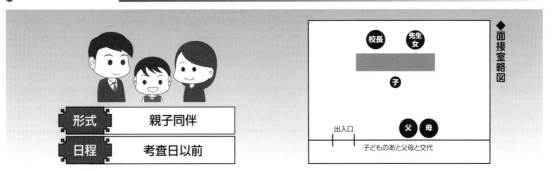

◆面接室略図

形式	親子同伴
日程	考査日以前

親子同伴の面接が考査日前におこなわれます。保護者と受験児は同室で別々に面接を受けます。子どもは椅子に座って面接を受け、次に机のそばに立ってお話づくりをします。保護者は子どものお話づくりが終わるまで後ろの椅子で待機し、終わると前の椅子に移動し面接を受けます。その間子どもは後ろの椅子で待機します。面接時間は 15 分程度。

質問の内容

父親へ

自己紹介をお願いします。
趣味は何ですか。
どこで本校のことをお知りになりましたか。
なぜ本校を志望されましたか。
学校行事に参加しての感想をお聞かせください。
他校と比べて本校を選んだ理由を教えてください。
本校のどこに共感して志望されましたか。
本校の教育をどのようにとらえていますか。
通学時間と経路を教えてください。
お仕事の内容を教えてください。
ふだんはお仕事でお忙しいと思いますが、お子様とどうかかわっていますか。
社会人になって学んだことで、お子様に伝えたいことはありますか。
お子様の長所を教えてください。
お子様のどのような点を伸ばしたいですか。
子育てにどのようにかかわっていますか。
「目に見えないもの」で大切なものは何ですか。
最近関心をお持ちのことがあればお聞かせください。
最近、ご夫婦で話題にしていることは何ですか。
お母様の立派なところはどういったところですか。
お子様と母親とのかかわり方をどう見ていますか。父親の役割をどうお考えですか。
ご自分ではどんな父親だと思いますか。
お子様がお父様・お母様に似ていると思うところはどこですか。
お子様にどのように思われていると思いますか。
お子様を受け入れることと、わがままをさせることはどう違いますか。

お子様には将来どんな人になってほしいですか。
我が家の誇れることは何ですか。
昔と今では、生活環境が変わってきていますが、お子様にどう伝えていきたいですか。

母親へ

自己紹介をお願いします。
趣味は何ですか。
志望理由をお聞かせください。
本校を知ったきっかけを教えてください。
学校行事に参加しての感想をお聞かせください。
本校のどこに共感して志望されましたか。
本校以外に受験をされていますか。
ご家庭で教育方針について話し合われますか。
学校行事には参加できますか。日々のお手伝いはしていただけますか。
学校行事やPTA役員をお願いすることはできますか。
上のお子様と違う学校ですが、大丈夫ですか。
最寄りの駅はどちらですか。…少し遠いようですが、通学は大丈夫ですか。
幼稚園を選んだ理由をお聞かせください。
お仕事の内容を教えてください。
自分の時間をどのように使いますか。
ご主人のすごいところはどんなところですか。
お父様はどうやって子育てにかかわっていますか。
食育について（食品の安全性について）どのようにお考えですか。
お子様に好き嫌いはありますか。
現代の子どもと昔の子どもの変わった点、変わらない点はどんなところだと思いますか。
ご自身とお子様が似ていると思うところはどこですか。
子育てで大変だったことは何ですか。
お子様にはどんな大人になってほしいですか。
お子様が得意なこと、苦手なことは何ですか。
お子様が目を輝かせるのは、どんなときですか。
ご自身が大切にしていることで、お子様にも引き継いでほしいことは何ですか。
最近は我慢のできない子がいますが、ご家庭ではどのように教えていますか。
どんなことでお子様を褒めたり、叱ったりしますか。
どんなお手伝いをさせていますか。
受験に向けてどんな準備をされましたか。
入学してから塾には通いますか。
エコについてご家庭で取り組んでいることはありますか。

子どもへ

お名前を教えてください。
幼稚園の名前を教えてください。
幼稚園の先生の名前を教えてください。…どんな先生ですか。
幼稚園で何をしているときが楽しいですか。
仲のよいお友達を教えてください。
お友達とはどんな遊びをしますか。

お友達とケンカをしたときはどうしますか。
今日はどうやってここまで来ましたか。
電車やバスに乗るときに気をつけることは何ですか。
電車で他の人の足をふんでしまったらどうしますか。
ここに来る途中でお父さんとお母さんに言われたことは何ですか。
カリタス小学校はどんなところだと思いますか。
カリタス小学校には、前にも来たことがありますか。
カリタス小学校は好きですか。…どうして好きですか。
カリタス小学校でしたいことは何ですか。
朝何時に起きましたか。
夜は何時に寝ますか。
今日は何を食べてきましたか。
好きな食べ物は何ですか。
好きな野菜は何ですか。…それを使った料理で好きなものは何です。
お母さんのつくる料理ではどんなものが好きですか。
家で台所に入って、お料理のお手伝いをしますか。
お休みの日はお父さんとどんなことをして遊びますか。
お母さんはどんな人ですか。
お母さんと何をして遊びますか。
お母さんがしてくれることで嬉しいことは何ですか。
家族で楽しいときはどんなときですか。
お父さん、お母さんの好きなところをいくつか教えてください。
お父さん、お母さんとの約束事は何ですか。
お父さん、お母さんに褒められるのはどんなときですか。
お風呂は誰と入りますか。…そのときどんな話をしますか。
お家で飼ったり、育てたりしているものはありますか。
お家でしてはいけないことは何ですか。
ひとりで留守番をしているときに電話が鳴ったらどうしますか。
大人になったら何になりたいですか。
最近うれしかったことを教えてください。
最近楽しかったことは何ですか。
ドキドキするのはどんなときですか。
夏休みの思い出は何ですか。
丸いものには、どんなものがありまか。
「ゆらゆらしたもの」を、何でもいいので教えてください。

これを読んでください。「おひるに　おちゃを　のみました」
これを読んでください。「よるは　しっかり　はを　みがきましょう」
（レモンの木のおもちゃを見せられて）これは何ですか。…ミカンとレモンはどこが違います
か。
（卵を見せられて）これは何ですか。…お母さんはこれで何をつくってくれますか。
（梨を見せられて）これは何ですか。…リンゴと梨はどんなところが違いますか。
（ピーマンを見せられて）この野菜は何ですか。…好きですか。
ピーマンを使ったお料理では、何が好きですか。
「さらさらしたもの」を、なるべくたくさん教えてください。
４枚のカードでお話つくり。１枚目は先生がつくり、その続きを考えて話す。
（果物、野菜、魚の写真を見せられて）このなかで好きなものは何ですか。
（果物、野菜、魚の写真の中で）お父さんはこのなかでどれが好きですか。…じゃあ、お父
さんのところにこれを持って行って、聞いてみてください。
（魚の写真を指して）お母さんはどのようにして料理してくれますか。
（４枚の絵を見せられ、先生がお話しする）この続きを考えて、お話をつくってください。

入 試 感 想

■説明会、考査当日のことなど…
▷控え室では折り紙や読書をされている方が多かったです。
▷控え室は体育館で、グループごとに並んで待機します。出席のあと6年生に誘導されて、教室へ向かいました。
▷受付を済ませると玄関脇の廊下で準備をしました。準備を見計らって係の在校生から声をかけられるので、リュックと水筒を持たせて送り出しました。
▷1～250番台と260～430番台が別々に隣接した校舎で受付をしました。親子とも受験番号のバッジを左胸につけ、2階の教室で母親と待機し20人ほどのグループごとに呼ばれ、整列し会場へ向かいました。上級生と先生が対応されていました。
▷控え室は静かでした。折り紙を折っている子がほとんどでした。
▷体育館で待機しました。折り紙や読書をして過ごしました。たまに先生がいらっしゃって、様子をチェックしているような感じでした。
▷考査途中の休憩のとき、トイレに行かない子どもたちと先生で手遊びや歌、お話しをして待っていました。
▷1グループは15名程度です。控え室は体育館で、番号がついている席に座って待機します。
▷控え室は中高講堂でシーンと静まりかえっていました。ひそひそ話をされている方の声が響くくらいでした。読書をされている方が多かったです。
▷控え室では、皆さん本を読んでいらっしゃいました。ひざ掛けを持ってきている方もいました。外出は不可で長い時間でしたが、とても静かでした。
▷説明会のときに「通園服で」と言われていたので、面接と考査のときはほとんどの方が幼稚園の制服で来ていました。なかには手作りと思われるスモックを着ているお子さんもいて、かなり目立っていました。
▷面接・考査ともに園服、もしくは動きやすい服とありましたので、園服の方がたくさんいらっしゃいました。ただ園服の場合、運動するとブラウスがウエストから出てしまうので、考査のときだけジャンパースカートにしました。先生方が優しかったようで、とても楽しかったと喜んで戻ってきました。
▷在校生の案内で体育館から2階へ移動。グループで出欠をとっていました。
▷考査は男女混合でおこなわれました。
▷考査の途中で先生が「みなさん、疲れたでしょう。お茶を一口飲みなさい」と促して、持参した水筒から給水させました。
▷受験にはたいへんしっかりした子や、元気のよすぎる子などさまざまなお子さんが来ていました。

■面接では…
▷面接日の控え室は体育館で、受験番号で指定されていました。時間になると在校生が教室まで案内してくれました。
▷面接では最初に子どもが先生の前に座り面接を受けます。そのあと先生のそばまで行ってお話づくりをしました。終わったあとは両親と交代します。
▷面接では先生がとても優しく、相槌を打ちながら時には笑い、終始にこやかな雰囲気でした。
▷面接で子どもへは若い先生、両親には校長先生から質問されました。
▷面接では教頭先生が、にこやかに接してくださいました。
▷面接はとても和やかな雰囲気でした。答えにつまったときも、優しくフォローしてくださいました。
▷面接は各教室いっせいにおこなわれます。誘導は在校生で入口のドアは開いていました。入室後、はじめに子どもが前に出て質問を受けます。その後両親と入れ替わり、子どもは後ろで待機します。
▷10教室ぐらいで同時に面接がおこなわれました。最後まで6年生が付き添ってくださって気持ちが和みました。面接は校長先生だったこともあり、たいへん緊張しました。
▷面接では、子どもが答えられず黙ってしまうと、女性の先生が助け船を出してくださいました。
▷説明会の様子は毎年聞かれるようなので、授業の様子などを見ておいたほうがよいかと思います。
▷控え室で6年生の児童の案内で、親子各々の面接会場へ向かいました。子どもが緊張しないように、別々の会場で面接することをあらかじめ話しておいてよかったと思いました。
▷子どもは座ったまま質問を受けていました。「さらさらしたものを教えてください」という質問で、

だいぶ考えていましたが、先生からは特に助けはなく、子どもが何かしら答えるまで待っているという感じでした。その後、子どもが女性の先生に呼ばれて、机の前に立ってお話づくりをしました。

▷ はじめに子どものみ先生の前に座り、いくつか質問を受けました。そのあとお話づくりをし、親と交替しました。はじめに自己紹介から始まっていくつかの簡単な質問のみで終わってしまいました。予想はしていましたが、うまくアピールすることができずに残念でした。女性の先生が質問をし、男性の先生が評価を書き留めているようでした。男性の先生は優しくうなずきながらお話を聞いてくださり、校風があらわれていると感じました。

▷ 受付で受験票を提出し、6年生の誘導により控え室に移動します。時間になると先生により点呼が取られ、再び6年生の誘導によって面接室へと案内されます。自分たちのリズムでなく、在校生がドアを開けて始まるので心構えが必要です。面接時間は15分ほどでした。

▷ 面接官はバインダーに質問票をはさんでおり、時折コメントを記入していました。10部屋同時進行なので、同じ質問をしていたようです。

▷ 面接冒頭の子どものお話づくりは、先生から4枚のカードを提示され、1枚目は先生がお話し、それに続けて子どもが動物を登場させてお話をつくるというものでした。

▷ 終始にこやかな雰囲気でこちらの話をすべて受け入れてくださり、その内容についてコメントもいただきました。対話形式で進みました。

アドバイス

▷ 面接では、学校に対する理解が1番重視されていたと思います。

▷ とてもアットホームな雰囲気でよい学校だと思います。先生方も熱心で、生徒さんもすばらしいです。面接では親子関係をしっかり見ていらっしゃると思います。

▷ 毎月学校へ足を運ぶ機会がありますので、お子さんといっしょに参加されるとよいと思います。

▷ 学校行事、説明会の参加の有無を聞かれるので、両親とも参加しておくとよいと思います。

▷ とてもあたたかく、優しい雰囲気で、のんびりした学校という印象を受けました。

▷ 面接では家族のつながりや、仲の良さを見ていると思いました。

▷ 面接がうまくいっても、やはりペーパーで合否を決めていると思います。

▷ 子どもそれぞれの個性を見ようとしてくださっている印象でした。

▷ 子どもが面接で答えられなくても、やさしく答えを引き出そうとしてくださいました。親については、用意してきた言葉よりも、その場で思ったことを素直に話したほうがよいと思いました。事前に考えておいた回答をそのまま話しましたが、あまり印象がよくなかったように感じました。

▷ 子どもについては、読み書きや、理解力があるかなどを確認されているように感じました。

▷ 面接において、宗教や学校に対する理解を、飾った言葉ではなく、自然体で話すほうが人柄も伝わってよい印象を残せると感じました。

▷ 考査中に「この学校以外にどこの学校へ行きましたか」と先生から質問されました。

▷ 面接・考査のとき、幼稚園の制服がある場合は、制服を着てくるように指示がありました。

▷ 登戸駅からカリタス学園行きのバスは本数が少ないので、時刻表は確認しておいたほうがいいです。

▷ 説明会には内部生も来ていて参加者は多いです。校長先生の語り方には優しい雰囲気が感じられます。子どもは元気いっぱいな感じがしました。

▷ 受付終了後、トイレを済ませるとすぐに別の場所に誘導されるので、トイレの中で身だしなみ等、しっかり済ませておくとあわてなくてよいと思います。

▷ 子どもの考査中の待ち時間は、受験番号順に床に座って待っていたようですので、待つときの態度も大切だと思います。

▷ お子様には学校の情報を多く伝えて学校のよいところを知らせておくとよいと思います（学校で飼育しているもの、どんな学校なのかなど）。

▷ 同じ幼稚園の制服と思われるお子さんが何組かいましたが、きちんと着ているのとそうでないのとでは別の制服かと思うくらい違う感じに見えるので、クリーニングまたはアイロンをかけるなど、手入れをきちんとしておいたほうがいいと思いました。

▷ お話づくりやひらがな読みなど特徴のある考査課題があるので、早めに志望校として絞り込み、傾向に沿った十分な準備が必要だと思いました。

▷ 子どもに他の学校の受験のことを聞くので、打ち合わせが必要かと思います。

▷ 面接当日配布される「面接試験にあたって」をよく読み対応したほうがよいと思います。「面接会場に入室する際、受験番号・受験者名を告げて入る」という指示を入室後、面接官の目の前でしてしまいました。

▷ 遠方からの受験でしたので、試し受験のように思われたようです。志望理由や仕事のことを質問されず残念でした。はい、いいえで答えられてしまう問いにも教育方針や志望理由に結びつけて、第1志望である旨をお話ししたほうがいいように思います。

▷ 面接では1階の控え室より誘導されて2階へ上がりますが、階段を上がってすぐの教室が会場だったため心の準備ができませんでした。身だしなみの最終チェックなどは1階で行ったほうがよいと思います。

▷ 保護者の待機時間が長いので、本やその他の物を用意されることをおすすめします。ほとんどの方は読書をしていましたが、刺繍や編み物をされている方もいました。

▷ 考査は予定時刻より30分長くかかりました。控え室から出られないので、本を持っていってよかったです（お茶のサービスがありました）。

▷ お弁当はいただく時間が短いようなので、少なめに詰めたほうがよかったと思いました。我が子は考査後、開口一番「お弁当が全部食べられなかった」と言っていたので、チェックがあったのかもしれません。

▷ お弁当の時に1人吐いてしまったお子さんがいたようで、途中お母様が呼ばれ帰られました。体調管理が大切だと思いました。

関東学院小学校

〒 232 − 0002 神奈川県横浜市南区三春台 4　☎ 045（241）2634

形式と日程

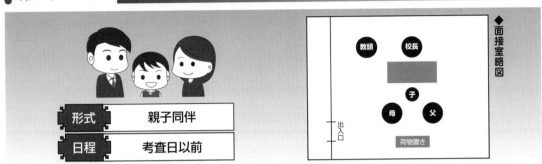

形式	親子同伴
日程	考査日以前

◆面接室略図

親子同伴の面接が考査日前におこなわれます。面接時間は 10 分程度。

質問の内容

父親へ

志望理由をお聞かせください。
ご家庭の教育方針についてお聞かせください。
他の小学校ではなくどうして本校なのですか。
お子様の長所と、伸ばしてほしいところはどこですか。
お子様とは何をして遊びますか。
子どもに読み聞かせをして、ご自身が楽しめる本は何ですか。
子育てで大切にしていることは、どんなことですか。

母親へ

志望理由をお聞かせください。
説明会での印象を聞かせてください。
宿泊学習は大丈夫ですか。
PTA 活動にご協力いただけますか。
お子様の性格についてお聞かせください。
お子様の長所を具体的に教えてください。
今日のお子様の様子はいかがですか。
アレルギーなど健康面は大丈夫ですか。
緊急時のお迎えは大丈夫ですか。
ご家庭のしつけで気をつけていることを教えてください。
子育てで大切にしていることは、どんなことですか。
夏休みはどのように過ごされましたか。
緊急時の対応は大丈夫ですか。

子どもへ

お名前を教えてください。
幼稚園の名前とクラスの名前と、他のクラスの名前を教えてください。
園庭には何があって、何で遊ぶのが好きですか。
お友達の名前を教えてください。
お友達とはどんなことをして遊びますか。
お友達のどんなところが好きですか。
今日は誰といっしょに来ましたか。どうやって来ましたか。
家族を教えてください。
お兄さんとケンカするのはどんなときですか。
本は好きですか。
お手伝いをしますか。
お誕生日を教えてください。どんなことをして過ごしましたか。
お誕生日はどんな過ごし方をしましたか。
夏休みはどこへ行きましたか。
大きくなったら何になりたいですか。どうしてですか。
運動会は終わりましたか。…いつですか。…何に出ますか。
どんな讃美歌を知っていますか。…歌ってみてください。…お弁当の前の歌は何ですか。
習い事をしていますか。

入 試 感 想

▷ 8 時 30 分に受付、控え室の礼拝堂で待機。45 分に点呼、子どもは考査へ、親はそのまま礼拝堂で待機。11 時ころから終わった順に子どもが控え室に戻ってきて終了（最後は 12 時 30 分ころ）。

▷ 8 時 30 分に待合室で、受験票と引き替えにゼッケンをいただきました。9 時になると考査が始まり、11 時 30 分に終了でした。

▷ 子どもの考査中、控え室で学校の説明や進路などのお話がありました。

▷ 考査当日は 8 割方が母子で、残りは父・母・子で来ていました。受付開始 30 分前に開門されるので、早く行きすぎても入ることができません。10 組ほどが 30 分前にはいらっしゃいました。考査開始までは折り紙をして待つお子さんがほとんどでした。

▷ SG ルームが控え室になっており、そこを出て右斜め前の部屋が面接室になっていました。1 グループ 4 組ごとに教頭先生が面接の流れ、トイレの場所、ゼッケンを返す場所などを説明され、番号順に呼ばれておこなわれました。10 分あるかどうかというくらいで終了します。

▷ 控え室には 3 組待っていました。本を読んだり折り紙をして待ちました。係の先生はパーテーションの向こう側にいて、直接部屋の中は見ていらっしゃいませんでした。

▷ 面接の時間になると、2 組ずつよばれて校長室の前で待機します。

▷ 4 組ずつ時間が区切られており、控え室には椅子が 3 つずつ並んでいて教頭先生のお話のあと呼ばれたら面接室に入ります。荷物は入って左側においてくださいと言われます。最後に校長先生から子どもに対して「それでは立ってごあいさつをして終わりましょうか」と言われ、親子ともに立ってあいさつしました。

▷ 控え室には机はなく、椅子のみの小さな部屋でした。1 時間区切りで 5 組がいっしょに待ちます。折り紙や絵本など持参されたほうがよいと思います。持ってきていない子がぐずっていました。

▷ 先生との距離がかなり近く、お互いの雰囲気が伝わりやすいです。私たちの椅子はひじ掛けの付いたソファで、子どものみ教室の椅子でした。先生はにこやかに質問してくださいました。

▷ 校長先生は非常に優しく質問され、子どもの素の部分を引き出そうとされているのがわかりました。家族の名前が言えたときは、「すごいね。わかるんだね」と言ってくださり、返答につまったときは「ゆっくり考えてみよう。思い出せないかな」などと子どもの緊張を解こうとしてくださいました。

アドバイス

▷ 面接のウエイトが高く、校長先生の質問に子どもらしく元気に答えられるかがとても重要と聞いていたので、当日は子どもがどう振る舞うのかわからず、非常に緊張しました。桐杏学園で過ごした楽しい時間とさまざまなアドバイスが後押ししてくれたようで、最初の頃は何も発言できなかった子どもも、試験後には「僕ちゃんとできたよ」と自信満々でした。

▷ 子どもの椅子は親よりも前にあり、先生との距離は 1.5m くらいです。教頭先生はメモを取られるのみでした。

▷ 面接では、まず最初に子どもへの質問が続き、一気に質問を終えてから両親への質問になります。

▷ 1問1答ではなく、子どもの答えによってどんどん発展させていくので、はらはらドキドキでした。

▷ 待ち時間のために、絵本を持参しました。

▷ 考査が進んでいくうちに地が出てしまうので、子どもには「余計なおしゃべりをしない」「先生の話は最後まで聞く」「競争の勝ち負けは関係ない」ことなどを言い聞かせました。

▷ 保護者の待ち時間が約2時間ありますが、控え室では私語はなく、静かな雰囲気でした。ほとんどの方が読書や折り紙をしていました。子どもは受験番号の早い順に在校生の誘導によりひとりずつ戻ってきます。迷路のテストで一つできない問題があったといっていましたが、無事合格することができました。

▷ 内部進学でも外部受験でも協力を惜しまない懐の大きな学校です。折り紙と絵は毎年出題されます。絵の上手下手よりも、指示どおり思い出して折れるかを見ているようです。ゆっくり描き切る時間はなかったようです。

▷ 宗教色の強い学校なので、まずはキリスト教への理解が必要だと思います。ゲームなど集団行動もありますが、プリントや個別の成績もしっかり見られています。OB、OG、兄弟姉妹関係の受験者が多いように思われます。入学後のお父さま方の活動が盛んで、校長・教頭先生ともに男性ですので、面接は両親で行かれたほうがいいかと思います。

▷ 事前面接を取り入れたのは、校長先生と教頭先生がご家庭の様子をきちんとご覧になりたいからだそうです。2人ともまだお若く見え、面接室での椅子の配置なども家族の様子がストレートに伝わってしまう感じがしました。

慶應義塾横浜初等部

〒 225 − 0012 神奈川県横浜市青葉区あざみ野南 3 − 1 − 3 ☎ 045（507）8441

形式と日程

保護者面接はおこなわれていません。

入試感想

▷ ペーパー試験は見直しの時間など十分あったようです。４０分ほどで戻ってきました。親は講堂で待ちました。

▷ １次試験も２次試験も保護者は１名のみで、退席は不可です。スリッパは不要でした。

▷ １次試験は、１度控え室へ行き、受付の案内があると受付へ移動します。２次試験では直接受付をして、控え室へ行きます。時間になると体操着に着替えて、子どもが考査会場へ誘導されます。

▷ 控え室ではほとんどの方が読書をしていました。

▷ ２次試験の考査では、多くの先生がいらっしゃるので、子どもも緊張したようです。

▷ 教室で着替えるときカゴがあるので、それに衣服を入れて着替えます。

▷ 受付を終えると、すぐに控え室に案内され、子どもを預けました。親は講堂で待機します。

▷ 考査は回答時間が短かったです。50 分ほどで戻ってくるとの案内がありましたが、集合時刻から35 分程度で講堂に戻って来ました。

▷ 講堂で待ちました。待ち時間は 40 分くらいでした。

▷ 体操服に着替えて、受験票を右手に持ち、右側に列になって並び、指示に従い会場へ向かいました。

▷ サーキットはいろいろな指示が出るため、間違える子が多数いたようです。

▷ １次の親の控え室は講堂で、２次では子どもといっしょに教室へ行き、そこで体操着に着替え、子どものみ考査会場へ移動します。

▷ ペーパーテストではクレヨンを使用し、出題は口頭でした。例題はありません。訂正は×をつけます。

アドバイス

▷ １次試験は、あまり早めに行くと、子どもの待ち時間が長くなるので、程よいタイミングで行くことをお勧めします。

▷ ペーパーは、とにかく毎日コツコツ積み上げることだと思います。

▷ 我が子は早生まれのため懸念していましたが、逆に早生まれのなかで目立つと、評価してもらいやすいと感じました。

▷ コロナ禍のためか、作品の制作ではなく絵画でした。

▷ サーキットや行動観察も含めて、過去問にとらわれず、総合的な対策が必要だと感じました。

▷ 都内受験のあと間があくので、学習のモチベーションを維持するのが難しかったです。

▷ 共同作業などは、提案や声がけができるよう、いろいろな遊びで練習しておくとよいと思います。

▷ 控え室は講堂ですが、あまり一人ひとりのスペースが無いため、コンパクトにまとめられるとよいです。

▷ ペーパーは難しくなかったようですが、その分、ミスが無いようにしないと通過は難しいと思います。

▷ ペーパーは時間が短いようですので、速く、確実に解く力が大事だと思いました。

▷ 受付をするとすぐ子どもと離れてしまうので、待機スペースで充分に気持ちをつくることだと思います。

▷ 2次試験は、子どもにありのままの姿で臨んだほうが有利かも知れません。

▷ ペーパーは本当に基本的な問題でした。しっかりとお話が聞けて、内容の理解ができるかどうかだと思います。

▷ 制作ではグループでの相談が難しかったようで、みんながつくったものがバラバラで、何も決まらなかったそうです。

▷ 過去問だけではなく、幅広く準備が必要だと思います。

▷ 校内は意外と暖かいので、半袖でも問題ないと思います。

湘南学園小学校

〒 251 − 8505 神奈川県藤沢市鵠沼松が岡 4 − 1 − 32 ☎ 0466（23）6611

形式と日程

形式	親子同伴
日程	考査日以前

◆面接室略図

親子同伴の面接が考査日前におこなわれます。面接時間は 15 分程度。

質問の内容

父親へ

志望理由をお聞かせください。
お子様の家庭での様子をお聞かせください。
お子様が学校でトラブルを起こしたときの対応はどうされますか。

母親へ

なぜ本校を受験しようと思いましたか。
お子様は習い事をしていますか。
お子様の長所と短所を教えてください。

子どもへ

お名前を教えてください。…何歳ですか。
幼稚園の名前を教えてください。
お友達の名前を教えてください。
お友達と何をして遊びますか。
お父さんと何をして遊びますか。
お母さんのお手伝いはしますか。…どんなお手伝いですか。
小学校に入ったら何がしたいですか。

入 試 感 想

▷ 面接は和やかな雰囲気でした。

▷ 面接は雑談も多く、質問されるというよりも、校長先生のお話しを聞いている感じでした。

▷ 面接の控え室は無く、廊下に椅子が用意されていました。

▷ 両親の服装はさまざまで、全員が同じようなお受験ルックということはありませんでした。

▷ 面接ではとても和やかに質問していただきました。

▷ 面接で子どもの椅子が大人用だったため、回転してしまいました。

▷ 子どもが考査にはいると、2 時間ほど親の元には戻りません。終わったチームから順に戻ってきます。

▷ 控え室はコーヒーやペットボトルがたくさん用意されていて、自由に飲ませていただきました。図書
　コーナーだったため本も読ませていただきました。

▷ 考査の途中で、広報担当の先生が「今、ペーパーテストが終了しました。次のテストに向かいます」
　など、途中経過を知らせてくれました。

▷ ペーパーテストは難しいと在校生から聞いておりましたが、本当に難しかったようで、子どもはテス
　ト終了後、肩を落としていました。

▷ 面接は 1 組ずつ時間指定となります。前の時間帯のご家族が遅れてこられたため、早めに着いてい
　た私達が先に面接に入りました。

湘南白百合学園小学校

〒 251 − 0035 神奈川県藤沢市片瀬海岸 2 − 2 − 30 ☎ 0466（22）0200

形式と日程

形式	親子同伴
日程	考査日以前

親子同伴の面接が考査日前におこなわれます。日時は受験票交付の際に通知されます。
面接時間は約 20 分。

質問の内容

父親へ

志望理由をお聞かせください。
ご夫婦で教育方針は一致していますか。
ご家庭の教育方針と本校が合うところはどんなところですか。
カトリックについてどのように思いますか。
女子校に通わせることについて、どのようにお考えですか。
お姉さまが別の小学校ですが、学校が別になることについてどのようにお考えですか。
自宅から少し遠いようですが、どうしてこちらの学校を選ばれたのですか。
中高一貫教育についてどのようにお考えですか。
小学校にあがるにあたって、お子様に必要な準備は何だと思いますか。
学校でいじめにあったら、どのように対処されますか。
お仕事について教えてください。
お休みの日はお子様とどのように過ごしますか。
お母様のお子様との関わりをどのように思っていますか。
お子さんと過ごす時間で、いつが大事とお考えですか。
もし本校の教師だったら、生徒たちをどう育てたいですか。
お子様の名前の由来をお聞かせください。
お子様の性格について教えてください。
お子様のどのようなところが、ご自身と似ていると感じますか。
最近の出来事で記憶に残っていることを教えてください。

母親へ

志望理由についてお聞かせください。
いつ頃本校をお知りになりましたか。
本校を知ったきっかけは何ですか。
本校の印象についてお聞かせください。
本校に期待することを教えてください。
本校のよいところはどこですか。
お子さんに本校をどのように説明していますか。
学習を定着させるために試みていることは何ですか。
お母様同士のSNSの利用については、どのように思いますか。
幼稚園の先生に言われるお子様の性格を教えてください。
今の幼稚園に通わせてよかったと思うのはどんなところですか。
幼稚園の運動会では、どのようなことで行事に参加されましたか。
お迎えはどのようになさっていますか。
お子様の長所と短所を教えてください。
もしいじめにあったら、どう対処しますか。
外出の際に気をつけていることは何ですか。
何を大切にして子育てをしてきましたか。
お子さんの健康面で注意していることはありますか。
子育てにおいて困ったことを教えてください。
子育てで重視していることは何ですか。
しつけで気をつけているのは何ですか。
小学校に入って心配なことはありますか。
学校でいやなことがあったと、お子様が帰宅して言っていたらどうしますか。
電車でのマナーのしつけ方はどうされていますか。
今回の受験は、いつごろから準備されましたか。何を重点に置きましたか。
お子様のどのようなところが、ご自身と似ていると感じますか。

子どもへ

お名前と生年月日を教えてください。
住所と電話番号を教えてください。
家族の名前を教えてください。
幼稚園の名前と先生の名前を教えてください。
先生に叱られたことはありますか。
幼稚園で頑張っていることは何ですか。
幼稚園に誰とどうやって通っていますか。
幼稚園ではどんなことをして遊びますか。
幼稚園で乱暴するお友達がいたらあなたはどうしますか。
お友達が使っているおもちゃを使いたいとき、あなたはどうしますか。
運動会はいつですか。何をしますか。
年長になって、できるようになったことを1つ教えてください。
お父様が、あなたのためにしてくださることは何ですか。
お父様のお仕事は知っていますか。
お父様の好きなところはどこですか。
お父様にどんなときに叱られますか。
お父様と何をいっしょにしたいですか。…では、ここでお願いしてみてください。
お母様から何と呼ばれていますか。
お母様のお仕事を教えてください。

お父様、お母様から褒められることは何ですか。
お母様といっしょにやりたいことは何ですか。
朝ご飯は何を食べましたか。
朝起きてから学校に来るまでの様子を教えてください。
夜は何時に寝ますか。朝は何時に起きますか。
お父様と約束していることを教えてください。
お父様と本を読みますか。
最近読んだ好きな本の名前と、その本に出てくる人の名前を教えてください。
幼稚園の先生は本を読んでくれますか。…どんな本が面白かったですか。…その本には何が出てきますか。
お家ではどんなお手伝いをしますか。
姉妹ゲンカはしますか。
どんなテレビ番組が好きですか。
この学校には来たことがありますか。
小学校に入ったらどんなことをしたいですか。
大きくなったら何になりたいですか。
道を歩いているときに、気をつけることは何ですか。
お友達のお家へ行ったときは、何と言いますか。
お稽古は何をしていますか。…お稽古は楽しいですか。
宝物は何ですか。…それはどうしてですか。
電車の中で騒いではいけないことを知っていますか。…どうしてだと思いますか。
今から言うものの仲間を言ってください。「ライオン・ゾウ・サイ」
今から言うものの仲間を言ってください。「カブトムシ・バッタ・チョウ」
（リボンのついた箱のお手本を見せられて）
3人でこれと同じように仕上げてください。

入 試 感 想

■考査当日のこと…
▷ 控え室には折り紙と絵本が並べてありました。
▷ 9時30分から45分の間に受付、50分から考査開始。10時40分頃に子どもが控え室に戻ってきて終了。
▷ 受付を済ませたら在校生がゼッケンをつけてくださり、2人ずつ1列に40人ずつ並んでいました。その後、子どもたちは考査会場へ行き、保護者は控え室で待っていました。
▷ 受付で子どもを預けると、すぐに15人くらいを1グループにして、小学生が試験会場へ誘導してくれます。
▷ 受付で受験票を提出し、控え室で待ちました。控え室は雑誌や子ども向けの本が多数ありました。
▷ 控え室には絵本が用意してあり、自由に取り出して読みながら待ちましたが、待ち時間が長くて子どもは疲れてしまいました。
▷ 控え室では、絵本を読んでいる人が多かったです。私たちはあやとりをして待ちました。
▷ 子どもたちが考査の間に、控え室で温かいお茶が配られました。寒い日だったのでうれしかったです。
▷ 結果発表は翌日で、合格者はあらかじめ提出していた封筒を受け取るために列に並びます。
▷ 控え室はクラシック音楽が流れ、静かでした。

■面接では…
▷ 面接はとてもあたたかい雰囲気で進行しました。校長先生が子どもの答えに、にこやかにうなずいてくださいました。
▷ 真ん中の先生からおもに質問されました。子どもが答えに詰まっても、優しく声をかけてくださいました。

▷ 面接室は狭い部屋でした。父親には校長先生から、子どもと母親へは女性の先生から質問されました。
▷ 最初に子どもへ質問があり、母→父→子→父のように、交互に質問されました。
▷ 和やかな面接でした。子どもは最初緊張しておりましたが、校長先生のやさしい笑顔にほっとしたようでした。
▷ 面接では回答の内容よりも、家族の雰囲気を見ていらっしゃるように感じました。
▷ 面接では、おもに真ん中の先生が質問され、左の先生がずっとメモされていました。校長先生は父親に１問質問されただけでした。先生は、質問リストのようなものをお持ちでした。
▷ 貴重品以外は控え室に置いておきます。少し事務的に感じる面接かも知れません。
▷ 子ども→父親→母親の順番で質問されました。
▷ 子どもに５分以上かけて質問され、じっくりと観察しながらメモをとっていらっしゃいました。
▷ 質問内容は志望理由や幼稚園のことなど、基本的な質問が多かったです。
▷ 部屋に入るとすぐに席に着くよう指示されました。距離はすごく近いので、厳しい雰囲気でした。父母にはシスターの先生でした。男の先生は、子どもへの質問専門でした。顔は笑っていましたが、答えたことに対して、また突っ込んだ質問をしてきました。子どもは後で「とてもこわかった」と申しておりました。廊下もシーンとしていて、とても厳しいというか、独特の雰囲気がありました。
▷ 校長先生・教頭先生はとても穏やかで、子どもが答えられないと「あとで思い出したら教えてください」と優しくおっしゃいました。

アドバイス

▷ トイレのとき、ハンカチの使い方や待つ姿勢をチェックしているようでした。
▷ 面接では、最初に子どもへ質問をどんどんして、ぱっと答えられないと次に進む感じでした。答えられずに無言のときもありましたが、考査でもきちんと見てくださるので、あきらめずふだん通りの姿になれたのがよかったのかも知れません。
▷ 面接・考査ともに、時間ぴったりに始まり、終わるという印象を受けました。
▷ 面接の質問の順番は、子ども→母親→父親の順番でした。
▷ 今回の受験が家族の幸せや子どもの夢、家庭の教育方針など、さまざまなことを見つめ直すよい機会になりました。
▷ どんな家族関係か、どんな子どもなのかを見極めているようでした。
▷ 面接の１時間前に着いてしまい、子どもがあきてしまったのであまり早すぎるのもよくないと思いました。皆様は、だいたい１０〜１５分前にいらしていました。
▷ 面接では模範的な回答よりも、人間味を求められている気がしました。
▷ ペーパーテストの時間は短かったようです。問題を速く解く力をつけておくとよいと思います。
▷ 運動会や音楽会の見学は自由にできるので、ぜひ行かれるとよいと思います。
▷ 服もスリッパも濃紺のほうが多かったですが、それ以外の色の方もいらっしゃいました。濃紺でないと合格できないわけではないと思います。
▷ 考査中の待ち時間が２時間くらいあるので、本など持って行かれるとよいと思います。
▷ この学校ならば何でも知りたいという気持ちで、日頃より注意して、学ぶことが大切だと思いました。熱意を持ってチャレンジすることが、合格につながるのではと感じました。
▷ 親のあいさつ、態度もよく見ていらっしゃいました。
▷ 校内へ入ってから、何から何までチェックされているといううわさでしたが、そのようなことはありませんでした。それぞれのポイントでチェックされているようです。
▷ 個別テストがあり、よりじっくりと子どもを見られるので、ふだんより言葉づかいやあいさつをきちんとおこなうよう注意いたしました。

精華小学校

〒 221 - 0844　神奈川県横浜市神奈川区沢渡 18　☎ 045（311）2963

▌形式と日程

◆面接室略図

| 形式 | 親子同伴 |
| 日程 | 考査日以前 |

　親子同伴の面接が考査日前におこなわれます。日時は願書受付後に通知されます。面接時間は10分程度。

▌質問の内容

父親へ

志望理由についてお聞かせください。
本校の行事は何に参加されましたか。
本校の生徒の様子を見てどのように感じましたか。
本校の行事に参加されたときの感想を聞かせてください。
本校の印象を教えてください。
本校の教育に期待することは何ですか。
ご家庭の教育方針についてお聞かせください。
中学受験についてどのようにお考えですか。
お子様とのスキンシップはどのようにしていますか。
お子様を叱るときに気をつけていることを教えてください。
ご兄弟・ご姉妹がお通いの学校を教えてください。

母親へ

志望理由についてお聞かせください。
本校に期待することは何ですか。
本校を志望する決め手となったことを 1 つお聞かせください
本校の行事をご覧になりましたか。…感想をお聞かせください。
ご兄弟・ご姉妹がお通いの学校を教えてください。
ご家庭の教育方針についてお聞かせください。
通学経路を教えてください。
親の過保護についてどのようにお考えですか。
子どもへの過干渉についてどのように思いますか。

しつけで留意している点は何ですか。
お子様を叱るのは、どんなときですか。
お子様を褒めるのは、どんなときですか。
子育てで気をつけていることを教えてください。
子育てにおいて大切にしてきたことを教えてください。
お子様が悩んでいるような様子が見られたときどうしますか。
どのように育ってほしいですか。
お子様の健康状態についてお聞かせください。
お子様の長所を教えてください。
お子様が学校でケガをしたり、ものを壊されたりということが何度か続いたとしたらどうされますか。

子どもへ

お名前を教えてください。
幼稚園の名前を教えてください。…どうやって通っていますか。
お友達の名前を教えてください。
お友達になんと呼ばれていますか。
幼稚園では何をして遊びますか。
雨の日はどんな遊びをしますか。
幼稚園で嫌いな子はいますか。
お友達に嫌なことをされたらどうしますか。…それでもやめなかったらどうしますか。お友達とけんかをしたとき、すぐ仲直りができますか。
幼稚園で褒められるのは、どんなときですか。
絵本を読んでもらうことはありますか。…好きな絵本は何ですか。…どんなところが面白いですか。
お父様、お母様とどんな遊びをしますか。
お父様、お母様に叱られるのはどんなときですか。
家では何をして遊びますか。
行きたい小学校の名前を教えてください。
小学生になったらどんなことをしたいですか。
今日は何で来ましたか。…電車の窓から何が見えましたか。
今朝は何時に起きましたか。
家でお手伝いをしますか。　…お手伝いのあと、家の人に何と言われますか。
夏休みに1番楽しかったことは何ですか。
大切にしているものはありますか。それはどうしてですか。
将来は何になりたいですか。
試験のとき今日みたいに頑張れますか。

入 試 感 想

■考査当日のこと…

▷ 当日記入するアンケートは「志望理由」「参加した行事」「子どもの将来」「受験準備について」でした。

▷ 考査当日は在校生や先生があたたかく接してくださり、少し緊張もほぐれました。

▷ 9 時 15 分に受付。9 時 35 分になると点呼があり、16 名のグループで考査へ向かいました。11 時 30 分に終了でした。

▷ 考査のときに「他の学校を受験する人」と、子どもに挙手させたグループもあったようです。

▷ 7 時 45 分に受付。生徒さんに案内されて、控え室へ移動します。8 時 10 分に点呼があり、子どもは別室で考査を受け、保護者は体育館へ移動します。10 時 30 分に終了となりました。

▷ 子どもの考査の待ち時間では、体育座りで待っています。

▷ 受付を済ませると、生徒さんの案内で控え室へ行きます。机の上に 1 冊ずつ本が置いてあり、上履きをはきゼッケンをつけて待ちます。

▷ 待っている間は、机の上にある絵本を読んでいました。

■面接では…

▷ 面接ではお互いにマスクを外して、顔の確認がありました。マスクをまた着用してから面接が始まりました。

▷ 質問は校長先生のみで、教頭先生はメモをとっていらっしゃいました。

▷ 面接では、子ども→父→母の順番に質問されました。

▷ 面接の待ち時間が長く、40 分以上待ちました。面接時間は 10 分程度でした。

▷ 当日は調査書（家族構成など）を記入し、面接室に持って行きます。

▷ 面接では校長先生との距離がとても近かったです。質問は校長先生からだけで、教頭先生はメモをとっていらっしゃいました。

▷ 圧倒的に子どもへの質問の時間が長かったです。特にむずかしい質問もなく、子どもをリラックスさせていろいろ聞き出そうとしている感じでした。

▷ とても優しい校長先生で子どもが答えに詰まると助け船を出してくれます。面接官の方との距離がとても近く、のぞき込むように先生が見てらっしゃるので、本音で話さないと見透かされてしまう感じがしました。

▷ 終始、笑顔で子どもに問いかけてくださり、練習よりも落ち着いてハキハキと答えることができました。だいたい皆さん同じことを聞かれるようです。「本校に期待すること」を 1 点だけと強調されていました。父と母で 1 つずつ違う答えを考えておいたほうがいいと思います。

▷ 子どもの言ったことにたくさんフォローしてくれる感じの面接でした。はっきりとした意見をズバリと言ったほうがよい印象を受けました。子→父→母の順番で質問されました。

▷ 子どもへの質問が多く、優しく聞いてくださり、応答がしっかりしていると褒めてくださいました。

▷ 質問は、両親には各 1〜2 問ですが、子どもには 5〜6 問と集中し、かなり子どもの面接を重要視していると感じました。両親に対しては、志望理由のみの場合もありますので、インパクトのある応答が必要だと思いました。

▷ 校長先生と近い場所に椅子がありました。父、母、子の椅子は応接用の大きめの椅子でした。校長先生は「どうぞ、どうぞ」と言って椅子へ招いてくださいました。

▷ 子どもが答えにつまっていても、優しい口調で問いかけ、応答を導いてくださいました。何事も最後まで頑張る子どもを望まれているという印象でした。

アドバイス

▷ 自分だったらどうしますかなどの質問があるため、自分の意見をはっきり言えるようにすることだと思います。

▷ 巧緻性のテストのための練習をかなりやりましたが、今回は出なかったようです。とはいえ準備はしておいたほうが安心だと思います。

▷ お話をしっかり聞けて、指示通りにできることが重要です。

▷ 考査当日は早めに着いて、子どもを落ち着かせるとよいと思います。

▷ 運動会・説明会にはぜひ参加して、学校の教育方針、学校側が望む子ども・家庭というものを把握するといいと思います。

▷ 説明会は昨年と今年の2回参加させていただきました。勉強だけでなく、体験学習をとても重視されていて、読書、体力強化など、いろいろなことをして下さるとてもすばらしい学校だと思います。

▷ ペーパーテストは正座でおこなうので、ある程度練習しておいたほうがよいと思います。

▷ お話しづくりは毎年出ているので、練習したほうがよいと思います。

▷ 上級生がきちんとしていて印象のよい子が多かったです。かなり我慢の必要な考査内容なので、子どもが耐えられるかよく判断されてから受験対策をされたほうがいいと思います。運動はきちんと対策をしないと難しい学校だと思います。

▷ 考査当日はベストを脱ぎ、ゼッケンをつけるのでポロシャツ、半ズボンのみで大丈夫です。考査、面接ともに時間ちょうどに始まりますので、余裕を持って行かれたほうがいいと思います。

▷ 受付直後の親子の控え室には、机1つ1つに種類の違う絵本が置いてありました。子どもの考査中の控え室では、小さく音楽がかかっており、全体的にはかなり静かでしたが、ひそひそ話をする方も何人か見られました。冷房が効いているので、ひざ掛けなどを持って行かれたほうがいいと思います。

▷ 例年、予定時刻より早く（30分ほど）呼ばれるので、余裕を持って出かけたほうがよい。

▷ 子どもの答えに対して「それはどうして？」と質問を発展させることが多い。また、応答につまっていると、言葉を変えて問いかけるので、困ったときでも最後まで頑張る姿勢と、自分の気持ちを表現できることが大切。

▷ 進行がスムーズで待っている方はなく、すぐに呼ばれました。普通より早めに行かれたほうがよいと思いました。

▷ 過去の問題や面接内容は答えられるようにしておいたほうがよいです。例年と大きく変わったことは問われないようです。

▷ テストは楽しかったようでした。お話をたくさんのお友達の中でもしっかりと聞き、行動できるようにしていないと難しいようです。

▷ ペーパーテスト重視ですので、しっかりと勉強したほうがよいと思います。特に数の学習は必要だと思います。

▷ ペーパーテストは基本的な問題が多く、問題の傾向を把握していれば個人差はそれほど出ないと思います。1番重要なのは、子どもそのものの姿を見ていらっしゃる気がいたしましたので、何事も一生懸命することが大切だと思います。

▷ 運動はきちんとできなくても、持続力を見る試験ですので、最後まで頑張れば大丈夫だと思います。

清泉小学校

〒 248 - 0005　神奈川県鎌倉市雪ノ下 3 - 11 - 45 ☎ 0467 (25) 1100

▌形式と日程

形式	親子同伴
日程	考査日以前

◆面接室略図

親子同伴の面接が、A 日程、B 日程では考査日前に、C 日程、D 日程では考査当日におこなわれます。
面接時間は 15 分程度。

▌質問の内容

父親へ

志望理由をお聞かせください。
本校の 1 番よいと思う点はどのようなところですか。
父親として 1 番大切にしたいことを教えてください。
父親の役割についてどのようにお考えですか。
ご家庭では優しいですか。厳しいですか。
休日はお子様と何をして遊んでいますか。
ご自身が生きていくうえで最も大切にしていることを教えてください。
お子様を褒めるのと叱るのではどちらが多いですか。
最近はどんなことでお子様を褒めましたか。
入学後はどんなことを学んでほしいですか。
受験をするにあたり、お子様に教えてきたことは何ですか。
子育てをしてきて、今までに特に困ったことは何ですか。

母親へ

幼稚園ではどのようなお子様だと、評価されていますか。
通学時間はどのくらいですか。
お子様が生まれてからご自身が変わったところはどこですか。
公開行事でのお子様の反応を教えてください。
お子様の長所と短所を教えてください。
子育てをしてきて 1 番感動したことを教えてください。
お子様を褒めるとき、叱るときは、どのようなときですか。
子育てで悩んだことは何ですか。
お子様とどんなことをして遊びますか。
受験するにあたってどんな準備をしてきましたか。

子どもへ

お名前を教えてください。
何人家族ですか。
兄弟のお名前と年齢を教えてください。
幼稚園の名前を教えてください。
この学校の名前を教えてください。
この学校には来たことがありますか。
この学校に入ったら何がしたいですか。
今日はどうやってここまで来ましたか。
お友達の名前を教えてください。
どんなことをして遊ぶのが好きですか。
家では誰と遊びますか。
どんな本が好きですか。
お父さんの仕事を教えてください。
お父さんと休みの日はどんなことをして遊びますか。
お母さんのつくる料理では何が好きですか。
お家では食事は誰といっしょにしますか。
お父さん、お母さんにどんなことで叱られますか。
夏休みは家族でどこかに行きましたか。
習い事は何をしていますか。

入試感想

▷ 控え室は10組ごとに指定された席に着きます。廊下に先生がいらっしゃったので、とても静かでした。

▷ 面接では先生方の対応があたたかく、こちらの話をじっくりと聞いてくださいました。

▷ 遠方からの受験でしたので、通学時間（約60分）に関してあらためて確認されました。制限は設けられていませんが、長距離通学は懸念されているようでした。

▷ 受付後、番号札をつけて控え室で待ちました。

▷ 8時15分に受付。講堂で待つ。8時45分に点呼があり、子どもは考査へ。11時15分子どもが戻り終了。

▷ 8時に受付が開始され、控え室（講堂）へ移動後にゼッケンとバッジをつけて待機。40分に子どものみが考査へと向かい、ペーパーや集団テストがおこなわれる。11時45分頃から受験番号順に子どもが戻ってきて終了。

▷ 12時30分に受付をし、バッジを家族分受け取って2階へ行きます。10組ごとが3つ教室に分かれて待ち、子どもは先に先生に引率されていきます。受験番号が奇数の方は校長先生が、偶数の方は教頭先生が担当されていました。子どもの面接が終わると親を呼びに来ます。廊下では音楽が流れていますが、とても静かで緊張しました。

▷ 控え室は受験番号順に1教室10組程度で、話をする人もなく静かです。最初の5分ほどは子どものみの面接で、その後子どもが控え室に親を呼びに来ます。ドアの開閉は先生方にしていただきました。面接が終わると子どもたちは再び考査へと戻ります。

▷ 面接時にバザーのお話が出たりするので、バザーには参加しておいたほうがよいと思います。親の参加行事が多いため、参加できるかどうか問われます。母親が仕事をしていると、かなり突っ込まれるかも知れません。

聖ヨゼフ学園小学校

〒 230 − 0016 神奈川県横浜市鶴見区東寺尾北台 11 − 1 ☎ 045（581）8808

形式と日程

| 形式 | 親子同伴 |
| 日程 | 考査日以前 |

◆面接室略図

親子同伴の面接がA日程は考査日前におこなわれます。日時は web 出願時に指定します。時間は 10 分程度。B日程、C日程では考査当日におこなわれます。

質問の内容

父親へ

志望理由をお聞かせください。
この学校をどのようにして知りましたか。
キリスト教についてはどう思われますか。
本校はカトリックの教えに基づき、宗教教育をおこなっていますが、それについてどのように思われますか。
国際バカロレアについてどう思いますか。
ご家庭の教育方針を教えてください。
学校と教育方針が違ったらどうしますか。
小学校に入ってどのように成長してほしいですか。
お子様の性格についてお聞かせください。
お子様が成長したと思われる点はどのようなところですか。
お子様の成長を感じるのはどんなときですか。
お子様の好きな食べ物は何ですか。
お子様に伝えたいことを教えてください。
お子様に希望することを教えてください。
どのような子どもに育っていると思いますか。
将来はどんな大人に育ってほしいですか。

母親へ

今日はここまでどれくらいの時間がかかりましたか。
この学校に通わせることをどのように考えますか。
キリスト教教育についてどのようにお考えですか。
お子様にこの学校で何を学んでほしいですか。
お子様のよいところ、また気になるところを教えてください。

お子様が帰宅後、いつもと様子が違うとき、どのように対応しますか。
お子様がいじめにあった場合、どのように対応されますか。
お子様が学校でトラブルにあった場合どう対処しますか。
お子様が学校で困難な問題にぶつかったとき、どんなことを伝えてあげたいですか。
お仕事をされていますが、緊急時の対応についてどうお考えですか。
お母様の小学校時代はいかがでしたか。
お子様が通っているのはどんな幼稚園ですか。
子育てで注意した点は何ですか。
お友達との関わり方は積極的なほうですか。
ご家庭のしつけで気をつけていることを教えてください。
ご家庭で大切にしていることを教えてください。
ご家庭の自慢を１つ教えてください。

子どもへ

お名前と年齢を教えてください。
幼稚園の名前を教えてください。
幼稚園の先生の名前を教えてください。
幼稚園のお友達の名前を教えてください。
幼稚園での係は何ですか。
幼稚園ではどんな遊びをしますか。
何をして遊んでいるときが１番楽しいですか。
お友達とケンカしますか。…どういうふうに仲直りをしますか。
幼稚園でいやなことはありますか。
お手伝いはしますか。
お父さん、お母さんに褒められたことは何ですか。
お父さん、お母さんに叱られることはありますか。
お父さん、お母さんとは何をして遊びますか。
今日はここまでどうやって来ましたか。…電車のなかで気をつけることは何ですか。
お父様とお母様の好きなところは何ですか。
お父さん、お母さんのすごいところはどこですか。
兄弟・姉妹はいますか。…何歳ですか。…ケンカはしますか。
お家ではどんなお手伝いをしますか。
嫌いな食べ物は何ですか。
好きな本の名前を教えてください。
今１番行きたい小学校はどこですか。
何回この学校へ来たことがありますか。…この学校にまた来たいですか。
小学校で頑張りたいことは何ですか。
運動会では何が楽しかったですか。
大きくなったら何になりたいですか。
宝物は何ですか。

入試感想

■考査当日のこと…

▷ 8時30分に受付。講堂で待ちました。9時に点呼があり、子どもは考査に向かいます。11時30分に終了となりました。

▷ 子どもたちは、音楽室で待ち時間を過ごしたそうです。在校生が話しかけてくれたりして、長い待ち時間も気にならなかったようです。

▷ 考査は在校生がお世話をしてくれるので、あたたかい雰囲気でした。

▷ 受付でゼッケンを在校生よりいただき、講堂で親子で好きな席に座り、子どものみが引率の先生に連れられて試験会場に向かいます。

▷ 9時に講堂の外で「並んでください」と言われて並びました。特に番号などは呼ばれませんでした。

▷ 11時少し前に子どもの間に1人ずつ上級生が入り、手をつないで戻ってきて壇上に1から順に上がっていき、親が壇上近くで子どもを受け取りました。

■面接では…

▷ 控え室は図書室でした。

▷ 控え室で待っていると番号を呼ばれ、それぞれの面接室まで移動します。質問は子→父→母→子の順番でした。

▷ 控え室に呼びにいらっしゃる先生が面接官でした。その先生の後ろについて入室します。

▷ 先生が控え室まで迎えに来てくれ、入口では戸を開けて待っていてくれました。

▷ 面接場所が2階の面談室のようなところで、6カ所扉がありました。

▷ 面接では、手元のリストを見ながら質問されていました。

▷ おもに校長先生が質問され、教頭先生がチェックシートに記入されていました。校長先生が優しく語りかけ、あたたかい雰囲気のなかで進行しました。大人用の応接室での面接のため、子どもはどうしても足が宙に浮いてしまい、少々ブラブラさせてしまいました。

▷ 先生方の口調が穏やかで、落ち着いた印象でした。

▷ 優しく温かい雰囲気のなかでおこなわれました。特に子どもにはゆっくりと言ってくださり、わからない様子のときには、答えが出やすいようにお言葉をかけてくださいました。

▷ 男の先生がすべての質問をし、子どもに対しては語り口調でした。言葉に詰まったときには誘導してくださいました。両親に対してはどの質問にも「お母様が出身ということですが」と最初についていました。

▷ 年中の頃から説明会や公開行事に足を運び、アンケートの記入などもして参りました。また個別に授業見学を申し込み、そのときに校内を案内していただいた教務主任の先生が面接官でした。着席と同時に「何度も何度も学校に足を運んでくださり、ありがとうございました」と言われ、恐縮したのと同時に、雰囲気も和やかになり、娘も何度かお会いしていた先生だったので話しがしやすかったようです。

▷ 質問は子→父→母の順でした。願書以外に何か資料を見ながら質問がありました。

▷ ソファーに座ります。ガラステーブルでしたので足が見えてしまい、子どもが足をぶらぶらさせないか心配でした。

▷ 面接官とは、ガラステーブルをはさみ座る形で、かなり近い距離でした。校長先生（または教頭先生）が願書を見ながら質問をし、もう1人の先生がメモを取っておられました。

▷ 校長先生は、子どもに大変優しい口調で質問をしてくださいました。子どもも緊張が和らぎ、落ち着きを取り戻しましたが、応答では「うん」をくり返してしまい、ハラハラするばかりでした。

▷ 校長先生が子どもに質問されるときに、「〜なの？」という感じでお話しされるので、子どもの返事が「うん、うん」になってしまい、隣で聞いていてヒヤヒヤいたしました。

アドバイス

▷ 待ち時間のために、本、折り紙、お絵描きなど持参するとよいと思います。

▷ 控え室は本を読んだり、談笑したりしている方が多かったです。外出する方もおりました。

▷ 学校説明会はもちろんですが、私学合同の説明会などには必ず足を運び、顔を覚えてもらうとよいと思います。

▷ 説明会は1回目と2回目の内容は同じでした。お話しの内容がとてもはっきりしているので、「お子さんが幸せになれる」と思う方だけ受験してほしいという校長先生からのコメントもありました。

▷ 説明会では教頭先生より考査の内容や項目についての説明がありました。毎回アンケートの提出があります。（受験児童の名前記入欄あり）説明会の後、校内見学がありました。

▷ 考査中は在校生のお姉さんが「トイレに行きたい子」と声をかけてくださいました。

▷ 学校説明会、校内見学でも先生方がたいへん温かく、気遣ってくださる学校だと感じました。

▷ 施設も比較的きれいで、施設見学の際に「本番は緊張せずに良さを褒めて連れてきてくださいね」と先生に言われました。

▷ 学園誌は学校を知る上でたいへん役に立ちました。

▷ 面接官とは近い距離で対面するので、会話のような声量が適度だと思いました。ただ、明るい態度で明瞭にお話することは大切だと思います。ソファーに腰をかけますので、姿勢には要注意。

▷ 語りかけるような質問の仕方にも慣れておくとよいと思いました。

▷ 子どもへの質問が多いので、ふだんから会話を豊富にして応答の仕方を練習しながら、子どもらしい答え方が大切。

▷ ガラステーブルなので足が見えてしまいます。足元にも注意。

▷ 考査は受験番号の奇数・偶数で午前と午後に分かれます。

▷ 考査の内容はさほど難しくはなく、桐杏学園の内容をしっかりと学習していれば心配はないと思います。

▷ 親の緊張が子どもに伝わり、泣き出してしまったお子さんがいました。親はなるべくリラックスするようにしたほうがいいと思います。

洗足学園小学校

〒 213 - 8580 神奈川県川崎市高津区久本 2 - 3 - 1 ☎ 044（856）2964

┃ 形式と日程

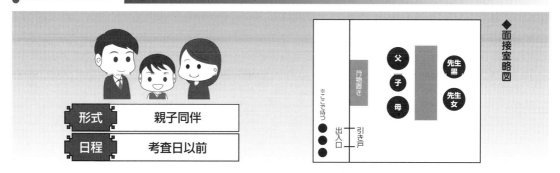

形式	親子同伴
日程	考査日以前

◆面接室略図

親子同伴の面接が、考査日前におこなわれます。面接時間は 15 分程度。

┃ 質問の内容

父親へ

志望理由を教えてください。
本校を知ったきっかけは何ですか。
本校には何回来ましたか。…生徒たちの印象を教えてください。
私立を選んだ理由を教えてください。
いつ頃から受験を考えましたか。
本校に期待することはありますか。
運動会の感想を聞かせてください。
ご家庭の教育方針を教えてください。
家庭の教育で 1 番気をつけていることは何ですか。
英語教育についてどう思われますか。
お子様から幼稚園の様子を、どのように聞いていますか。
お子様のお友達の名前を教えてください。
本校とお子様はどのようなところが合っていると思われますか。
お子様が学校でトラブルを起こした場合どう対処されますか。
通学時間をお聞かせください。
なぜ今の幼稚園を選びましたか。
お仕事について教えてください。
お仕事をする上で気をつけていることは何ですか。
ご自分のお仕事の自慢できることをお話しください。
休日はお子様とどのようにお過ごしですか。
お仕事が忙しいと思いますが、お子様とどのように接するように心がけていますか。
お母様とお子様の似ているところはどんなところですか。
お子様の長所と短所を教えてください。
お子様が成長したと思うところを教えてください。
どんなときに褒めたり、叱ったりしますか。
ご家族で大切にされている時間はありますか。
お子様の名前の由来を教えてください。…その通りに育っていますか。
中学受験についてどうお考えですか。

併願校はありますか。両方合格したらどちらに入学しますか。
上のお子様と違う学校ですが、その理由についてお聞かせください。
お子様には将来どのようになってほしいですか。

母親へ

本校のことをいつ頃から知っていましたか。
ご家庭で大切にしている教育方針は何ですか。
本校に何回いらっしゃいましたか。…本校の印象を教えてください。
本校のよいところ、変えてほしいところをお聞かせください。
英語教育についてどのようにお考えですか。
ご家庭の教育方針についてお聞かせください。
お子様と本校があっていると思うところを教えてください。
受験の準備はどのようにしてきましたか。
お子様の名前の由来を教えてください。
幼稚園でのお子様の様子を教えてください。
幼稚園のお友達以外では誰と遊んでいますか。お友達と揉めごとはありますか。
本校までの通学経路を教えてください。
お子様には電車でのマナーをどのように教えていますか。
食育で気をつかっていることは何ですか。
子育てで大変なことは何ですか。
子育てで気をつけていることは何ですか。
子育てで感動したことを教えてください。
お子様の長所と短所を教えてください。
お父様とお子様が似ているところはどんなところですか。
お子様が最近興味を持っていることを教えてください。
お子様の得意なことと苦手なことを教えてください。
最近お子様が出来るようになったことは何ですか。
お仕事はされていますか。
低学年のうちは、学校に来ていただくことも多いと思いますが大丈夫ですか。
緊急時のお迎えなどどのようにされるか、対応をお話ください。
近くに頼れる親族はいらっしゃいますか。
本校は宿題も多いですが、お子様の勉強を見てあげられますか。
家庭での学習で、気をつけていることは何ですか。
受験をするにあたり、どのような準備をされましたか。
休日はどのようにお過ごしですか。
幼児教室はどちらに通っていましたか。
受験準備をしていくなかで、お子様が成長したなあと思うところを教えてください。
中学受験に向けて学習サポートをしていただくことになりますが、どのようにサポートされる予定ですか。
お子様と2人のときには、どんなことをされていますか。
お子様の将来の進路についてどのようにお考えですか。
お子様がお友達の定規を壊したらどうしますか。
おもちゃを買いに行き、目的の物が売ってなく、お子様が別のおもちゃをほしがった場合どうされますか。
ゲームやテレビについて、家庭内での決めごとはありますか。
この1年間で家族にとって最も印象に残っていることを教えてください。

子どもへ

お名前を大きな声で言ってください。
生年月日を言ってください。
幼稚園の名前と先生の名前を教えてください。
仲良しの友達の名前を教えてください。
お友達とケンカをすることはありますか。
お友達とどんな遊びをしますか。
１番好きな遊びは何ですか。
幼稚園から帰ったら何をしますか。
自分の誕生日とお母さんの誕生日には何をしましたか。
お休みの日は何をして遊んでいますか。
今日はここまでどうやって来ましたか。…遠かったですか。…何分かかりましたか。
電車の中で気をつけることはありますか。
この学校の名前を知っていますか。…何回来てくれましたか。
朝ご飯は何を食べましたか。
好きな食べ物と嫌いな食べ物を教えてください。
お母さんがつくる料理で１番好きなものは何ですか。…○○をつくるのに必要なものは何
ですか。
お父さんの好きな料理を知っていますか。
お手伝いはしますか。…お料理のお手伝いはしますか。…お洗濯物は何をたたみますか。
お父さん、お母さんに叱られるのはどんなときですか。
お父さん、お母さんに褒められるのはどんなことですか。
お父さんと何をして遊びますか。…○○でお父さんが、わざと負けていると思いますか。
外の遊びと家のなかの遊びではどちらが好きですか。
お家のなかでは何で遊びますか。…誰が片づけますか。
お父さん、お母さんのどんなところが好きですか。
お父さん、お母さんと勉強するとき、何と声をかけてくれますか。
お父さん、お母さんの好きな花を知っていますか。
お母さんの好きなスポーツを教えてください。
兄弟げんかをしますか。
好きな動物は何ですか。
本を読んでもらうことはありますか。…どんな本ですか。
好きな本の名前とお話の内容を教えてください。…それを読んでどう思いましたか。
得意なことは何ですか。
大きいもの（小さいもの）と言えば、何を思い出しますか。
魔法が１つ使えるとしたら、何に使いますか。
この学校に入るために勉強はしましたか。
将来なりたい職業は何ですか。…どうしてですか。
小学生になったら何をしたいですか。
宝物は何ですか。
お稽古ごとをしていますか。
今１番欲しい物は何ですか。

入 試 感 想

■考査当日のこと…

▷ 控え室では絵本を読んだり、折り紙をしていました。順番になると番号で呼ばれ、面接室の外の椅子に座って待ちます。

▷ 控え室は英語学習室で、3家族が待機していました。開始時間ぴったりに呼ばれました。控え室の隣が面接室でしたので、スムーズに終わりました。

▷ 控え室は広い英語室でした。大きな机が8か所にあり、それぞれ1家族ずつ座ります。折り紙などして待っていました。

▷ 8時30分に受付。8時45分になると先生が迎えに来て、子どもは考査へ移動します。10時35分、保護者は控え室からホールに移動。10時50分に子どもが戻り終了でした。

▷ 控え室は子どものみ着席で、親は横に立っています。どのお子さんもきちんと座って待っていました。

▷ 10時に受付、控え室で待機。20分に子どものみ考査へ。ペーパー、運動、行動観察の順に考査がおこなわれ、12時に終了。

▷ 控え室は普通の教室で、折り紙をしている方が多かったです。先生がいらして子どもを連れて行くのですが、順番は特になく並んで行きました。

▷ アンケートの内容は、「志望理由」「子育ての方針」「子どもの性格」「健康状態」などでした。

▷ 控え室は静かで、みなさん読書などされており、話し声はまったくありませんでした。

▷ 控え室で待機していると3～4組が呼ばれ、それぞれの面接室前の廊下にある椅子に座って待ちます。

▷ 考査時には子どもに名札とゼッケンをつけます。

▷ お子さんの服装はジャンパースカートやワンピース、ポロシャツにキュロットなどさまざまでした。

▷ 控え室では、親子で自由に座り呼び出しがあるまで折り紙やあやとりをして待ちました。

▷ 受付後、3年生の教室でビブスや名札をつけたあと、あやとりや折り紙をして待ちました。みなさん自由に話していて、和気あいあいとした雰囲気でしたが、「試験中は静かに待ちましょう」などの指示がありました。

▷ 待機する保護者は、教室以外に受験サポートルームも使用可能でした。

▷ 1階で受付後、それぞれの部屋へ移動しました。控え室は3階の6-A組で、子どもだけ考査会場へ移動し、親はしばらくして1階のホールのようなところへ移動すると、そこに子どもが一斉に戻ってきました。

▷ 玄関の外で上履きにはきかえて玄関ホールで受付をします。受付が済むとすぐ係の人が胸に名前のプレートつけてくださり、そのまま受付終了順にグループ別（番号順に果物のグループに分けられています）に並んで待ち、ある程度集まると子どもたちだけ誘導され連れて行かれたので、声をかける間もありませんでした。

▷ 試験当日の注意事項は貼り紙のみで、口頭での説明はほとんどありません。唯一子どもに「青いプラカードが皆さんの印なので必ずついてきてください」と親に話しかけるともなく子どもに話しかけるともなく言われたので、ほとんどの子どもは聞いておらず、親が小さな声で説明し直していました。

■面接では…

▷ 面接室は4部屋ありました。

▷ 面接での質問の順番は、最初に父親、次に子ども、母親でした。

▷ 面接で子どもが答えに詰まっても、かなり長い時間待ってくださいました。

▷ 単語での答えに対して、「○○ということかな」とフォローしていただきました。

▷ 面接では親には教頭先生から、子どもには男の先生から質問がありました。願書とともに提出したアンケートに沿って質問されました。

▷ 子どもへの質問は、女性の先生からでした。

▷ 面接では、子どもに対する質問がとても多かったです。1つの質問に対してさらに掘り下げて、答えの整合性を見ているように感じました。

▷ 面接では、控え室から移動して、面接室の前の椅子で呼ばれるまで待機します。

▷ 倍率が高いからなのか、面接、考査とも緊張感がありました。

▷ 両親への質問の後、確認するようなかたちで子どもに質問がありました。

▷ 面接官は入試広報の先生と女性の先生でした。子どもに対して、とてもやさしく質問してくださいま

した。

▷ 質問が父親が先だったため、子どもが姿勢良く待つ時間が長く感じられました。校長先生が両親へ、女性の先生が子どもへ質問しました。

▷ 控え室は 2 階の教室でした。時間になると 4 ～ 5 人ずつ呼ばれて、1 階の面接室の前で待機します。

▷ 面接官の先生が質問されるとき、ダイレクトではなく前置きの話があり、心の準備ができる感じでとてもよかったです。

▷ 穏やかな口調でお話していただいたので、落ち着いて対応することができました。子どもが予想外にしっかりと回答していて姿勢も乱さずに落ち着いていたので、はらはらせずに済みました。

▷ 女性の先生 1 名による面接で、所要時間は 10 分程度でした。5 組ずつが呼ばれてそれぞれの部屋の前で待機し、前の方が終わったら中にいる先生が呼んでくださいました。入室すると荷物を置くように指示をいただき、子どもを真ん中にして座りました。

▷ 校長室の前の部屋で待機していると、前の面接の方が呼びに来て面接が始まります。終わると次の人を呼びに行きます。

▷ 面接室は全部で 4 部屋準備されていました。面接官の先生との距離があり、遠くに感じました。少々声が聞こえにくかったです。質問順は［父親→母親→子ども］で、15 分ほどつづきました。

▷ とても丁寧に聞いてくださるので話しやすかったです。子どもの緊張も気づかっていただきました。

▷ 面接は定刻に始まりました。なかから先生が扉を開けてくださり、和やかな雰囲気で開始されました。事前に提出してあった資料にアンダーラインが引いてあって、それについての質問がかなりありました。子→父→母→子→両親という順で質問されました。子どもとは会話するように、親には確認するように質問が続けられました。終了時も立ち上がられてお辞儀をしてくださいました。

▷ 椅子は生徒が使用するような椅子で、3 脚とも同じ大きさだったため、子どもは足が届きませんでした。子どもは自分への質問が終わって両親の面接中に 20 秒くらい足をぶらぶらさせてしまいました。これが唯一の失敗だったと思います。質問は子ども・父親・母親の順で最後にどちらへともない質問があり終了しました。

▷ 入室するとすぐ、作文に関する具体的な感想をおっしゃってくださり、いろいろと質問されました。

▷ 両親とも出身が他校のためか質問が集中しました。特に主人が欠席だったので、父親はどう思っているのか細かく聞かれました。

▷ 面接のときは 30 分前に来るように書かれていました。面接の時間は予定時刻より 5 分くらい早く呼ばれました。

▷「お父様にお聞きします」「お母様にお聞きします」ということはなく、どちらが答えてもよいので、母親ばかり答えないよう、注意いたしました。

▷ 事前に作文提出（1600 字）がありましたが、とても短く、あっという間でした。

▷ 勉強のことが多く、塾のことを聞かれたときには、はっきりと答えてよいようです。

アドバイス

▷ 父親が都合で不在でしたが、問題ありませんでした。子どもの力を見てくれる学校だと思います。

▷ 面接では来校回数を聞かれるので、できるだけ多くの公開行事に参加されるとよいと思います。

▷ 面接では、とにかく子どもがはきはきと、たくさん答えられるようにすることだと思います。

▷ 面接のときの椅子は子ども用ではないので、足をぶらぶらさせてしまいました。注意が必要です。

▷ 親が応答中、待っている子どもの様子もチェックされています。

▷ 面接はいろいろ細かく聞かれ、他校と比べて難しく感じました。

▷ 公平に子どもや家族を見てくれている、透明度の高い入試だと思いました。

▷ 面接ではどのような質問をされても、すぐに答えられるように練習しておくとよいと思います。

▷ ペーパーや巧緻性はもちろんですが、話をよく聞くということが大切だと感じました。

▷ 何度も学校に足を運び熱意を伝え、第 1 志望をアピールしたほうがよいと思います。

▷ 今年はペーパーの傾向が変わったようなので、準備はまんべんなく取り組む必要があると思います。

▷ 面接で学校の印象や訪問回数を聞かれました。学校への熱意を重視しているように感じました。

▷ 子どもの考査はリラックスした雰囲気なのか、グループによっては賑やかに戻ってきました。先生に

注意されたグループもあったようです。まわりに流されないことが大切かと思います。

▷ 面接の質問は、過去の例とほぼ同じでした。対策が立てやすかったです。

▷ 落ち着いて行動でき、"静"と"動"の切り替えができる子どもであるかどうかを見ているようです。

▷ 控え室は自由席なので、あまり遅く行くと教室後方のパイプ椅子に座ることになってしまいます。

▷ 母親に対しては、それほど重要な内容は聞かれませんでした。

▷ 控え室まで移動中の子どもたちの話が聞こえてきました。わが子には一切おしゃべりをしないように言い聞かせていましたので、本人もふざけないよう注意したようです。面接で朝ご飯についての質問がありました。考査当日の朝もしっかりとした献立の朝食を用意する必要があります。ペーパーはスピードを重視した練習を直前にはしたほうがよいと思います。

▷ ペーパーはとても基礎的な問題だったようです。とにかく考査の前に並んでいる列の長さを見て驚いてしまいました。試験場に入るまで30分以上並んで待ち、入ってからもトイレにすごく長い列ができていました。余裕を持って受ける感じではなかったです。

▷ 通常のペーパーをしておけば大丈夫だと思います。点図形は必ず出題されるようです。

▷ 受付前にトイレを済ませておく、考査中外出禁止なので時間をつぶせるものをもっていく、入口で上履きにすぐはきかえるので靴を入れる袋を持っていくといいと思います。

▷ 受付を済ませるとすぐに子どもと離れるのであまり早く受付を済まさず、玄関外で最後の注意をするなど、話しをする時間を取った方がよかったと思いました。

▷ 親が待っている中高のホールは、最初暑かったのですがすぐに寒くなるので膝掛けなどがあるといいと思います。

▷ 親が待っている控え室は、寒いというほどではなかったのですが、膝掛けなどがあるといいと思います。

▷ ペーパーテストは枚数も多く、いろいろな問題が出たようなので、かなり練習したほうがよいと思います。

▷ 学校説明会では、先生方が丁寧にいろいろお話しくださいました。入試傾向も話してくださり、参考になりました。

▷ 面接はとても重視されているので、絶対第1志望で通すべきだと思います。他の学校の名前を出した方は皆さん不合格でした。いろいろなことを詳しく聞かれますが、自分の意見を通したほうがよいと思います。子どもは元気よく答えると褒めてくださいます。面接時間が長めなので、お行儀よく待てるようにしたほうがよいと思います。

▷ 面接はなぜ、どうして、と深く聞かれるのでよく考えて準備していかないと、答えに困ると思います。

▷ 最後に併願校について聞かれたのですが「今のところ考えていません」と答えたところ、それまで明るく話されていたのが沈んだ感じになったので、説明会のときに言っていたようにある程度は答えた方がよかったのかもしれないと思いました。

▷ 何でも少し早めに始まります。記載されているより早めはやめの対応が必要だと思いました。8時から受付→7時50分についたときにはすでに開始、8時20分に係の先生のお迎え→8時15分にお迎え、10時15分から面接・10時5分までに受付→10時5分に控え室にお迎え、といった感じでした。

▷ 子どもが水を飲みたがるので、小さいペットボトルに水を入れて持っていきました。

▷ 合否は教室移動も含めて、ペーパー、集団でのお友達との関わりなどの総合点で決められるそうです。ペーパーはとても簡単で基本的な問題だったと子どもは言っていました。中級程度の問題を早く正確にできるようにすれば大丈夫かと思います。

▷ 待っている子どもたちの態度はりっぱでした。型にはめて無理にしつけるというよりも、自然体でありながらある程度のマナーを身につけている子どもさんたちの集団でした。

▷ トイレも玄関で連れて行かれた後はどうなっているのかわからないので、駅で済ませてきたことで安心しました。

▷ 学校の指導上の方向性が明確でした。

▷ とにかくペーパーができないと話にならないと思いました。

捜真小学校

〒 221 - 8720　神奈川県横浜市神奈川区中丸 8 ☎ 045（491）4227

形式と日程

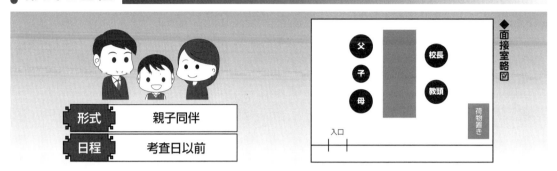

形式	親子同伴
日程	考査日以前

◆面接室略図

親子同伴の面接が考査日前におこなわれます。アンケートは当日記入します。面接時間は１０分程度。

質問の内容

父親へ

志望理由についてお聞かせください。
本校の説明会や公開授業には参加されましたか。
本校の校訓についてどのように思われますか。
お教室には通われましたか。

母親へ

志望理由で補足されることはありますか。
本校の説明会や公開授業には参加されましたか。
本校の校訓についてどのように思われますか。
お教室には通われましたか。
幼稚園から帰宅するお子様を、どんな心構えで迎えていますか。
幼稚園に行きたくないと言われたら、どのように対応しますか。
食事をするときにお子様に注意していることを教えてください。
お子様とお風呂に入るときにどういうコミュニケーションを取っていますか。
お子様と「なぞなぞゲーム（カードに描かれたものを子どもにあててもらうゲーム）」をしてください。

子どもへ

お名前を教えてください。
幼稚園の名前を教えてください。
幼稚園から帰ったら何をしますか。
お誕生日はいつですか。
お家では誰といっしょにご飯を食べますか。どんなお話をしますか。
※用意されたなぞなぞを母が出題し、父と子が相談して答える（２題）。
「角があって木の蜜をなめる虫はなんだ？」
「寝るときに使うのに邪魔なものはなんだ？」

入試感想

■考査当日のこと…

▷ 8時に受付、控え室で待機。15分に点呼、子どもは行動観察のテストへ。9時に戻ってきて終了。

▷ 8時50分に受付、控え室で待機。9時20分に子どもは廊下に並んで考査へ、親はそのまま待つ。10時15分に子どもが戻ってきて終了。

▷ 10時に受付、教室で待機。25分から考査開始、7人ほどのグループで各部屋へ。11時25分に子どもが戻ってきて終了。

■面接では…

▷ とても和やかな雰囲気でした。はじめになぞなぞなので、リラックスして臨めました。待機中にアンケートを書くため、えんぴつと消しゴムが用意されていました。おもに宗教的なことについて聞かれましたが、毎年同じような内容だと思いますので、事前に準備しておけば大丈夫です。

▷ 親子3人とも左胸に番号札を付け、面接開始までにアンケートを書きます。上の子が通っていたためか、和やかな雰囲気でした。「なぞなぞ」で家庭の雰囲気を見られている感じがしました。願書の備考欄に家族の出身校や勤務先などを書いたので、仕事等に関する質問もなく、聞かれたのは志望理由のみといった感じでした。子どもについても願書に書く欄がたくさんありましたので、難しい質問は一切ありませんでした。

▷ 校長室でおこなわれたので、若干せまく感じました。隣の部屋が控え室でした。

▷ 短かったので、できるだけ聞かれたことにはじっくり答えたほうがよいと思います。とても優しい口調の先生だったので、子どももゆっくりお話ができました。

アドバイス

▷ 受付後に控え室で番号札を付け、アンケートを記入します。教頭先生が兄の担任だったこともあり、終始明るく楽しく時が流れました。20分前に到着し、予定時刻より20分ほど遅れて開始されましたので、子どもが退屈していました。折り紙や本を持って行くとよいと思います。

▷ 受付で受験番号を確認していただき、3×5cm程度のバッジを受け取ります。その後、控え室で待機していると、先生が子どものみを呼びに来て、2階の考査会場へと移動します。親はそのまま引き続いて控え室で待ちます。

▷ 子どもにとってはとにかく楽しい考査だったようです。行くときは真剣だったのが、帰りにはほぼ全員が楽しんでしまい、跳びはねながら、おしゃべりをしながら、戻ってきてしまいました。当たり前のことですが、緊張感を最後まで保てるお子さんが有利だと感じました。

▷ 順番を待つ様子、友達とのかかわり、協調性、意欲、お行儀が大切なテストだと思いました。テストがはじまる前に、子どもたちに「今日は何でここまで来た？」と質問があり、「車の子？」「タクシーの子？」「電車の子？」「歩きの子？」と聞かれたそうです。

▷ 兄弟枠以外にどれくらいの人数を採るのか確認されたほうがいいです。とりあえず受験はできますが、今年は兄弟がおられる方が多かったので狭き門となったようです。ただし男子には定員に余裕があるようです。

桐蔭学園小学校

〒 225 - 8502 神奈川県横浜市青葉区鉄町 1614 ☎ 045（972）2221

▌形式と日程

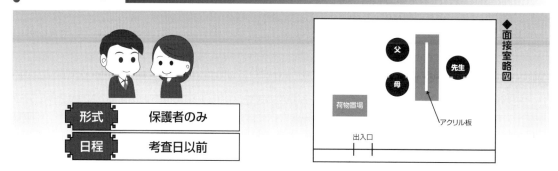

形式	保護者のみ
日程	考査日以前

一般入試では、保護者面接が考査日前におこなわれます。面接時間は15分程度。アドベンチャー入試では、考査当日におこなわれます。

▌質問の内容

父親へ

志望理由をお聞かせください。
本校の教育方針についてどのように思われますか。
本校での学校生活で、お子様にはどのように成長してほしいですか。
本校の行事にいらしたことがありますか。
本校のイメージはどのようなものですか。
本校に期待することはありますか。
父母会の活動にご協力いただけますか。
ご自宅付近の環境はいかがですか。
お子様が幼稚園に行きたがらないことはありますか。
しつけ、マナーについてどのようにお考えですか。
しつけのためにお子様をたたくことはありますか。
お子様と2人で電車に乗っているとき、すべての座席がうまっていたが、目の前の席が1つあいたらどうしますか。
電車内でお子様といっしょのとき、気をつけていることを教えてください。
ここに来るまでにお子様とどのような話をしましたか。
本校の教育ビジョン「自ら考え判断し行動できる」について、ご家庭で取り組まれていることは何ですか。
お子様が興味・関心があることは何ですか。
お子様が学校生活で、悔しい経験をすることもあると思いますが大丈夫ですか。
もしお子様が学校で納得のいかないことがあると言ったらどうしますか。
本校での学校生活で、お子様にはどのように成長してほしいですか。
ふだんどのくらい、お子様と接していらっしゃいますか。
どんなときにお子様の成長を感じますか。
お子様が自立していくために、お父様はどのようにかかわっていますか。具体的に教えてください。
お子様が20歳になるころ、社会はどうなっていると思いますか。お子様を褒めるとき、叱るときはどのようなときですか。

兄弟・姉妹ゲンカや友達とのケンカにはどう対処されますか。
お子様がお友達の物をこわしてしまい、相手から弁償してほしいと言われたらどうしますか。
休日にお子様とどのようにお過ごしですか。
テレビ番組を見る上で、気をつけていることを教えてください。
いじめについてのお考えをお聞かせください。
受験するにあたり準備されたことはありますか。
お子様には将来どのような大人になってほしいですか。

母親へ

志望理由をお聞かせください。
本校の校訓を言ってください。
本校の説明会には参加されましたか。
本校にどんな教育を望んでいますか。
本校のイメージはどのようなものですか。
学校に求めることは何ですか。
ご家庭と学校の教育方針の共通点についてお聞かせください。
父母会の活動にご協力いただけますか。
ここに来るまでにお子様とどのような話をしましたか。
自主性を育てるために、家庭で取り組んでいることは何ですか。
公共でのマナーについて、どのように教えていますか。
公共のマナーを小学校で教えることについてどう思いますか。
お子様との時間をどのように大切にしていますか。
子育てで気をつけていることは何ですか。具体的に教えてください。
お通いの幼稚園を選ばれた理由を教えてください。
幼稚園の先生の評価はいかがですか。
幼稚園に行きたくないと言ったことはありますか。
幼稚園のお母様同士のおつきあいはどんなふうですか。
学校でお子様が筆箱などをなくされたらどうしますか。
どのようなお子様ですか。
ご近所にお友達はいますか。どのようにおつきあいしていますか。
お子様を叱るときの基準は何ですか。
最近どんなことでお子様を褒めましたか。どんなふうに叱っていますか。
お子様の成長を感じるのはどんなときですか。
お子様のふだんの食生活について教えてください。
食べ物の好き嫌いがあると思いますが、どうしていらっしゃいますか。
お子様に嫌いなものを食べさせるとき、どのようにされていますか。
おやつはどんなものを食べていますか。
食事のメニューをお子様に決めさせることはありますか。
お子様が1日に見るテレビの時間はどれくらいですか。
お子様が熱中していること教えてください。
お子様がいじめられたらどうしますか。
ご主人のよいところを教えてください。
どんなときに我慢をさせますか。
クラス中の全員がゲーム機を持っていて、お子様だけが持っていません。そのことで友達の輪に、お子様が入っていけません。どうしますか。
世の中で理不尽な出来事が起きたとき、お子様がそのことについておかしいと言っていたら、どう対応しますか。
お子様が20歳になるころ、社会はどうなっていると思いますか。
受験にあたって準備されたことはありますか。
何かアピールしておきたいことはありますか。

入試感想

■考査当日のこと…

▷ 考査日は車で行った場合、車内で待機でした。

▷ 面接・考査ともに、ほとんどのご家庭が車で来ていらっしゃいました。

▷ 7時30分から8時の間に受付を済ませ、全員体育館で待機しました。パイプ椅子に受験番号が貼られていました。8時40分から考査が始まりました。

▷ 10時10分ごろから番号順に呼ばれて、6年生の案内で面接室に向かいます。私どもは11時ころに子どもが呼ばれ、両親もその2～3分後に呼ばれました。親子別室での面接でした。

▷ 控え室は体育館で、指定された席に着きます。在校生が誘導係で、面接室へ案内してくれます。

▷ 受付をすませて控え室で待ちます。8時10分ごろに試験の流れの説明があり、8時20分に点呼の上移動しました。8時30分より子どもの考査が始まりました。10時30分に親子とも面接のため移動し、10時40分頃に控え室で親子が合流し、終了となりました。

▷ 控え室はビデオが流れていました。

▷ 約1時間体育館で待機していました。700から800人が体育館にいましたが、走り回ったり騒ぐ子どもはなく、静かでした。

▷ 控え室は体育館でした。時間になると在校生の誘導で校舎に移動します。番号で呼ばれますが、番号が早いからといって、早く呼ばれるわけではありませんでした。

■面接では…

▷ 面接は3部屋同時進行でした。

▷ 面接日は道が混んでおり、5分前ぎりぎりの到着になってしまいました。

▷ 面接中は特にメモを取ることもなく、穏やかな雰囲気でした。

▷ 面接の質問はあらかじめ用意されているようでした。

▷ 面接はテンポよく質問され、あっという間に終わった感じです。

▷ 面接では「具体的に」と言われました。

▷ 面接は先生が1人なので、あまり緊張しませんでした。質問内容が過去の例とまったく違ったので、戸惑いました。

▷ 教育方針をしっかり理解しておけば、あとは常識の範囲内で大丈夫ではないかと思います。「面接はお一人でも結構です」と言っておりましたが、当日はほぼ全員両親そろっていらしていたので、やはりできる限り両親ともに参加するのが望ましいのではないかと思います。

▷ 同じ部屋に入室後、親子背中合わせでおこないました。お互いの声を気にしないように集中することが大切です。

▷ 親の面接はひとりのみでも可だったので母親単独で臨みました。面接官の方は年輩の優しそうな先生で、通っている幼稚園のことを詳しく聞かれたことが印象に残りました。

▷ 子どもの面接重視のようで、親に対しては決まり切った質問しかされませんでした。

▷ 先生は「リラックスしてください。あくまでもペーパーテスト重視で面接は確認です」とおっしゃっていました。

▷ 面接官の先生が、1問ごとに採点表にチェックしていました。

▷ 日常の生活を気にしていらっしゃったようです。終始穏やかな様子でした。

▷ 面接が終わると2名の先生が何か話し合っており、その場で採点をしていらっしゃるようでした。

▷ トラブルが発生したときには、どのように親が学校側と連絡が取れるか、特に気にされていたように思います。

▷ 入室から退室まで、しっかりと見ていらっしゃいました。

アドバイス

▷ 学校が進めている改革への理解がカギかと思います。

▷ ミニ授業の様子で、アクティブラーニング型の授業の適性を見ているのではないかと思いました。

▷ ペーパーはそれほど難しくないので、差がつかないと思います。正誤よりも取り組む姿勢が大切だと思います。

▷ 車で来校されている方も多くいました。駐車場は校庭で満車状態でした。

▷ 1 グループと 2 グループに分かれておこなわれます。1 グループは集合時間が 7 時 20 分と早いため、遠い方は 2 グループ（集合 9 時半）になるように、調整が必要かもしれません。

▷ 学校説明会では、自由に校内を見学することができます。

▷ 面接の時間は願書提出順のようでした。

▷ 人によると思いますが、面接までの待ち時間が長かったため、本を持参していてよかったです。

▷ 待ち時間が長いので、折り紙など持参するとよいと思います。

▷ 控え室の体育館が寒いので、防寒着があるとよいと思います。

▷ 出願期間が長いですが、なるべく早く出すと、面接時間もそんなに待たずに済むのでよいと思います。受験番号が後ろの方は、13 時過ぎまでかかった方もいらっしゃいました。

▷ ペーパー 30 分、行動観察 20 分、面接 5 分と、あっという間に終わった感じです。言語と思考、推理が重要な学校だと聞いておりましたが、まさにその通りでした。はじめて見る問題でも、先生が言っていることをしっかりと聞いて解く力が必要とされているように感じました。慣れた問題をミスなく解く力でなく、考えて解く能力を伸ばしていくことが大切だと思います。

▷ 校訓は毎年聞かれますので、覚えておいたほうがよいです。

▷ 控え室に机はなく、椅子のみ（1 家族につき 3 席）なので、折り紙で時間を過ごすのは難しいです。

▷ 願書に志望動機は必要ないようなことを、園のお母様たちがうわさしていましたが、いろいろ聞かれないためにもしっかり書いておいてよかったと思います。

▷ 受験番号は合否には関係ないので、無理をして早く出す必要はありません。

▷ 体育館で待つ際に、雰囲気や人の多さに圧倒されそうでした。

▷ 朝早くから受付をして待ち時間が長いので、子どもが飽きないように、絵本や折り紙を持参されたほうがいいです。

▷ 出願順の面接なので遅いほど待ち時間が長くなります。子どもの実力を見てくださる学校だと思います。説明会に行かれていない方も、きちんと合格されていました。

▷ 面接に父親が参加できないので手紙を持参いたしましたが、さしつかえはありませんでした。

▷ とにかく集団の中でテキパキと処理できる能力が求められます。

▷ テストの内容は桐杏学園のものより易しかったので、見直しをする時間もあったそうです。

▷ 試験のため教室を片づけることはしていないようで、プリントなどが壁に貼ってあって気を取られることもあったようです。

▷ 基礎をしっかり身につけることが大切だと思います。教室でやったプリントを消して、何度も復習することで基礎学力が身につくと思います。

▷ ペーパーテストの時間が短いので、素早くおこなえることが必要だと思います。

▷ どんな言い回しでも指示が理解できるよう、ふだんから人の話をよく聞き、理解する力を養うことが大切だと思います。

桐光学園小学校

〒 215 − 8556 神奈川県川崎市麻生区栗木 3 − 13 − 1 ☎ 044（986）5155

形式と日程

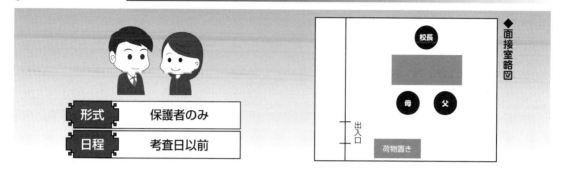

◆面接室略図

校長

母　父

出入口

荷物置き

形式	保護者のみ
日程	考査日以前

2023 年度入試では、保護者面接はおこなわれませんでした。過去におこなわれた内容です。

質問の内容

父親へ

志望理由についてお聞かせください。
私立の小学校を選ぶ理由は何ですか。。
本校に望むことは何ですか。
通学経路を教えてください。
通学時の安全性についてお考えになっていることはありますか。
幼稚園の行事参加など、お子様とのかかわりについてお聞かせください。
お忙しいなか、お子様とはどのように関わりを持っていらっしゃいますか。
ふだん家族で食事をする時間はありますか。
お子様は 6 歳なりにどのように育っていると思いますか。
お子様を叱ること、褒めることは、どのようにお考えですか。
お子様が成長するうえで、重視していることは何ですか。
お子様の教育で、どのような環境が必要だと考えていますか。
ご自身の小学校時代の思い出は何ですか。
最近のニュースを受けて気をつけていることはありますか。

母親へ

志望理由についてお聞かせください。
本校を選んだ理由は何ですか。
本校には何回くらい来られましたか。…それは何の行事のときですか。…どのような印象でしたか。
本校に望むことは何ですか。
通学経路を教えてください。
いつごろから小学校受験を考え始めましたか。
この受験に向けて準備したことはありますか。
ほかの小学校を見学されましたか。

お通いの幼稚園を選ばれた理由を教えてください。
通園はどのようにされていますか。
幼稚園の1日のスケジュールを教えてください。
お子様の幼稚園での様子はいかがですか。
幼稚園に通って成長したと感じることはありますか。
お子様はどのようにお友達と遊びますか。
朝食、夕食の時間を教えてください。
食事のマナーは、どのようなことに気をつけていますか。
お子様には何ができるようになってほしいですか。
お子様はどのように育っていますか。
お子様はどのくらい本校に来ましたか。
日頃気をつけていることは何ですか。
ご家庭での様子についてお聞かせください。
お子様のよいところを教えてください。
お子様にはどのような大人になってほしいですか。
小学生になると3時過ぎには帰宅しますが、どのように対処しますか。
上のお子様の学校で、お母様同士のトラブルはありますか。
お母様同士でトラブルがあった場合、学校にはそのことを言いますか。
どのように叱り、どのように褒めるのがよいとお考えですか。
ご自身の小学校時代の思い出は何ですか。

子どもへ （考査中に）

お名前と幼稚園の名前を教えてください。
お家の住所と電話番号を教えてください。
お友達のお名前を教えてください。
今日は誰と来ましたか。
朝ご飯は何を食べてきましたか。
お家に帰ったら何をしますか。
どんなことをして遊ぶのが好きですか。
いつもお母さんにしかられることはどんなことですか。
好きな本を3冊教えてください。
好きな食べ物を教えてください。
最近できるようになったことはありますか。

入 試 感 想

■考査当日のこと…

▷ 受付後、「来校者カード」をさげるよう渡されます。

▷ 控え室は個室で、1組ずつ待機しました。

▷ 考査は、先にペーパーを1時間やり、その後絵画、行動観察でした。

▷ 控え室のホールにはテレビを、ホール前には温かい飲み物を用意してくださっていました。

▷ 小雨の降る寒い日でしたが、校舎内に暖房は入っておりませんでした。それでも子どもは、試験終了後「あつい〜」と言って戻ってきました。

▷ 1グループ16人を、教師2人で見ていました。

▷ お茶が用意されており、ご自由にお飲みくださいとありました。

▷ 考査はピリピリとした雰囲気はなく、初めての考査で少し心配でしたが、子どももリラックスして受験できました。

▷ 8時10分に栗平駅よりスクールバスで学校へ。20分に受付開始。50分に20名ずつ点呼、先生2名の誘導のもと子どもは考査へ、親はひかりホールで待つ。10時に子どもが戻ってきて終了。

▷ 8時40分に受付、9時に点呼ののち子どもは小集団テストへ、親は体育館からひかりホールへ。10時に屋外にて子どもと合流し終了。

▷ 受付から体育館の待ち合いの場所までの廊下に将棋・オセロ・本が置いてあり、自由に遊ぶことができました。

▷ 体育館の椅子に座り、ほとんどのお子さんとお母様が折り紙をして待っていました。

▷ トイレを済ませ、体育館につながるホールで絵本を見たり金魚を見たりして過ごしました。桐光学園の子どもたちのスナップ写真がホール全体に貼られていて、心を和ませてくれました。

▷ 子ども1人に対して保護者1人分の椅子が用意されています。両親で来られる方は後部の自由席に座れます。時間近くには体育館に戻り、お絵かきや折り紙をしていました。

▷ 受付を済ませ、ゼッケンケースをいただき、受験票を首からさげると体育館に入ります。受験番号の書いてある紙が椅子（1家族2脚）に貼ってあり、半分くらいの家族は折り紙やぬり絵の練習をしていました。廊下の絵本コーナーにある本を借りて、ホールにあるテーブルに着き読んでいる人もあり、ざわざわとしていました。先生方はチェックしている様子はまったくなく、にこやかに子どもたちへの対応をしていらっしゃいました。

▷ 2次テストのあとは、番号順に子どもを迎えに校庭まで行きました。子どもたちはみな楽しそうで、楽しい気分のまま帰っていったようです。

▷ 面接・お話づくりは一人ひとり呼ばれていくのですが、スムーズにすべて答えられたようです。

■面接では…

▷ 面接室は5部屋ほどありました。

▷ 面接は穏やかな雰囲気でした。願書の内容中心に質問がありました。

▷ 控え室は会議室でした。面接は校長室でおこなわれました。

▷ 面接は校長室でおこなわれました。先生との距離が近かったのですが、威圧感もなく和やかな雰囲気でした。

▷ 面接では先生方が熱心にうなずきながら、こちらの答えを聞いてくださいました。

▷ 面接は校長先生からの質問でした。もう1人の先生はメモをとっていました。

▷ 控え室にはいると、すでに1組待っておられました。平日だったためか、お母さんのみで面接にいらっしゃる方も結構いらっしゃいました。

▷ 終始和やかな雰囲気で答えやすかったです。第一志望かどうかをとても重視しているように感じました。

▷ 和やかな雰囲気で話がしやすかったです。順番が来ると近くの控え室に先生が迎えに来ます。

▷ 私どもは教頭先生に案内していただきましたが、全員の先生が順番で面接の係をしたと校長先生がおっしゃっていたので、男女問わずさまざまな先生が案内されたのだと思います。入室の際のドアの開閉も先生がしてくださいました。校長先生は願書1枚を携えて、「とても丁寧に書いてくださってますので志望理由は大丈夫です」と言っていただき、和やかな雰囲気で進行しました。

アドバイス

▷ 面接で合否が決まるということはないと感じました。子どもや家族の様子と、常識のある親かどうか
　を見ていらっしゃるように思います。

▷ 塗り絵は最後まで塗ることと、塗らない約束のところをきちんと守ることだと思います。

▷ ぬり絵と、先生の指示を一度で理解できるようにしておくとよいと思います。

▷ 行動観察が重視されているかも知れません。

▷ 説明会で合格基準について説明があり、ペーパーと行動観察・絵画制作の比率が半々になったとのこ
　とでした。

▷ ペーパーの枚数が多いので、早くこなせる練習が必要だと思います。

▷ 面接のアンケートなどはありません。願書をじっくり見ていらっしゃいました。

▷ 長時間の行動観察をおこなうことで、子どもの本質をしっかりと見極めているように思います。ペー
　パーが比較的簡単なので、子どもの人間性を大事にされているのかも知れません。

▷ 幼稚園の制服のお子さんもいらっしゃいました。

▷ 下駄箱や傘立てをお借りできるので、荷物の心配はいりませんでした。

▷ 個別テストの待ち時間が多少長く、名前を呼ばれるまで絵本を読んで待つのですが、その際に静かに
　読むよう指示がありましたが、声に出して読んでいる子や、何度も本を取り替えに行く子がいたと子
　どもが言っていました。本が自分で読めるか（黙読できるか）、絵を楽しむことができるか、どちら
　かができると楽に待っていられると思います。

▷ 子どもが考査に行っている間、親はひかりホールか体育館で待つのですが、ホールではパネルにテレ
　ビが流れていて、自動販売機で飲み物を買って飲んだり話をしている方もいて、親は子どもを連れて
　行って、連れて帰るということだけを求められている気がしました（子ども重視）。

▷ 今年のペーパーは置き換えやシーソー、折り紙展開などは出題されず、集中的に勉強したものはまっ
　たく意味がなかったようです。また二次の行動観察も、絵画や道具箱の整理など例年とは傾向が変わ
　ったようでした。

▷ 制作・面接のときは5、6人のグループになったようなのですが、知っているお顔があっても絶対お
　話はしないこと、という約束をさせました。

▷ 雨の日は靴下に泥がはね上がるので、替えを持っていったほうがいいです。

▷ 雨で前半の人の帰路が遅くなったので、テストがずれ込んでしまい、はじまりが遅れてしまいました。
　あまり神経質になっている方はいませんでしたが、早く到着していて待ち時間が長すぎると、子ども
　が落ち着きをなくしてしまうことがあり得るので、受付時間との調整も必要かも知れません。各教室
　でのテストの後、トイレに行きたい人は行くよう指示があったようです。

▷ 考査当日は寒かったのですが運動がある2次では、ほとんどの方がブラウスやシャツ（男の子はポロ
　シャツの子もいました）だけで、カーディガン等も脱がせていました。下着で体温調節をしたほうが
　いいと思いました。

日本大学藤沢小学校

〒 252 − 0885 神奈川県藤沢市亀井野 1866 ☎ 0466（81）7111

◼ 形式と日程

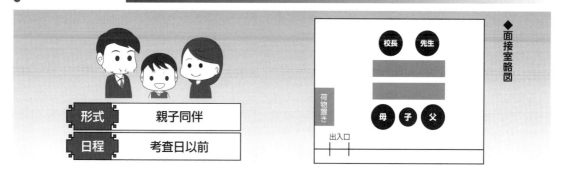

形式	親子同伴
日程	考査日以前

◆面接室略図

親子同伴の面接が考査日前におこなわれます。面接時間は 20 分程度。

◼ 質問の内容

父親へ

志望理由をお聞かせください。
本校の校風とどこがお子様に合っていると思いますか。
併願をされているようですが、全部合格したらどうされますか。
教育方針を教えてください。
ふだんお子様とどのように関わっていますか。

母親へ

志望理由を教えてください。
お仕事をされていますか。
今日の朝食は何を食べましたか。
お子様にはどのように育ってほしいですか。
自立心を養うためにどうしていますか。
母親としてお子様の将来をどのようにお考えですか。

子どもへ

お名前を教えてください。
今日は何時に起きましたか。
朝ご飯は何を食べましたか。…毎日食べますか。

幼稚園の名前を教えてください。
小学校に入ったら何をしたいですか。
お手伝いは何をしていますか。
好きな本は何ですか。…自分で読むのですか。
今何か頑張っていることはありますか。
お話作り（写真の中から好きなものを選んで）

入試感想

■考査当日のこと…
▷ 面接資料は当日記入します。時間は 15 分。家族構成、最寄り駅、幼児教室名、併願校についてなど
でした。
▷ 自由画では、子どもは動物と自分の顔を描きました。

■アドバイス
▷ ペーパーの量が多く、難しい問題もありました。年々難しくなっているようです。
▷ 面接は包み隠さずありのままを伝えるとよいと思います。

森村学園初等部

〒 226 - 0026 神奈川県横浜市緑区長津田町 2695 ☎ 045（984）2509

形式と日程

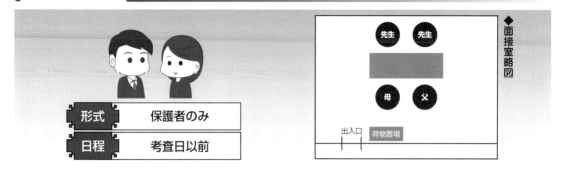

形式	保護者のみ
日程	考査日以前

◆面接室略図

先生　先生

母　父

出入口　荷物置場

保護者のみの面接が、考査日前におこなわれます。面接時間は 10 分程度。面接資料は願書といっしょに提出します。子どもには考査中にグループ面接がおこなわれます。

質問の内容

父親へ

志望理由をお聞かせください。
本校のイメージはどのようなものですか。
本校をどのように理解していらっしゃいますか。
本校をどのように知りましたか。
本校をどのような学校だと思いますか。
本校の印象についてお聞かせください。
本校に期待することはありますか。
本校の校風をどのように感じていらっしゃいますか。
小学校の英語教育についてどのようにお考えですか。
通学経路と通学時間を教えてください。
お仕事について教えてください。
転勤の可能性はありますか。
休日の過ごし方を教えてください。
ふだんお子様とどのように関わっていますか。
お子様とどんなことをして遊んでいますか。
お子様の長所を教えてください。
最近お子様を叱ったことはありますか。
お子様が今 1 番関心を持っていることを教えてください。
お子様の言葉で、最近印象に残ったものは何ですか。

母親へ

志望理由をお聞かせください。
本校の印象をお聞かせください。
ご家庭の教育方針について具体的に教えてください。

本校を見学したとき、お子様はどのような様子でしたか。
通学経路を教えてください。
幼稚園にはどのように通っていますか。
お子様の送迎はどうされていますか。
お母様のお仕事についてお聞かせください。
仕事と家庭の両立のために、どのような工夫をされていますか。
送り迎えや緊急時の対応は大丈夫ですか。
学校の行事には参加できますか。
今日、お子様はどちらにいらっしゃいますか。
ご家庭ではどんなことをして遊んでいますか。
最近、お子様を褒めたこと、叱ったことは何ですか。
しつけについてどのようにお考えですか。
子育てで大切にしていることは何ですか。
ご家庭ではどんな料理をつくりますか。
食生活についてどんなことに気をつけていますか。
本校は給食ですが、アレルギーのある食材はありますか。
食べ物の好き嫌いはありますか。
お子様の性格についてお聞かせください。
お子様の長所を教えてください。
お子様のどこを伸ばしたいですか。
お子様が苦手なことは何ですか。
お子様の１番のお気に入りを教えてください。
姉妹の関係はどのような様子ですか。
最近お子様が興味を持っていることはありますか。
ご家庭で、お子様に任せていることはありますか。
お子様が夢中になっていることは何ですか。

子どもへ （考査中に）

お名前を教えてください。
幼稚園の名前を教えてください。
先生の名前と好きなところを教えてください。
お友達のお名前を教えてください。
幼稚園で何をして遊びますか。
好きな遊びは何ですか。
お家での約束事は何ですか。
幼稚園でのお約束は何ですか。
朝起きたら何をしますか。
朝ご飯は何を食べましたか。
好きな食べ物嫌いな食べ物は何ですか。
お友達がおもちゃを貸してくれなかったとき、どうしますか。
好きな本は何ですか。
好きな季節は何ですか。
夏休みはどこに行きましたか。
好きな動物は何ですか
大きくなったら何になりたいですか

入試感想

■当日のこと

▷ 控え室は体育館でした。お茶の用意がありました。

▷ 受付後は１年生の教室で待機。番号を呼ばれ面接室に案内されました。小会議室くらいの部屋でした。

▷ 控え室は温かいお茶などが用意されており、自由に飲むことができました。

▷ 午後から試験のお子さんたちのなかには、体育館で軽食を取っている子もいました。

▷ 受付時間まで、１年生の教室で待ちました。

▷ ７時45分に受付。控え室の体育館で待ちます。８時25分に整列して考査室へ移動。10時45分に子どもが戻り、終了となりました。

▷ 控え室では本を読んだり、談笑している方が多かったです。

▷ 控え室は１年生の教室でした。どなたも話すことなく、静かに待っていました。

▷ 控え室は教室でした。順番になると廊下の椅子に移動して待機します。

▷ 控え室では話し声もありませんでしたし、皆さん本を読まれたりパンフレットを見たりされていました。

▷ 控え室は体育館を前半と後半の半分に分けて仕切っていました。お茶などが用意されており、「ご自由にどうぞ」と書かれていました。

■面接では…

▷ 手荷物は廊下にある荷物置き場に置きます。

▷ 面接室は、１番から５番までありました。待ち時間はあまりなく、スムーズに流れていました。

▷ 面接室は５部屋ありました。先生との距離が近かったです。

▷ 面接はとても和やかな雰囲気でした。

▷ 面接では、先生方はパソコンやタブレットを見て、願書などを確認していらっしゃいました。

▷ 面接は和やかでした。先生との距離が近く、資料が見えるほどでした。校長先生がメモを取っていらっしゃいました。

▷ 面接は３組ずつ呼ばれ、面接室近くの椅子で待ちます。

▷ 保護者面接は受付するとすぐに呼ばれ、案内されました。予定より早く進行していたようです。面接室のドアは案内の先生が開けてくれました。

▷ 面接官は終始にこやかな表情で、笑いもありました。

▷ 面接官は２人でした。とても穏やかな感じの先生でしたので、緊張することなく話ができました。

▷ ３日間のうち最終日の面接だったためか、人数は少なかったです。校長先生と教頭先生の面接でした。教頭先生はいつものように腰が低く、ニコニコされていらっしゃいました。

▷ 受験番号ごとに分かれて教室で待機していると、番号を呼ばれて次は廊下で待機します。その後、受験番号を呼ばれて面接室へ入ります。

▷ 面接室は４から５カ所あり、荷物を外に置いて入室しました。冒頭でまず、「お忙しいなか、本校をお選びいただきありがとうございます」との言葉をいただき、まったく威圧的なものを感じない雰囲気でおこなわれました。

▷ 主人がたいへん緊張しておりまして、面接官の方にもそれが伝わったようで、子どもについての質問は特に私のほうに向けてされていました。

▷ 面接官との距離がすごく近くて緊張しました。校長先生はメモを取らず、２人の男性のうち、１人がずっとアンケートにメモをしていました。

▷ 先生方の態度や口調がとても優しい感じでした。２部屋に分かれておこなわれていました。

▷ ホワイトボードに控え室の案内があります。係の方から番号を呼ばれ、面接室近くの椅子に座って待ちます。面接室は５つあり、空いたところから順番に呼ばれて入室しました。面接資料が山積みで、どの受験者が来ても対応できるようになっていました。

▷ 面接の直前にアンケートを提出したにもかかわらず、非常によく読んでくださっているという印象を受けました。特に縁故関係などがなかったため、年中頃からいろいろな行事に何度も足を運んだことをアンケートに書きましたが、とても好意的に受け取っていただいたようでした。

▷ 私どもの住んでいる地域から通っている在校生はいないようですが、逆のそのことを歓迎してくださる雰囲気でした。校長先生はいろいろな所から通学してほしいとおっしゃっていました。

アドバイス

▷ 説明会で、ペーパーの内容はあまり変えないと校長先生がおっしゃっていました。

▷ ペーパー、絵画、行動観察とすべての分野で、不得意分野をつくらないよう準備が必要だと思います。

▷ 考査は問題数が多いので集中力、根気が必要かと思います。内容はそれほど難しくないので、基本を
しっかり身につけておくことだと思います。

▷ 面接の質問内容はどの組もだいたい同じような内容だったようです。

▷ 面接の順番は番号順に呼ばれるのではなく、受付順に呼ばれます。開始時刻前でも、面接室まで誘導
されます。

▷ 考査当日の控え室は体育館なので、寒さ対策にひざかけなどを用意したほうがよいと思います。

▷ 本当にこの学校を希望しているかを見ているように感じました。

▷ 例年あったサイコロによる質問はなく、1人ずつ呼ばれ質問されました。

▷ 問題の傾向は例年と変わらなかったようですが、時間が短かったと子どもは言っていました。

▷ 体育館で待っていたので少々寒かったです。当日の天候にもよるかと思いますが、あたたかい格好を
されていったほうがいいかもしれません。

▷ 集合時間まで折り紙や絵本を読んだりして待ちました。

▷ 学校案内のときとはやはり違い、200組もの親子を見て圧倒されました。学校によってかなり違う
と思います。

▷ 当たり前のことですが、行事や公開授業、説明会には必ず行かれた方がいいです。面接時に聞かれた
人もいます。公開授業（参観できる）説明会は記名をします。

▷ 子どもの服装は紺でシンプルな姿が多かったです。

▷ 8時半の集合時間が遠方なので大変でした。子どもには2、3日前から早起きをさせました。

▷ 体育館が控え室で両サイドのテーブルにポットと緑茶のティーパックがあり、自由に飲んでください
と言われました。

▷ 前半と後半のグループで、ペーパーの問題が少し違うようでした。

▷ ペーパーテストのあと、かぶり式のスモックを着て集団遊びが終わったら、最後に脱いでたたんでお
返しします。

▷ ペーパー30点、集団テスト（行動観察含む）70点の100点満点で、テスト終了後、校長先生と
全員の先生で会議し合格者を決めます。

▷ 子どもが「楽しい試験だった！」と笑顔で戻ってきたので、親としては学校に感謝しております。ほ
かの学校を受けるにあたっても、貴重な機会となり、子どもの気持ちが上向きのよい状態で臨めそう
でよかったです。

▷ 体育館で待っていたので少々寒かったです。当日の天候にもよるかと思いますが、あたたかい格好を
されていったほうがいいかもしれません。

▷ 共同制作でお友達といかに協力できるかが、合否のカギだと思います。

▷ 兄弟がいても考査の内容がよくなければ落とされるそうです。過去にも実際にそういう方がいました
から、気を抜かないことが大切です。

▷ 面接資料の記入は思ったより時間がかかります。あらかじめ用意していても、早めの到着をお勧めし
ます。15分くらいでは足りないかもしれません。

横浜雙葉小学校

〒231 − 8562 神奈川県横浜市中区山手町 226 ☎ 045（641）1628

▌形式と日程

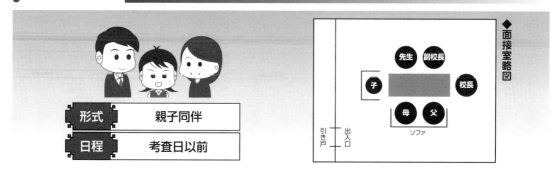

◆面接室略図

形式	親子同伴
日程	考査日以前

　親子同伴の面接が考査日前におこなわれます。日時は願書受付の際に通知されます。面接時間は10〜15分。最初に親と子ども別々に面接がおこなわれ、途中から子どもが別室からもどります。

▌質問の内容

 父親へ

志望動機をお聞かせください。
家から少し遠いようですが、どのように考えていますか。
お仕事についてお聞かせください。
お仕事がお忙しいようですが、お子様との時間をどのようにとっていますか。
休日にはお子様とどのようにお過ごしですか。
ご家族での夏休みの過ごし方を教えてください。
夏休みの思い出は何ですか。
どんなお子様ですか。
お子様から贈られたもので、嬉しかったものは何ですか。
お子様の名前はどなたが考えましたか。
家族3人でしりとりをしてください。
現在の子どもたちについてどうお考えですか。
（トラの絵を見せられて）お子様になぞなぞを出してください。

 母親へ

お父様の志望理由に、何か付け加えることはありますか。
本校に来たことはありますか。
女子校についてお考えをお聞かせください。
通学時間がかかりますが、どのようにお考えですか。
お仕事をされていますが、家庭との両立をどのようにお考えですか。
お仕事をされていて学校行事への参加は大丈夫ですか。
どんなお子様ですか。
お子様のよいところを教えてください。

お子様が今夢中になっていることは何ですか。
お子様の好きな遊びは何ですか。
お子様の健康状態を教えてください。
子育てにおいて大変だったことと、嬉しかったことを教えてください。
子育てをしていて難しいと感じることを教えてください。
本をよく読まれますか。どんな本が好きですか。
夏休みを過ごされて、何か成長したと思われるエピソードがありましたらお話しください。
（かぼちゃの絵を見せられて）お子様になぞなぞを出してください。

子どもへ

お名前と幼稚園の名前を教えてください。
幼稚園でお友達はいますか。…たくさん遊んでいますか。
お友達の名前を教えてください。
幼稚園ではどんなことが楽しいですか。
幼稚園から帰ったらどんなことをしていますか。
幼稚園ではお弁当ですか。給食ですか。
幼稚園では何をして遊びますか。
お友達とはどんなことをして遊びますか。
運動会は終わりましたか。…何の競技に出ますか。
この学校に来たことはありますか。
オープンスクールには来ましたか。
朝ご飯は何を食べましたか。
お母さんのつくる料理で、1番好きなものは何ですか。…どうしてですか。…それは何色ですか。
お母さんと何をして遊んでいますか。
お母さんのお弁当では何が好きですか。
給食のおかずで好きなものは何ですか。給食を残すことはありますか。
お手伝いをしますか。…どんなことをしますか。
好きな本を教えてください。
好きな遊びを教えてください。
お父さんとどんなことをして遊びますか。
お兄さん・お姉さんとどんなことをして遊びますか。
お兄さん・お姉さんとはケンカをしますか。どちらが強いですか。
弟さん・妹さんとはどんなことをして遊びますか。
夏休みの楽しい思い出を教えてください。
夏休みはどこに行きましたか。
お家で生き物を飼っていますか。
別室ではどんなゲームをしましたか。
　　【別室でのゲーム】
半分にできるおもちゃ（ぶどう・エビフライ・野菜など）から好きなものを5個とり、5つのお皿にのせる。
先生とジャンケンをして、勝った人のかごのなかに入れる。あいこのときは半分ずつ両方のかごに入れる。
　　【親子でカードゲーム】
カード（船、水兵さんなど絵柄、色が少しずつ違う）が3列（12枚ほど）に並べられてお父さんお母さんが1枚選んで、それについてヒントを出し、お子様がどのカードか当ててください。

入 試 感 想

■考査当日のこと…

▷ 控え室は、中央に大きなテーブルがあり、壁に沿って椅子が並べてありました。本棚に絵本があり、自由に読んでよいとのことでした。

▷ 8時に受付をして控え室で待ちます。8時30分に点呼があり、子どもは考査へ移動します。昼食をはさんで14時に終了でした。

▷ 控え室は静かでした。読書をされている方がほとんどでした。

▷ 8時20分までに受付、講堂で待機。30分に点呼、子どもは考査へ。ペーパー、グループ制作、運動のあと、お昼休みを挟んでパズル、自由遊びの考査。14時過ぎに終了。

▷ クラスはA〜Fまであり、それぞれに決められた列に並んで受付し、在校生の案内でホールの番号の席（母子2席分）まで案内されます。ゼッケン（子どもの椅子の上に置いてありました）をつけ上履きを履き替えます。先生が名前を呼び、50人程度を1クラスとし試験会場へ連れていきます。

▷ 校舎内を案内されたのみで特別の説明会はありませんでした。ただ入学されてからかなり、母親の協力が大切なことがお話からうかがえました。

■面接では…

▷ 面接の順番が、控え室に掲示されていました。

▷ 手荷物は貴重品を除いて控え室に置いておきます。

▷ 面接は穏やかに進行しました。願書を事前によく読んでいらっしゃるようです。

▷ 面接では、手荷物は控え室に置いて面接室に移動しました。

▷ 面接は校長室でおこなわれました。最初に父親、次に母親、子どもの順番で質問されました。

▷ 面接では、自分たちが終了すると控え室に戻り、次の順番の方に声をかけます。

▷ 控え室では絵本がたくさん用意されていましたので、皆さん子どもの選んだ絵本を小さな声で読んで聞かせていました。読み手は父親のほうが多かったです。面接室は2部屋あり、どちらの部屋に呼ばれるのか、貼り紙がしてありました。

▷ 面接は2部屋で校長・副校長に分かれていました。それほど和やかな雰囲気ではなく、両親よりも子どもをしっかりと観察されているようでした。

▷ 面接の部屋と控え室がそれぞれ2つずつありました。到着後10分ほどで呼ばれたため、何をする余裕もありませんでした。控え室のスペースはとても狭く、椅子のみで机などはありません。お絵かきなどより、絵本を読んだり、あやとりをするほうが適していると思います。

▷ 最初は親子別々で、子どもは別室でジャンケンゲームをしています。その間、親には2から3の質問がなされ、子どもが戻ると子どもに質問するといった形式でした。親よりも子どもをよく見ている感じがしました。

▷ 面接は、まず親（父母の順）には教頭先生、子どもへは校長先生から質問がありました。

▷ 私どもにとっては初めての面接だったので緊張して当日を迎えましたが、面接官の先生がとても温かい雰囲気で話してくださったので、落ち着いて受け答えできました。箱に入っているもの（くつ・お玉・ペットボトル）を親が触り、その中の1つを答えにして子どもに質問するという内容のとき、いつもの楽しい家族の雰囲気をアピールできたので、はずれても影響はなさそうでした。

▷ 面接は厳しい雰囲気でしたが、まず教頭先生が母親を見ながら「今日は幼稚園には行かれましたか」と尋ねられ、娘を見ながら「疲れたでしょう」と優しく声をかけてくださいました。

▷ 両親が質問を受けている間、校長先生は子どものほうへ体を向け、目線を落としていますが、待っている様子をじっと観察されているように感じました。

▷ 校長先生はシスターの服装でなく、白地に色とりどりのスーツをお召しになり、全体的にこちらが緊張しないような雰囲気作り、質問の仕方であったように思います。

▷ なぞなぞでは、娘の答えが正解に近づけず、問題を出すチャンスを何度も頂きました。私どもは緊張しましたが、娘は、生き生きと答えてくれたので安心しました。父、母と子どもとの関わり合いなどを観察されているのだと思いました。

アドバイス

▷ 面接では家庭の様子を見ていると思います。

▷ 学力はもちろんですが、日常の生活において、自分で考え行動できるようになることが必要かと思います。

▷ とても公平な試験だと思います。

▷ 面接の質問はそれほど多くないので、一つ一つ丁寧に答える必要があります。言いたいことをできる限り多く話せるよう、工夫して面接に臨みました。

▷ 面接も考査も、家族全体の素養が見られている気がしました。入念な準備が必要です。

▷ 願書受付初日は、9時までに集合していた231名を対象に抽選をおこないました。受付番号順にくじを引き、その引いた番号順に願書を提出しました。

▷ 例年と同じ傾向で、大きな変更はありませんでした。

▷ 面接では、子どもよりも両親のほうがうまく答えられませんでしたが、子どもをしっかり見ていただけたようで、合格をいただくことができました。面接で失敗しても引きずらずに、気持ちを切り替えて、考査当日最高の状態で迎えられればよいと思います。

▷ 考査日は、朝から14時までの長時間、講堂内の指定の席で待たなくてはなりません。本や編み物など用意されたほうがよいと思います。

▷ 寒さ対策に持っていったブランケットは役に立ちました。

▷ 控え室には絵本がたくさん用意されており、静かに座って待つことができます。

▷ 見学会には必ず出席されることをおすすめします。1グループ20名ほどに1人の先生が引率して校舎内を案内してくださいます。とても熱心な先生だったので好印象でしたし、学校の様子がよくわかって、これをきっかけに受験を決めました。子どもは長い考査時間であったにもかかわらず、とても楽しかったようで、「お友達がたくさんできた」と喜んで帰ってきました。ペーパーは難易度が高いですが、先生の話をよく聞いて指示を守るという訓練をしておけば安心です。また、夏休みに得意、不得意項目を整理しておくと、9月以降の直前期に力が安定してくると思います。

▷ 控え室の講堂は少し寒いので、ひざ掛けなどがあったほうがいいかもしれません。外出はOKですが、発熱で呼び出されている保護者の方もいましたので、長時間は避けたほうがいいと思います。

▷ 付き添いは6時間ほど講堂で待機することになります。編み物や刺繍、読書をしていらっしゃる方が多く、私語はほとんどなく静かでした。膝かけとスリッパが重宝しました。

▷ 6時間もの長い考査ですので、受験生みんなのよいところ、悪いところすべて出たように感じます。共同作業では、話を聞いてくれなかったり、好き勝手にする子もいたそうです。相手の話を聞く、悪口を言わないなど、ふだんから注意しておくことが大切だと感じました。

▷ 講堂での待機時間が約6時間と長く、少し冷えるのでひざ掛けを持参している方もいました。待ち時間は何をしてもよいということでしたが、編み物や読書をしている方が多かったです。私は子どもの折り紙を借りて時々やっていました。親のお弁当の時間は2組ずついっしょで30分間でした。子どものお弁当は、正座をしてお弁当箱を手に持っていただくので、おにぎりは避けたほうがいいと思います。

▷ 親は講堂で長時間にわたり待機します。とにかく長時間なので、朝早くからきちんと集中して、お弁当を食べた後もおしゃべりしないように言っておきました。子どもは一日体験みたいで楽しかった様子でした。

▷ 面接時間20分前に行ったのですが、まだどなたもいらっしゃっていませんでした。9時からの面接予定でしたが、8時50分に始めてくださいました。当日の持ち物には上履きとは書いていなかったのですが、子どもだけは必要でした。親は玄関にあるスリッパに履き替えてくださいと言われました。

▷ 予定時刻より10分ほど早く面接になりました。どのグループもちょうど10分で戻って来ました。

▷ 日頃の家庭でのしつけを観察されるので、待つ態度やあいさつはしっかり身につけておくことが望まれます。

▷ 試験中に「先生は皆さんのお片づけをしているところを見たいのでお片づけをしてください。」と言われ、うちの子はお片づけをしていないお子さんたちに注意して、逆に言い返されたそうです。どこの試験会場にも、そういう子がいるので、気にせず自分のできることをするように事前によく注意しておくことが必要です。

江戸川学園取手小学校

〒 302 − 0032 茨城県取手市野々井 1567 − 3 ☎ 0297（71）3353

形式と日程

形式	親子同伴
日程	考査日以前

◆面接室略図

親子同伴の面接が考査日以前におこなわれます。 面接時間は 15 分程度。

質問の内容

父親へ

志望理由を教えてください。
なぜ私立小学校を選びましたか。
説明会全体を通して、１番印象に残ったことは何ですか。
志望理由のほかに、学校の方針で共感している点はありますか。
ご家庭の教育方針を教えてください。
家庭学習にご協力していただけますか。
併願はありますか。…第一志望ですか。…合格された場合、入学しますか。
12 年一貫教育ですので中学受験はできませんが、ご理解いただいていますか。
12 年一貫教育のメリットは何だと思いますか。
万が一、学校の教育方針と家庭の教育方針が一致しないとき、どうしますか。
本校の 10 の特色のうち、何に１番関心がありますか。
本校で何を学ばせたいですか。
しつけについてはどのようにお考えですか。
ご自身のご両親から言われてきたことで、今お子様におこなっていることは何ですか。
道徳教育についてどう思いますか。
道徳教育として、ご家庭で心がけていることはありますか。…実践していることは何ですか。
英語教育についてどのようにお考えですか。
「7 つの習慣」をいつどこでお知りになりましたか。、
「心の教育」についてどうお考えですか。
「心の教育」で大切にしていることは何ですか。
ご家庭で、心の教育で実践されていることはありますか。
小学校に入ったら楽しみにしていることは何ですか。
中学・高校の特徴を知っていますか。
お仕事の内容について教えてください。
学校でトラブルがあった場合、どのように対応しますか。
お子様とはどのように遊んでいますか。
お子様の長所・短所を教えてください。

平日はお子様とどのように過ごしていますか。…休日はどうですか。
休日の過ごし方を教えてください。
ご自宅からの通学経路と所要時間を教えてください。
通学経路を教えてください。…少し遠いようですが大丈夫ですか。
自宅から遠い本校を選んだのはなぜですか。…通学のリスクや不安はありませんか。
通学にバス・電車を使いますが、それに対してお子様は大丈夫ですか。
お子様と電車に乗る機会はありますか。…どこに出かけましたか。
電車内でのマナーはどのように教えていますか。
お子様が電車でのマナーを守れていないことについて、連絡があった場合どうしますか。
電車でお友達とふざけるなどして学校に通報があった場合、指導しますが、ご家庭ではどのように対処していただけますか。
お子様を一言で言うとどのようなお子様ですか。
お子様の長所を１つあげてください。
お父様がお子様に対して自慢できることは何ですか。
お子様のすごいと思うところはどこですか。
お子様と将来について話したことはありますか。
お子様はどのような夢を持っていますか。
お子様の将来について、願っていることは何ですか。
お子様に、どんな大人に成長してほしいですか。…将来どのような職業についてほしいですか。
お子様がけんかをして帰ってきたらどうしますか。
お子様がいじめにあったらどうしますか。
ご家庭でのお子様とのふれあいをどのようにしていますか。
お子様との関わりで気をつけていることは何ですか。
お子様にアレルギーはありますか。
本の読み聞かせをしていますか。
お子様を褒めるのはどんなときですか。
宿泊行事がありますが、大丈夫ですか。…修学旅行ではオーストラリアに行きますが大丈夫ですか。

母親へ

志望理由を教えてください。
本校を知ったきっかけは何ですか。
私立を選んだ理由は何ですか。
教育方針を教えてください。
説明会には何回いらっしゃいましたか。…印象に残ったことは何ですか。
中・高の特色で興味のあるものは何ですか。
中高一貫校についてどのようにお考えですか。…12年間通うことはできますか。
本校の10の特色のうち、１番関心があるものは何ですか。
道徳教育についてはどう思いますか。
お子様にどのような「心の教育」をされていますか。
心の教育について、ふだんの生活の中で気をつけていることはなんですか。
お子様のしつけで、大切にしていることは何ですか。
子育てで大切にしてきたことは何ですか。
家庭学習についてどのようにお考えですか。
学校行事への参加について、どのようにお考えですか。

PTA の活動に参加していただけますか。
通学経路を教えてください。…所要時間はどのくらいですか。
電車、バスでのマナーは身についていますか。…学校に通報があった場合、家庭での指導
はどうしますか。
お子様が電車でのマナーを守れず、学校に連絡があった場合どうしますか。
学校行事に参加・協力できますか。
宿題がたくさん出ますが、ご家庭のご協力は大丈夫ですか。
ご家庭で学習する生活基盤ができていますか。…得意分野、苦手な分野は何ですか。
健康で心配な点はありますか。
お子様にアレルギーはありますか。
お子様に食べ物の好き嫌いはありますか。
お子様の嫌いな食べ物について、ご家庭ではどうしていますか。
お子様の健康面で気をつけていることを教えてください。
お子様の健康状態はいかがですか。…学校側として注意すべき点はありますか。
お子様はどのような性格ですか。
お子様のよいところを 1 つあげてください。
お子様に直してほしいと思うところは何ですか。
どんな大人になってほしいですか。
最近お子様を褒めたことがあれば、具体的に教えてください。
本校では読書に力を入れています。家で本は読まれますか。
ふだんお子様と本を読む時間をつくっていますか。
お手伝いをさせていますか。
お子様が学校で嫌なことがあったと言って帰ってきたらどうしますか。
いつもお子様とどんな遊びをしていますか。
最近お子様に注意することはどんなことですか。
子どもを狙った犯罪について、どのようにお考えですか。
「テレビを観る時間」は守れていますか。
アフタースクールでは何の講座を選びますか。
お子さまをアピールしてください。

子どもへ

お名前を教えてください
生年月日を教えてください。…何歳ですか。
幼稚園の名前を教えてください。
園長先生のお名前を教えてください。
担任の先生の名前を教えてください。…どんな先生ですか。
幼稚園のお友達は何人ですか。
仲のよいお友達の名前を 2 人教えてください。
幼稚園ではどんな遊びをしますか。…何人でしますか。
幼稚園で遊ぶとき、部屋のなかと外ではどちらが好きですか。
お友達とケンカをしますか。
お友達とケンカをしたときはどうしますか。…「ごめんなさい」と言えますか。
幼稚園から帰ってきたとき、何と言いますか。
お着替えはひとりでできますか。…洋服をたためますか。
幼稚園は制服ですか。…帰ってきたら、その制服をたたんだり、かけたりできますか。
兄弟の名前を教えてください。

お休みの日は何をして遊びますか。
最近お父さん、お母さんとどんな遊びをしましたか。
どんなテレビ番組が好きですか。…なぜ好きですか。
テレビをどのくらい見ますか。
最近読んだ本はどんな本ですか。…本は自分で読みますか。読んでもらいますか。
好きな本は何ですか。…お話を教えてください。…もう1冊教えてください。
図鑑は読みますか。…どんな図鑑を見ますか。
昔話は好きですか。…どんな昔話が好きですか。
好きな食べ物は何ですか。…嫌いな食べ物はありますか。
お母さんの料理はおいしいですか。…何が1番好きですか。
幼稚園はお弁当ですか、給食ですか。…給食に苦手な食べ物が出ても食べられますか。
給食で、ニンジンが嫌いな友達がいたとき、あなたなら何と言いますか。…もうひとこと
習い事はしていますか。…どんなところが楽しいですか。
将来の夢は何ですか。…その次は何ですか。
小学校に入ったら、何の勉強をしたいですか。…それはどうしてですか。
大きくなったら何になりたいですか。…○○になるためには、どうしたらいいと思いますか。
お手伝いは何をしていますか。
挨拶はできますか。…どんなときに挨拶をしますか。
朝は何時に起きますか。
朝は自分で起きられますか。…朝起きたらなんと言いますか。…誰に言いますか。
お父さん、お母さんに叱られるのはどんなときですか。
好きな歌はありますか。
文字を書いたり読んだりできますか。
英語を習っていますか。…英語は好きですか。
お絵かきはしますか。
運動は何をしますか。
ペットを飼っていますか。…お散歩には誰が連れて行きますか。
何回この学校に来ましたか。…どう思いましたか。

入 試 感 想

■考査当日のこと…
▷面接日、考査日とも体育館で待ちました。
▷待ち時間は、紐通しなどして待っていました。本を読んだり、折り紙をしている子がほとんどでした。
▷体育館のスクリーンに呼び出される受験番号が映し出されており、時間になるとマイクで先生の案内
　がありました。
▷先生方はみなさんクールビズでした。
▷考査日の待ち時間は、スマートフォンは使わないように注意がありました。
▷みなさん集合時間の30分前には集まっていました。
▷控え室では静かに絵本を読んだり、折り紙をして待ちました。
▷控え室は理科室で、10組ほどの家族が待っていました。折り紙をして待ちました。
▷8時50分頃校長先生の挨拶があり、9時過ぎに番号順に子どもが考査へと向かいました。親は体育
　館で各自の番号の席で待っていました。
▷考査日の控え室は体育館でした。校長先生からこの場所も試験会場ですとお話があり、みなさん静か

に本など読んで待機していました。
▷ 考査中に校長先生、副校長先生が控え室にいらっしゃいました。
▷ 控え室ではスマホなど控えるように指示がありました。
▷ 控え室では皆さん緊張している感じで、とても静かでした。
▷ 体育館で受付後、受験番号順に４つの組に分かれました。試験開始前、その組ごとに子どもが集合し、校舎に向かいました。
▷ 理科室で１６人の保護者と女性の先生が椅子に座り待機していました。校長先生からのお話があり、子どもたちは受験票をもって先生といっしょに移動しました。待機中に先生の体験談を聞けました。
▷ 控え室での子どもたちはみな静かで、絵を描いたり、両親と小声で話していたりしました。受験者同士のあいさつはほとんどありませんでした。
▷ 控え室では 5、6 組が待機しており、絵本を読んだりあやとりをして過ごしていました。
▷ 控え室では親子で静かに待っている方が多かったです。時間通りに進んでいたようです。
▷ 面接日の控え室は理科実験室でした。考査当日は、体育館で校長先生のお話がありました。外出は不可、携帯、スマホの使用は控えるなどの注意がありました。みなさん読書をしていました。
▷ 面接控え室ではほとんどの方たちが、読書、折り紙、お絵かきなどをして、静かに待っていました。

■面接では…
▷ 面接日は時間の 30 分前に集合するよう指示がありました。面接室は 10 会場ありました。
▷ 面接は２階と３階の教室でおこなわれていました。呼び出しを受け、面接室前に移動しました。
▷ 面接の予定時間より早く呼ばれ、早めの開始でも大丈夫かどうか聞かれ、面接室に向かいました。
▷ 面接室前の椅子で、前の家庭が終わるのを待ちます。
▷ 面接の席順は、奥から父→子→母と指定されました。
▷ 子どもに対して「大きな声でお話してください。わからなかったら、わからないでよいです」と伝えられて、面接が始まりました。
▷ 面接では男の先生が質問し、女の先生が記録していました。
▷ 面接は和やかな雰囲気でした。質問のテンポは速かったです。
▷ 面接では、最初にマスクを外して、顔の確認がありました。マスクをつけなおしてから「声の大きさはこのくらいで大丈夫ですか。もし聞こえない場合は言ってください」と確認がありました。
▷ 子どもへの質問が多かったです。子どもが返答に詰まると、簡単なことばに言い換えて質問してくれました。
▷ 面接はとても和やかな雰囲気でした。子どもの声が小さく、何度か聞き返されました。
▷ 面接の内容は、親子面接模擬テストとほとんど同じ内容でした。
▷ 面接で子どもが返答に詰まっても、言葉を変えて質問してくださいました。
▷ 面接の質問は、外に聞こえないための配慮か、やや声が小さいです。
▷ 面接の最後に「来週の試験、頑張ってくださいね」と、子どもに声をかけてくださいました。
▷ 面接室がとても狭かったです。
▷ 面接では先生方も穏やかな雰囲気をつくって、リラックスして受け答えができるように考慮していただいている感じでした。
▷ 父親への質問、母親への質問、と分かれているわけではなく、どちらが答えてもよい形式でした。子ども、両親、子ども、と交互に質問がありました。
▷ 子どもへの質問が多いように感じました。
▷ 子ども中心の質問でした。わかりやすく、ゆっくり質問してくださいました。１つの質問に対して深く聞かれることもありました。
▷ 第一志望で、12 年間通う意思があるかどうかを問われている感じでした。交通手段や通学時間、学校でのトラブル発生時にどうするか、宿題のことなど、学校生活を想定しての質問が多く、家庭での協力を得られるかどうかを聞いているようでした。
▷ ほかの学校も受験するかどうかの質問で、合否には関係ないのでお話しください と言われました。
▷ 子どもが大人と同じ椅子で、座りづらい印象でした。
▷ 先生方が、うなずきながら笑顔でしっかり話を聞いてくれたので、親子ともに話しやすかったです。入室の際はドアが開いていて、先生が迎えに出てきてくれました。
▷ 面接官の方がとても優しかったので、途中で緊張もほぐれ、和やかな雰囲気のなかで答えることができました。

▷ 面接室は 1 階と 2 階の 4 か所でした。面接官は 2 人で 1 人のみが質問をし、もう 1 人は記録をとっていました。最初に子どもに質問、その後親に質問と続き、「お答えは、お父様でもお母様でも構いません」と言われましたが、父親だけが答えることになりました。最初のあいさつはついたての横に 3 人並んでおこないました。

▷ 廊下から窓越しに面接室のなかが見えましたが、ついたてがあるため面接の様子は見えませんでした。面接室の前の椅子に、誘導された 1 組だけが座って待ちます。

▷ 職員から受験番号と名前を呼ばれ、面接室の前の廊下に誘導されます。受験番号順ではありませんでした。面接時間の 30 分くらい前に控え室に入ります。私たちが呼び出されるまでに 4 組の受験者が入りました。

▷ 面接室は割と狭く、面接官との距離が近い感じでした。

▷ 子どもが答えられない場合、言い換えて質問してくれました。

▷ 子どもに 17 問、父親に 7 問質問されました。母親は外国出身ですが、母親への質問はありませんでした。子どもが思っていたよりしっかり答えることができたので、親も少し緊張がとけ、リラックスして話すことができました。

▷ 面接で、子どもが、小学校に入ったら国語の授業が楽しみなことや本が好きなことを話したところ、「国語教育に力を入れているので、本が好きなのはよいことですね」と言っていただきました。

▷ 面接は淡々と進みました。母親よりも父親に質問が集中しているような感じがしました。併願の有無と第一志望かどうかは、強く、はっきりと聞かれた印象があります。

▷ 面接室が狭い 1 階の部屋で、あいさつのタイミングが難しかったです。

▷ 先生方は温かく、案内などもとても丁寧にしてくれました。すれ違った在校生の保護者の方も、「面接ですか。頑張ってくださいね」と声をかけてくれ、よい雰囲気の学校でした。

▷ 最初は緊張したものの、笑いもあり、和気あいあいとした雰囲気の面接でしたが、校長先生の目はするどかったように思います。

▷ 質問時間は、親が半分、子どもが半分でした。勉強に力を入れている印象を受けました。

アドバイス

▷ 控え室では、スマートフォンなどの電子機器は使用禁止でした。

▷ 家族 3 人分の靴を入れる、袋やバックがあるとよいです。

▷ 面接は子どもが中心なので、基本的な受け答えは練習が必要だと思います。

▷ 桐杏学園での直前講習、そっくりテスト、親子面接模擬など、そこでの内容が活かされたと思いました。

▷ 考査では、ペーパーなどの能力も大事ですが、取り組む姿勢を見ていると感じました。

▷ 実際に試験に出た問題、出なかった問題がありますが、全体的な総合力を身につけることがよいと思います。

▷ 面接の練習は毎日少しずつおこない、答えられないことが無いようにしました。

▷ 面接練習は「はらはらドキドキ入試面接」で、過去の質問を練習しました。本番でもほぼ練習した内容で、親子とも落ち着いて答えることができました。

▷ 説明会で何度も親子で学校に行きました。学校の雰囲気もよくわかり、場所慣れできたので試験にも役立ったと思います。

▷ 夏期講習、直前講習でぐっと伸びたと思います。

▷ 受験番号は遅い番号でしたが、特に問題は無かったです。

▷ 学校説明会にはほとんど参加しました。面接のときに、具体的に話をすることができました。

▷ 面接の質問は、子どもに集中していました。応答内容だけでなく、態度も観察されていました。

▷ 試験中は体育館で待ちます。先生から「スマートフォンなどを見ず、体育館の中も試験会場の1つと思いお待ちください」とのお話がありました。

▷ 念のため着替えは用意された方がよいと思います。

▷ ペーパーは全体的に幅広く準備しておくことが大切だと思います。過去問と少し傾向が違ってました。

▷ 待ち時間のために、本など持参したほうがよいと思います。

▷ 説明会にはすべて参加しました。

▷ 受験の準備はもちろんですが、それに加えて生活習慣もきちんと身に着けたほうがよいです。

▷ 教室に通い始めたころは、正直この年齢でここまでの勉強が必要なのかと思った時期もありましたが、受験を終えて、今後成長していくなかで必ず役に立つことだとあらためて思いました。

▷ 行動観察を重視しているように感じました。

▷ 面接終了後から考査日までの間は、ひたすら復習を時間を決めて取り組みました。

▷ 過去問にないジャンルでも、さまざまな問題に慣れておいてよかったです。

▷ 面接では、第一志望であるか、高校まで在籍するかなどをポイントにしている感じがしました。

▷ 子どもが答えられない質問もありましたので、そのときに「わかりません」としっかり言えるように、もう少し準備すべきだったと思いました。

▷ 合否の判定には、とても公平さを感じました。

▷ 移動やトイレなど考査以外での様子もチェックの対象とのことでしたので、きょろきょろしないで落ち着いて待てるなど、基本的なことが大切だと思います。

▷ 小学校受験は教室と家庭で団結して合格を目指す努力があって、はじめて成し遂げられることだと思います。子どもと向き合う時間もでき、家族としてまとまるよい機会だったと思います。

▷ 教室での面接模試はとても有意義でした。特に父親は面接経験が無かったため、大変有益でした。

▷ 説明会の内容が毎回違うので、できるだけ多く参加したほうがよいと思います。

▷ 落とす試験ではなく、基本を確認するような考査だと思います。

▷ 考査は2時間ほどかかるので、本など持参したほうがよいと思います。

▷ 家庭学習は、復習プリントや問題集を使ってできるだけ毎日、子どもの様子を見ながら短時間勉強するようにしました。

▷ ほぼ準備していた質問内容でした。子どもも割とスムーズに返答していました。正直に「〜していません」と答えたときも、「正直でよいですね」と認めてくださいました。

▷ 桐杏学園で前日まで面接の練習をおこなえてよかったと感じました。予想と違う質問ばかりで返答に苦労しましたが、練習のおかげで言葉が出ずに返答できない、ということはありませんでした。子どもに対しても、質問をさらに深めて聞いてくる場面がありましたが、最後まで集中力を切らさず返答しようと頑張っていました。

▷ 控え室での様子もチェックされている可能性があると思います。

▷ 6月上旬に受験することを決め、桐杏学園に通いましたが、もっと早く私立小学校入試に関心を持ち、通い始めていたらよかったと思いました。自宅学習もおこないましたが、教え方や子どもの理解度を見ていても、やはりプロの先生には及ばないことを痛感しました。

▷ 6月から9月の短い期間で合格できたのは、桐杏学園の適切なアドバイスと指導があったからです。先生を信じ、自宅での再学習をおこなっていけばよい結果が出せると思います。

▷ 子どもは試験後、「とても簡単だった」「聞き取りの問題で答えを2つ書かなければいけなかったのに1つしかできなかった」と言っていたので心配しましたが、無事に合格でき、ほっとしました。基礎的な学力と協調性を見られている感じがしました。

開智望小学校

〒 300 - 2435 茨城県つくばみらい市筒戸字諏訪 3400 ☎ 0297（38）6000

■ 形式と日程

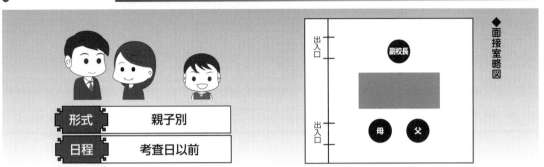

形式	親子別
日程	考査日以前

◆面接室略図

親子別々の面接が考査日前におこなわれます。面接時間は10分程度。

■ 質問の内容

父親へ

受験番号とお子様の名前、ご両親のお名前を教えてください。
志望理由を教えてください。
説明会には何回参加されましたか。…説明会の印象を教えてください。
本校をどのようにお知りになりましたか。
ご家庭の教育方針を教えてください。
本校の方針は理解していらっしゃいますか。
本校の教育方針で共感したところはどこですか。
本校の教育で、お子様に合うと思われるのは何ですか。
国際バカロレアを取り入れています。ご家庭のご協力は大丈夫ですか。
学校に期待することは何ですか。
お子様の幼稚園の名前を教えてください。
現在通われている幼稚園を選んだ理由は何ですか。
幼稚園ではどんな様子ですか。
ご兄弟はいますか。…今日はどうされていますか。
お子様のよい点を、エピソード交えてお答えください。
通学経路を教えてください。
お子様は学校体験に参加しましたか。
何か習い事をしていますか。
休日の過ごし方を教えてください。
どのように通学されますか。…電車での通学は大丈夫ですか。
お子様の伸びしろがあると思うところは何ですか。
お子様の性格を教えてください。
お子様のよいところはどこですか。
お子様の短所を教えてください。
総合部のほうもお受けになりますか。
お子様が英語にふれる機会はありましたか。
幼児教室はどちらに通っていますか。

母親へ

志望理由を教えてください。
説明会には何回いらっしゃいましたか。
本校の印象を教えてください。
本校の教育方針で共感したところはどこですか。
本校に期待することは何ですか。
幼稚園での様子を教えてください。
ひと言で言うと、どのようなお子様ですか。
お子様の特長を3つのキーワードで表現してみてください。
ほかの子どもより優れていると思うところを教えてください。
お子様の長所を3つ、短所を1つ教えてください。
お子様は苦手なことに対して、どのように取り組んでいますか。
通学経路を教えてください。
ワークショップは参加されましたか。
習い事は何をしていますか。
PTAなどご協力お願いできますか。
自己発信はどんな内容ですか。
小学校に入って身につけさせたいことは何ですか。
お子様がいじめられて帰ってきたらどうしますか。
幼児教室を教えてください。
お子様の英語力はどのくらいですか。
何か聞いておきたいことはありますか。

子どもへ

お名前を教えてください。
生年月日を教えてください。
住所と電話番号を教えてください。
幼稚園の名前を教えてください。
お友達の名前を3人教えてください。
幼稚園で1番楽しいことは何ですか。
お友達と何をして遊びますか。
幼稚園では何をして遊んでいますか。
仲のよいお友達と遊んでいるとき、おもちゃをとられたらどうしますか。
お友達とケンカをしたらどうしますか。
お父さんとお母さんの名前を教えてください。
開智小学校に来たことはありますか。
今日は誰と来ましたか。…どうやって来ましたか。
朝ご飯は何を食べてきましたか。
好きな食べ物は何ですか。…それはどうしてですか。
お休みの日は何をしていますか。
お父さんは遊んでくれますか。
忘れ物をしたらどうしますか。
夏休みは何をしましたか。
小学校に入ったら何を頑張りますか。…それはどうしてですか。

好きな本は何ですか。
教室でお友達が泣いていたらどうしますか。
お勉強はしていますか。
将来の夢は何ですか。…なぜですか。
コロナが終わったら、どこに行きたいですか。
　（2枚の絵のうち1枚を選んだあと質問される）
この絵は何をしている絵ですか。
（iPadの映像を見せられて）かけっこで転んで泣いている子がいます。どうしますか。
（iPadの映像を見せられて）体操着に着替えをしているが、体操着を忘れてきてしまい、着替えられない子がいます。どうしますか。
お友達が目の前で転んでしまったら、なんと声をかけてあげますか。
お友達と鬼ごっこをしているときに、転ばせてしまったらどうしますか。
（図鑑5冊の中から好きなものを選ぶ）どうしてそれを選びましたか。
（季節の図鑑を提示される。秋のページを示して）ここにのっている花、魚、カニ、ネコ、葉っぱを使ってお話をつくってください。
（図鑑を示されて）好きなページを開いてください。
絵本を1つ持ってきてください。…なかのお話を読んでください。

入試感想

▷受付で、自己発信・面接（保護者）・面接（子）と書かれた紙を渡されました。すべて終わったらそれぞれにチェックをし、受付に提出してから帰ります。
▷控え室の教室では、3〜4組が待機していました。面接終了後は、子どもの自己発信が終わるのを待っていました。
▷子どもが呼ばれてから戻ってくるまでは2時間ぐらいでした。
▷面接の待ち時間はほとんどありませんでした。
▷面接室は2部屋ありました。
▷面接は和やかな雰囲気でした。
▷説明会は感染防止のため、保護者1名の指定でした。
▷入口で検温と受験票の確認がありました。受付後ビブスを着用し、その後視聴覚ホールで待ちました。
▷面接はとても穏やかな雰囲気でした。
▷保護者面接、自己発信、子どもの面接がすべて終わると、渡された用紙にチェックし、最後に受付に提出しました。
▷面接室の向かいの教室で待ちました。
▷考査日は視聴覚ホールが控え室でした。
▷受付を終えると着替えをして、ビブスをつけて待っていました。
▷面接控え室は、4組の家族が待っていました。
▷面接は1室をパーティションで区切り、3組同時進行でした。
▷時間になると2グループずつ呼ばれ、3つの注意事項（移動のときは静かにする、番号や名前を呼ばれたら返事をする、トイレに行きたいときは先生に言う）を確認してから考査に向かいました。
▷面接はアットホームな感じでした。
▷面接は非常に和やかなムードで、雑談のような感じで終わりました。あっという間に終わった感じで

す。
▷ 面接は学校の方針を理解しているかどうか、確認するような感じでした。
▷ 質問は両親どちらが答えてもよいという感じでした。
▷ 子どものテストは楽しかったようです。
▷ 先生方が一生懸命取り組んでいる様子が、とても印象的でした。
▷ 面接の最後に「面接はここまでです。何か質問はございますか」と聞かれました。
▷ 泣いてしまって、自己発信に行けない子もおりました。
▷ 2 年前から説明会に参加していたので、面接の質問は簡単なものでした。
▷ 面接は、短い時間でしたが、ざっくばらんにお話できました。
▷ 面接の最初に「何度も説明会に参加されているので、今更面接をおこなうのも恐縮なのですが…」と
　副校長先生がおっしゃっていました。説明会の参加回数を把握されたうえでの、形式的な面接だった
　かも知れません。私たちは通算で 10 回参加しました。

アドバイス

▷ 自己発信は特に念入りの対策と練習が必要だと感じました。
▷ 日頃より子どもの長所につながるエピソードをノートにまとめ、夫婦で共有していたので、面接への
　対策になりました。
▷ 待ち時間のための本や塗り絵、折り紙などは必須です。
▷ 直前講習は入試問題を解くのに必要な、知識やヒントがたくさんあったと思いますので、受講された
　方が心強いと思います。
▷ 面接ではお互いがマスクのため、声が聞き取りづらいことがありました。思っていたよりも、大きな
　声を出す必要がありました。
▷ 自己発信は早めに準備し、発表の練習をされるとよいと思います。
▷ 面接などほぼ時間通りに進行しましたが、待ち時間を静かに過ごせるように、本など持参しておいた
　ほうがよいと思います。
▷ Ⅱ型の勉強会に出たおかげで、安心しておこなうことができました。作品は完成しませんでしたが、
　取り組む姿勢を評価していただいたようです。
▷ 説明会のときは子どもを預かってくださり、グループで工作や体操などをおこないます。子どもの個
　性を見られていると思いますので、説明会は親子で参加したほうがよいと思います。
▷ ペーパー対策も必要ですが、自己発信の準備を充分にしておく必要があると感じました。
▷ 自己発信はしっかり練習したほうがよいです。
▷ 服装などラフな方も見受けられますが、いわゆる「お受験スタイル」がよいと思います。
▷ 毎月の説明会や運動会などのイベントも、参加されたほうがよいと思います。
▷ 面接や自己発信では、子どものよい点を探して見てくださる学校だと思いました。
▷ 学校説明会に参加するだけでなく、個別相談会や体験授業などにも積極的に参加して、顔を覚えてい
　ただくことも人事だと思います。
▷ 待ち時間が長いので、本など持参するとよいと思います。
▷ 自己発信はしっかり練習したほうがよいです。
▷ 総合部と両方受験しましたが、望小の面接のときに「こちらが合格で、総合部も合格したときにはど
　ちらでもよいですから、よく考えて決めてください。総合部に行かれることになっても私どもとして
　はうれしく思いますので、遠慮なさらず、よく考えて決めていただいて大丈夫ですよ」とおっしゃっ
　ていただきました。
▷ 子どもたちが緊張しないように、先生方が優しく声をかけ、気を配っている様子が見て取れました。
　試験は 10 人 1 グループでした。担当の先生は「テスト」とは言わずに、「これからみんなでお勉強

をします」とおっしゃっていました。どの子もリラックスしていたように思います。理事長先生が「入試は楽しく、自然体で」とおっしゃっていましたが、まさにその通りだと思いました。

▷ ペーパーも運動も制作も、出来はもちろん大事ですが、頑張って取り組むことやあきらめない気持ちでおこなうよう、子どもに言い聞かせました。

▷ 面接では、学校の方針や授業方法について、理解、賛同しているかを見ているように感じました。

▷ とにかくいろいろな体験が必要だと思います。お手伝いは、毎日の生活習慣のなかで身につくことが多く、いろいろさせるとよいと思います。

▷ 受験には早めの準備が必要だと痛感しました。

▷ 考査の日は親は2時間ほど待つことになるので、本など持参するとよいと思います。

▷ 子どもの面接の部屋と自己発信の部屋は別です。

▷ 事前にプレ入試を実施しているので、子どもも不安にならず受験できました。

▷ 追い込みの時期、特に最後の1か月でかなり成績が伸びました。ふだんの成績に左右されず、最後まで信じて取り組むことが大事だと思いました。

つくば国際大学東風小学校

〒302－0110 茨城県守谷市百合ヶ丘1丁目 4808-15 ☎0297（44）6771

形式と日程

形式	親子別
日程	考査当日

◆面接室略図

親子別々の面接が第1回では考査2日目、第2回・第3回では当日におこなわれます。面接時間は保護者約15分、子どもは10分程度。

質問の内容

父親へ

志望理由を教えてください。
ご家庭の教育方針を教えてください。
説明会に出席されて、本校の印象はどうでしたか。
本校に期待していることは何ですか。
家庭教育で気をつけていることは何ですか。
教育のなかで何を1番大切にしていますか。
しつけで気をつけていることは何ですか。
中学受験をどのように考えていますか。
併願をしていますか。
お子様のお友達の名前を教えてください。
お子様は、お手伝いをしていますか。
通学経路を教えてください。
どのようなお子様ですか。
お子様を叱るのはどんなときですか。
お子様と過ごす時間をとれていますか。
お子様のよいところ、気になるところを教えてください。
保護者会や行事に、積極的に参加していただけますか。
お子様からどう思われていると思いますか。
学校でトラブルがあった場合どう対応しますか。
お子様が得意なことは何ですか。
お祖父様、お祖母様はどちらに住んでいらっしゃいますか。…お子様との交流はありますか。
どんな大人になってほしいですか。

母親へ

志望理由を教えてください。
本校に求めることは何ですか。
本校の印象を教えてください。
子育ての方針を教えてください。
子育てで苦労されたことはありますか。
しつけで気をつけていることは何ですか。
お子様が学校から泣いて帰ってきたらどうしますか。
お仕事について教えてください。
PTA 行事に参加していただけますか。
通学方法を教えてください。
お子様のよいところ、気になるところを教えてください。
英語教育についてどのように考えていますか。
学校でトラブルがあった場合どう対応しますか。
お子様が仲良しのお友達の名前を教えてください。
お子様からどう思われていると思いますか。
お子様にアレルギーはありますか。
今の幼稚園を選んだのはどうしてですか。
最近読み聞かせをした本は何ですか。
入学後に心配なことはありますか。
アフタースクールの利用についてはどうお考えですか。
学校に希望することはありますか。
将来の夢は何ですか。
将来どのような職業についてほしいですか。
どんな大人になってほしいですか。

子どもへ

お名前を教えてください。
住所を教えてください。
生年月日を教えてください。
幼稚園の名前を教えてください。
幼稚園のお友達の名前を3人教えてください。
幼稚園では何をして遊びますか。
お父さん、お母さんの名前を教えてください。
兄弟はいますか。…名前を教えてください。
お父さん、お母さんの好きなところを教えてください。
この学校に来たことはありますか。
どうやってここまで来ましたか。
好きな食べ物と嫌いな食べ物を教えてください。…嫌いなものが出たらどうしますか。
好きな遊びは何ですか。
家では何をして遊んでいますか。
好きなテレビは何ですか。
好きな本は何ですか。
1番好きなことは何ですか。

得意なことと苦手なことは何ですか。
お母さんに褒められるのは、どんなときですか。…怒られたことはありますか。
お休みの日は何をしていますか。
お手伝いをしていますか。…何をしていますか。
もし羽があったらどこに行きたいですか。
スポーツはしていますか。
小学校に入ったら何をしたいですか。
大きくなったら何になりたいですか。…どうしてですか。

入 試 感 想

■考査当日のこと…

▷考査日はオーディトリアムが控え室でした。他に2部屋ほどあるようでした。席に受験番号が貼られていて、お茶が用意されていました。

▷考査日には。30分間のアンケート記入の時間がありました。内容は「志望理由」「家庭教育で大切にしていること」「本校に期待すること」「通学方法」「アレルギーの有無」などでした。

▷「日常的にお子様とかかわる時間を大切にしてください」など、先生方が子どもたちのことを大切に考えてくださっていると、あらためて感じました。

▷AグループとBグループに分かれ、Aが筆記から、Bが運動から始まりました。

▷1日目は保護者1名のみの付き添いでした。

▷控え室でアンケートの記入がありました。内容は、「志望理由について具体的に」「教育の中で1番大切にしていること」「保護者と学校の関わりについて」などでした。

▷待機中のスマホの使用は禁止でした。

▷控え室は視聴覚室でした。お茶、コーヒーなど用意されていました。

▷3階のオーディトリアムが控え室でした。お茶が用意されていました。

▷考査日、面接日ともに控え室は視聴覚室でした。控え室はほかに図工室、理科室もありました。面接開始時間の5分前には、先生に誘導されて面接室へ移動しました。

▷控え室のモニターに面接室の場所と、それぞれの受験番号による開始時刻が映されていました。

▷当日の持ち物は、受験票、上履き、体操着（簡単な運動ができる服装）でした。筆記用具は学校で準備していました。

▷校長先生、副校長先生が試験の間に来てくださり、「リラックスしてお待ちください」と言っていただきました。

▷説明会でも考査でも、先生方がとても多面にわたりお気遣いしていただきました。子どもたちにも優しく接してくださり、リラックスして臨めたと思います。

▷考査日は2時間ほど待ち時間があります。みなさん本を読んだり、静かに過ごしていました。

■面接では…

▷面接室は4部屋に分かれていました。

▷面接は親と子ども別々ですが、面接官は同じ先生でした。

▷子どもの面接中は廊下で待機しますので、子どもの話し声は聞こえていました。

▷とても穏やかな面接でした。

▷面接では、まず最初に子どものみ部屋に入り、入れ替わりで親が入ります。「はらはらドキドキ入試面接」と同じ質問が多く、事前に目を通していたので助かりました。

▷子どもと入れ替わりに親が面接室に入るのですが、入ったときに子どものよかったところをたくさん伝えてくれました。

▷ 面接は和やかな雰囲気でした。
▷ 子どもにはゆっくり丁寧に質問してくださいました。
▷ 早い時期から説明会などに参加したので、多くの先生方とも顔見知りになり、子どもも緊張せずに済み、また両親面接も和やかにお話しできたのでよかったと思います。
▷ 先生方がとても丁寧で、子どもや親のことを考えてくださっていると思いました。
▷ 面接はとてもソフトな感じですが、しっかりチェックされているように感じました。
▷ 子どもの面接が先なので、その内容についての質問が多かったように思います。
▷ 面接では先生方は優しく声をかけてくださいました。終始穏やかな雰囲気で、子どもの面接の様子などを教えてくださいました。
▷ 面接では、父親への質問と同じことを、「お母様はどうですか」と聞かれることが多かったです。
▷ 面接は親子ともに、マスクを外しておこなわれました。

アドバイス

▷ 待ち時間のために、本を持っていくとよいと思います。
▷ 控え室で記入するアンケートは、３０分で書き上げるのは結構大変なので、事前に書く練習をしておくと安心だと思います。
▷ 保護者の面接中は、子どもは廊下で待つので、絵本など持参するとよいです。
▷ 面接の質問は、ほとんど前日に書いたアンケートからなので、子どものPRポイントをたくさん書くとよいと思います。
▷ コロナ対策のためか、面接官との距離が2mほど離れていました。子どもは大きな声で話す練習をしておくとよいと思います。
▷ 入試前の東風道場に参加した際の「入試練習問題」よりも、本番は難易度が上がっているので、油断は禁物です。
▷ 考査日は、受付で子どもと別れると、試験終了まで別行動です。
▷ 体操のときは、持参した体操着に着替えます。脱いだ服は巾着袋にたたんで入れたそうです。
▷ 年中のときから、いろいろな学校のオープンスクールなどに参加されるとよいと思います。個別見学ができる学校はぜひ行かれてください。説明会では伺えないお話や生徒のふだんの姿が拝見できるうえに、学校選びはもちろん、考査当日に親子とも落ち着いて試験に臨めると思います。
▷ 面接で質問に対する答えが長すぎて、途中で感想や質問が入り、用意していた内容を全部伝えられませんでした。簡潔な応答がよいと思います。

水戸英宏小学校

〒 310 − 0851 茨城県水戸市千波町 2369 − 1 ☎ 029（243）7804

形式と日程

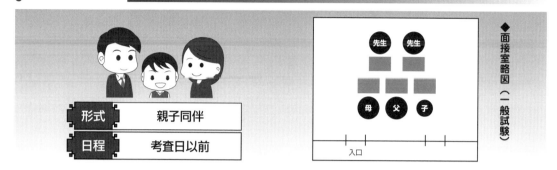

形式	親子同伴
日程	考査日以前

◆面接室略図（一般試験）

先生　先生

母　父　子

入口

親子同伴の面接が考査日前におこなわれます。面接時間は15分程度

質問の内容

父親へ

志望理由を教えてください。
本校の校風でよいと思うところはどんなところですか。
本校のことをいつ、どのように知りましたか。
説明会のどこに共感されましたか。
教育方針について教えてください。
お子様が生まれる前と後では、何か変わりましたか。
お子様の友達の名前を3人言ってください。
お子様のよいところを10個教えてください。
お子様の成長を感じるのは、どんなときですか。
休日にはお子様とどのように過ごされることが多いですか。
エクストラスクールプログラムで、やらせたいことは決まっていますか。
学校でトラブルがあった場合、どのように対処しますか。
お母様のよいところはどこですか。
休日にはお子様とどのように過ごされることが多いですか。
お子様には将来どのような人物になってほしいですか。
将来、お子様にはどのような大人になってほしいですか。

母親へ

志望理由を教えてください。
本校のことを、いつごろから、何でお知りになりましたか。
いつごろ受験を決められましたか。
教育方針について教えてください。
幼稚園でのお友達の名前を3人教えてください。
お子様の成長を感じたことを教えてください。
公共のマナーについて、どのように教えていますか。

お子様のしつけで気をつけていることは何ですか。
お子様の長所を５つあげてください。
お父様のよいところはどこですか。
最近の子どもに足りないものは何でしょうか。
お母様の子どもの頃と、現在の子どもたちを取り巻く環境の違いはどんなことですか。
お子様同士のトラブルが発生したとき、どのように対処しますか。
どんな大人になってほしいですか。

子どもへ

お名前を教えてください。
お誕生日はいつですか。
幼稚園の名前を教えてください。
担任の先生の名前を教えてください。
幼稚園で仲のよいお友達の名前を３人教えてください。
幼稚園では、どんなことをしているときが１番楽しいですか。
幼稚園で好きな遊びは何ですか。
好きな花を２つ教えてください。
小学校で楽しみにしていることは何ですか。
どんな生き物が好きですか。
お父さん、お母さんといっしょにする遊びで、１番好きな遊びは何ですか。
お家で「ありがとう」と言われるときはありますか。…それはどんなときですか。
お家でしかられるときはありますか。…それはどんなときですか。…どんなふうにしかられますか。
どんなとき褒められますか。
どんなお手伝いをしますか。
お母さんがつくる料理で、１番好きなものは何ですか。
最近１人でできるようになったことは何ですか。

入試感想

▷ 受付後、すぐに係の先生に引き渡しでした。トイレも先生が引率するとのことでした。９時５０分に子どもが戻り、面接の時間まで車内におりました。
▷ 車以外で公共の交通機関を利用された方には、控え室が用意されていました。
▷ アンケートを当日記入します。内容は「志望理由」「将来どのような大人になってほしいか」「お子様の成長を感じるのはどんなときか」などでした。
▷ 入り口で検温がありました。飲み物とエントリーシートを渡されました。
▷ 控え室は１階の図書室でした。お茶、コーヒーが用意されており、自由に飲むことができました。
▷ 控え室は音楽室で、番号順に並んで待っています。
▷ 控え室はとても静かでした。アンケートを書くのに必死でした。
▷ 控え室は図書室でした。部屋には先生が１人いらっしゃいました。
▷ 控え室では折り紙やお絵かきをして待ちました。
▷ 入室から退室までじっくり見られていましたが、模擬面接で練習したとおりできたのでよかったです。
▷ 面接官との距離がありました。入口と出口が別でした。
▷ 面接での子どもの答えを、考えがまとまるまで優しく見守って待ってくださいました。
▷ 面接では先生方が優しく笑顔だったので、思ったより緊張しませんでした。
▷ 面接のアンケートは、「志望理由」「家庭の教育方針」「子どもの夢」「名前の由来」「子育てで気をつ

けていること」などについてでした。
▷ アンケートの内容は、「子どもの長所」「志望理由」「名前の由来」「これからの教育について」などでした。
▷ 面接では子どもの答えに対して、1つ1つ褒めてくださいました。とてもにこやかな感じで終わりました。
▷ 面接室に荷物置き場はありませんでした。椅子の左側に置きました。
▷ 面接時間が短縮されたこともあり、子どもが返答に詰まっても、あまり待ってもらえませんでしたが、とてもやさしく声掛けをしていただきました。

アドバイス

▷ アンケートを車中で書くので、ボードと筆記用具は必須です。
▷ ペーパーテストは直前講習と同じ形式で出題されたので、自信をもって臨めたと子どもが言っていました。
▷ 面接までの待ち時間は車で待機しているため、緊張感がなくなってしまいました。願書を早めに出して面接の順番も早めだとよかったと思いました。
▷ アンケートを受付時に渡され、面接までに記入します。家族構成、志望理由、将来の夢・目標、性格、得意なこと、幼稚園・保育園で1番印象に残っていること、名前の由来、PRなどでした。面接時間が早いと、書く時間が足りないように思います。
▷ 感染防止のため、面接の保護者は1名でもよいということでした。
▷ 入試当日は近くの高校の説明会があり、渋滞のため通常よりも15分ほど余計に時間がかかりました。
▷ 説明会や体験教室など、何度も足を運びました。子どもにとって、事前に試験会場を把握していることは大事だと感じました。
▷ 桐杏学園のプリントなど、自宅でも繰り返しやっていれば大丈夫だと思います。
▷ 学校説明会の内容がアンケートに出るので、説明会での内容のメモは重要だと感じました。
▷ 面接の練習はできるだけ多くやったほうがよいと思います。
▷ 面接は親よりも子どもへの質問が多かったです。子ども中心でした。
▷ アンケートの分量が多く驚きました。
▷ ペーパー試験会場へは、子どものみで移動します。クーピー、筆記用具、水筒、受験票をバッグに入れて持たせました。
▷ プレ面接の内容が本番でも聞かれたので、必ず受けたほうがよいと思います。
▷ 学校見学になるべく足を運ぶとよいと思います。
▷ まわりのお子様と比較せず、自分の子どもの能力を信じて見守ることが大切だと思います。

茨城大学教育学部附属小学校

〒310-0011 茨城県水戸市三の丸2-6-8　☎029（221）2043

形式と日程

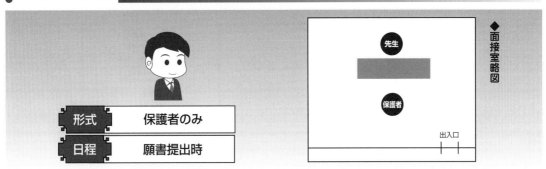

形式	保護者のみ
日程	願書提出時

◆面接室略図

先生

保護者

出入口

　　願書提出の際に保護者面接がおこなわれます。面接時間は5分程度。

質問の内容

 保護者へ

　　志望理由を教えてください。
　　学校の教育方針を理解していらっしゃいますか。
　　学校に期待することは何ですか。
　　中学校は附属中学校ですが、問題ありませんか。
　　教育実習校ということを理解していらっしゃいますか。
　　ご両親がお仕事をされていて、緊急時の対応は大丈夫ですか。
　　PTAなど参加していただけますか。
　　お子様の性格を教えてください。
　　お子様が帰宅したとき、家に誰かいますか。
　　お子様が「学校に行きたくない」と言ったとき、どのように対応しますか。
　　トラブルがあったとき、どのように対応しますか。

入試感想

■試験当日のこと…
▷ 控え室は1年生の教室でした。番号順に子どもが机に、その横に保護者が座ります。
▷ 子どもの服装は白のシャツ、ベスト、黒ズボンにしました。
▷ 考査の順番は当日のくじ引きで決まります。
▷ 面接は1部屋に複数のブースで同時進行でした。
▷ 考査時間は約80分でした。
▷ 待ち時間に子どもが飽きないように、本を持参しました。
▷ 準備するものなど要項をよく読み、抜けがないようにしてください。

お茶の水女子大学附属小学校

〒 112 - 8610 東京都文京区大塚 2 - 1 - 1 ☎ 03 (5978) 5875

形式と日程

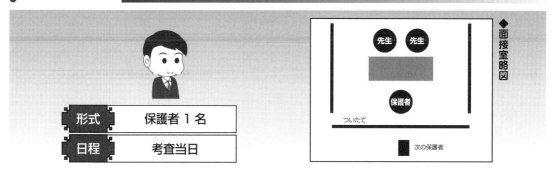

形式	保護者 1 名
日程	考査当日

保護者のみの面接が、考査当日におこなわれます。時間は 5 分程度。子どもへは考査中に質問があります。

質問の内容

 保護者へ

お子様の名前、生年月日、住所をお願いします。
本校の魅力は何ですか。…なぜ志願したのですか。
本校のデメリットは何とお考えですか。
幼稚園で印象に残っている行事は何ですか。…その行事の感想を聞かせてください。
幼稚園の行事で、お子様の成長を感じたことは何ですか。
お子様の幼稚園での様子を教えてください。
現在のお子様の送迎の状況を教えてください。
通学経路を教えてください。
通学にかかる時間を教えてください。
公共のマナーについてどう伝えていますか。
本校に通うにあたり、心配なことはありますか。…その対処法をお考えですか。
最初の 2 週間程度、送迎は大丈夫ですか。
幼稚園には何時に迎えに行っていますか。
幼稚園から帰ってどのように過ごしますか。
同じクラスの保護者からメールが来て、「うちの子が誰かにいじめられているみたい」という内容の相談をされたとき、あなたはどうしますか。
コロナでお子様にストレスがかかっていると思いますが、お子様の様子はどうですか。
ご両親のコロナによるストレスはどうですか。
入学後、学校に来てもらうことが多いですが大丈夫ですか。
子育ての方針を教えてください。
子育てでうまくいかなかったことはありますか。
お父様とお母様で、子育ての意見が違うときはありますか。
お子様になぜ勉強するのかと聞かれたら、どのように答えますか。
早期教育についてどのようにお考えですか。
お子様にインターネットなど使わせていますか。
子どもがスマホやタブレットを使うことについて、どうお考えですか。
お仕事をされているようですが、学校に来る機会が多いですが、大丈夫ですか。

PTA活動はできますか。
入学後に心配なことはありますか。
上のお子様の通っている小学校の授業内容を教えてください。
上のお子様と違う学校になっても、問題ありませんか。
平日、お父様も学校に来ることはできますか。
お父様は育児に参加していますか。
夜はお子様とどのように過ごしますか。
余暇はどのように過ごしますか。…その際に心がけていることは何ですか。
お子様の好きな遊びは何ですか。
お母様とどのような遊びをしていますか。
お子様のふだんの様子を教えてください。
お子様が最近ついた嘘は何ですか。
最近叱ったこと、褒めたことを教えてください。
20秒くらいでお子様を褒めてください。
最近許せなかったことは何ですか。
お手伝いをさせていますか。
お子様の得意なことは何ですか。
お子様は今何に興味がありますか。
お子様に日頃より言っていることは何ですか。
お子様が挫折することがあったらどうしますか。
お子様に苦労をさせるとしたら、どんなことをさせますか。
お子様がする我慢をどのように思いますか。
お子様の習い事について教えてください。
お子様と過ごす時間は、何を意識していますか。
最近読んだ3冊の絵本を教えてください。…その中で1番興味を持ったのは何ですか。
もしお子様が汚い言葉を使い始めたらどうしますか。
お子様の性格についての具体的なエピソードを教えてください。
小学校時代の思い出を教えてください。
お子様の誕生日プレゼントに何を買いましたか。…なぜそのプレゼントにしましたか。
他のお子様と違うと思うところはどこですか。
他人の子育てで、これはおかしいと思うことはありますか。…そのような場面を見たことはありますか。
周りの保護者を見て、すばらしいと思う姿はどのようなものですか。…それを見てどう感じますか。
最近大人がしていることで、矛盾していることは何だと思いますか。
受験するにあたって、犠牲にしたものは何ですか。
幼稚園でお子様同士のトラブルはありましたか。
お子様が学校で友達とトラブルになり、相手方に非がある場合どうされますか。
お子様にお友達がいやなことを言ってきたので、そのお友達の筆箱に落書きをしてしまいました。どのように対処しますか。
学校からケガをして帰ってきたらどう対応されますか。
お子様が、給食がまずくて食べられません。先生に言っても、気持ちをわかってもらえませんでした。そのとき、母親としてどうしますか。
お子様が学校から帰って来たら元気がありません。どうしたのか聞いても何も答えません。学校に確認しても変わった様子はなかったと言われました。そのときどう対処しますか。
「うそも方便」ということわざについて、子育てとからめたエピソードを教えてください。

子どもへ

お名前を教えてください。
誕生日を教えてください。
朝起きたら何をしますか。
朝ご飯は何を食べましたか。
今日は誰とどうやって来ましたか。
保育園で楽しかったこと、つらかったことは何ですか。
あなたが得意なことは何ですか。
お留守番のときは何をしていますか。
好きな食べ物と嫌いな食べ物を教えてください。
お母さんのつくったご飯で、好きなものは何ですか。
好きな遊びは何ですか。
好きな動物は何ですか。
習い事は何をしていますか。
どうして勉強すると思いますか。
成長したことは何ですか。
雨の日のことを教えてください。
好きな本は何ですか。…どうして好きですか。…どこが面白いですか。
好きな昔話は何ですか。
※赤・青・黄各4枚のカードから、赤は2枚、他は1枚ずつ選び、出た絵を見てお話を
つくる。赤はタヌキやブタなど。青は公園、黄色は泣いているシカの絵など。

入試感想

■考査当日のこと…

▷ アンケートの内容は「"聴く"ということをどうとらえていますか。エピソードをまじえて具体的に」とい
うものでした。

▷ 控え室では読書をしている方がほとんどでした。

▷ 抽選後の二次手続き当日に作文を書いて提出します。時間は30分で300字。課題は「あなたは"自由"
についてどのように考えますか」というものでした。

▷ 控え室は体育館で、親は子どもの考査が終わるまで待ちます。

▷ 控え室はとにかく静かで、皆さん本など読んでいました。

▷ 体育館で受付をして、子どもにゼッケンをつけ送り出した後、親はその場で待機します。

▷ 控え室では、みなさん本を読んだり、面接資料を見ながら静かに待っていました。

▷ 控え室の体育館で3時間ほど待ちます。丸椅子なので、お父さん方には窮屈そうでした。

▷ アンケートは、「早期教育についての考えとその取り組み」についてでした。

▷ 事前に提出するアンケートは「先行き不透明な社会情勢のなか、これからの学校教育に期待すること」と
いうものでした。

▷ 事前に提出するアンケートは「地球環境を守るために、ご家庭で取り組んでいることと、子どもの役割」
というものでした。

▷ 1次抽選のあと志願書を記入します。内容は「子育てをしていて、難しいと思うことを具体的なエピソー
ドを含めて800字以内に記入」ということでした。

▷ 1次抽選のあとに作文があります。「お子様が小学校を卒業するときに、どんな子どもになっていてほしいですか。また、そのために家庭では何をしますか。具体的に書いてください」という内容で、800字ほどでした。

▷ 抽選後すぐ、その場でアンケートがありました。内容は、「本校は公立小学校と異なる点が3つあります。デメリットと思うものを1つ挙げ、家庭での対処法を800字程度で書いてください」というもので、フリースペースに記入しました。

▷ 電子機器使用は厳禁のため、みなさん本を読んで過ごしていました。

▷ 先生が控え室を巡回されています。スマホなどを使っていないか、チェックしていたようです。

▷ 控え室の体育館の前方に、面接ブースが設けられていました。

▷ 待ち時間が長いため、事前に本を持ってくるよう指示がありました。

▷ 子どものゼッケン番号順に、親の面接がありました。

▷ 父親が来ていたのは3割くらいでした。

▷ 男子の控え室の体育館は寒かったです。10人に3人くらいがお父さんの付き添いでした。

▷ 考査の受付をした体育館で子どもと別れ、そのまま面接を待ちます。ゼッケン番号順に並んでいて、前の人が面接ブースに入ったら、待つ席へ移動します。面接は3室にわかれていました。

▷ 待ち時間が3時間ほどあるので、本を2冊持参しましたが、完読してしまいました。

▷ 考査から戻ってくる子どもたちは、とても楽しそうでした。

▷ 子どもは口頭試問のあと、絵本を読んで待っていたと話していました。

▷ 行動観察では、グループに分かれてチャイムが鳴るまで遊ぶように指示があり、わりと長時間遊んでいたようでした。子どもはボウリングのあとにジェンガをやったそうです。

▷ 暖かい部屋で並んだ丸いすに座り、みなさん本や面接の準備のための書類などを読んでいました。2時間の試験のため、係の方が「自由にストレッチなどをなさってください」「歩き回っても大丈夫です」などと声をかけていました。

▷ 控え室では、みなさん終始静かに待っていました。

▷ 服装はほとんどの場合、父親はスーツに黒いスリッパ、母親は紺か黒のスーツに黒いスリッパでした。子どもは白いポロシャツに紺のキュロットで、ベストの色は何色か見かけました。

▷ 控え室では座席指定がありました。

▷ ドアが開いたままの1階の部屋で2時間半待ちました。割と寒く、丸椅子に座っていると腰が痛くなりましたが、適度に体を動かすよう先生からアナウンスがありました。

▷ 父親、母親とも、ほぼみなさん紺のお受験服らしいスーツでした。

▷ 子どもは考査を終え、楽しく笑顔で戻ってきました。解散前にトイレに行くよう促してくれていました。

▷ 封筒に入ったゼッケンは、子どもが選ぶ形式でした。受付は受験番号ごとのブースですが、ゼッケンの番号はランダムになるように工夫されていました。

▷ 先生が子どもたちに他の国立小の名前をあげ、「○○を受ける人～」と聞いて、何人かは手をあげていたようです。

▷ 工作のとき、貼り合わせまでの時間が足りなかった人には、先生が用意していたものをくださり、それと自分の作ったものといっしょにして貼り合わせたそうです。

■**面接では…**
▷ 面接はマスクをしているので聞き取りづらかったです。

▷ 面接では前の人が終了して、20秒後に入るようにとの掲示がありました。

▷ 面接では応答の内容よりも、話し方や態度を見ているように感じました。

▷ 面接は抽選後に記入したアンケートを見ながら質問していました。

▷ 子どもの服装は、ほとんどの方が白のポロシャツ（長袖、半袖半々でした）、ベスト、キュロット、ハイソックスでした。

▷ 面接官の先生はとてもにこやかに、こちらの話を聞いてくださいました。

▷ 面接官は男性と女性1人ずつで、2人ともとてもにこやかに聞いていたのが印象的でした。

▷ 面接は3か所で進行しました。

▷ 会場は2階でとても暖かい部屋でした。

▷ 3人の保護者が順に入れ替わる形式でした。終わった方は下の控え室に下り、その次の方が会場に上がります。

▷ 男性の先生2人が面接官でした。とても感じのよい先生で緊張することなく話ができました。部屋は4、5か所パーテーションで仕切られていました。
▷ 面接会場に入るまではとても緊張しましたが、面接の先生が非常に感じのよい方でリラックスして話せました。
▷ 個別に3グループに分かれ、2対1で面接をしました。
▷ 面接はとても和やかな雰囲気でした。合否と言うよりも、確認しているという印象でした。

アドバイス

▷ 1次抽選の倍率に圧倒されず、チャレンジすることをお勧めします。
▷ 子どもを送り出す前に、他の子が話しかけてきたときの対応など確認しておくとよいです。
▷ さすがに"記念受験"的な方はほぼおりません。抽選がありますが、今必要な力を養うよい機会ですので、しっかり準備されたほうがよいです。
▷ 考査では、初めての友達と仲よく、楽しく遊べるかがポイントのように感じます。
▷ 最初の抽選でかなり絞るので、運の要素が強い学校だと思います。
▷ 日常の親子のかかわり、しつけが重要だと感じました。
▷ 考査では、いろいろなお子様がいますので、騒いだりふざけたりしないようにすることが大切だと思います。
▷ 試験は2時間以上の長時間で、子どもをじっくり見てくださいます。親の面接、作文で家庭の教育方針が問われていると思います。
▷ とにかく寒いので、膝掛けなど必要です。時間が長いので本など持参するとよいと思います。
▷ ペーパーが無いので、子どもが正しい姿勢で、先生の言われた通りに行動できるように、日頃からの生活習慣が大切だと思います。
▷ 当然ですが、時間に厳しいです。
▷ 待ち時間の携帯、パソコンなどは禁止です。
▷ 1次抽選後の800字のアンケートをいきなり書くのは厳しいので、事前に準備されたほうがよいです。
▷ 学校説明会や資料などで、どんな子どもを求めているかをよく理解して、受験を考えるとよいと思います。
▷ 体育館にストーブはありますが、かなり寒いので防寒対策が必要です。
▷ 考査は3時間以上かかりますので、子どもの考査での「待ち」の時間に注意が必要です。親は本など持参されたほうがよいです。
▷ 待ち時間の様子を、先生方が見ていらっしゃったようです。この時間を先生の指示通りに過ごすことができるかどうか、重要なポイントのように思います。
▷ 積み木や工作などのウエイトが高かったように感じました。「発想力」や「工夫」が見られていると思います。
▷ 受験の準備期間は、長く必要だと感じました。
▷ とにかく抽選に通ることが最大の難関ですが、皆さんきちんと準備された方で、私立校受験と同様に張り詰めた雰囲気でした。考査では完成度より素養や個性、相性を見ているように感じました。
▷ 作文が半分程度しか書けずに落ち込んでいましたが、特に問題なかったようです。
▷ 子どもの待ち時間が長かったようで、その間の行動をよく見ているのではないかと思いました。
▷ 幼稚園からの内進生もまざり、帰りなどまとまって、構内でもはしゃぎまわっていました。お気楽気分に流されないよう、子どもに注意しておく必要があります。
▷ 他の国立では、たまに"意外な子ども"が合格したりしますが、お茶の水はほぼそういうことがなく、品もあり、穏やかでしっかりした親子が合格しているという印象でした。
▷ アンケートの記入時間は約40分でしたが、入学願書のように氏名や住所などの記入、捺印もあるため、あまり時間はないと思います。
▷ 子どもに対する質問や求められるレベルが高いと思いました。抽選後の数日では対応できないレベルです。
▷ 面接は、にこやかながら鋭い質問内容です。中途半端な子育てをしていると答えに詰まると思います。

▷ ペーパーテストはありませんが、それが口頭になっているだけなので、ペーパー要素は訓練が必要です。

▷ 子どもは長時間のテストであったにも関わらず、「とても楽しかった」と笑顔で出てきてくれてよかったです。結果はともあれ、貴重な経験になりました。

▷ 給食設備はあるのですが、お弁当の日がとても多いそうです。

▷ 2時間から3時間ほど子どもの考査を待つため、皆さん控え室では本を読んでらっしゃいました。私も文庫本を用意し、読んで待ちました。

▷ ケンカをしてしまった子は、みなさん不合格でした。

▷ 言葉づかいなどは悪くても、減点にはなっていないようでした。

▷ 学校内には調査票を見せないと入れません。校内で調査票を見せると服にすぐにつけるように指示されて焦ってしまいました。子どもも親もコートの下に調査票をつけてきている方が多く、そのようにしたほうがよいと感じました。

▷ 1次の抽選の後、すぐに2次考査になるので、あわてないように何事も準備されておくとよいでしょう。

▷ 子どもらしくハキハキとした意見を述べることができる子が、合格するように思います。

▷ 当日、子どもの体調が悪いなかで受験しました。体調管理が大切だと、あらためて思いました。

▷ 通学時間が1時間かかるため、面接のときにいろいろ質問されました。近いほうが有利なのかもしれません。

▷ 対策が難しい学校だと思います。大事なのは生活を見直すことでしょうか。なんだかんだでクジ運がすべてかと思います。

▷ やはり元気のよい子、リーダーシップの取れる子を選んでいるような気がします。抽選を通過すれば何とか受かるような気がします。アンケートは大事なのかどうかわかりません。

▷ 考査当日は紺のスーツのお母さんが多いですが、黒やグレーのスーツの方もいらっしゃいます。中にはパンツの方もいらっしゃいます。それ以外の日は、紺のスーツは少数派で、お父さんだけスーツで来ている方が多かったです。

▷ 志願票をいただく日には何も書かずに受け取るだけなので、何時に行っても大丈夫です。志願票を提出する日は開始時刻10分過ぎくらいに着きましたが、その時点で50人以上すでに待っていました。ただ作業が早いので、それほど時間はかかりません。

▷ 願書は1次抽選後、その場で書くので、代理の出席は認められず、保護者に限られます。幼稚園や保育園の入園日・住所・保育歴等のメモを用意しておいたほうがいいです。

▷ 1次の次の日が考査なので、学校側から近隣の郵便局や銀行の地図をいただきました。そのためか、その郵便局はとても混んでいました。1次の後にすぐその場で2次の願書記入なので緊張しました。

▷ 抽選に通過すると、その場ですぐにアンケートの記入があります。内容は、"本校に入学するために留意すること3点と家庭での対応策について"という内容でした。

▷ 1次抽選後のアンケートは論文のような設問もあり、準備の必要性を感じました。

▷ ふだんの生活やしつけの様子、考え方や行動を3時間という長めの考査で見ているように思います。考査に対する準備はこれといった対策ではなく、日ごろの生活をきちんとし、身につけておくことが必要だと感じました。

▷ 子どもは考査中の待ち時間では、ずっと本を読んでいたそうです。

▷ 保護者の様子も見られているのか、カジュアルな方は合格していないような気がします。きちんとした服装で臨まれたほうがいいと思います。

▷ 最初の抽選では、各グループ1番前に座っている方の中から立会人（舞台上で当選番号のチェック等をする）が選ばれていました。やりたい方は前に座るといいと思います。

埼玉大学教育学部附属小学校

〒 330 – 0061 埼玉県さいたま市浦和区常盤 6 - 9 - 44 ☎ 048（833）6291

▌形式と日程

形式	保護者１名、子ども同伴
日程	２次考査当日

◆面接室略図

先生　先生

保護者　子

荷物置き　　出入口

親子同伴の面接が２次試験でおこなわれます。面接時間は 10 分程度。

▌質問の内容

 保護者へ

ご家庭の教育方針についてお聞かせください。

本校の教育方針の中で興味を持ったことは何ですか。

本校の教育目標は３つありますが、そのうちの１つについて、ご家庭で実践指導していることを教えてください。

今後、この学校やご家庭での教育に望まれることは何ですか。

学校にとってよい保護者とは、どのような保護者だと思いますか。３つ言ってください。

学校の特色上、保護者に協力を要請することが多いですが大丈夫ですか。

ＳＮＳで保護者の間でグループをつくりたいと案が出ました。どう対応しますか。

お友達と仲良くするための３つの条件と、そのうち１つについて、ご家庭で実践していることを教えてください。

お子様が給食を全部食べていると話していたが、担任から食べ残しが多く困っていると話があったとき、どのように対応いたしますか。

通学の際に考えられる危険性と、それについてご家庭で取り組んでいることを教えてください。

連休まで送り迎えが必要ですが、大丈夫ですか。

車での登校はしない、行事には参加するということを守れますか。

通学班でいっしょのお子様の親から、自分の子どもがお宅のお子さんのことが嫌いで、いっしょに通学したくないと言っているというクレームが入ったときどう対応しますか。

お子様が登校中に友達と横１列に広がって騒いでいたらどうしますか。

保護者同士の関わり合いが大切ですが、そのためにできることは何ですか。

保護者どうしで担任の先生の悪口を言っています。そのときどのような立場をとられますか。

保護者同士のトラブルの原因を３つあげてください。

お子様にお小遣いを渡すことについての考えと、その理由を教えてください。

お子様がデジタルデバイスを持つことについて、ご意見をお聞かせください。

片づけさせるために気をつけていることは何ですか。

子育てにおける心の教育の重要性について、ご意見をお聞かせください。

お子様がノートにいたずら書きをされたらどうしますか。

お子様が朝出かけるとき、いじめられるから学校に行きたくないと言ったらどうしますか。
どのような小学生になってほしいですか。
「賢い子」とはどんな子だと思いますか。
本校でお子様が頑張りたいことは何ですか。自分の意見も交えて、親子で会話してください。
今から40秒間、お子様とお話ししてください。小学校に上がるまでにやりたいこと、どうすればそれができるようになるか、お母様のお考えも伝えながら話してください。
仲良しの友達の親から、「お宅のお子さんにいじめを受け、ケガをさせられた」と電話がありました。対応を教えてください。40秒でお答えください。
将来の夢についてわかりやすく、60秒で、2人でお聞かせください。
今1番欲しいものについて、お子様と2人で話し合ってください。
お子様の"お願いごと"に対して、思いを込めて、お子様と会話してください。
担任の先生から、お子様が他のお子様を傷つけるようなことをしたと連絡がありました。しかし、お子様はそんなことはしていない、もう学校に行かないと言っています。このようなとき、どのように対応されますか。順を追ってお話しください。
今度の休みにしたいことを2人で話してください。
小学校で楽しみにしていることと不安なことについて、保護者の方の思いも伝えながら、お子様と会話（50秒）をしてください。
オンラインで授業ができる状況で、学校に来て教育をすることにどのような意味があるとお考えですか。
複数の子どもたちがそれぞれ違うことを言っています。小学校ではよくあることですが、なぜそのようなことが起こると思いますか。20秒程度でお答えください。
本校の教育目標を述べて、ご家庭の教育方針との関連について、50秒程度でお答えください。

子どもへ

お名前とこの学校の名前を言ってください。
隣にいる人は誰ですか。
隣にいる人の好きなところを教えてください。
隣の人にありがとうと思ったことを2つ教えてください。
今日は誰とどうやって来ましたか。
好きな食べ物、嫌いな食べ物は何ですか。
朝ご飯は何を食べましたか。…誰と食べましたか。…そのときに何を話しましたか。
朝起きてから園に行くまでの間にすることを、3つ言ってください。
夕食を食べるとき、注意することを3つ教えてください。
夕食から寝るまでの間に何をしていますか。
仲のよいお友達の名前を1人教えてください。
お友達がたくさんいて、よいことを3つ教えてください。
好きな遊びは何ですか。
あなたは外で遊んでいます。お友達が「なかで遊ぼうよ」と言ったら、あなたならどうしますか。
外でみんなと鬼ごっこをしているとき、1人泣いている子がいます。考えられることは何ですか。
お友達にたたかれたらどうしますか。
お友達に仲間はずれにされたらどうしますか。
お手伝いをたくさんしていると思いますが、お片付けをしたあとはどんな気持ちですか。
好きな絵本は何ですか。…なぜ好きですか。
絵本を読むとき、お友達と見たい絵本が同じでした。あなたならどうしますか。
お母さんにありがとうと言われるのはどんなときですか。
お母さんにありがとうと言うのはどんなときですか。
お父さん、お母さんと何をしているときが1番楽しいですか。

お父さん、お母さんにはどんなことで叱られますか。…どんなときに褒められますか。
お母さんにお願いごとはありますか。
お母さんといっしょにやりたいことは何ですか。
お家ではどんなお手伝いをしていますか。…なぜそのお手伝いをしているのですか。
大きくなったら何になりたいですか。
スーパーでしてはいけないことは何ですか。
ジュースを持ったお友達とぶつかってしまったらどうしますか。
カードをこちらに持ってきて、青い枠の中に置いてください。
（ブランコと子どもの絵を見ながら）あなたがブランコに乗ろうとしたとき、あとから他の
お友達が「乗りたいな」と言ってきました。ブランコは1つしかありません。あなたなら
どうしますか。
畳の上に靴を脱いで上がって、カードを渡してください。
お友達と仲よくするためにできることをたくさん教えてください。
お父さん、お母さんがいないと言って泣いている子がいます。あなたならどうしますか。
仲のよいお友達を思い浮かべてください。昨日ケンカをして、まだ仲直りできていません。
そんなときどうしますか。

入試感想

■考査当日のこと…

▷ 1次の控え室は1年生の教室でした。2次の控え室は音楽室でした。

▷ 待ち時間が長いため、はじめは緊張していた子どももそのうち飽きてしまい焦りました。

▷ みなさん塗り絵や折り紙など持参していました。

▷ 控え室では、塗り絵をしているお子さんが多かったです。

▷ 控え室は、各自おもちゃや食事を持ち込み静かでした。

▷ 控え室では、特に座席指定はありませんでした。1次は教室で、2次は音楽室でした。

▷ 控え室では私語禁止でしたが、塾仲間と思われる方たちが何組か話をしていました。携帯電話も情報漏れ
防止のため禁止でした。

▷ 9時までに受付、控え室で待機。25分に点呼、子どもは考査室へ、親はそのまま控え室で待機（待機中、
廊下で話すこと、別の控え室に移動すること、携帯電話の使用、外出は禁止、飲食は可）。12時30分に
子どもが控え室に戻ってきて終了。

▷ 10時30分に受付。検査番号の抽選後、控え室で待機。昼食後、13時から20人ずつのグループで考査
が始まり、15時に終了。

▷ 11時に受付、控え室で待機。12時50分に点呼、子どもは行動観察へ、30分後に子どもは親の待つ廊
下へ戻る。13時30分から親子で面接会場へ、14時に終了。

▷ 受付で抽選後それぞれの部屋に行き（案内の人があちこち立っている）それぞれの時間まで待ち、時間が
くると案内されます。1次試験の場合は試験の後、その部屋でお弁当を食べます（1つの教室に40名ほ
どずつ）。

▷ 1次試験は運動ができる普段着でよいとの説明でしたが、ポロシャツに半ズボンという方が大半でした。

▷ 公正のため、その都度くじを引いて、受付番号とは別の番号で考査順が決まります。

▷ 第2次検査当日、抽選で決められた番号順に子どもと保護者1名だけで面接を受けました。

■**面接では…**

▷ 面接では、保護者、子どもはマスクを外しておこないました。

▷ 面接室の入り口前に受験番号順に親子で並びます。ランプが光ったら入室し、先生から番号カードを渡すように言われました。荷物置き場がありました。

▷ 面接室の扉はなく、ノックは不要でした。

▷ 面接官は2人でしたが、質問は1人の先生で、もう1人の先生はチェックをしているような感じでした。

▷ 面接は内容よりも、家族の雰囲気を見ているような気がします。

▷ 面接の質問は子ども→親の順でした。

▷ 面接ではゆっくり丁寧に質問していただいたので、聞き取りやすかったです。

▷ 面接室の前で親子ともに待機します。白とオレンジのランプがあり、点いた方に番号札を持って入ります。まず番号札を面接官の先生に渡し、印を押していただいいて面接が開始されます。

▷ 面接官は男性の先生2名で、あまり細かい答えを要求している感じではなかったです。時間は5分から10分程度でしたので、ふつうに受け答えができていれば大丈夫ではないかと思われます。

▷ ストップウォッチで時間を計っていて、余裕のあるときは「ほかにはないですか？　たくさん話をしてください」と言われたりします。

▷ 面接官は2名で、お1人が重点的に質問なさり、もう1人の先生はじっと観察しておられました。

▷ オープン教室での面接なので扉がありません。荷物を置いた後からが考査と考えていいと思います。最初に検査カードを面接官のところまで持ってくるように、子どもに対して指示がありました。先生との距離が多少あるので、大きめの声で話しました。

▷ 面接内容は、「いじめ」のこと、「登校拒否」に関することの他、地域社会との関わり方などを聞かれました。子どもへの質問は、名前、友達との関わり、遊びに関することなどを聞かれました。

アドバイス

▷ 長い待ち時間のために、折り紙、塗り絵、本などを持参しました。

▷ 面接のとき、「○○秒程度でお話しください」と言われましたが、緊張のためまったく意識できませんでした。

▷ 昼食を食べてもよい時間が設定されていました。常識の範囲内で、お菓子もよいとのことでした。

▷ 待ち時間が長いので、持って行った絵本、折り紙にあきてしまいました。もう少し何か持っていけばよかったです。

▷ 公正のため、その都度くじを引いて、受付番号とは別の番号で考査順が決まります。

▷ 難しい問題は出ませんが、幼児教室に通わずに合格するのは難しいと思います。ペーパーや行動観察など小さなミスで差がつくので、減点を少なくすることが重要だと思い

▷ 1次、2次とも待ち時間が長いので、子どもが飽きてしまうため、折り紙など必要だと思います。

▷ 子どもの室内用シューズには無記名で、また名前が書いてある場合はガムテープなどで隠すように指示がありました。

▷ 学校の教育目標と家庭の教育方針について一致することを、手短に話せるようにしておいたほうがよいと思います。

▷ 2次試験が10時10分ごろ終わったのですが、その後の待ち時間が思ったより長く、12時45分まで、子どもをおとなしく待たせるのが大変でした。折り紙、迷路、絵本などを持っていってよかったです。お弁当を食べてもよいと言われたので、持っていけばよかったです。

▷ 説明会などを通じ、極めて厳格におこなわれていました。近隣に迷惑をかけないことを繰り返し注意されたり、入学後も親を含めて教育していくと話されたことが印象的でした。

▷ 個性のあるお子さんもいらっしゃるので、巻き込まれてしまわないように先生のお話ししているときは、最後までしっかり聞くことを言い聞かせました。面接では子どもが答えに詰まってしまっても、心のなかで10まで数えてヒントを教えました。

▷ 通常の遊びが発展したような問題だったようです。日ごろからあいさつや受け答えなどをきちんとしてい

れば、問題ないものと思われます。

▷ とにかく待ち時間が長いです。控え室でお弁当を食べたり、折り紙をして過ごしました。控え室では、親子でかなりおしゃべりをしていても問題ないようでした。

▷ 願書の用紙がにじみやすく、万年筆で記入したところきれいに書けませんでした。ボールペンが最適のようです。

▷ 待ち時間が長いので、折り紙、塗り絵などを持って行きました。グループごとに控え室が異なり、試験開始時間も違ってきます。

▷ 待ち時間が抽選によってまちまちですが、午後のテストの場合2、3時間あります。その時間をどのように子どもと過ごすか、工夫が必要だと思います。

▷ 受付時間は厳密に守られています。面接では保護者はスーツの方がよいが、子どもはそうでなくともよさそうでした。トイレは自由に行け、鉛筆など筆記用具はすべて学校側が用意されています。待ち時間が長めなので、折り紙、絵本、パズル、塗り絵など何種類か持って行った方がいいと思います。

▷ 国立は服装についてはかなり自由と聞いておりましたが、抽選に残った方々を見ると髪型や服装もシンプルに整った方ばかりでした。第2次の面接ではそういった身なりの面も考慮していると思います。学校側の対応はかなり親切で、子どもたちも安心して考査に取り組んでおりました。男・女はすべて別々におこなわれますので、男の子の行動観察ではケンカ対策が必要と聞いております。

▷ 試験は受かっても、最後のくじにはずれると結局入学できませんので、国立のみの志望は避けた方がいいと思います。

▷ 2次まで大丈夫でも、最後は抽選なので運も必要です。私どもの子どもはスタート（6月から）が遅かったのですが、合格できました。最後は子どもなんだと実感しました。

▷ 私立と違って国立はいろいろな方が受験されていましたが、やはり合格者のほとんどは塾に通っていたようです。問題慣れはもちろん、ふさわしい服装などを教えていただくことも必要です。

千葉大学教育学部附属小学校

〒 263 − 0022 千葉県千葉市稲毛区弥生町 1-33 ☎ 043（290）2462

形式と日程

保護者面接はおこなわれていません。

入試感想

■考査当日のこと…

▷ 控え室は体育館で、椅子が向い合わせになっており、親子で座り待ちました。時間になると保護者は教室へ移動します。電子機器は使用不可でした。暖房は無く、とても寒かったです。

▷ 当日のくじで順番が決まるので、早く着いても待ち時間が長い場合があります。

▷ 全員が試験終了するまで帰れません。

▷ 服装は私服の方も見受けられたが、多くの方は黒、紺のスーツでした。

▷ 子どもたちは待ち時間の間、自席で塗り絵や絵本を読んだり、飲食をしながら待っていました。

▷ 昨年同様にマスクを外してフェイスシールドを着用しました。ずれたときなどは、先生が直しを手伝ってくれます。

▷ 控え室は、男子が 1 階、女子が 2 階でした。席は決められていました。

▷ 控え室では私語、携帯電話は禁止です。私物を持ってのトイレもダメなので、その場に貴重品などを置いていかなければなりませんでした。

▷ 先生方はいろいろな場所でチェックしていました。保護者控え室も、１５分くらいに１度見回りがありました。

▷ 学校説明会で、本校は進学校ではないので、それを望むご家庭は他の学校へとの話がありました。

▷ 考査は 12 時 10 分ころに終了でした。

▷ 考査時は子ども一人ひとりにフェイスシールドが渡され、マスクを外すように指示がありました。

▷ マスクを外し椅子に置いてあるフェイスシールドをして、左胸と背中に選考番号を貼りました。帰りはフェイスシールドと番号札を椅子に置き、先生のチェックが済んでから帰りました。

▷ 携帯などの使用は不可でした。

▷ 子どもの服装は、白のポロシャツ、紺のベスト、紺のキュロットにしました。

■アドバイスなど…

▷ 受験に対しては、両親が協力して取り組むことが重要だと思います。

▷ 近隣の方でも自転車での来校は不可です。

▷ ブランケットなどを持参しましたが、子どもたちは集合場所の体育館に荷物を置いていきます。待機の部屋が寒かったと言っていたので、寒くない服装をお勧めします。

▷ 試験の順番によっては考査前の待機時間が長いため、時間をつぶせるものを多めに持たせるとよいと思います。

▷ 待機中はとても寒かったので、防寒対策が必要です。

▷ 難問を解く力よりも、さまざまなことを楽しめること、好奇心が旺盛なこと、集中力があることなどが求められていると感じました。

▷ 模試を受ける機会も、コロナのため大幅に減りました。状況をよく見ながら、模試などを受ける機会を確保したほうがよいと思います。

▷ コロナ禍での考査のため、常時外気を取り込んでいたため寒かったです。大人は我慢できますが、子どもには体温調整ができるよう、充分な防寒対策が必要だと思います。

▷ 当日のくじ引きで、考査の開始時間が大きく左右されます。

▷ 待ち時間が長い方は 2 時間以上になります。子どもが飽きないよう注意が必要で、その過ごし方によって試験が左右されるように思います。

▷ 待ち時間が長いので防寒対策が必要です。

筑波大学附属小学校

〒112 − 0012 東京都文京区大塚 3 − 29 − 1 ☎ 03（3946）1391 〜 4

▌形式と日程

子どものみの面接が考査当日おこなわれます。グループ（約 25 人）でおこなわれ、順番に質問されます。親の面接はありませんが、控え室の講堂でアンケートを記入する時間（25 分）があります。アンケートは 2 つの課題のうち一方を選択して記入します。

▌質問の内容

 子どもへ

お名前を教えてください。
生年月日を教えてください。
電話番号を教えてください。
幼稚園の名前を教えてください。
お友達の名前を 1 人教えてください。
この学校の名前は何と言いますか。
（願書の写真を見せて）これはあなたですか。
今日は何時に起きましたか。
今日は誰と来ましたか。…どうやって来ましたか。
朝ご飯（昼ご飯）は何を食べましたか。
昨日の夜ご飯は何を食べましたか。
幼稚園はお弁当ですか、給食ですか。
好きな食べ物を教えてください。
幼稚園とお家では、どちらで食べたほうがおいしいですか。…どうしてですか。
お母さんがつくる料理で、1 番好きなものは何ですか。…それはどうしてですか。
嫌いな食べ物は何ですか。…それはどうしてですか。
お友達とご飯を食べに行くなら、お寿司屋さん、ファミリーレストランどっちですか。…どうしてですか。
好きな遊びは何ですか。…どうしてですか。
好きなスポーツは何ですか。
好きな動物は何ですか。
好きな海の生き物は何ですか
好きな乗り物は何ですか。
生まれた季節はいつですか。
お父さんとお母さん、どちらが好きですか。
お家に帰ったら何をしたいですか。
好きな色は何ですか。
1 番好きな果物は何ですか。
好きなケーキは何ですか。
家でつくったことのあるおやつはありますか。
好きなジュースは何ですか。
好きな絵本は何ですか。
好きな虫は何ですか。
好きなテレビ番組は何ですか。
塗り絵とお絵描きではどちらが好きですか。
ゲームは好きですか。どんなゲームが好きですか。

兄弟げんかをしますか。
クリスマスに欲しいものは何ですか。…なぜですか。
クリスマスに食べたいものは何ですか。
サンタさんからもらうプレゼントは何がいいですか。
"あ、い、う、え、お"と言ってください（か、き、く、け、こ、のときもある）。
先生のまねをしてください。「さしすせそ、たちつてと」

入試感想

■アンケートの質問事項

＜下校時の交通マナー＞

▷ 下校のときいっしょに帰ってきた友達から、電車の中で他の乗客からふざけていることを注意されたと聞きました。どのように指導しますか。具体的に記入してください。

▷ 他の保護者から、お子様の下校時の交通マナーが悪いといわれたとき、どのように対応しますか。具体的に記入してください。

＜多様性について＞

▷ クラスの中にはいろいろな考えを持った子がいます。そのような中でともに生活するうえで、お子様にはどのように指導しますか。具体的に記入してください。

〈噂（うわさ）〉

▷ 他の保護者から、自分の子どもが学校の先生に叱られたらしい、とうわさを聞きました。子どもに確認しても教えてくれません。どのように対応しますか。具体的に記入してください。

▷ ある日お子さんがお友達にきつい言葉を発したり、乱暴な行為をしていると聞きました。でも、ご家庭ではそのような素振りはありません。そのようなときどのように対応しますか。

〈役員について〉

▷ 行事の手伝いなど、役員になってもらうことが6年間で2回あります。仕事をしている保護者の方にも平等に、お願いしております。そのことについて、どう思われますか。具体的にお書きください。

▷ お仕事と学校での役員活動や行事が重なったときどうしますか。また、学校の役員や行事参加されることについて、どのように考えますか。

＜林間学校＞

▷ 3年生で3泊4日の林間学校が始まり、6年生から遠泳があります。体力的にも精神的にも厳しい指導をしますが、どのようにお考えですか。具体的にお書きください。

▷ 3年生以上で林間学校に行きますが、お子様がどうしても行きたくないと言い出したらどうしますか。

▷ 本校では3年生から山登りをする林間学校、6年生では2Kmの遠泳をします。精神的、体力的にも厳しい指導となります。ご家庭でどのようにサポートしますか。具体的に記入してください。

＜指導方針＞

▷ パソコンを使った学習が推奨されています。本校でも、パソコンを利用した学習をおこなっています。オンライン学習をおこなったり、パソコンを利用した学習をおこなったりする上で、ご家庭での問題点は何ですか。また、問題を解決するために保護者としてどのように対処しますか。具体的にお書きください。

▷ 学校の指導方針とご家庭の教育方針とが違う場合、どのようにお考えになりますか。具体的に記入してください。

▷ 学校の指導方針（担任の先生）と家庭の教育方針が合わないとき、どのように対処しますか。また、どのようにお子様に話しますか。

▷ 本校の運動会の特色は、勝敗をつけること、厳しい練習をすることです。運動会に向けてご家庭で取り組めることはどのようなことですか。

▷ 生活科で動物と触れあうことがあるので、お子様がアレルギーだったり、動物嫌いだったりした場合、どのようにお子様にお話ししますか。

＜家庭での指導＞

▷ 困難なことに直面したとき、ご家庭ではどのように対処しますか。具体的にお書きください。

＜アレルギーについて＞

▷ 本校は自校給食です。健康管理に努めていますが、人的配備、設備の関係からアレルギー対応はおこなっておりません。これについてお考えをお書きください。また、給食に期待すること、各家庭で対応することについて具体的にお書きください。

▷ 本校の給食はアレルギーの子に対して特別には対応しておりません。偏食はしないよう教育・指導するがこのことについてどのように考えますか。具体的に記入してください。

〈友達関係〉

▷ 朝学校へ行く時間になると「お腹が痛い」と言い、学校を休ませると昼頃には元気になっています。そのようなことが 2、3 日続いています。お子様にどのように話したり、行動されたりしますか。具体的に記入してください。

▷ お子様が学校に行きたくないと言っています。理由を聞いても話してくれません。どのように話して、どう対処しますか。具体的に記入してください。

▷ お子様が学校での友達関係について、嫌なことがあったと相談してきたとき、どう対処しどんな言葉をかけますか。

▷ お子様が帰宅すると手にけがをしていました。話を聞くと友達と喧嘩をしてたたかれた、と言っています。保護者として子どもにどのように伝え、どのように対処しますか。具体的に記入してください。

▷ 子どもが泣きながら帰ってきました。理由を聞くと、最近誰もいっしょに帰ってくれないと言っています。子どもにどう話し、どうされますか。具体的に記入してください。

▷ 保護者の間で携帯メールや無料アプリのトラブルが社会問題となっていますが、どのようにお考えですか。

▷ クラスに気が合わない子がいるとお子様から言われたら、どのように対応しますか。

▷ 学校内での子どもどうしのトラブルで、自分の子どもだけケガをした場合、どのように対処しますか。

▷ 自分の子どもが他の子をいじめていると、他の保護者から指摘された場合、どのように対処しますか。

▷ 友達関係で悩んだりしたとき、どのように対処したりフォローしますか。

▷ 友達同士のケンカで、ケンカをした相手の親から連絡が来た場合どう対応しますか。

■考査当日のこと…

▷ 1 次の願書は、Web 登録後にネット出願し、200 字以内の志望動機記入があります。

▷ 占春園門前で受験票を提示し、その後体温表を提出します。校舎に入る前に消毒し、親子ともに上履きに履き替えて順番を待ちます。

▷ 作文の課題がモニターに表示されたあとビデオを見ます。

▷ 控え室は換気のため寒かったです。

▷ 今年の作文の内容は「6 年後の子どもに期待する姿と、そのための家庭でのサポートについて」でした。

▷ 考査は 30 人 1 グループで、7 グループありました。

▷ 3 次抽選は例年通り、学校にてくじ引きでした。

▷ 保護者は最初から最後まで講堂で待ちます。席は決まっています。換気のため寒かったです。

▷ 最初に学校紹介の映像を見ます。その後校長先生のお話を聞いたあと、制限時間 25 分の作文があります。

▷ 作文の課題は「子どもの成長と保護者のサポート」でした。子どもの得手不得手、それを踏まえて 6 年後につまずくであろうポイント、それを踏まえての保護者のサポート、PTA 活動の是非とその理由についてなど、順序だてて書かせるものでした。

▷ 当日の付き添いは保護者 1 名です。父親が多い印象でした。

▷ 番号はシールで、左胸と背中の上部に貼りました。子どもたちは、講堂からグループごとに教室へ向かいます。

▷ 校長先生のお話は、体力的にも精神的にも厳しいことをやるため、理解を求める内容でした。

▷ トイレの時間が 2 回あったようです。

▷ 保護者の方は、ほとんどの方が紺系の服装でした。

▷ 控え室は講堂で、親子で待ちました。子どもが考査に向かい、1 時間ほどで戻りました。コロナ禍のため

AからHのグループがバラバラに戻ってきました。
▷ 作文の際には、筆記用具以外はしまうこと、裏面に下書きをしてもよいなどの説明がありました。
▷ 考査前は在校生が紙芝居やゲームで盛り上げてくれました。
▷ 当日は受験票を確認後、指定の場所に案内されて、ヘアバンドをつけます。保護者は講堂に移動して、アンケートの記入をします。
▷ 控え室の椅子の上に、頭につけるバンドが置いてありました。
▷ 控え室で在校生が絵本の読み聞かせをしてくれました。
▷ 当日記入するアンケートは、スペースが狭く、書きづらいです。記入後は学校紹介のビデオを見ました。
▷ 2次出願時の注意で、朝早くから並ばないでくださいと言われましたが、みなさん早くから並んでいました。
▷ 受付を済ませたあと、子どもにヘアバンドを着けて、コの字に並んだ椅子に座ります。親は子どもの後ろに立ちます。
▷ 控え室はとても静かでした。
▷ 控え室の入り口で在校生より作文用紙をもらいます。作文を記入したあとビデオ鑑賞でした。
▷ 作文は合否に直接関係なく、入学後のクラス分けの参考にするというお話がありました。
▷ 作文は準備していたので早く書き終わりました。10分前から「あと10分です」「あと5分です」と合図がありました。
▷ 受付は受験番号ごとに6か所に分かれます。
▷ 12時30分から受付開始でした。12時10分に行くと門の前で3列に並んでいました。門の中に入れるのは保護者1名のみのため、父親は残り、母親と子どもで校庭へ向かいました。
▷ 椅子のみの講堂で、同じグループの保護者30人が3人ずつ座りました。クリップボードにはさんだアンケートに25分で回答しました。
▷ 保護者のアンケートは前方のスクリーンにテーマが映され、筆記用具以外はしまうように言われます。「裏面に下書きをしてもよい」「訂正する場合は二重線を引くこと」と指示がありました。制限時間があり、残り10分、残り5分、など目安の時間に音が鳴ります。
▷ 寒い日でしたが、ほとんどの子どもが半袖でした。
▷ 男の子の半数ぐらいはベストを着用していました。
▷ 在校生が誘導してくれたり、待ち時間に紙芝居を読んでくれたりして、和やかな雰囲気だったので子どもはあまり緊張しなかったようです。
▷ 口頭試問では30人の子どもが椅子に座り、先生が1人につき1問質問して、子どもは座ったまま答えたそうです。先生の口調は厳しい感じだったようです。
▷ 80分の待機時間との指示があり、講堂では、登山、遠泳、運動会といった行事のビデオを放映していました。体育の授業がとても厳しいことが紹介され、「体力、健康面で自信のない方はよく考えるように」というようなお話がありました。
▷ 服装は親が紺のワンピースで、子どもは白のポロシャツ（半袖）に紺のズボン、白のソックスにしました。
▷ クマ歩きでは見本はなく、「なるべく速くおこなうように」と指示があったようです。スピードはもとより、「前の受験者がどこを通過したらスタートラインに移動するか」などの指示を的確に聞き取ることが重要だったと思います。
▷ 控え室では、コの字形に椅子が並べてあり、子どもが座って親は後ろに立ちます。椅子の上にはちまきが置いてあり、装着してからトイレに行きましたが洋式でした。子どもは最初はちまきがきつかったようですがそのうち慣れたと言っていました。
▷ 保護者が講堂に移動する前に、「ここでさようならなので、お子様に一言お願いします」と言われました。
▷ 入試の進行は6年生がスムーズにおこなっており、順調に終了しました。
▷ 受付後にトイレに行けますがとても混みます。試験が始まるまでにトイレを済ませておくよう指示があります。
▷ 待ち時間に在校生が紙芝居を読んでくれますが、それを見ている様子も先生がチェックしていました。
▷ 控え室では子どもの椅子の後ろに保護者が立ちます。志望理由の記入用紙とヘアバンドが用意されていました。
▷ 控え室では、上級生がジャンケンゲームをしてくださったり、大きな紙芝居を読んでくれました。楽しい雰囲気にしようとしてくれたのはとてもありがたかったです。
▷ ペーパーテストの前に集合した教室で、「今日は誰と来ましたか」など質問されました。
▷ 制作は時間が短かったようです。同じグループでは、最後までできた子はいなかったそうです。

▷ 制作の作業中に、「のりを何回も使うから、やさしく蓋をしておいてね」と言われたそうです。
▷ 子どもの考査中は、保護者は講堂で待機します。アンケート記入の前に先生から説明があり、「保護者参加の多さ」「費用がかかること」を強調されていて、その上で志願してくださいと言われました。
▷ 学校内の講堂や廊下は寒かったのですが、試験のおこなわれた教室は暖かかったようです。
▷ 雨で気温が5度という寒い日でした。子どものグループは長袖のカーディガンを着ている子がほとんどでしたが、ほぼ全員半袖のグループもありました。「教室は暖房が入っているので寒くありません」と先生がおっしゃっていました。
▷ 上着を着ている子どもには、一人ひとりに「運動テストの邪魔になるので脱いでください」とおっしゃっていました。
▷ 行事などでの両親の熱心な参加が、筑波の校風を支えていると感じました。
▷ 先生方はとても優しく子どもたちに接してくださいました。在校生の皆さんもとても礼儀正しく、親切でした。
▷ 子どもの考査中に学校行事、運動会のビデオを観ます。子どもの体力が必要なことや1年生は親子同伴の登校になることなどを説明され、やんわりと入学後にクレームをつけないように言われました。
▷ 受験前に早い番号が有利と聞いていましたが、本当のことだと実感しました。
▷ 最後の抽選は他校より緊迫感があり、涙を流す保護者も多数おりました。当選後は、場所を変えて30分ほど、先生よりお話がありました。

アドバイス

▷ スリッパだと床が冷たく、室内履きを持参すればよかったです。
▷ 先生方がいたるところに立っていらっしゃるので、大きな声であいさつをしていくと好印象だと思います。
▷ 総合的にみられている感じでした。すべての項目で一定以上のレベルが求められていると思います。
▷ ペーパー、運動、制作とすべての対策が必要だと実感しました。
▷ 体操の部屋の床が滑るようですので、しっかりした運動靴がよさそうです。
▷ ほとんどの方が"私立受験組"と変わりません。しっかりと準備されたほうがよいです。
▷ ペーパーは問題数が多く、制作も時間が短いので、対策は必須です。
▷ コロナなどの感染症対策には、最善の注意を払いました。無事に受験できてよかったです。
▷ どの分野も"スピード"は重要です。
▷ 塾に通わず合格するのは難しいと思います。
▷ 天気によってはベストを着せてあげるとよいです。
▷ 子どもの考査中に、親は動画を見たあと作文を記入します。バインダーが配られて、それを使って書きます。とにかく寒いので、防寒対策が必要です。
▷ アンケートはバインダーに紙をはさみ、膝の上で記入するため練習が必要です。
▷ いろいろなお子様がいらっしゃるので、とにかく人に流されないことが大事です。
▷ 先生の言うことをよく聞くことだと思います。
▷ 考査の部屋も換気のためか寒かったようで、半袖の我が子はふるえながら戻ってきました。長袖のほうがよかったかなと思いました。
▷ "クマ歩き"の部屋は滑りやすいようで、何人か滑って転んでいたようです。
▷ 住民票の児童の部分に赤枠をつけることを忘れずに。
▷ 子どもを信じて、最後まで親子で楽しく取り組むことが大切だと思います。
▷ 抽選に通るかどうかわからなくても、1年前からコツコツ取り組みました。とにかく練習と根性の受験で

した。

▷ PTA 活動、保護者活動が活発なので、その理解が大切です。

▷ 動画を見ているときのメモは可ですが、事前に準備したものは持ち込み禁止です。

▷ 1 時間前には茗荷谷駅に到着しました。しばらく公園で過ごしてから学校に向かいました。講堂着席まで時間がかかるので、早めに入ってゆとりがあったため親子とも落ち着いて臨めました。

▷ ペーパー、制作、クマ歩きとも、スピード、瞬発力が求められているような気がします。

▷ 考査では、どの内容も先生の話をよく聞くこととスピードが重要だと感じました。

▷ 子どもは制作の時間が足りなかったようでした。手でちぎったり、紙を折ったり、まるめたりをてきぱきできることも大切だと思いました。

▷ 試験内容はそれほど難しくなかったようですが、お話の記憶の音声がとても速く、聞き取りにくかったようです。

▷ 控え室の講堂は結構寒いので、ひざ掛けなどあるとよいと思います。

▷ 運動、行動観察よりも、制作とペーパー重視のように感じました。

▷ 筑波を受けるには、ペーパー、制作、運動を 1 年以上かけてじっくり取り組み、安心して本番に臨めるとよいと思います。

▷ 制作の時間が限られているので、巧緻性（切る、貼る、ちぎる）の訓練や、丁寧に仕上げる意識を持たせるとよいと思います。

▷ 当日はかなり寒く、雨具や着替え、コートなど荷物が多かったので、大きなエコバックを持参しました。

▷ 考査の際に、先生の目を見てお話を聞くこと、あきらめないこと、元気よく頑張ることを言い聞かせて子どもを送り出しました。

▷ ペーパーは積み重ねが大事なので、簡単な問題から幅広くやっておくとよいと思います。

▷ ペーパーは例年通りであまり差がつかないと思いますので、試験中のおしゃべりやかってに遊んでしまうなど、素行で差がつくのではと思います。そのような子に巻き込まれないようにするのがポイントかと思います。

▷ 願書提出は早く出したほうが遅い時間帯になるので、電車のラッシュ時間を避けられるので、早く提出した方がよいと聞きました。

▷ 当日記入のアンケートは、事前準備なしだと時間が足りないと思います。

▷ 控え室に入るときに受験票を渡してしまうので、受験番号をメモしておくと、アンケート記入時に慌てなくてすみます。

▷ アンケート用紙に 2 次受付番号を記入します。バンドの番号ではないので、注意が必要です。受験票を受付時に渡してしまうので、番号を覚えておいたほうがよいです。

▷ アンケートは、はちまきの色と番号で指定された席で記入します。保護者は色と番号を記憶しておく必要があります。また、受験票は受付時に回収されるので、受験番号も覚えておいたほうがよいです。

▷ 何ごとにおいてもスピードを要求されているように感じたと、昨年までに受験した方々から聞いていました。保護者のアンケートは 10 ～ 15 行ありましたが、最後まで埋めていなくても合格されている方もいたので、あまり合否に影響はなく、面接の代わりという印象でした。

▷ 試験の内容は例年通りだったようですが、ペーパー、制作、運動と範囲が広いので、バランスよく準備をしておく必要があると思います。アンケートに関しては、過去のテーマで例文を一通り作成しておくとスムーズに記入できると感じました。

▷ 控え室は講堂でしたが、足下が若干寒いです。椅子に作文用紙をはさむためのクリップボードがありました。3 人ずつ番号順に座るのですが、真ん中の列は肘が動かしにくいので、体の大きな父親は書きやすい姿勢を見つけられるとよいと思います。

▷ 上履きは滑りにくいものがよいと思います。

▷ 考査中は寒くなかったようですが、待ち時間がとても寒かったようです。個人差があると思いますが、寒さ対策が必要かもしれません。

▷ 抽選がありますが、合格をめざすなら、しっかりとした準備が必要です。

▷ 考査前のトイレがとても混んでいるため、その前に駅などを利用するのもよいと思います。

▷ しっかりと指示を聞き、素早く反応できるようにするとよいと思います。

▷ 合格者は早いグループに偏っていたように思います。

▷ 試験までに学校へ足を運ぶ回数が、他に比べて多いと思います。

▷ 受付までの間や控え室の講堂は、とにかく足元が冷えました。

▷ 受付のあと外で待ちますが、とにかく寒いので防寒対策が必要です。

▷ 受付を早めに済ませないと、お手洗いで並んでしまったり、試験開始まであわただしくなります。

▷ 上履きは絶対忘れないように。学校から借りることはできません。

▷ 受験番号が後半のグループでも、いわゆる"記念受験"のお子さんはいらっしゃらず、みなさんしっかりと対策されています。

▷ 移動用のサブバッグがあると便利かも知れません。ヘアバンドは聞いていたよりもゆるく、ずれてきたそうです。

▷ 受験番号が早いグループから、合格者が多数出ていました。願書提出日は早く並ばれることを、強くお奨めします。

▷ ヘアバンドのゴムがゆるく、ピンで留めました。ゴムを引っ張って結んでいる人もいました。

▷ 考査中だけではなく、移動の時間なども観察されています。

▷ かなり時間が短かったようで、制作、ペーパーともに最後までできなかったそうです。時間を考えながらやる練習が必要です。

▷ 運動能力が求められていると思います。クマ歩きは訓練だと思います。

▷ 毎年少しずつ内容も変化していくので、過去問だけでなく、満遍なく準備することが必要です。

▷ 親の作文があると聞いていたのでいろいろと考えて会場に向かいましたが、書くスペースが少なく短くまとめるのに苦労しました。志望理由と同じくらいのスペースしかありませんでした。メモや下書きは用紙の裏側を使うように指示がありました。クリップボードを膝に乗せて書くため大変でした。

▷ 裏側に下書きをしていたら15分ギリギリになってしまい、焦りました。作文自体は合否の判断に関係ないような気がします。

▷ 三次の抽選にはずれました。やはり2度の抽選をくぐり抜けるのは、かなり難しいと感じました。

▷ 講堂は寒いので、カイロなどで対応しました。

▷ 2次試験では親の上履きも必要です。

▷ 2次に合格しましたが、翌日の3次抽選で落選してしまいました。子どもはやる気と努力で頑張ってAグループ40人に入り大喜びでしたが、最後の抽選での落選、特に筑波の3次落選はかなりこたえ、落胆も大きいものになってしまいました。結局、私立は受験していなかったため"地元の公立小学校"になりました。このようなリスクがあることも念頭に置いたほうがよいと思います。

▷ 当日は思ったより暖房が効いていたため、ほとんどの子どもが、半袖・短パンでした。

▷ 国立の使命と役割を理解し、両親がそれに協力できるかどうかを問われていると感じました。

▷ 考査本番では問題の量が多く、ふだんは8問程度の問題集に慣れていたせいか、息子は力を発揮できませんでした。出題量にも気をつけて、準備したほうがよいと思います。

▷ 国立2校のみ受験しましたが、2校とも早い番号のほうが合格者数が多かったです。

▷ 日ごろの生活の中で、人の話を顔を見ながら聞けることや細かい指示に対応できること、話の内容を理解し行動できることなどを意識しながら、子どもと過ごすことが大切だと思います。ペーパーは数をこなすことです。

▷ 学校行事の積極的な参加や送り迎えなど、共働きの家族には厳しいかも知れません。

▷ 先生の質問に対して簡潔に答えられなかったお子さんが、先生に叱られていたそうです。聞かれたことにしっかり答えることが大切です。

▷ 待ち時間も少ないので、荷物はいつでも持ち運べるように、コンパクトにまとめておくとよいと思います。

▷ 落ち着いている女子が好まれるような気がします。ペーパーより制作や行動観察で差が出るかも知れません。

東京学芸大学附属大泉小学校

〒 178 − 0063 東京都練馬区東大泉 5 − 22 − 1 ☎ 03（5905）0200

形式と日程

形式	子どものみ
日程	考査当日

◆面接室略図

子どものみの面接が、考査 2 日目におこなわれます。親は廊下で待機します。面接時間は 10 分程度。

質問の内容

 子どもへ

お名前を教えてください。
何人家族ですか。
何年生まれですか。何月何日は言わないでください。
お友達の名前を教えてください。
どこの幼稚園に通っていますか。
家族で何をして過ごしますか。
あなたがやりたい遊びは何ですか。…それができなかったらどうしますか。
お部屋で遊ぶとき、好きなおもちゃは何ですか。
よく遊ぶおもちゃを、あなたはどうしていますか。
小さい子と遊ぶときは何をして遊びますか。
好きな動物は何ですか。
動物を飼ったり、お花を育てたりしていますか。
何か飼うとしたら何の動物がいいですか。
お家の人と何をしているときが楽しいですか。
お母さんと何して遊びますか。…その時お母さんは何と言いますか。
お母さんのつくる料理で好きなものは何ですか。…どんな料理か、また、どこが好きか、もっと詳しく教えてください。
自分でよいなと思うことは何ですか。
今日はここまでどうやって来ましたか。
朝ご飯は何を食べましたか。
昨日の夜ご飯は何を食べましたか。
お料理のお手伝いをするとき、お母さんから言われることは何ですか。
本は読みますか。…好きな本の名前を教えてください。
お母さんに絵本を読んでもらうことはありますか。…それはいつですか。
抱っこされるときはどんなときですか。
お母さんに言われて 1 番うれしいことは何ですか。
得意なこと、苦手なことは何ですか。
好きな遊びは何ですか。

好きな歌は何ですか。
外国の人が学校に来たらなんと声をかけますか。
魔法を使えたら何をしますか。
（幼稚園の絵を見せられて）これは何ですか。
（男の子の絵を見せられて）なぜこういう顔をしていると思いますか。
このおはじきで好きな動物をつくってください。
（中がぐちゃぐちゃになっている道具箱があり）これをきれいに直してください。…直すときに気をつけることはありますか。
お友達のお母さんがパンを半分に分けてくれました。でも、大きいものと小さいものができてしまいました。あなたならどちらを選びますか。その理由も教えてください。
レストランで注文したもののなかに、あなたの嫌いなものが入っていました。どうしますか。
クマさんが庭で遊んでいたら、花壇の花を１本折ってしまいました。あなたがクマさんだったら、何と言いますか。
クマさんが公園で遊んでいるとき、お友達を押してしまい、お友達が転んでしまいました。あなたがクマさんだったら、お母さんに何と言いますか。
子どもが２人ボール遊びをしていたら、ボールが菊にあたり折れてしまいました。菊の花は川に落ちて、遊んでいたクマさんが取りに行ったら、風が吹いて菊の花は木の上にひっかかりました。あなたはどうしますか。
ウサギさんのトランプをネコさんが壊してしまいました。あなたがウサギさんなら、お母さんに何と言いますか。また、それに対してお母さんは何と言うと思いますか。
赤ちゃんが眠っているそばで、水鉄砲で遊んでいる子がいます。赤ちゃんのお母さんは、遊んでいる子に怒っています。何と言っていると思いますか。
お母さんはどんなことを頑張っていますか。それに対して、何と声を掛けますか。
お父さんやお母さんに叱られたり、「ごめんなさい」と言うのはどんなときですか。
幼稚園（保育園）の先生に「ありがとう」と言われるのはどんなときですか。
お友達が飛行機のおもちゃをなくしてしまいました。あなたはお友達に何と言いますか。（返答に対して掘り下げた質問がある）
幼稚園（保育園）での場面の絵と、餅つきの絵が提示され、何をしているところか、どんな場所かを答える。
手を洗うときに、小さな子が「洗わないで早く行こう」と言ったらどうしますか。
小さな子が「つくった砂場のお城が壊れた」とあなたに言ったらどうしますか
別々のお友達から「砂場で遊ぼう」「鬼ごっこをしよう」と同時に言われたらどうしますか。
３人でお花の色塗りをしています。１人は赤で塗り、もう１人は黄色で塗りたいと言っているとき、あなたはどうしますか。
カード（扇風機、凧あげ、キツツキ）の絵の名称を答える。
（カードを先生が持っている）これは何ですか。…これはどういうことですか。説明してください。
（人物の絵を見せられ）これは誰ですか。
（積み木、扇風機、飛行機、キツツキ、もちつきのうすなどの写真を見せられ）これは何ですか。
※２リットルのペットボトルの中のお茶をコップに移し、指定の目盛りまで注ぐ。コップは２個あり、目盛りの位置が違う。

入試感想

■考査当日のこと…

▷ 1日目の保護者の待機場所は校庭で、2日目の待機場所は体育館で、後方に立って待ちました。

▷ 2日目は体育館に集合し、子どもが前方の椅子に座り出欠の確認があります。その後、親が子どもの横に行き、各教室へ案内されました。呼ばれるまで30分ほど待ちました。

▷ 面接のときだけマスクを外します。

▷ 抽選のとき、リアルタイムで Web 配信がありました。

▷ 子どもの面接は、3人1組で2グループが同じ部屋でおこなわれました。親は廊下で待機します。

▷ 面接が終わると親が呼ばれ、子どもの後ろに立つように言われました。

▷ コロナのこともあり、学校へは子どもは来たことがありませんでしたが、2日間でとても学校が気に入ったようでした。

▷ 1日目、2日目ともに、体育館に入る前に手を消毒します。子どもは席に誘導され、親は後方で立って待ちます。待ち時間に、6年生がアンパンマンの寸劇や、英語でのジャンケン大会、クイズを出したりしてくれました。

▷ 1日目は子どもたちのみ体育館で、親は外で待ちました。校外に出ても可でした。2日目は教室で待機でした。子どもの面接中、親は廊下の椅子で待っていました。

▷ 子どもの面接では、3人1組のときと2人1組のときがあったようです。

▷ 在校生が本を読んでくれたり、学校の様子を説明してくれます。

▷ トイレは子どもも大人も在校生の案内で行くように指示がありました。

▷ 控え室では、番号を呼ばれて出欠の確認がありました。

▷ 体育館には A ～ F 列まで2列ずつ、パイプ椅子が並んでいました。

▷ 調査票を首にかけ、体育館に集合します。説明のあと親子いっしょにグループごとに控え室に移動し、順番まで待機します。

▷ 受付は体育館入口でおこなわれ、受付が済むと6年生が子どもだけを受験番号と同じ番号の椅子のところに連れて行き座らせてくれます。保護者は後方で待ちます。その間6年生が子どもの緊張がほぐれるように、簡単なお芝居やじゃんけん大会などをしてくれました。

▷ 10時に受付、体育館で受験番号順に座って6年生の劇を見ながら待機。欠席確認や諸注意のあと、11時より子どもは考査へ、親はそのまま待機。40分に終了。

▷ 1日目は雨のためとても寒く、半袖の子どもは少なかったです。

▷ 1日目は10時に受付で、体育館で待ちました。6年生の劇、ジャンケンゲームなどでリラックスし、考査の説明、人数、欠席者等の確認があり教室へ移動しました。子どもがテストから戻ってきて（校庭で引き渡し）終了です。2日目も10時受付で、体育館で待ちました。その後、説明、人数、欠席者等の確認があり教室へ親子いっしょに移動し、控え室で紙芝居を見て待ちました。時間が来ると隣の面接室に移動し、親は廊下で待ち、子どもが戻ってきて終了です。

▷ 子どもたちが体育館から移動して、戻ってくるまで50分程度でした。

▷ 子どもにとって楽しんで臨める試験だったようです。

▷ 体育館入り口で、子どもが自分で名前を言って受付をします。子どもは6年生に連れられ席へ移動し、親は体育館後方で立って待ちました。舞台で6年生がクイズを出して楽しませてくれる間、先生が子どもたちの姿勢などチェックしていました。

▷ 親の服装はいろいろな方がいらっしゃいますが、受験スタイルが多かったです。

▷ 受付前は外で並ぶため、雨の中では大変でした。

▷ 男子は小金井との併願が多いようで、2次の願書提出のとき早くから並ばれている方がいました。9時受付開始ですが、7時で40番台でした。

▷ 待ち時間は外出可ですが、ほとんどの方が外出していなかったようです。

▷ トイレは、待ち時間に上級生が連れていってくれました。

▷ 1日目は控え室がありました。教室に椅子を並べたもので、暖かくはしてありましたが椅子が足りず、あとからもってきていました。この日は雨だったので、特別に用意していただいたのかもしれません。

▷ 親の服装は、紺のスーツ、またはそれに近い正装の方が8割くらいで、子どもは、男子の場合、ほとんどが白いポロシャツに紺かグレーのズボン、ベストでした。少数ですが、親子ともカジュアルな服装の方も

見かけました。
▷ 運動テストのケンケンは、6年生の男子が見本を見せてくれ、やり直しも可能だったようです。
▷ 受付後、体育館から30人ごとに分かれて教室に移動しました。2日目は親もいっしょに移動しました。教室では6年生が紙芝居を見せてくれました。
▷ ペーパーテストは簡単すぎたと子どもが話していました。
▷ 落ち着きのない方が何人かいて、私立とは違うと思いました。

■面接では…

▷ 考査のときはマスク着用でしたが、面接のときだけマスクを外しました。
▷ 面接の順番になると廊下で待機します。このとき椅子は1つで子どもが座り、親は立っています。
▷ 面接は子どもだけ部屋に入り、親は廊下で待ちます。
▷ 面接は6人で入室し、3人ずつ並んで立っておこなったと子どもが話していました。応答する順番は質問ごとに変えてあり、3人それぞれが一度は最初に答えるようになっていたようです。とても短い時間で終了しました。
▷ 3人ずつのグループにそれぞれ面接官が1人おり、グループの間にもう1人先生が座っていたようですが、その先生は質問はせず、見ていただけのようです。2つのグループは別々に進行しますが、質問は同じだったと子どもが話していました。親は廊下で待ち、中は見えません。
▷ 廊下で6組ずつ親子で待機し、番号順に子どものみ面接室へ入ります。
▷ 3人ずつに個別テストと面接に分かれました。面接は3人が違ったカードを見せられて、それに答えるというものでした。
▷ 面接までの間、控え室では6年生の男女3人が「なぞなぞ」「クイズ」「紙芝居」などを見せてくれました。
▷ 面接の後にA4サイズの絵を渡されて、「ぐるぐると切ってね」と言われたそうです。紙に線などはなく、自由に切ったようです。
▷ 3人1組で教室の外で待ちます。親といっしょに待ち、前の組が終わったら2組の子どものみ6人が同時に教室に入ります。面接・指示行動を含めて10分もかかりません。
▷ 控え室に30組ほどの親子で待ちました。9組ずつ呼ばれ、廊下で子どもは立ったまま、親は椅子に座って待ちます。子どものみが9人呼ばれて入室し、3人1組で面接と、ナス、カキ、□の3種の絵へ色を選んで、輪郭だけをクレヨンで塗る指示があったようです。
▷ まず面接控え室までAグループ（121〜150）が入り、6名ずつ廊下で待ち、その後子どものみ面接室に入ります。父兄はその間廊下で待ち、終わったらそのまま出口へ進み終了です。グループはA〜D（121〜240）まであり、それぞれグループごとに部屋が違うので、進み方はとてもスムーズでした。案内はすべて6年生の子どもたちです。
▷ 面接中は笑い声が聞こえてきました。子どもらしい姿が1番のようでした。
▷ 体育館に集合し、その後、面接教室のとなりの教室が控え室になっていて、そこに案内されました。そこで在校生の紙芝居を見せていただき、順番が来たら隣の教室の廊下で並んで待ちました。子どもの順番が来たら教室へ入り、親は廊下で待機しました。
▷ 面接の控え室では6年生の女の子2人が紙芝居を読んでくれたり、なぞなぞをしたり、子どもが飽きないようにしてくれました。

アドバイス

▷ 小学校受験は子どもの世界を広げる、すばらしい体験でした。ご家族の理解があれば、ぜひチャレンジしてください。

▷ 集合時間に5家族ほど遅れて来ていました。そのご家族は、試験を受けられませんでした。

▷ 考査日は校庭で待機です。校外への外出もできますが、呼び出されることもあるので注意が必要です。

▷ 受験番号は合否にあまり影響がないように思いました。併願受験でなければ、早朝並ぶ必要はないと思います。

▷ 面接の終わりに親が入室したときの、一瞬の親子のやり取りなど見られていたのかもしれません。

▷ ペーパーはあまり難しくないので、行動観察と面接がポイントのように思いました。

▷ 面接では番号の早い順に呼ばれますので、後ろの番号だと待たされることになります。

▷ 例年の集団面接は、今年は1対1の面接でした。他の子どもたちは少し離れたところで、間違い探しをしていました。

▷ 体育館はとても寒いので、セーター、ベストは必要です。

▷ 子どもの面接後、親が入室するのですが、その様子も見られていると思いました。

▷ メモを取る様子はありませんでしたが、廊下での会話など見ているように思います。

▷ 早い番号が合格しやすいという"うわさ"がありますが、2次の結果を見る限り関係ないと思います。

▷ 国立は抽選があるため"運"と言う方もおりますが、2次を通過するためには、しっかりと準備をする必要があると思います。

▷ 考査では約束を守ることなどを見られていたように思います。

▷ 考査の前に在校生によるクイズなどありますが、足をぶらぶらしたり、キョロキョロしたりしていると目立ちます。

▷ ペーパーは難しくないので、取りこぼさないことだと思います。

▷ 半袖ポロシャツ、ベスト、キュロットで受験しましたが、少々寒かったようでした。

▷ 待ち時間に6年生が楽しい遊びをしてくれますが、その間先生がチェックをつけていました。

▷ 体格のよいお子さんや、通学が近いほうが有利なように思いました。

▷ すべての考査でバランスよくできているお子さんが、合格していたように感じました。第1グループは合格者が多かったので、早い番号のほうがよいと思います。

▷ ペーパーは問題も少なく、難しいことはないようです。むしろ面接や待機しているときの様子などをチェックしているように感じました。開始前に6年生とゲームなどをしますが、そのときの様子もチェックしていました。

▷ 考査前に在校生がゲームや読み聞かせをして緊張をほぐしてくれますが、楽しくなりすぎて気がゆるむ可能性があります。

▷ 校庭で待ちますので、防寒対策が必要です。

▷ 試験内容はバラエティに富んでいて、ペーパーだけでなく、ふだんの生活もきちんとできることが重要だと感じました。

▷ 当日は雨でしたので、半袖ポロシャツの女の子が寒さで泣いていました。服装の調整はきちんとしてあげたほうがよいと思います。

▷ お友達に大きな声でご挨拶ができたり、しっかりと準備されているお子様がほとんどでした。

▷ 試験前の待ち時間が長く、そこで態度をチェックしていました。

▷ ペーパーは難しい問題は出ていませんので、面接の意外な質問にどう回答するのか、思考力が試されていると思います。いろいろな質問に答えられるとよいと思います。

▷「通学時間40分以内」を強調していました。試験の結果と併せて厳密に計算するとのことでしたので、合否に影響しているものと思われます。

▷ 面接終了後、「お子様を迎えに部屋に入ってください」と言われました。先生の話を聞くときは、親子で横一列に並んで立ちます。親の様子もチェックされているようでした。

▷ ペーパーは決して難しくはありません。基本的なことをコツコツしっかりおこなえばよいと思います。常識的な問題が多いように思います。元気な子が合格している感じがします。

▷ 1日目の受付を済ませるとすぐに6年生に引き渡すので、上着を脱がせたり、髪や服装のチェックをしておいたほうがよいと思います。

▷ 考査の内容を塾やお友達に話さないように、両日とも注意がありました。2日目は親も面接会場の教室に行きますが、親がトイレに行くときにも6年生の付き添いがあります。

▷ 子どもにとっては楽しい考査だったようで、自信満々で戻ってきました。ノンペーパー系の学校の考査に近い感じかと思います。

▷ 小金井小学校に比べると、行動観察や面接重視という印象でした。6年生の雰囲気を見てもそのように感じました。小金井小学校の生徒はまじめで勉強が得意そうな雰囲気、大泉小学校の生徒は明るく、はつらつとした雰囲気でした。

▷ 運動能力が求められていると思います。

▷ 全体的に難しいものはなく、すべてをそつなくこなす必要があります。面接で差が出るのではないかと思いました。

▷ 体育館で受付後、子どもだけ番号順に座ります。ステージでおこなわれる6年生のいろいろなレクリエーションを見ているときに、横や後ろを見ず、正しい姿勢で座っている子どもをチェックしているような感じがしました。

▷ ペーパーテストの内容は難しいものではなく、出題数も少ないため合否の判定基準が明確ではありません。そのため対策は難しいかもしれません。

▷ 考査の順番を待つ間に6年生が紙芝居を読んだり、手品をしてくれます。考査中、保護者は廊下で待ちますが、両隣のグループのお母様方がずっとお話をされていました。受付のときにチェックするボードを持った先生がいらっしゃり、その方がチェックされたのかどうかはわかりませんが、皆さん2次は残念な結果となっていました。

▷ 待機場所は体育館でAからEに分かれて待ちました。体育館に先生はお一人のみで、一定の場所にずっとおり、手前の見える範囲内でチェックをしているようでした。先生方は公平に考査したいので出版社や塾などに情報を口外しないように再三おっしゃっていましたが、果たして考査のほうは平等なのかと若干の疑問を持ちました。

▷ 人数が多いため時間厳守が基本のようでした。発育調査の順番は受験番号順ではなく、調査番号順でした。上級生が大勢お手伝いをされており、大変好感を持ち、緊張せずに済みました。国立はいろいろな保護者の方がいると聞いていましたが、皆さん基本的に紺のベスト、セーターでした。最終抽選は合格、不合格、補欠カードを保護者の代表に数えさせ、男女別の筒に入れ、そのカードを引きました。

▷ 小学校受験は初めてですが、国立の試験はもっと簡単なものだと思っていました。しかし、付け焼き刃では難しいということがよくわかりました。余裕を持って計画を立てたほうがいいと思います。

▷ 受付を済ませた後、子どもだけで着席しますが、あまり騒いでいる子は調査番号を見られていたようです。

▷ 考査会場へ行くまでの間、体育館に座って待っている時間が長いので、半袖でないほうがよいかもしれません。

▷ 面接のときに声の小さいお子さんは合格していないようです。

▷ 在校生の方からのお話もありますが、国立の中では比較的お行儀がよく、ルールをしっかり守れるようなお子さんが多いそうです。

東京学芸大学附属小金井小学校

〒 184 - 8501 東京都小金井市貫井北町 4 - 1 - 1 ☎ 042（329）7823

■ 形式と日程

保護者面接はおこなわれませんが、子どもへは考査中に質問があります。

■ 質問の内容

 子どもへ

お名前を教えてください。
今日はだれと来ましたか。
朝起きたら何をしますか。
ご飯の前にすることは何ですか。
朝ご飯を食べましたか。…何を食べましたか。
朝歯磨きをしたあとにすることは何ですか。…そのあとに何をしますか。
お風呂に入ったあとは何をしますか。
お友達と何をして遊ぶのが好きですか。
幼稚園では何をして遊びますか。
公園では何で遊ぶのが好きですか。
お家ではどんなことをして遊びますか。
お友達に意地悪を言っている子がいたらどうしますか。
お友達が片付けをしないとき、あなたはどうしますか。
本は読みますか。…好きな本の名前を教えてください。
泣いているお友達にどうやって声をかけますか。
好きなおやつは何ですか。…どうして好きか詳しく教えてください。
好きな食べ物は何ですか。…それはどうしてですか。
好きな飲み物は何ですか。…どうしてですか。
果物で好きなものは何ですか。…どうしてですか。
好きな乗り物は何ですか。…それはどうしてですか。
どんな運動が好きですか。…なぜ好きなのですか。
好きな花を教えてください。…それはなぜですか。…その花のことを詳しく話してください。
好きな動物は何ですか。…なぜ好きなのですか。
好きな虫は何ですか。
好きなぬいぐるみは何ですか。
好きなおもちゃは何ですか。…それはどうしてですか。
あなたの大切なものは何ですか。
小学生になったら何を勉強したいですか。…それはどうしてですか。
小学生になったらどんなお手伝いをしたいですか。…それはどうしてですか。
大人になったら何になりたいですか。
お家の人にはどんなときに褒められますか。
すべり台、ブランコ、鉄棒の中でどれが好きですか。それはなぜですか。
水遊びをしたら何をしますか。…そのあとは何をしますか。
外から帰ったら何をしますか。
砂場で遊んだあとに、お家ですることは何ですか。
試験が終わったら誰とどこに行きたいですか。
（ジュースが 3 本あり、好きなものを選ぶ。先生が 1 本選び、その後質問される）
残っているのは何ジュースですか。…あなたが持っているのは何ジュースですか。

入 試 感 想

■**考査当日のこと…**

▷ 体育館で受付のあと、子どもといっしょに立ったまま３０分ほど待ちました。

▷ 調査票を自分で印刷し持参します。受付で紐付きのケースを渡され、２日間とも使用します。

▷ 考査は６０分と伝えられましたが、実際には体育館で別れてから40分程度で戻ってきました。

▷ 子どもの服装は、紺の半ズボン、白のポロシャツ、紺のベストにしました。親は紺のスーツが多かったです。

▷ 考査中、親は教室で待ちました。読書をされている方が多かったです。

▷ 待ち時間にトイレは自由に行けますが、電子機器の使用は不可でした。

▷ 今年は子ども個人への質問というよりも、全体に対して質問し、手をあげさせるような形式だったそうです。

▷ インターネット出願で、写真の登録など少々戸惑いました。

▷ 試験は約１時間でした。控え室でのスマホなどの使用は禁止でした。本を読んで待ちました。

▷ 子どもは体育館から、６年生に誘導されて教室へ向かいました。保護者は控え室に移動しました。30分ほどで子どもたちが戻ってきました。

▷ 受付後、子どもはトイレに連れて行ってもらいますが、女子のほうは混んでおり、時間がかかっていました。

▷ 控え室では、グループごとに受験番号順に座ります。スマートフォンの使用は禁止です。

▷ 控え室では、静かに本を読んでいる方が多かったです。

▷ 控え室は食堂でした。調査票順に席が決まっていました。

▷ 当日は６年生が誘導してくれます。

▷ 明るく素直で元気よく振る舞う在校生を見て、子どもはすっかり憧れてしまいました。

▷ 当日雨だったので早めに行ったところ、外で待つことになり寒かったです。

▷ 受付後は体育館で親子で待ちます。子どもの試験中は、各コースにわかれて教室で待っていました。

▷ 控え室は１年生の教室で、番号順に席に着きます。読書などで過ごしました。

▷ 子どもは30分ほどで戻ってくるので、どの学校より早く終わります。

▷ 子どもたちが上級生に連れられて試験会場に行くときに、順番を守れていないと呼び止められ、番号を確認されて、幼稚園などでは見られないような厳しい感じで注意されていました。子どもに聞いたところ、試験中も、割り込みをするなど自分の順番を守れない子どもは厳しく注意されていたようです。

▷ とても寒い日だったので、控え室ではコートを着たまま本を読んだりして、静かに座って待ちました。寒いなか、半袖、ベスト、半ズボンという方もいました。

▷ １日目は気温がとても低く、冷たい雨が降り、傘やコートなど荷物も多く大変でした。受付の前のぬかるんだグラウンドで転んでしまった子どももいました。２日目は天気もよく、子どもたちも少し慣れて、ほぐれた様子でした。

▷ 12時50分〜13時10分の間に集合で、12時55分に到着しました。13時〜13時5分はトイレタイムで、5分前には静かになっていました。

▷ ビブスの番号は、受験番号の末尾の番号でした。

▷ １コース〜10コースまであり、合計200人、各コース20人ずつで考査がおこなわれました。

▷ 男子10人、女子10人のグループで、我が家は8コースで受験しました。11時から始まり、11時30分には子どもたちが保護者のもとに戻ってきました。テストは、男女混合の5〜6人のグループで、ＤＶＤを見て、細長い紙で魚をつくるというような内容のものがあったようですが、全部はできなかった、少し難しかったと子どもが話していました。

▷ 体育館の半分が受付で、半分は保護者の一時控え室でした。その後案内され、１年生の教室や調理室などに移動しました。

▷ 考査から面接まで40分ほどでした。

▷ トイレ休憩については、体育館で待っている間は時間が決められていました。6年生が「トイレに行きますか」と声をかけてくれました。また、行きたいときに挙手をすると、6年生が連れていってくれました。

▷ 考査中の指示は、「始めなさい」「やめなさい」といった感じで、厳しい印象でした。

▷ 男子は白、女子は水色のビブスでした。ビブスの番号で呼ばれます。

▷ みなさんの前で１人ずつ運動をおこないました。待っている間は、男女別で、人数分用意されたいすに座って待ちました。面接を待つ間は体育座りでした。

▷ 運動テストは座って待ち、「次のお友達」と呼ばれます。その後、移動して口頭試問を受けます。

▷ 20 人ずつ区切っていたようですが、子どものグループは 2、3 人欠席でした。

▷ ペーパーテストでは、机が高かったら立ったままやってよいと言われたようです。

▷ 運動テストのグループは 1 日目のペーパーテストのグループと同じでした。

▷ 父親の服の色は、薄いグレーなど、母親に比べて割と自由な方が多かった気がします。母親は黒か紺の洋服が多く、スリッパも黒または紺の方ばかりでした。子どもは 8 割くらいは紺のベスト、紺のスカート、ズボンでした。靴下の色は白が多いですが、黒や紺の靴下の子どもも 2 ～ 3 割いました。ハイソックスがほとんどです。

▷ 切り込みの入った紙で魚の形をつくるテストは、ほとんどの方ができているように見えたと子どもが話していました。

▷ 2 日目は半袖の子どもが半数くらいいました。

▷ 運動テストで、5 歩進んで片足立ち、という指示のときに、ほかの小学校のテストでおこなったためか、クマ歩きで戻ってしまい、注意されてしまった子どもがいたそうです。同じく運動テストを待つ間に、お友達同士でおしゃべりをしていて、何度か注意された子どもが数人いたそうです。

▷ 体育座りはできていない子が多いようでした。

▷ 午後のテストでしたが、1 日目は男女合わせて 43 人、2 日目は 47 人休んでいたので、思ったより人数は少なかったです。

▷ 親子とも、少数ですが、普段着の方がいました。

▷ 2 日間とも子どもは 30 分くらいで戻って来ました。ペーパーは難しくなかったと言っていました。

▷ 先生方はとても優しく、場をなごませる工夫をしていたようです。

▷ 2 割ほど欠席者がいました。

▷ テストが始まるまでは、体育館で 20 人 1 列になって待機します。

▷ 控え室では、待ち時間も短いので本を読んだりする方も少なく、みなさんじっと待っておられました。

▷ 受付開始までグラウンドで待ちました。受付の体育館はストーブがあり、とても暖かかったので、皆さん上着はそこで脱いでいました。

▷ 受付から考査のときまで、何度もトイレに連れて行ってくださいました。緊張で何度も行きたくなる子もいるので、気になさらずにと言ってくださいました。

▷ 集合時間は 9 時 25 分でしたが、時間まで各コースごとに番号順に整列して待っていないと行けないので、子どもはそれだけで疲れてしまいました。

▷ 受験票を首からさげて考査を受けます。

▷ 控え室はとても静かでした。本を持参されるとよいと思います。

▷ 考査の日は紺の服ではないお母様が多かったのですが、1 次合格された方たちは、なぜか紺の服が多かったのが記憶に残っています。

▷ 1 グループ 20 名弱で全員に同じ質問をするようです。名前のわかるものは身につけず、写真付きの調査票のみを首から提げました。質問に対してきちんと答えられると、さらに「なぜなのか」「どうしてそう思うか」など聞かれるといった感じでした。

アドバイス

▷ 考査ではいかに減点されないかが大事だと思います。約束が守れているかなど、チェックされていると思います。

▷ 親といっしょのときは静かなのですが、子どもだけになると話しかけてくる子もいました。自分のことに集中できるとよいと思いました

▷ おしゃべりが多い子の親が呼び出されている家庭がありました。立ち居振る舞いが大事だと、強く感じました。

▷ 口頭試問の最後は会釈のみで、「ありがとうございました」と言う必要はないとのことでした。

▷ 過去問にとらわれず、広い範囲を学習しておくと安心だと思います。

▷ 紐の結びは練習していたのですが、試験のときの紐が練習しているときのものより細かったようで、うまくできなかったようでした。いろいろと練習しておけばよかったです。

▷ 国立小学校のみの受験だと最終的に抽選があるので、どこまで力を入れてよいのか悩みました。ただ勉強してきたことは決して無駄にならないので、よい経験ができたと思っています。

▷ トイレは受付をする前に、駅などで済ませたほうがよいと思います。

▷ 集合場所の体育館は、暖房が効いていないので寒いです。カイロなど持って行ったほうがよいと思います。

▷ 知、体、心のバランスがとれた子が合格しているように感じました。

▷ 私立に比べるとペーパーは難しくないため、差がつかないように思います。

▷ 受付時間まで校庭で待ちますので、天候によっては、防寒対策が必要です。

▷ 体育館にいる間、トイレの時間が限られているので注意が必要です。

▷ 子どもの待ち時間はあまりないので、折り紙や絵本は必要ないと思います。あやとりぐらいでよいと思います。

▷ ペーパーなどの準備は当然ですが、生活習慣が身についているとよいと思います。

▷ 体育館や控え室は、しっかり暖房が効いており、寒いということはありませんでした。

▷ 人数が多いため、考査の時間は短めです。限りある時間の中で実力を発揮して合格するには、集中力とケアレスミスをなくすことだと思います。

▷ 私立小と違ってラフな格好の方もいるので、まわりに振り回されず平常心を保つことが大切だと感じました。

▷ ペーパーは質よりも量の多さで、基本的な問題を正確に素早く対処できるお子様を求めているように感じました。

▷ 靴を入れる袋があるとよいと思います。

▷ ペーパーも大切ですが、立っているときの姿勢や物事に取り組む"姿勢"など、総合的にチェックしているように感じました。

▷ 雨でしたので、着替えを1セット持って行きました。

▷ 控え室は寒いので、防寒対策が必要かも知れません。室内でしたが、多くの方がコートを着たままでした。

▷ 子どもの考査が始まるまでの間、校庭や体育館で立ったまま待つことになります。本、折り紙などあるとよいと思います。校庭は当日雨だったこともあり、とても寒いです。防寒をしっかりされることをお勧めします。

▷ やはり誰から見ても落ち着いていて、しっかりとしている雰囲気のあるお子さんが、合格しているように思います。

▷ 調査書提出順に考査がおこなわれるので、真ん中あたりに提出すると、当日の時間にゆとりがあり良いと思います。子どもは朝早かったので大変でした。

▷ 国立はいろいろなお子さんがいらっしゃるので、何があっても動じないことが肝心だと思います。

▷ 両日とも早めに行く必要はなく、集合時間の10分前に学校に着けば十分だと思います。

▷ ペーパーは問題数が少ないので、正確さが重要です。工作はできあがりよりも、その過程が大切だと思います。

▷ トイレをすませるよう促されるので、子どもよりも親のほうが心配になり、何度も子どもに確認しました。

▷ 身体も大きく元気でハキハキした、明るいお子さんが多かったように思います。

▷ よく話を聞き、指示を理解しているかを見ている気がしました。

▷ 塾へ行かれていない方も多くおられましたが、受験者が多いので、大人数のものものしい雰囲気に打ち勝

つには、塾が必要だと思いました。

▷ 附属幼稚園のお子さんでも不合格の方が多かったので、シビアだと感じました。受付から約1時間ほどで終了するので、待ち時間が短くて助かりました。

▷ ペーパーテストは問題数も少なく、難しい問題ではないようですから、ケアレスミスに気をつけたほうがよいと思います。

▷ 調査票は、考査2日間首からさげるので、写真がはがれないようにしっかり貼ったほうがよいでしょう。実際にはがれて落とした子がいました。

▷ 早めに到着しても受付開始まで運動場で待つことになるので、そのあたりは考慮しておいたほうがいいでしょう。受付後、体育館で受験番号順に親子で立ったまま10分から15分待つので、子どもをリラックスさせるための物や遊びなどが必要だと思います。親子でジャンケンや指遊びをしたり、小さな本などを持ってきている方が多かったです。

▷ 受付まで外で待つことになるので、寒い時にはそれなりの服装が必要です。コートや靴入れなど、親が荷物をすべて持つので大きな紙袋が必要です。

▷ ペーパー対策をしていても不合格になる方が少なくなく、むしろペーパーよりも言語力（問われていることにきちんと答えられる）を重視しているように感じました。ふだんから上手にコミュニケーションをとっているお子さんのほうが合格の可能性は高いように思います。

▷ 私立に合格をいただいてから国立まで日数が長かったため、子どものモチベーションの維持に苦労しました。

▷ 服装は親子とも紺色が多かったですが、それほど神経質になる必要はないと思います。

▷ 調査日程を取りに行くときは普段着の方が多かったようですが、当日はスーツの方が多かったです。

▷ 1時間以上早く学校についた方がいて、ブランコやジャングルジムで遊ばせればいいと思っていたら、使用禁止の貼り紙がしてあり、子どもが時間をもてあまして困ったそうです。

▷ ＪＲ武蔵小金井駅から学芸大小金井小までのバスが、行きも帰りも混むので、特に行きは時間にゆとりを持って家を出て、来ているバスに乗れなくても、次のバスでも間に合うくらいにしたほうがいいと思います。

東京学芸大学附属世田谷小学校

〒 158 − 0081 東京都世田谷区深沢 4 − 10 − 1 ☎ 03（5706）2131

形式と日程

保護者の面接はありませんが、当日にアンケートの記入・提出を求められます。記入時間は約20分。
子どもへは考査中に質問があります。

質問の内容

 子どもへ

お名前を教えてください。
朝起きてすることは何ですか。
朝、お母さんに何と言われましたか。
朝ご飯は何を食べましたか。
好きな食べ物を教えてください。
今日はどうやって来ましたか。…誰と来ましたか。
好きな遊びは何ですか。
お母さんとお家で何をして遊びますか。
好きなお話は何ですか。
今日は誰とどうやってここまで来ましたか。
お母さんのお手伝いをしていて、ガラスのコップを割ってしまいました。お父さん、お母
さんがどんなふうに怒ったかまねをしてください。お母さんは何と言いますか。
◎今日、高熱だったら、お母さんは何と言うと思いますか。
お友達2人のうち1人が泣いている絵を見せられ）2人は、「ごめんね」「いいよ」という
会話をしています。その後、あなたがこの子（泣いていない方の子）だったら、どうしま
すか。
◎お母さんの料理で好きなものは何ですか。
（男の子が転んでいる絵を見せられ）あなたが「大丈夫」と聞いたら、男の子は「大丈夫」
と答えました。その後、あなたはどうしますか。
（レストランの絵を見せられて）ダメな子を教えてください。
◎6人で遊んでいる子のうち、3人が折り紙を折っていて、3人が別の遊びをしている絵
を提示され、
　　「この6人が仲よく遊ぶには、どうしたらよいと思いますか」
◎3人のうち1人はまだ片付けが終わっておらず、残りの2人がその子を待っている絵を
提示され、
　　「待っている2人は、どのような気持ちだと思いますか」
（おもちゃ屋さんでおもちゃを壊してしまった絵を見せられて）
◎おもちゃ売り場でおもちゃを触っていたら、あなたが壊してしまいました。どうしますか。
◎おもちゃ売り場でおもちゃを壊しました。お母さんは何と言うと思いますか。
（遠足でお弁当を食べている5人の子どもたちの絵を見せられて）
◎この子たちを見て何か感じたことはありますか。
（悲しい顔の子を指して）
◎こういう子を見たことはありますか。
（箸にウインナーをさして人に向けている子などの絵を見せられて）
◎いけないことをしている子はいますか。

（図書館の絵を見て）ここはどこですか。…ここで気をつけることは何ですか。

（植木鉢を落としてしまった子の絵を見て）　あなただったらなんと声をかけますか。

（バスの車内の絵を見て）このなかで悪いことだと思うところと、その理由を教えてください。

入試感想

■考査当日のこと…

▷ 控え室に番号ごとに誘導され、子どもだけが呼ばれて全員トイレに案内されました。

▷ 考査の前に、在校生が紙芝居を見せてくれたようです。

▷ 案内の在校生が、空き時間に本を読んでいました。読書習慣がついていてすばらしいと感じました。

▷ 両親ともに来ていたのは3割ぐらいでした。

▷ 受付後、教室に40〜50組ずつ案内され、子どもを見送ると保護者が席に着きアンケート用紙が配られました。20分ほどで回収されました。

▷ 控え室には机と椅子が廊下に向かって並んでいました。子どもを送り出したあと、親が座ってアンケートに記入します。アンケートには、「学校に期待すること」、「お子様の様子」、「本校に期待すること」、「どのように育ってほしいか」、「受験のためにしてきたこと」などについて記入しました。

▷ アンケートの記入時間は20分です。内容は「子どもの遊びについて」「小学校でどのように学んでほしいか」「健康状態などで心配なこと」「小学校の先生に期待すること、避けてほしいこと」などでした。

▷ 当日記入のアンケートの内容は、「保育園・幼稚園で思い出に残る行事」「本校の先生に期待すること」「長寿の社会でこれからの学校と社会の役割」「大人の期待通りに行動しないこともあると思うが、家庭でどのように支えていくか」というものでした。

▷ 当日記入のアンケートの内容は、「子どもの紹介」「説明会の感想」「長寿の社会でどのような教育が必要か」「大人の期待通りに行動しないこともあると思うが、家庭でどのように支えていくか」というものでした。

▷ 5年生の教室でアンケートを記入しながら待機しました。質問項目は、「子どもの紹介」「どのように育ってほしいか」「試験対策はどのようにおこなったか」「小学校に期待すること」「説明会には参加したか、それを何で知ったか」「志望理由」などでした。

▷ アンケートの記入は、多くの方が下書きを用意していました。

▷ 控え室は教室で、同じグループのお母様たちといっしょに待ちました。20分くらいの時間でアンケートを記入しました。

▷ アンケートの内容は「現代の子どもたちが育っていく中で、どのようなことに耐えることが必要か」「お子様の様子」「学校に求める教育はどんなことか」「説明会の参加の有無、感想」というものでした。

▷ 両親で来た人も入室できますが、アンケートを記入しない人は、隅のほうの簡易椅子で待機していました。

▷ 雨で寒い日でしたが、控え室はそれほど寒くはありませんでした。

▷ 子どもたちが会場に行き、少し待つとアンケートが配られました。「子どもの紹介」「どのように育ってほしいか」「現代の教育環境の問題点は」「受験の準備について」「小学校への希望」「説明会の感想」「本校の教育内容をどう知ったか」などでした。アンケートの記入時間は20分と短いです。書き終えていなくても、時間になると提出しなければなりません。

▷ 控え室は寒いです。待ち時間が長いので、本を読んで待ちました。

▷ 時間になると15人ずつのグループが1列に並び、係の5年生の児童が上履きに名前などがないか見て回ります。その後、受験票を見せ子どもに番号札を渡され首からかけます。児童の案内で控え室の教室へ移り、番号順に椅子に着席します。時間になるとまた児童の案内で子どもだけが考査の教室へ移動します。このあとは子どもの座っていた席にて保護者が約20分でアンケートを記入して待ちます。

▷ 10時20分に受付。受付までは児童館（ホール）で待ちました。10時30分に在校生の案内で教室へ移動。10時40分に子どもは発育調査へ。保護者は残って、調査中アンケートを記入します。13時45分に子どもが調査から戻り終了となりました。

▷ 在校生が子どもたちを誘導してくれます。

▷ 行動観察の途中で、面接のために呼ばれたそうです。先生は座っていて、子どもは立って答えたそうです。

▷ 考査当日は雨でしたので、欠席者も多く見られました。

▷ 親1人が用意された席に着き、もう1人は窓側に立って待ちました。

▷ 在校生の誘導が一生懸命で礼儀正しく、好感が持てました。

▷ 受験番号の札を首にかけて受験します。考査が始まる前に全員トイレに連れていかれました。

▷ 考査中の親のアンケートは20分で回収します。

▷ アンケートを終えると、スマートフォンを見ている方や本を読んでいる方もいましたが、大半の方は一生懸命にアンケートを記入し、その後も何もせずに待っていました。

▷ 控え室は、親子で机 1 組なので、割と狭い感じでした。

▷ 子どもの服装は、ほぼ、いわゆるお受験服といった感じでしたが、普段着の方も若干いました。

▷ 寒い日でしたが、子どもの服を半袖にしていました。考査の途中で誘導してくれていた 5 年生の女子が寒くないか心配してくれ、子どもが「寒い」と答えると先生が上着をかけてくれたそうです。

▷ 考査では、15 人で 1 組になって教室に入ります。その後さらに 5 人 1 組になり、カラー帽子が配られたようです。そのチームでパターンブロック積みをやったと子どもが話していました。

▷ 行動観察でパターンブロックを積み上げている間に、個別に口頭試問に呼ばれました。

▷ 子どもはすぐに親から離れ、考査会場へ移動します。

▷ あっという間に考査が終わり、子どもが戻って来ました。とても楽しかったようです。自分のグループは皆落ち着いて戻って来ましたが、1 つ前のグループは騒々しく、ふざけている子もいました。グループの運、不運もあると思います。

▷ 子どもへの質問は、思っていたよりもたくさん聞かれたそうです。少ししか質問されない子もいたようです。

▷ 国立は私立と違って、少し雰囲気が違います。いろいろな服装の親がいましたが、大体は地味で無難にまとめていました。自分たちのグループの子どもは 9 割方お受験服でしたが、グループによっては普段着のお子さんもかなりいたようです。

▷ 行動観察の途中で 1 人ずつ呼ばれ面接を受けます。

▷ 子どもの面接は、先生が椅子に座り、子どもは立ったまま質問を受けたそうです。

▷ それほど待ち時間は長くないので、本を読んでいる人も少数でした。

▷ 積み木をしている途中で 1 人ずつ呼ばれ、先生と 1 対 1 で立ったままおこなわれたそうです。

アドバイス

▷ いろいろな受験生がいるので、何を話しかけられても、いっしょに騒がないよう注意しました。

▷ 当日は雨で荷物も多く大変でした。全部まとめられる、大きなバッグがあるとよいと思います。

▷ ふだんから挨拶や返事、話し方など、基本的なことをきちんと身につけておくことが肝心だと思います。

▷ アンケートを全部書いていない方も検定合格していました。

▷ アンケートの記入時間は 20 分しかありませんので、ある程度下準備をしておかないと、書き終えるのは難しいと思います。

▷ アンケート記入用に、使いやすい筆記具を持参するとよいと思います。

▷ 服装は自由とありますが、ほぼみなさん「お受験スタイル」です。

▷ 会場には余裕をもって着けるようにしたほうがよいです。

▷ ふだんから大人の話をしっかりと聞けるようにしておけばよいと思います。

▷ 出願のときは午前中に行く方がほとんどで、2 時間くらいかかった方もいたようです。

▷ 合格された方は声が大きく、人見知りせず、はきはきとした元気な子が多かったと思います。

▷ アンケートはメモ持参でも可でしたが、記入時間は 20 分しかありませんので、時間が足りませんでした。

▷ 行動観察の対策は必要だと思います。

▷ 早く着きすぎても待ち時間が長くなるので、適当な時間を考えて、逆算して学校へ向かうほうがよいと思います。

▷ アンケートはボリュームの割には時間が短いので、簡略にするところとしっかり記入するところの見極めが必要だと思います。

▷ 1 次抽選が無いので、受験者のレベルにばらつきがある感じでした。私立校や筑波、お茶の水に比べると簡単なようですが、やはり準備していないと通過は難しいようで、抽選会場は講習や模試でお見かけした方たちばかりでした。

▷ アンケートは下書きをもっていきましたが、時間が短く大変でした。

▷ 考査は過去問とほぼ変わらず、やさしい問題ばかりだったようです。

▷ 合格者は、私立も受験されただろう、という感じの服装でした。

▷ A4 サイズの紙を 2 つ折りにしてクリアファイルに入れる作業のとき、紙を丁寧に折り過ぎて時間がかか

ってしまい、自分だけファイルに入れるところまではできなかった、と子どもは落ち込んで帰ってきました。
本番ですべてをいつもどおりにやるのは難しいことだと思いましたが、桐杏学園で楽しく講習に参加でき、
本番の準備をすることができてよかったと思います。

▷ 学校内はかなり寒いので、予定外でしたが、子どもにはカーディガンを着用させました

▷ アンケート記入では、質問の分量に対して時間が短いです。

▷ 下書き持ち込み可でしたので、ほとんどの方がアンケートの下書きを用意していました。行線は無く枠内
に記入するので、みなさん小さな字で書いていました。

▷ 服装は、ほとんどが受験服でした。数名平服の子がいましたが、目立っていました。

▷ 学校説明会のとき副校長先生が、「願書提出日は午前が混むので、午後がお勧めです」とおっしゃっていま
したので午後に行ったところ、とてもスムーズでした。

▷ ペーパーは例年通りの難度でした。他校に比べたら簡単だと思いますが、その分取りこぼしができないと
感じました。

▷ 私立の対策をしていたので、世田谷について特に対策をしませんでしたが、合格しました。希望する学校
よりも高いレベルの学校の対策をすることが、合格へつながると思います。

▷ やはり私立小学校を受験した子が、合格していたように思います。

▷ あいさつがしっかりできる子が好まれると思います。

▷ 半袖にするか長袖にするか考えましたが、寒ければ長袖でいいと思います。

▷ 子どもの考査中に親がアンケートを記入します。Ａ４サイズの紙に５問が出されました。下書きしていた
とはいえ、ほぼ時間いっぱいかかりました。

▷ アンケートは20分ちょうどで止められてしまいますので、事前に内容を詰めておく必要があるかと思い
ます。質問により書く欄の大きさがまちまちなので、文章量を増減しやすいものにしておいたほうがいい
と思います。

▷ 抽選は124名＋1のくじを壺に入れて全員が引きます。残ったくじが1枚、その番号から続けて60名
が合格で補欠が5名です。

▷ 個別テストでは、質問をされて答えるたびに先生がその答えに反応してみせたようです。とてもおもしろ
い先生だと子どもが言っていました。

▷ 例年通りに出題されることが多いので、過去問に慣れておくと、よりペーパーが難しくなく感じるでしょう。
ミスのないよう基本的な問題をしっかりおさえ、高得点が取れるようにするといいと思います。女子に関
しては、好奇心旺盛、積極的、利発な印象の子が多く合格しているような印象を受けました。

▷ 先生との会話が大切なように感じました。日常から大人との会話が発展させられるとよいと思いました。
親が学校のことをよく知ることが合格への第一歩だと思います。

▷ 当日書くアンケートに関しては聞いてはいましたが、事前にまとめていくのは当然のことで、下書きを写
すだけでも時間がぎりぎりでたいへんでした。1行目〜2行目の半分くらいに要点をまとめて書き、全質
問に回答し終わったら、余った時間に補足するといいと思いました。

▷ 親の面接もなく、願書に志望理由を書く欄もないので、アピールできるのはアンケートだけと思い、一生
懸命に記入しました。

▷ 試験当日の集合時間が窓口に並んだときの受付順（＝受験番号）のため、順番を数えて並ぶ方がいらっし
ゃいました。

▷ 説明会で副校長先生のお話しを聞いていますと、明るく純真な子、どんなことでもめげずに次の課題に取
り組める前向きな子どもがよいようです。

▷ ペーパーテストは常識的なことだけだったらしく、ふだんの生活においてどれだけ親が子どもに自分でや
らせているかが問われたようです。

東京学芸大学附属竹早小学校

〒 112 - 0002 東京都文京区小石川 4 - 2 - 1 ☎ 03（3816）8943 ～ 8944

形式と日程

| 形式 | 親子別（保護者 1 名） |
| 日程 | 考査日以前 |

◆面接室略図

親子別々の面接が、考査当日おこなわれます。時間は 5 ～ 10 分程度。

質問の内容

 保護者へ

お子様の名前と生年月日を教えてください。
志望理由をお聞かせください。
本校の教育方針を理解していますか。
学校案内を読みましたか。…デメリットもありますが、どのようにお考えですか。
本校は特殊な学校ですが、どうお感じになりましたか。
国立小学校の特徴を理解されていますか。
教育実地研究校をどう思いますか。心配な点はありますか。
教育実習生が多く授業にあたることについてどのように思われますか。
本校のよい点はどんなところですか。
本校に期待することは何ですか。
本校では生徒間の競争をあおるような教育をしていませんが、そのことについてどのように
お考えですか。
本校は自主性を大切にした学校ですが、どう感じますか。
お子様が自主的にする、積極的なお手伝いは何ですか。
お子様を促しておこなっている取り組みは何ですか。
お子様が進んでやらないことをしてもらいたいとき、どのように伝えていますか。
お子様が遊んでいて、その遊びを止めなければならないとき、どのように促しますか。
家での約束を守れなかったとき、どう対応しますか。
お子様の苦手な食べ物を 3 つ教えてください。…食べられるようにどのような工夫をして
いますか。
「嫌いな食べ物が給食で出るから学校へ行きたくない」と言ったらどうしますか。
通学について不安はありませんか。
いろいろな地域から来ているので、放課後はお友達と遊べません。放課後をどのように過
ごしますか。
小学校では何をさせたいですか。
お子様のよいところを教えてください。
幼稚園生活でお子様が成長されたと思うことを、1 分ほどでお話しください。
お子様は幼稚園のお友達と、どんな遊びをしますか。

お子様が好きな友達は、どのような子ですか。
お子様は何をしているときが１番楽しそうですか。
お子様のことで直したい点はどんなところですか。
お子様が今、好きな遊びは何ですか。
遊びで夢中になっていることは何ですか。
最近の出来事でお子様から驚かされたことを教えてください。
育児で気をつけていることは何ですか。
お休みの日のお子様の様子で、印象的だったことは何ですか。
今、お子様にしてあげたいことは何ですか。
最近お子様を褒めたことは何かありますか。
最近お子様が頑張っていること、そのことについてどのように褒めたりするか、具体的に
お話しください。
お子様は大きくなったら何になりたいと言っていますか。…それについて、どう対応しま
したか。
これからお子様といっしょに遊んでください。
ボードに描かれている乗り物が答えになるように、お子様となぞなぞをしてください。

　子どもへ

お名前を教えてください。
生年月日を教えてください。
幼稚園のお友達の名前を教えてください。
幼稚園で楽しかったことは何ですか。
お友達とする遊びで、１番好きなことは何ですか。
家に帰ってから何をして遊びますか。
今日は誰とどうやって来ましたか。
どんなとき褒められますか。
お手伝いをしていますか。…お手伝いをしたあと、お父さん、お母さんは何と言ってくれ
ますか。
好きな食べ物は何ですか。
嫌いな食べ物は何ですか。…嫌いな食べ物が出たらどうしますか。
好きなおにぎりの具は何ですか。
朝ご飯は何を食べましたか。…昨日の夕飯は何でしたか。
お家での約束ごとは何ですか。
お父さんとゲームで遊ぶとき、何のゲームが好きですか。
好きな乗り物は何ですか。…それはどうしてですか。
バスや電車のなかでは、どんなことに気をつますか。
お母さんと何をしているときが楽しいですか。
お母さんに今してあげたいことは何ですか。
お風呂では何をして遊びますか。
お友達にしてもらって、うれしいことは何ですか。
休みの日はどこに行きたいですか。
今頑張っていることは何ですか。
小学校に入ったら何がしたいですか。
（パンダ、ゾウ、ツル、タヌキ、クマ、トリ、ウサギの絵を見せられ）好きな動物はどれで
すか。
これからなぞなぞをするので、よく考えてください。（…保護者となぞなぞをする）
（動物がたくさん描いてある絵を見せられて）
どんな動物が好きですか。
動物たちは何をしていると思いますか。お母さんといっしょに考えてください。
（絵を見せられて）何をしているか話してください。
（動物のカードを渡されて）お話をつくってください。保護者が合流して、お話の続きを相
談してつくる。

入試感想

■考査当日のこと…

▷ 1次抽選のあとすぐに2次の出願をします。Web出願のうえ、指示された書類を期日内の消印有効で郵送します。

▷ 校内は飲み物禁止でした。

▷ 受付時間まで控え室で待ちますが、受付を済ませてからでないとトイレに行けません。受付後、トイレに行く時間がありました。

▷ 当日記入するアンケートの内容は「家庭での約束ごと3つ、最近頑張っていること、苦手な食べ物」などでした。面接で内容について質問がありました。

▷ 面接室の入口のところで、子どもはマスクを取るように言われました。

▷ 控え室では、みなさんクーピー、折り紙などを持参して過ごされていました。

▷ 面接のとき、子どもはマスクを外して名前を言うように指示がありました。

▷ 考査・面接で1時間くらいでした。

▷ 受付前に、子どもは「調査票」を名札ケースに入れて、左胸につけます。保護者は「保護者入構票」を名札ケースに入れて、左胸につけます。

▷ 面接のとき子どもは絵を描き、親の面接が終わると、引き続き親子活動があります。

▷ 子どもの考査中にアンケートの記入をします。内容は「声をかけなくても手伝うこと、声をかけて手伝ってくれること」という内容でした。時間は20分です。

▷ 控え室の席は自由でした。折り紙をして待ちました。

▷ 控え室では、親子で本を見たり、折り紙をしたりする方が多かったです。

▷ お父様がいらっしゃっているご家族が、意外と多かったと思います。

▷ 受付後にお手洗いに行くことができます。

▷ 受付後の待ち時間はそれほどありませんでした。

▷ 受付から考査終了まで1時間10分で、あっという間に終わりました。

▷ 8時45分に受付。その後控え室で待つ。9時に点呼。子どもは集団テストへ、親は第2控え室に移動。9時20分に子どもが戻り、いっしょに移動して親子面接。10時に終了。

▷ 10時30分に受付。40分に点呼があり集団テストへ向かいました。11時に子どもが戻り、11時15分より親子面接でした。

▷ 親子で待つ時間は、お絵かきや折り紙、絵本を持参している家庭が多かったです。

▷ どの先生の対応も丁寧で優しく、在校生の案内も丁寧でした。

▷ 控え室は広いランチルームでした。暖房が効いていて快適でした。

▷ 控え室を先生がチェックしていることもなく、リラックスした雰囲気でした。

▷ 控え室では、折り紙や本を持参し、静かに待っていました。

▷ 待ち時間はさほど長くありませんでした。

▷ 控え室では番号順に座りました。1組につき3席あるので、充分荷物が置けます。

▷ 行動観察をおこなう前に、子どもは図書室で椅子に座り、静かに待つよう言われたそうです。

▷ 番号札は持参した安全ピンでとめました。トイレはその都度、上級生が声をかけてくれました。

▷ 行動観察は30分程度でしたが、子どもは「楽しかった」と言って帰ってきました。

▷ 受付後、控え室で10分くらい待ちました。各家庭に机が1つと椅子が3つ用意されていて、本を読んで待ちました。子どもが上級生に連れられて考査に行ったあとは、保護者は3階で30分ほど待機しました。みなさん何もせず、じっと待っていました。

▷ 父親は22人中3人で、両親で来ているのは1組だけでした。

▷ 雨の降る寒い日でしたが、校内は適温でした。

▷ お手伝い係の高学年の生徒が、和やかで性格のよさそうなお子さんばかりでした。

▷ 子どもはゼッケンをつけ、親は胸に番号を安全ピンでつけました。

▷ 親と離れたくないと泣いていた子どもがいましたが、在校生のお姉さんが優しく話しかけ、いっしょに調査室へ連れて行ってくれました。

▷ 私たちのグループの出席率は80%程度でした。

▷ 子どもは持参した本を読んだり、折り紙をして待ちました。保護者も読書をされている方が多かったです。

▷ 受付のあと番号順に、指定された場所で待機します。時間になると、子どもだけ在校生に誘導されて移動します。親は 3 階の控え室に移動します。

▷ 5 人グループでおこなわれ、部屋に入ってすぐに 1 人 1 枚ずつ動物の顔が描かれたカードを見せられて、そのカードが貼ってある席に着くように指示されます。

▷ 受付で調査票のチェックをし、番号が書かれた場所に親子で待ちます。子どもだけ先に移動し、次の控え室へ移動して待ちます。

▷ 受付→ランチルームの机の上に番号があり、その場所に座ります。10 分後くらいに在校生が番号を呼び、2 人くらいずつ連れて行きます。親は控え室へ移動します。

▷ 受付番号順に控え室に入り、在校生の迎えがあるまで決められた席で待っていました。本を読んだり、絵を描いたりしていました。

■面接では…

▷ 母の面接後、隣のブースにいる子どものところで、親子遊びをしました。子どもからルールの説明を受けます。単純な遊びでしたので淡々とこなし、途中で「どっちが勝っているかな」など会話をはさみました。

▷ 面接室に入室すると、立ったまま子どもに質問があります。そのあと親子別に面接があり、親の面接が終わると子どもと合流して、親子活動をおこないます。

▷ 面接では、先生方も笑顔で笑いもあり、緊張感はありませんでした。

▷ 親子遊びでは先生がストップウォッチで時間を計っていて、「時間ですからやめましょう」と言われました。

▷ 面接では先生が笑顔で迎えてくださり、緊張もほぐれました。各室によって進行時間も異なり、隣の部屋はどんどん進み、私たちの室は待ち時間が長かったです。

▷ 同じ部屋でついたてを挟んで親子別々に面接があり、その後親子活動があります。

▷ 面接室に入ると、まず子どもに立ったまま質問されました。すぐに母子別々になり親の面接が始まりました。最後に親子で自由に遊んでくださいと言われました。

▷ 親の質問が終わった時点で子どもの方に移動しました。動物が公園で遊んでいる絵を見せられ、子どもが選んだ動物について親子で話し合いました。

▷ 質問後、ペットボトルのキャップを積み上げていく親子活動をしました。また、色のついたキャップ 2 つを使って何かをつくるよう指示がありました。

▷ 面接のあとに親子活動があり、小学校の校庭のような場所にゾウやリス、フクロウなど 10 種類ほどの動物が描かれた絵を見せられました。車椅子に乗って困っているように見えるゾウの絵と、そのゾウを他の動物が助けてあげている絵で、そこから親子でお話をつくってくださいと言われました。ストップウォッチで時間を計っていたようで、2 〜 3 分程度でした。

▷ 面接室に入ると子どもは左へ、保護者は右側の席で面接が始まります。最後に子どものところへ行き、フラフープで 2 人で電車ごっこをしてくださいと言われました。

▷ 面接の最後に、「目的地を決めて電車ごっこをしてください」と言われました。

▷ 最後に親子でなぞなぞをしました。

▷ 第 2 控え室に移動して待機していると子どもが戻り、呼ばれるまでいっしょに椅子に座って待ちます。その後在校生の案内で、第 2 調査室（面接室）へ移動します。

▷ 面接では親子別々に質問され、子どもが絵を見せられたときに、「この絵はどんなお話しかな。教えてください。お母さんも助けてあげてください」と言われ、親子でお話作りをしました。

アドバイス

▷ いつもと違う環境のなかで、ハキハキと受け答えができるかが重要だと思いました。

▷ 早い番号がほしいときは、Web出願を手際よく進めることだと思います。

▷ 受付前でも、控え室に入るとトイレに行けないので、学校に入る前に済ませたほうがよいです。

▷ 教室は寒いので半そででではなく、暖かい服装にしてあげたほうがよいと思います。

▷ 先生の話をしっかり聞いて、順番を守るなど、落ち着いて取り組む必要があると思います。

▷ 面接ではアンケートの内容が聞かれるので、どんな質問が来るか、想定しておくとよいです。

▷ 対策が取りづらい学校だと思いますが、元気にお返事できる子は好印象のようです。

▷ 家庭での親子遊びに、ひと工夫したりすることの積み重ねが、対策になるかと思います。

▷ 親子活動、面接については、学校のカラーや大事にしていること（子どもの主体性）を念頭にして取り組みました。

▷ 親子活動はとても時間が短かったです。どのあたりがポイントなのか、よくわかりませんでした。

▷ 親子活動の指示を子どもが間違えて覚えてしまいました。

▷ 親子遊びは子どもの主体性を考えて、子どものすることの補助的な立場でかかわりました。

▷ 行動観察と面接だけなので、ふだんからはきはきと受け答えができるようにしておくことだと思います。

▷ 待ち時間用に折り紙など持参したほうがよいです。

▷ 左胸につける番号札のつけ方がわかりづらかったです。

▷ 親子活動で子どもがうまく話をつなげられずにヤキモキしましたが、親はあくまで「このあとどうなったのかなあ」など、子ども自身で考えられるように促しました。

▷ 親子活動は子どもがきちんと先生の話を聞いて、正確に親に伝えないとまったく先に進みません。

▷ 子どもの自主性を求めているように感じました。

▷ 脱いだコートを入れる、大きめの袋を持参したほうがよいと思います。

▷ 親子遊びは親が緊張して焦ってしまい、親が主導権を握ってしまいがちです。子どもを信じて、もう少し落ち着いていられたらよかったです。

▷ 面接で、親と子に同じ質問がありましたが、子どもが練習と違う答えをしてしまい、親子で答えがバラバラになってしまいました。しっかり確認しておけばよかったです。

▷ 親子遊びでは、子どもの説明がうまくできませんでした。ゲームに取り組む姿勢も大事だと思いますが、内容を理解して自分の言葉で人に伝える力が足りなかったと感じました。

▷ とにかく笑顔が大切だと思います。

▷ 国立であるがゆえの特殊な教育にどう共感するか、志望理由を親がしっかり持っていることが大事だと思いました。

▷ 親子遊びは簡単なようですが、先生の前でやるのは難しかったです。

▷ 面接時間は短いので、あまり余計なことを話さず、ポイントを押さえて話せるようにしておくことだと思います。

▷ 親子遊びは、とにかく元気で明るく、笑顔でやることが大切だと思います。

▷ 考査でのリーダーシップ、他のお友達を思いやるところなどが発揮できるとよいと思います。

▷ 雨の日でしたので、受付時間より早く着いた家族が、学校にお願いしてトイレに行っていましたが、基本は受付後に行くように、制限されていたように思います。

▷ 面接後の親子遊びは、瞬時の判断が必要で、難しかったです。

▷ 親子ともに、生活態度やコミュニケーション力を観察されているように感じました。靴を揃える、ハンカチをたたむ、トイレ後の身繕いを自分で確認できる、自分の主張も述べながら他人の意見も聞いて取り入れるなどを見られている気がしました。

▷ 親子遊びでは親も緊張しますが、子どもと楽しむという姿勢で行動するとよいと思います。

▷ 発育調査は子どもにとって遊びの延長だったようで、「楽しかった」と言って戻ってきました。子どものありのままの姿で臨むほうが、よいのではないかと思います。

▷ 受付時にすでに親子の様子を、観察、チェックされているように感じました

▷ 部屋は思った以上に暖かく、行動観察では汗をかいていました。半袖シャツでもよいかもしれません。

▷ 待ち時間のために、本など持って行くとよいと思います。

▷ 親子活動と行動観察が重視されていると感じました。

▷ 控え室はとても暖かく、子どもは半袖で十分でした。

▷ 半袖にベストの方が多かったのですが、部屋が暖かいので、ベストは必要ないと思い脱がせました。

▷ 親子のなぞなぞの絵は、動物の絵でした。

▷ かご、箱、ボール、玉入れの玉、ピンポン球を渡され「親子で遊んでください」と言われました。ふだんから身近なものを使って、工夫して楽しく遊んでいるとよいと思います。

▷ 折り紙やあやとりなど、待ち時間に遊べるものを用意したほうがよいと思います。

▷ 会場は暖かかったので、暑がりの子は半袖でよいと思います。

▷ 個別テストの絵画では3人1部屋に先生2人がつかれていたそうです。「好きな朝ご飯を1つだけ描きましょう」というもので、子どもは「ジャムパン」を描いたそうです。

▷ 服装もさまざまでしたが、半袖のポロシャツ、紺のズボンなどが無難なように思います。親子ともそれほど神経質になる必要はないと思いました。

▷ 待ち時間のときからバインダーを持った先生が一人ひとりをチェックしていました。

▷ 願書提出順に受験番号が決まり、考査も番号順なので、子どものベストな時間を取るために提出時間を調整しました（自宅から学校までが遠いため）。

▷ 言葉遣いもつくりすぎず、ふだん通りリラックスして臨むのがよいと思いました。

▷ 服装はまちまちでしたが、いわゆる「お受験ルック」以外はかなり浮いていたように思います。

▷ 控え室の行動はみられているようなので、気をつけたほうがいいでしょう。（携帯電話をかけていた人は、落ちていたように思います）

▷ 受験にいらしている方の服装もまちまちで、驚くほどラフな方もいらっしゃいました。特に紺のスーツにこだわらなくてもいいかと思いますが、清楚な感じがするほうがよいような感じがしました。

▷ 考査は1番目のグループで、8時過ぎに学校に行きましたが、受付時間5分前まで校舎の中には入れず大変寒かったです。受付時間ぎりぎりに到着するよう、近くのファミリーレストランや喫茶店などで調整するとよかったと思います。

▷ 失敗がないのは当たり前で、かなりのアピールができないと合格まではいけないように思います。

▷ 泣いて試験を受けられなかったりするお子さんもいたので、自分の子どもに動揺しないように、お話ししておいたほうがいいと思います。

▷ あまり難しいテストではないので、年長の1年は季節の遊びをしっかりとやり、子どもが自信を持って親や大人と話ができるように心がけることが大切です。

▷ 絵を描くこと、運動をすることは何よりも力を入れました。

▷ 親が待っている間、本などを持参するとよいと思います。子どもの服はキュロット、ジャンパースカートなどさまざまでしたが、特に気をつかう必要はないと思いました。

横浜国立大学教育学部附属鎌倉小学校

〒 248 − 0005　神奈川県鎌倉市雪ノ下 3 − 5 − 10 ☎ 0467（22）0647

■ 形式と日程

　保護者面接はありませんが、子どものみ考査中に 1 人ずつ面接があります。

■ 質問の内容

 子どもへ（考査中に）

　　お名前を教えてください。
　　お誕生日はいつですか。何歳ですか。
　　今日は誰といっしょに来ましたか。
　　学校まではどのように来ましたか。
　　（紙芝居を見て内容に対する質問）お話に出てきた動物を順番に言ってください。
　　昨日の夕飯は何を食べましたか。
　　今日の朝食は何を食べましたか。

入試感想

▷ 控え室では体育館で、指定された席に座り、みなさん静かに待っていました。
▷ 10 名ずつ呼ばれ、子どもだけ別の教室に移動し考査を受けます。
▷ 保護者は紺や黒のスーツが多く、父親も多かったです。子どもも 7 割近くが紺の服でした。
▷ 当日は、水筒、マスク、絵本、上履きを持参するよう指示がありました。
▷ 当日は受付時間が 8 時と早く、とても寒かったです。
▷ 控え室ではぬり絵や折り紙をして待ちました。学校からあらかじめ本が用意されていました。
▷ 1 日目は、8 時に受付。 8 時 30 分に点呼があり、何人かずつ呼ばれ考査へ。11 時 20 分に終了。2 日
　目も 8 時に受付。前日と同じ教室で待つ。8 時 30 分点呼。順番に呼ばれる。10 時に終了。
▷ 8 時に受付、控え室で待機。50 分から 1 日目と逆順に個別テスト。10 時 25 分に紙芝居・面接、50 分
　頃から子どもが戻り次第終了。
▷ 12 時 30 分に受付、控え室で待機。13 時に受験番号 1 番のグループから順に点呼、子どもは考査へ、親
　はそのまま待機。14 時に子どもが控え室に戻ってきて終了。

アドバイス

▷ 考査中の待ち時間のとき、おしゃべりなどしないで待っていられるかを、チェックされているようです。

▷ 考査中にトイレにいきたくなったので、先生にしっかりと伝えて、お礼を言ってからトイレに行ったようです。自分でできるかがポイントだと思います。

▷ 母親の服装はお受験スーツとまではいかなくとも、地味な色のジャケット着用が望ましいように思います。子どもは七五三のようなスーツの子もいれば、普段着の子もいるので、派手にならなければ大丈夫だと思います。

▷ 親はスーツ姿が大半で、子どもは普段着の子からお受験スタイルの子まで、さまざまでした。説明会では「運動テイトがあるので動きやすい服装で」とのことでした。受付には時報を流すなど時間厳守でした。その年によって子どもの呼ばれる順番はまちまちのようですが、今年は1日目が受験番号順、2日目がその逆でした。番号によってかなり待つことになりますので、折り紙やあやとりなど遊べるものが必要です。

▷ 学校見学会が2回ありましたが、たくさんの方がみえていました。第1次選考日は受験番号順でおこなわれ、16番だったので早めに終了しました。翌日の第二次選考日は受験番号の逆順でおこなわれたので、遅めの終了となりました。考査以外でも2時間ほど待つことがあるので、子どもにもそれなりの忍耐が必要かと思いました。

▷ 控え室は保護者の右側に子どもを座らせ、番号順に並んで待ちました。本を読んだり、折り紙をしたりして過ごしました。教室ごとに本が用意されており、そのほか音のでないものの持ち込みはOKでした。

▷ 1日目と2日目で待ち時間が違ったので、長く待った日は子どもが飽きてしまいました。2次選考のときも同様でした。絵本や折り紙などを持って行きましたが、子どもが本当に興味のあるようなものをいろいろと持って行ったほうがよいかと思います。

▷ 元気よくハキハキと答え、失敗してもやり直してできれば一次は合格できると思います。

▷ 近年は1次で倍率2倍程度まで減らすので、抽選は通りやすくなってきたと思います。基本的な学力と運動能力があれば1次は受かると思います。

横浜国立大学教育学部附属横浜小学校

〒 231 – 0845　神奈川県横浜市中区立野 64　☎ 045（622）8322

形式と日程

保護者面接はありませんが、子どものみ考査中に簡単な質問があります。

質問の内容

 子どもへ　（考査中に）

お名前を教えてください。
住所を教えてください。
今日は誰と来ましたか。どうやって来ましたか。
朝ご飯は何を食べましたか。
幼稚園の名前を教えてください。
お友達の名前を教えてください。
どんなことをして遊びますか。
好きな動物は何ですか。どうしてですか。
好きな食べ物と嫌いな食べ物を教えてください。
お母さんの料理で好きなものは何ですか。
大事にしているものは何ですか。
お出かけして 1 番楽しかったことは何ですか。…誰と行きましたか。
夏になったらどんなことがしたいですか。
お正月の楽しみは何ですか。
大きくなったら何になりたいですか。…それはなぜですか。

入試感想

■考査当日のこと…
▷ 控え室では静かで、みなさん持ってきた本を読んでいました。部屋は暑いくらいでした。
▷ 面接では机のところで黙って座って待っているように言われたそうです。席のところまで先生がまわってきて、質問を受けたそうです。
▷ 考査 1 日目は午前の女子のテストが延びたため、体育館外で受付時間まで立ったまま待ちました。本を持参しておいてよかったです。折り紙は体育館内で待つときに使いました。
▷ 控え室ではジャンケンゲーム、折り紙などして待ちました。
▷ 結果発表後、合格者だけに次回の予定と誓約書を配布されます。
▷ 控え室は、パイプ椅子の後ろに大きく受験番号が貼ってあり、トイレ以外は着席しています。持参した飲み物を飲んだり、読書をするのは可です。
▷ 考査の順番を待つ間は体操座りで待ちます。
▷ 保護者の待ち時間が、1 日目 4 時間、2 日目 3 時間と長いので、読書や編み物で過ごすのがよいと思います。
▷ 8 時 30 分に受付。9 時に点呼があり子どもは番号ごとに各クラスへ移動。親は控え室で待機。13 時に

終了となります。

▷ 12 時に受付、体育館で待機。13 時に点呼、子どもは考査へ、親は控え室へ移動。15 時 45 分に子ども
　が考査から戻ってきて終了。

アドバイス

▷ 受付開始前に 20 分ほど外で待ちました。その間、子ども用に仮設トイレを貸していただけました。考査
　が始まってからの親の待ち時間は 4 時間ほどになるので、それなりの準備をして行かれたほうがよいと思
　います。2 日目の考査は土曜日だったこともあって、父親の参加が多く見られました。

▷ テストは子どもが楽しめるように工夫されていたので、どのお子さんも明るい表情でした。保護者は待ち
　時間が少々長いので、ひざ掛けや飲み物、本などを持参されたほうがよいと思います。電子機器の持込は
　不可です。

▷ 保護者も受験番号をつけてチェックされます。

▷ 他人の言うことが聞けるかどうか、自分で行動できるかを重視しているように思います。

▷ 学校の教育方針の項目に近づく人間形成など、説明会資料をよくふまえて考査に臨むといいと思います。

▷ 学校のホームページをまめにチェックしたり、運動会や説明会などに積極的に参加して、子どもに場慣れ
　してもらうよう、つとめるといいと思います。

▷ 控え室はパイプ椅子のみで、隣の人との距離が近かったです。とても静かでした。飲み物は可でした。

▷ 子どもの面接は 12 名ほどを 1 グループとしておこなわれ、1 人に対しては 1〜2 問の質問がされるよう
　です。

▷ 先生がお話のなかで、飛行機で来た人？　歩いてきた人？　車で来た人？　などと質問したようです。車
　での来校は禁止にもかかわらず、手をあげた子がいたので注意されたほうがいいでしょう。

都立 立川国際中等教育学校附属小学校

〒 190-0012　東京都立川市曙町 3-29-37　☎ 042（519）3151

形式と日程

保護者面接はおこなわれませんが、子どもへは考査中に質問（インタビュー）があります。

質問の内容

子どもへ

お名前を教えてください。
小学校に入ったら何がしたいですか。
紙とブロックなら、どちらで遊びますか。…何をつくりますか。
原っぱとお家だったら、どちらで遊びたいですか。…どうしてですか。
お家ではどんな遊びをしますか。

入試感想

■考査当日のこと…
▷ 控え室は受験番号順に着席しました。スマホなどは禁止でした。
▷ 換気のために、先生方が約 20 分毎に窓の開け閉めをされていました。
▷ 子どもが考査で問題があるとき、保護者が呼ばれていました。
▷ 考査前に 5 つの注意がありました。
　①お友達の答えを見ない。
　②間違えたときは消しゴムで直す。
　③困ったときは手をあげる。
　④「始め」と言われたら始めて、「終わり」と言ったらやめる。
　⑤大きな声で答えを言わない。

アドバイス

▷ 1 次抽選さえ通れば、準備をしてきたお子さんなら大丈夫だと思います。
▷ 早生まれでも合格をいただけたので、平等な月齢への配慮があったと思います。
▷ 初めての入試なので試験は長時間かかりました。本などを持って行ったほうがよいです。
▷ 空気の入れ替えもあり、寒いので防寒対策が必要です。
▷ ペーパーはそれほど難しくないので、差がつきにくいと思いました。
▷ 当日の番号札は、事前に郵送で届きます。それにひもを通して当日持参します。

Contents

「はらはらドキドキ入試面接」さくいん

【あ】

青山学院初等部‥‥‥‥‥‥‥‥‥‥‥‥ 77
青山学院大学系属浦和ルーテル学院小学校‥‥ 241
青山学院横浜英和小学校‥‥‥‥‥‥‥‥ 274
茨城大学教育学部附属小学校‥‥‥‥‥‥ 349
江戸川学園取手小学校‥‥‥‥‥‥‥‥‥ 330
お茶の水女子大学附属小学校‥‥‥‥‥‥ 350

【か】

開智小学校（総合部）‥‥‥‥‥‥‥‥‥ 246
開智望小学校‥‥‥‥‥‥‥‥‥‥‥‥‥ 337
学習院初等科‥‥‥‥‥‥‥‥‥‥‥‥‥ 81
カリタス小学校‥‥‥‥‥‥‥‥‥‥‥‥ 277
川村小学校‥‥‥‥‥‥‥‥‥‥‥‥‥‥ 21
関東学院小学校‥‥‥‥‥‥‥‥‥‥‥‥ 283
暁星小学校‥‥‥‥‥‥‥‥‥‥‥‥‥‥ 8
暁星国際流山小学校‥‥‥‥‥‥‥‥‥‥ 206
国立音楽大学附属小学校‥‥‥‥‥‥‥‥ 86
国立学園小学校‥‥‥‥‥‥‥‥‥‥‥‥ 88
国本小学校‥‥‥‥‥‥‥‥‥‥‥‥‥‥ 94
慶應義塾幼稚舎‥‥‥‥‥‥‥‥‥‥‥‥ 96
慶應義塾横浜初等部‥‥‥‥‥‥‥‥‥‥ 286
光塩女子学院初等科‥‥‥‥‥‥‥‥‥‥ 26
晃華学園小学校‥‥‥‥‥‥‥‥‥‥‥‥ 101
国府台女子学院小学部‥‥‥‥‥‥‥‥‥ 208

【さ】

埼玉大学教育学部附属小学校‥‥‥‥‥‥ 356
さとえ学園小学校‥‥‥‥‥‥‥‥‥‥‥ 254
サレジアン国際学園目黒星美小学校‥‥‥ 105
品川翔英小学校‥‥‥‥‥‥‥‥‥‥‥‥ 110
淑徳小学校‥‥‥‥‥‥‥‥‥‥‥‥‥‥ 114
聖徳学園小学校‥‥‥‥‥‥‥‥‥‥‥‥ 118
湘南学園小学校‥‥‥‥‥‥‥‥‥‥‥‥ 288
湘南白百合学園小学校‥‥‥‥‥‥‥‥‥ 290
昭和学院小学校‥‥‥‥‥‥‥‥‥‥‥‥ 214
昭和女子大学附属昭和小学校‥‥‥‥‥‥ 122
白百合学園小学校‥‥‥‥‥‥‥‥‥‥‥ 31
精華小学校‥‥‥‥‥‥‥‥‥‥‥‥‥‥ 294
聖学院小学校‥‥‥‥‥‥‥‥‥‥‥‥‥ 127
成蹊小学校‥‥‥‥‥‥‥‥‥‥‥‥‥‥ 134
聖心女子学院初等科‥‥‥‥‥‥‥‥‥‥ 38
成城学園初等学校‥‥‥‥‥‥‥‥‥‥‥ 140
清泉小学校‥‥‥‥‥‥‥‥‥‥‥‥‥‥ 298
聖徳大学附属小学校‥‥‥‥‥‥‥‥‥‥ 221
聖ドミニコ学園小学校‥‥‥‥‥‥‥‥‥ 144
星美学園小学校‥‥‥‥‥‥‥‥‥‥‥‥ 146
西武学園文理小学校‥‥‥‥‥‥‥‥‥‥ 260
清明学園初等学校‥‥‥‥‥‥‥‥‥‥‥ 152
聖ヨゼフ学園小学校‥‥‥‥‥‥‥‥‥‥ 300
洗足学園小学校‥‥‥‥‥‥‥‥‥‥‥‥ 304
捜真小学校‥‥‥‥‥‥‥‥‥‥‥‥‥‥ 310

【た】

立川国際中等教育学校附属小学校‥‥‥‥ 395
玉川学園‥‥‥‥‥‥‥‥‥‥‥‥‥‥‥ 154
千葉大学教育学部附属小学校‥‥‥‥‥‥ 361
千葉日本大学第一小学校‥‥‥‥‥‥‥‥ 227
つくば国際大学東風小学校‥‥‥‥‥‥‥ 342
筑波大学附属小学校‥‥‥‥‥‥‥‥‥‥ 362
帝京大学小学校‥‥‥‥‥‥‥‥‥‥‥‥ 158
田園調布雙葉小学校‥‥‥‥‥‥‥‥‥‥ 44
桐蔭学園小学校‥‥‥‥‥‥‥‥‥‥‥‥ 312
東京学芸大学附属大泉小学校‥‥‥‥‥‥ 369
東京学芸大学附属小金井小学校‥‥‥‥‥ 375
東京学芸大学附属世田谷小学校‥‥‥‥‥ 380
東京学芸大学附属竹早小学校‥‥‥‥‥‥ 385
東京女学館小学校‥‥‥‥‥‥‥‥‥‥‥ 48
東京創価小学校‥‥‥‥‥‥‥‥‥‥‥‥ 160
東京都市大学付属小学校‥‥‥‥‥‥‥‥ 166
東京農業大学稲花小学校‥‥‥‥‥‥‥‥ 169
桐光学園小学校‥‥‥‥‥‥‥‥‥‥‥‥ 316
桐朋小学校‥‥‥‥‥‥‥‥‥‥‥‥‥‥ 172
桐朋学園小学校‥‥‥‥‥‥‥‥‥‥‥‥ 174
東洋英和女学院小学部‥‥‥‥‥‥‥‥‥ 53
トキワ松学園小学校‥‥‥‥‥‥‥‥‥‥ 177

【な】

新渡戸文化小学校‥‥‥‥‥‥‥‥‥‥‥ 180
日本女子大学附属豊明小学校‥‥‥‥‥‥ 59
日本大学藤沢小学校‥‥‥‥‥‥‥‥‥‥ 320

【は】

日出学園小学校‥‥‥‥‥‥‥‥‥‥‥‥ 233
雙葉小学校‥‥‥‥‥‥‥‥‥‥‥‥‥‥ 65
文教大学付属小学校‥‥‥‥‥‥‥‥‥‥ 183
宝仙学園小学校‥‥‥‥‥‥‥‥‥‥‥‥ 186
星野学園小学校‥‥‥‥‥‥‥‥‥‥‥‥ 267

【ま】

水戸英宏小学校‥‥‥‥‥‥‥‥‥‥‥‥ 346
武蔵野東小学校‥‥‥‥‥‥‥‥‥‥‥‥ 190
明星小学校‥‥‥‥‥‥‥‥‥‥‥‥‥‥ 193
森村学園初等部‥‥‥‥‥‥‥‥‥‥‥‥ 322

【や】

横浜国立大学教育学部附属鎌倉小学校‥‥ 391
横浜国立大学教育学部附属横浜小学校‥‥ 393
横浜雙葉小学校‥‥‥‥‥‥‥‥‥‥‥‥ 326

【ら】

立教小学校‥‥‥‥‥‥‥‥‥‥‥‥‥‥ 15
立教女学院小学校‥‥‥‥‥‥‥‥‥‥‥ 71

【わ】

早稲田実業学校初等部‥‥‥‥‥‥‥‥‥ 199

国公立・私立小学校入試

はらはら ドキドキ 入試面接

平成10年7月1日　　　初版発行
令和5年11月1日　　　改訂第13版発行

企画・編集
桐杏学園

発行:　桐杏学園出版
発売:　(株)市進

〒272-0021
千葉県市川市八幡3-27-3
電話　047-704-1026
FAX　047-704-1028

表　　　紙:　㈲Dジパング
印刷製本:　㈱エデュプレス